ミュンスター宗教改革

1525-34年反教権主義的騒擾、宗教改革・再洗礼派運動の全体像

永本哲也

東北大学出版会

The Reformation in Münster :

The Anticlericalism, the Reformation
and the Anabaptist Movement 1525-1534

Tetsuya NAGAMOTO
Tohoku University Press , Sendai
ISBN978-4-86163-292-1

本書は「第10回東北大学出版会若手研究者出版助成」
（2013年）の制度によって刊行されたものです。

目　次

1　はじめに	1
1　特異な事件	1
2　異端、反乱者、悪魔	2
3　時代区分	3
3.1　中世後期と近世の連続性	4
3.2　宗教改革運動における 1525-34 年	6
4　宗教改革の統一性と多様性	7
2　課題と方法	15
1　都市宗教改革研究の課題	15
1.1　研究史の状況：都市宗教改革の共同体主義的性格	15
1.2　研究の課題：都市の多様な住民の参加を考慮する必要性	16
2　ミュンスター宗教改革・再洗礼派運動研究の課題	19
2.1　研究史の状況：共同体主義に基づいた運動	19
2.2　研究の課題：都市の多様な住民の参加を考慮する必要性	23
3　分析方法	26
3.1　本書の構成と分析方法の概要	26
3.2　分析概念	32
4　史料	41
5　用語	43
6　ミュンスター市の統治制度の基本的特徴	44
3　1525 年の反教権主義的騒擾	69
1　事件の経過	69
1.1　修道院に対する反教権主義的示威行動	69
1.2　ギルドによる市参事会への抗議と要求	70
1.3　市民要求の実行	74
1.4　市民要求をめぐる市参事会と司教との交渉	78

i

	2	市内諸勢力の主張と行動、運動の全体像	81
		2.1 市内諸勢力の主張と行動	81
		2.2 運動の全体像	87

4 1530-33年の宗教改革運動 … 105

1 事件の経過 … 105
  1.1 宗教改革運動の拡大 … 105
  1.2 全ギルド会議での議論と市民委員会結成 … 115
  1.3 全ギルド会議と市参事会の交渉と協定締結 … 118
  1.4 市内での宗教改革実行と市外諸勢力との交渉 … 135
2 市内諸勢力の主張と行動、運動の全体像 … 153
  2.1 市内諸勢力の主張と行動 … 153
  2.2 運動の全体像 … 168

5 1533-34年の宗派分裂と再洗礼派運動 … 193

1 事件の経過 … 193
  1.1 宗教改革の制度化 … 193
  1.2 二つのサクラメントをめぐる市内での宗派対立 … 200
  1.3 市内での三宗派対立の激化 … 212
  1.4 再洗礼派共同体の成立と再洗礼派統治の始まり … 231
2 再洗礼派の社会階層 … 252
  2.1 分析方法 … 252
  2.2 再洗礼派の社会階層 … 254
3 市内諸勢力の主張と行動、運動の全体像 … 264
  3.1 市内諸勢力の主張と行動 … 264
  3.2 運動の全体像 … 280

6 ミュンスターにおける社会運動の全体像 ～通時的分析～ … 335

1 市内諸勢力の主張と行動 … 335
  1.1 市参事会の主張と行動 … 335
  1.2 全ギルド会議の主張と行動 … 341
  1.3 ゲマインハイトの主張と行動 … 342

	1.4	ギルドの主張と行動	343
	1.5	市区・教区民の主張と行動	346
	1.6	門閥市民の主張と行動	348
	1.7	二流の名望家の主張と行動	349
	1.8	市民の主張と行動	351
	1.9	アインヴォーナー男性の主張と行動	355
	1.10	女性の主張と行動	359

2. 運動の全体像 · · · · · · · · 364

2.1 運動参加者の属性 · · · · · · · 364

2.2 運動参加者の動機 · · · · · · · 365

2.3 合意形成 · · · · · · · · · 375

7 おわりに · · · · · · · · · · 391

1 時間的な位置づけ · · · · · · · 391

1.1 中世後期から近世にかけての連続性と変化 · · · 391

1.2 宗教改革運動における 1525-34 年 · · · · 393

2 多様な宗教改革の中の位置づけ · · · · · 394

2.1 特異とは言えない都市宗教改革運動 · · · · 394

2.2 ミュンスター宗教改革の特異性の原因 · · · · 396

3 宗教改革の複雑さ · · · · · · · 398

8 略年表 · · · · · · · · · · 401

1 1525 年の反教権主義的騒擾 · · · · · · 401

2 1530-33 年の宗教改革運動 · · · · · · 402

3 1533-34 年の宗派分裂と再洗礼派運動 · · · · 403

9 参考文献 · · · · · · · · · · 405

1 未刊行史料 · · · · · · · · · 405

2 刊行史料 · · · · · · · · · 405

3 文献 · · · · · · · · · · 408

あとがき · · · · · · · · · · · 425

iii

1 はじめに

1 特異な事件

　ドイツ北西部ヴェストファーレン地方の中心都市ミュンスターで、1534年2月から35年6月まで続いた再洗礼派による統治は、ヨーロッパ史上でもほとんど例を見ない特異なものであった。人口約7000～1万人という16世紀の都市としてはかなりの規模を誇ったミュンスターが、当時の神聖ローマ帝国で異端・反乱者だと見なされていた再洗礼派によって約1年半の間支配されたのである。

　1532年に説教師ベルンハルト・ロートマンを中心として、ミュンスターで宗教改革運動が始まると、その夏には都市で宗教改革が制度化された。しかし、翌年春にロートマン達説教師による幼児洗礼批判が始まったことを契機に、市内で宗派間の争いが起こった。最終的に再洗礼派がこの争いに勝利し、都市の統治を担うようになった。彼らは、もうすぐこの世界に終末が訪れると期待し、ミュンスターこそキリストが再臨する新しきエルサレムだと見なしていた。再洗礼派によって支配された都市は、都市の君主であるミュンスター司教の軍勢によって包囲され、長きにわたり攻城戦が繰り広げられた。

　もうすぐ世界は終わると思いながら生きていた彼らは、既存の都市制度を廃絶し、預言者を頂に置く神権政に置き換えた。都市の中では私有財産が廃止され、財産が共有された。それまでの婚姻関係が解体され、一夫多妻制が導入されて、全ての女性は結婚を強いられた。オランダから来た預言者ヤン・ファン・ライデンはミュンスターの王となり、王と王妃の宮廷が作られた。

　神の奇跡的な力によって、あるいは市外からの援軍によってミュンスターが解放されるという予言は、繰り返し現実に裏切られた。救いは訪れなかったのだ。包囲軍によって外部からの食糧供給が絶たれた都市で

は飢えが広がり、人々は次々に餓死していった。飢えに耐えられない者が市外に逃亡する中、包囲軍が市内に雪崩れ込み、ミュンスターは占領された。男はほとんど皆殺しにされた。ヤン・ファン・ライデンをはじめとする指導者は包囲軍によって捕えられた。指導者三人は処刑された後、鉄の檻に入れられ、見せしめのために聖ランベルティ教会の塔に吊された。この三つの檻は現在も当時と同じように尖塔の上に吊されている[1]。

2　異端、反乱者、悪魔

　「再洗礼派（独：Wiedertäufer, 英：Anabaptist）」とは、成人が自らの自由意志に基づき受ける信仰洗礼のみを認める人々を指す呼び名である[2]。キリスト教の教会では既に古代から、キリスト教への入信儀式として幼児洗礼が行われてきた。16世紀に宗教改革が始まっても、カトリック教会、宗教改革を支持する福音派諸教会両方が、新生児に対する洗礼を行い続けていた[3]。

　しかし、宗教改革支持者の間で、幼児に対する洗礼は無効だと考える者が出てきた。彼らは、キリスト教の教えを理解し、信仰を持ち、自分の意志でキリスト教徒として生きることを決意することによって、はじめて洗礼は有効になると考えた。すると、教えも理解できず、自覚的信仰も持たない幼児に対する洗礼には効力はないということになる。そのため彼らは、信仰を持つようになった成人に対してのみ洗礼を行うべきだと考えた。

　しかし幼児洗礼を認めるカトリックや福音派にとって、成人になってから行われる洗礼は、幼児の時に授けられた洗礼に続く二度目の洗礼であった。そのため彼らは、幼児洗礼を批判し、成人に対する信仰洗礼を支持する人々を「再」洗礼派と呼んだ。このように「再洗礼派」とは、成人洗礼支持者を批判したカトリックや福音派がつけた蔑称であった[4]。1529年4月22日にシュパイヤー帝国議会で決議された帝国最終決定と

翌日出された皇帝勅令は、再洗礼を行う者、再洗礼を受けた者を死罪にするよう帝国諸身分に命じている[5]。

このように再洗礼派は、帝国において死罪に値する「異端」や「反乱者」として扱われたが、その中でも一つの都市を支配し、自分達の君主と戦争を行ったミュンスター再洗礼派に対する見方は、より一層否定的なものであった[6]。彼らの特異な行動は、同時代の人々に恐怖を与えた。彼らは神を冒涜する異端であり、悪魔の道具だと見なされた[7]。ルターもまた、ミュンスターの再洗礼派の行為を悪魔の業だと述べている[8]。世俗の統治者は、ミュンスターの反乱を、農民戦争やトーマス・ミュンツァー（Thomas Müntzer）と結びつけて恐れた。ミュンスター司教フランツ・フォン・ヴァルデックやヘッセン方伯フィリップは、ミュンスターの反乱が全ての良き秩序を破壊しようとしていると再洗礼派を非難した[9]。ヘルマン・フォン・ケルゼンブロークの年代記でも、ミュンスター再洗礼派は異端であり、彼らの行為は反乱や狂乱として描かれた[10]。彼の年代記は、1771年にドイツ語訳され、1881年と1929年に再版され、その後のミュンスター再洗礼派像の基盤となった[11]。16世紀に形作られた極めて否定的なミュンスター再洗礼派像は、20世紀に至るまで歴史学の中にも、大衆的なイメージの中にも残り続けていた[12]。

しかし、このように常軌を逸した事件だと見なされてきたミュンスター再洗礼派運動は、元々は他の都市と大きな違いはない宗教改革運動として始まった。本書では、ミュンスターの宗教改革のはじまりから再洗礼派支配に至る過程を検討するが、その際ミュンスターの宗教改革運動を特異な例外現象だと見なさず、宗教改革全体の中に位置づけようと試みる。その際、「時代区分」と「統一性と多様性」という二つの側面に注目する。

3　時代区分

ミュンスターの宗教改革運動は、1530年代前半に活発化した。以下で

は、近年の宗教改革研究に見られる時代区分の仕方を考慮に入れながら、宗教改革にとって1530年代前半とはどのような時期だったかを概観する。

3.1　中世後期と近世の連続性[13]

　19世紀以来ドイツの歴史研究では、宗教改革は中世から近代を隔てる画期となる出来事だと評価されてきた。プロテスタントの歴史学者レオポルト・フォン・ランケは、ルターによって始まった宗教改革を国家や社会が近代へと発展する過程の始まりであり、ドイツのみならずヨーロッパや世界の歴史にとっても変革となった出来事だと見なした。このようなプロテスタント的宗教改革観はドイツで第二次大戦後まで引き継がれた[14]。フリードリヒ・エンゲルスらによるマルクス主義的な歴史観では、ドイツで起こった宗教改革は最初の市民革命だと意味づけられ、東ドイツの研究者もこの考えを受け継いだ[15]。社会学者マックス・ヴェーバーは、ルターの天職観やカルヴァンの予定説が間接的に資本主義の発展を促したと評価した[16]。このように立場や評価は違えども、宗教改革を歴史上の大変革だと評価することはドイツの研究者に共通していた。

　しかし、近年では、宗教改革を歴史上の大きな分岐となる事件だと見なす時代区分は、相対化されるようになっている。というのは、中世後期から近世初期の時期がかなりの程度連続していると理解されるようになってきたためである。宗教改革の成功は中世後期の遺産に多くを負っており、宗教改革期に見られた様々な傾向の多くは、既に中世後期に現れていたことが様々な研究によって明らかにされた。ベルント・メラーは、都市の宗教改革の特徴である、教会に関する権限を既存の教会から都市の市参事会や市民の手に移そうとする、あるいは聖職者の特権を剥奪し、都市共同体に組み入れようとする傾向は既に中世後期に現れていたことを指摘した[17]。ハンス－ユルゲン・ゲルツは、聖職者への攻撃つまり反教権主義が中世後期に広がっており、宗教改革が広がる基盤となっていたと見なした[18]。ベルント・ハムによれば、中世後期に、キリストの受難と慈悲による悔い改めを強調する敬虔神学、「恵み」や「信仰」

4

など様々な言葉に「のみ（sola）」をつけて表現する傾向、理性や道徳、聖書「のみ」を強調する人文主義的考え、近世国家の形成、世俗権力の教会領域への権限拡張などの動きが出てきていた。彼は、宗教改革など近世に行われた改革で見られた傾向は、これら中世後期の動きの中に既に現れていたと評価した[19]。ハムは、宗教と社会が、複数性と階層性によって特徴付けられる中世的システムを破壊し、一つの中心的規範へと向かうというこれらの動きを、「中心的規範への指向 Normative Zentrierung」という概念で表した。ただし、中世後期にはその過程は不完全にしか実行されず、宗教改革によって貫徹されるようになったと評価している。そのため、宗教改革は、中世後期の動きを引き継ぐだけでなく、大きな変革も引きおこしたとされた[20]。このように中世後期からの連続性を強調する論が、必ずしも変革としての宗教改革という評価を否定しているわけではないが、以前のように宗教改革によって中世が近代に変わったという時代区分はもはや維持できなくなっている。

　他方では、1980年代以降活発になった宗派化論の影響で、16世紀前半の宗教改革の初期段階よりも16世紀後半以降に起こった変化に注目が集まるようになった。「宗派化（Konfessionalisierung）」とは、教会と国家が支配領域の宗派的統一性を確立しようと推進した運動ないし政策である[21]。シリンクによれば、それは近世国家や規律化された市民社会の形成と結びついて、ヨーロッパの人々の生活を公私にわたり変えていった近世社会の根本過程であった[22]。宗派化が進行したのは16世紀後半から17世紀初めにかけての時期なので[23]、宗教改革史で宗派論の影響力が強くなるにつれて、16世紀前半の宗教改革の時代が変革の時代だという伝統的な見方は力を失っていくことになった。

　以上のように15世紀と16世紀の境界、また1517年以降の初期宗教改革の時期が歴史上の大きな変革の時期だという従来の見方はかなりの程度相対化され、それに伴い従来中世や近世と呼ばれてきた時代をどのように区分するが不明確になっている[24]。しかし、いずれにせよ宗教改革を、中世後期から17世紀に至る長期的な変化の一段階として理解すると

いう傾向は強まってきている[25]。本書で扱う1525年から1534年のミュンスターの騒擾・宗教改革を宗教改革全体の中で位置づける場合には、このような中世後期からの連続と宗派化の前段階という観点を外すことはできない。

3.2　宗教改革運動における1525-34年

　それでは、本書が扱う1525〜34年、特にミュンスター宗教改革が行われた1530〜34年という時期は、宗教改革が進展する過程の中でどのように位置づけられるであろうか。そのために先ず、宗教改革内部での重要な時期の区分について概観する。

　1525年を宗教改革において重要な変化が起こった年だと見なしたのはペーター・ブリックレであった。彼の考えでは、都市や農村の「平民」による「共同体宗教改革（Gemeindereformation）」が、1525年に「平民の革命」が敗北して以降、領邦君主による「諸侯宗教改革（Fürstenreformation）」に取って代わられたためである[26]。

　それに対し1529年を初期宗教改革が終わる重要な年だと見なしたのが、ゲルツである。1529年は、帝国諸身分がカトリックと福音派に分裂したことを明確化したシュパイヤー帝国議会、ルター派とツヴィングリ派が分裂し別々に宗派形成することになったマールブルク会談が開かれ、諸侯が教会政策に乗り出し、政治の影響力が強まってきた年であった。そのためゲルツは、この年に流動的で多様な運動によって特徴づけられる初期宗教改革が終わったと見なした[27]。

　このように1520年代後半から宗派化が本格化する16世紀後半の間は、南ドイツでは平民による下からの宗教改革が下火になり、帝国全体ではルター派が宗派として確立されていき、カトリックとルター派諸侯の宗派対立が激しくなった時期であった。1530年にはその後のルター派の信仰の基礎となった『アウクスブルク信仰告白』が起草され、1531年にはルター派諸侯と都市がシュマルカルデン同盟を結成するなど、1529年の抗議の後にルター派の教義や組織が整備され、宗派形成が本格化して

いった。1541年のレーゲンスブルク帝国議会で教義面での和解が目指されるなど、その後も宗派対立を解決しようという試みはあったが、結局1546年に始まったシュマルカルデン戦争で帝国のカトリックとルター派が武力衝突することになった。そして、1555年のアウクスブルクの宗教平和によって、帝国ではカトリックとルター派の両宗派が併存することが制度的に認められた。これ以降、帝国の各領邦ではカトリック、ルター派領邦にかかわらず宗派化が進んでいった。

ブリックレは1525年に共同体宗教改革は終わったと見なしていたが、実際にはこれは南ドイツに限定された話であり、北ドイツの諸都市ではこの後ようやく民衆に主導された宗教改革運動が始まった。1520年代初めから宗教改革が盛んになった南ドイツの諸都市とは違い、北ドイツの諸都市で宗教改革が始まるのは20年代後半以降であった[28]。ミュンスターが位置するヴェストファーレン地方の諸都市で宗教改革が本格化するのは1529年以降である[29]。

ドイツ南部で農民戦争が広がっていた1525年にミュンスターで起こった騒擾は、ほとんど宗教改革的な性格を持っていなかった。北ドイツ諸都市で宗教改革が広がっていった1530年に、ようやくミュンスターでも宗教改革が始まっている。このように1530年代前半のミュンスターの宗教改革は、帝国で宗教改革に対する諸侯の影響力が強くなり、宗教改革の様々な動きがルター派に一本化されていく一方、北ドイツ諸都市で民衆的な宗教改革が広がっていくという時代状況の中で起こった。

4 宗教改革の統一性と多様性

長らく、ルター派やツヴィングリ派、カルヴァン派など、世俗権力と結びつき体制化された諸宗派が宗教改革の正統派であると考えられてきた。それに対し、カールシュタット、ミュンツァー、再洗礼派、心霊主義者、反三位一体論者等の少数派は、「熱狂主義者」と呼ばれていた[30]。近代的な歴史学研究が始まってからも、1960年代まで彼らは「宗教改革の

左翼」「宗教改革急進派」と呼ばれ、国家と教会を分離し既存の権力と結びつかなかったとしてルター派や改革派といった多数派から区別されてきた[31]。

　しかし、近年はルターやツヴィングリ、カルヴァンといった神学者、さらにはルター派や改革派など体制と結びついた宗派を正統派として特権化する見方はかなりの程度相対化されている。これは、1980年代以降宗教改革の多様性を強調する見方が強まっているためである。ゲルツは1987年に、宗教改革は一つではなく、相互に異なった多様な運動を含む社会運動であったと述べた。そのため彼は宗教改革を単数形ではなく、「宗教改革諸運動（Reformatorische Bewegungen）」と複数形で呼んだ[32]。さらに彼は、再洗礼派等の「宗教改革急進派」だけでなく、ルターやツヴィングリ、カルヴァンを含む全ての初期宗教改革はどれも急進的だったと見なし、急進性を基準にして両者を区別するという旧来の分類法を批判した[33]。1995年にはメラー、ヴェンデブール、ハムの3人が、宗教改革が一つの統一的な運動か多様性を内包していた運動かをめぐり議論を行った[34]。スクリブナーとディクソンも、宗教改革の多様性を認めている[35]。近年英語圏で出された宗教改革に関する著作でも、しばしば宗教改革は「諸宗教改革（Reformations）」と複数形で表現され、ルター派や改革派、再洗礼派といったプロテスタント諸派だけでなく、カトリックの教会改革も、宗教改革として並列して扱われている[36]。

　もちろん、全ての宗教改革研究者が、宗教改革の多様性を強調しているわけでなく、その統一性を強調する研究者もいる。その代表は、1525年頃まではルターの教えが宗教改革のメッセージに共通していたと考えるメラー、宗教改革を複数形で呼ぶことを批判し、この時期の多様な改革の試みは全てキリスト教化を目指していたことを強調するスコット・ヘンドリクである[37]。また、多様性を強調する研究者も、必ずしも様々な宗教改革運動に共通性がなかったと述べているわけではない。多様性を認めているハムやゲルツも、それぞれ中心的規範への指向や反教権主義的傾向は宗教改革に共通した性質だったと見なしている[38]。

しかし、宗教改革を複数形で呼ぶかどうか、中心的性格を強調するかどうかにかかわらず、宗教改革は多様性を内包していた運動だという見方は宗教改革研究で既に定着している。このような宗教改革観の変化により、近年の研究では、再洗礼派を正統な宗教改革から逸脱した存在だとする見方も弱まってきている。

同様の傾向は、再洗礼派研究にも現れている。ハロルド・S・ベンダーに代表されるアメリカのメノー派研究者達は、20世紀半ばにチューリヒのツヴィングリ周辺のグループが再洗礼派の起源で、スイスから再洗礼主義が広まったという単一起源説を唱えた。そして、無抵抗・分離主義を取るスイス兄弟団やフッター派、メノー派が真の再洗礼派であり、暴力的なミュンツァー、農民戦争、ミュンスター再洗礼派とは区別されると考えた[39]。しかし、このようなベンダー的な見方は1970年代以降、再洗礼派の起源はスイスだけでなく、スイス、南ドイツ、低地地方の三つあったという複数起源説を主張する研究や[40]、初期のスイス再洗礼派では無抵抗・分離主義は必ずしも主流ではなかったことを示す研究の登場により[41]、維持できなくなっていった。こうして再洗礼派は起源も性質も多様であるという見方が広まると、ミュンスター再洗礼派もまた多様な再洗礼派の一派だと見なされるようになった。

ミュンスター再洗礼派研究の動向も、このような宗教改革や再洗礼派研究の傾向に合致している。ミュンスター再洗礼派研究では、キルヒホフを代表とする様々な研究者が行った実証研究により、1960年代以降従来の否定的なミュンスター再洗礼派像は修正されてきた[42]。それに伴い、ミュンスター再洗礼派運動は、都市宗教改革運動の枠組みの中で理解されるようになっている[43]。

本書でも、初期宗教改革を多様な動きを内包した運動として理解する。そして、ミュンスター再洗礼派運動もまた、単なる特異な例外現象ではなく、初期宗教改革における多様な試みの中の一つであると見なす。何故なら、ミュンスター再洗礼派運動は確かに、強い終末期待に突き動かされ、財産共有制や一夫多妻制を導入した、ヨーロッパ史上でも稀に見

る極めて特異な運動であったが、当初は一般的な都市宗教改革運動とし
て始まったからである。

　一般的な宗教改革運動から特異な運動へと変化していった過程や条件
とはいったいどのようなものだったかを明らかにするために、本書では
ミュンスターにおいて宗教改革運動が始まり、再洗礼派統治に至るまで
の過程を検証する。

【注】

1　Karl-Heinz Kirchhoff, Die "Wiedertäufer-Käfige" in Münster, Münster 1996.

2　再洗礼派に関する概説は以下を参照。John D. Roth and James M. Stayer (eds.), A Compan-
　　ion to Anabaptism and Spiritualism, 1521-1700, Leiden/Boston, 2007; C. Arnold Snyder, Ana-
　　baptist History and Theologie: An Introduction, Kitchener, 1995; Hans-Jürgen Goertz, Die
　　Täufer. Geschichte und Deutung, 2. Aufl., München 1988; Ders., Religiöse Bewegungen in der
　　Frühen Neuzeit, München 1993; S. Zijlstra, Om de ware gemeente en de oude gronden.
　　Geschiedenis van de dopersen in de Nederlanden 1531-1675, Leeuwarden, 2000; 永本哲也、猪
　　刈由紀、早川朝子、山本大丙編『旅する教会　再洗礼派と宗教改革』新教出版社、2017年；
　　踊共二「宗教改革急進派－その起源と宗派化の諸相」森田安一編『ヨーロッパ宗教改革の
　　連携と断絶』教文館、2009年、41-54頁；出村彰『再洗礼派　宗教改革時代のラディカリ
　　ストたち』日本基督教団出版局、1970年；倉塚平『異端と殉教』筑摩書房、1972年；榊原
　　巌『アナバプティスト派古典時代の歴史的研究』平凡社、1972年 他。再洗礼派の著作の
　　邦訳には以下の二冊がある。倉塚平、田中真造他編訳『宗教改革急進派　ラディカル・
　　リフォメーションの思想と行動』ヨルダン社、1972年；出村彰、森田安一、倉塚平、矢口
　　以文訳『宗教改革著作集　第8巻再洗礼派』教文館、1992年。

3　今橋朗、竹内謙太郎、越川弘英監修『キリスト教礼拝・礼拝学事典』日本基督教団出版局、
　　2006年、253-261頁。

4　このような否定的な含意を避けるために、ドイツ語圏の学術研究では 信仰洗礼の支持者
　　を、「Wiedertäufer 再洗礼派」ではなく「Täufer 洗礼派」と呼ぶようになっている。しかし、
　　英語では「Baptist バプテスト」という表現は17世紀イングランドで生まれた宗派を指す
　　用語として使われていたため、現在も「Anabaptist 再洗礼派」という表現が使われ続けて
　　いる。James M. Stayer, Introduction, in: A Companion to Anabaptism and Spiritualism, p. xvii.

5　Gustav Bossert (Hg.), Quellen zur Geschichte der Wiedertäufer. 1. Band Herzogtum Württem-
　　berg, Leipzig 1930, Nachdruck New York/London 1971, S. 2-5; Goertz, Die Täufer, S. 121-128;
　　Eike Wolgast, Stellung der Obrigkeit zum Täufertum und Obrigkeitsverständnis der Täufer in der
　　ersten Hälfte des 16. Jahrhunderts, in: Hans-Jürgen Goertz und James M. Stayer (Hg.),

Radikalität und Dissent im 16. Jahrhundert, Berlin 2002, S. 95-98.

6 ミュンスター再洗礼派に対する否定的な見方の概観は、以下を参照。Ralf Klötzer, Missachtete Vorfahren. Über die Last alter Geschichtsbilder und Ansätze neuer Wahrnehmung der Täuferherrschaft in Münster, in: Barbara Rommé (Hg.), Das Königreich der Täufer in Münster - Neue Perspektiven, Münster 2003, S. 41-63.

7 Sigrun Haude, In the Shadow of „Savage Wolves": Anabaptist Münster and the German Reformation During the 1530s, Boston/Leiden/Cologne, 2000, pp. 22f.

8 Martin Luther, Vorrede zur „Neuen Zeitung von Münster", in: Adolf Laube (Hg.), Flugschriften vom Bauernkrieg zum Täuferreich (1526-1535), Band 2, Berlin 1992, S. 1443-1451.

9 Haude, pp. 23-32.

10 Heinrich Detmer (Hg.), Hermanni a Kerssenbroch. Anabaptistici furoris Monasterium inclitam Westphaliae metropolim evertentis historia narratio, Erste Hälfte. Die Geschichtsquellen des Bistums Münster, 5. Band, Münster 1900.（以下「MGQ5」）Heinrich Detmer (Hg.), Hermanni a Kerssenbroch. Anabaptistici furoris Monasterium inclitam Westphaliae metropolim evertentis historia narratio, Zweite Hälfte. Die Geschichtsquellen des Bistums Münster, 6. Band, Münster 1899.（以下「MGQ6」）

11 Klötzer, Missachtete Vorfahren, S. 46.

12 Klötzer, Missachtete Vorfahren, S. 51.

13 本節の記述は、以下の文献の記述に多くを依拠している。Stefan Ehrenpreis und Ute Lotz-Heumann, Reformation und konfessionelles Zeitalter, Darmstadt 2002, S. 1-29.

14 Ehrenpreis u. a., S. 3, 18; Olaf Mörke, Die Reformation. Voraussetzungen und Durchsetzung, München 2005, S. 71; Leopold von Ranke, Deutsche Geschichte im Zeitalter der Reformation, Berlin 1839-47.

15 フリードリヒ・エンゲルス著、藤原浩、長坂聰訳「ドイツ農民戦争」山川均他訳『マルクス・エンゲルス選集第10巻フランスの内乱・ドイツ農民戦争』新潮社、1956年、3-98頁；田中真造「初期市民革命としての宗教改革とドイツ農民戦争」『思想』591、1973年9月、149-162頁。

16 Ehrenpreis u. a., S. 1-9, 18ff.; マックス・ヴェーバー著、大塚久雄訳『プロテスタンティズムの倫理と資本主義の精神』岩波文庫改訳第一刷、1989年。

17 Bernd Moeller, Reichsstadt und Reformation, Bearbeitete Neuausgabe, Berlin 1987, S. 10-18, 72-78; ベルント・メラー著、森田安一、棟居洋、石引政志訳『帝国都市と宗教改革』教文館、1990年、16-34,155-163頁。

18 Hans-Jürgen Goertz, Antiklerikalismus und Reformation, Göttingen 1995, S. 12-18.

19 Berndt Hamm, Von der spätmittelalterlichen reformatio zur Reformation: der Prozeß normativer Zentrierung von Religion und Gesellschaft in Deutschland, in: Archiv für Reformationsgeschichte 84, 1993, S. 7-82.

20 Berndt Hamm, Wie innovativ war die Reformation?, in: Zeitschrift für historische Forschung 27,

2000, S. 481-497; Ders, Normative Zentrierung im 15. und 16. Jahrhundert. Beobachtungen zu Religiosität, Theologie und Ikonologie, in: Zeitschrift für historische Forschung 26, 1999, S.200ff.; 原田晶子「中世後期への拡大—中世と連続する大変革（広がる宗教改革1）」『UP』539、2017年9月号、12-18頁。

21 踊共二「宗派化論—ヨーロッパ近世史のキーコンセプト—」『武蔵大学人文学会雑誌』第42巻第3・4号、2011年、267頁。

22 Heinz Schilling, Die Konfessionalisierung im Reich. Religiöser und gesellschaftlicher Wandel in Deutschland zwischen 1555 und 1620, in: Luise Schorn-Schütte und Olaf Mörke (Hg.), Ausgewählte Abhandlungen zur europäischen Reformations- und Konfessionsgeschichte von Heinz Schilling, Berlin 2002, S. 508.

23 Schilling, Die Konfessionalisierung, S. 514-528; 踊共二「宗派化論」265-266頁。

24 この時代の時代区分をめぐる議論については、以下を参照。Berndt Hamm, Farewell to Epochs in Reformation History: A Plea, in: Reformation and Renaissance Review, 16- 3, 2014, pp. 211-245.

25 宗派化の時代を超えて、さらに長いスパンで宗教改革を捉えようという見方も存在する。Peter G. Wallace, The Long European Reformation, Second Edition, Basingstoke, 2012; 西川杉子「長期の宗教改革運動—17・18世紀の展開」森田安一編『ヨーロッパ宗教改革の連携と断絶』91-106頁。

26 Peter Blickle, Gemeindereformation. Die Menschen des 16. Jahrhunderts auf dem Weg zum Heil, München 1987, S. 14; Ehrenpreis u. a., S. 28.

27 Hans-Jürgen Goertz, Pfaffenhaß und große Geschrei. Die reformatorischen Bewegungen in Deutschland 1517-1529, München 1987, S. 29ff.

28 北ドイツの宗教改革については以下を参照。倉塚平「ミュンスター千年王国前史（3）」『政経論叢』明治大学政治経済研究所紀要47巻5/6号、1979年、39-54頁（以下「倉塚3」）；棟居洋『ICU比較文化叢書1 ドイツ都市宗教改革の比較史的考察—リューベックとハンブルクを中心として—』国際基督教大学比較文化研究会、1992年；Heinz Schilling, Die politische Elite nordwestdeutscher Städte in den religiösen Auseinandersetzungen des 16. Jahrhunderts, in: Wolfgang J. Mommsen (Hg.), Stadtbürgertum und Adel in der Reformation. Studien zur Sozialgeschichte der Reformation in England und Deutschland, Stuttgart 1979, S. 235-308; Olaf Mörke, Rat und Bürger in der Reformation. Soziale Gruppen und kirchlicher Wandel in den welfischen Hansestädten Lüneburg, Braunschweig und Göttingen, Hildesheim 1983.

29 ヴェストファーレンの宗教改革運動については以下を参照。倉塚3、43-54頁；Alois Schröer, Die Reformation in Westfalen. Der Glaubenskampf einer Landschaft, 1. Bd., Münster 1979; Ders., Die Reformation in Westfalen. Der Glaubenskampf einer Landschaft, 2. Bd., Münster 1983. 本書執筆終了後に以下の著作が出版されたが、十分参照できなかった。Werner Freitag, Die Reformation in Westfalen. Regionale Vielfalt, Bekenntniskonflikt und Koexistenz, Münster 2016.

30 「熱狂主義者 Schwärmer」という用語はルターが使ったものである。その後の教会史研究
でも使われ続けたが、現在の歴史研究ではほとんど用いられない。Goertz, Religiöse Be-
wegungen S. 59f.

31 宗教改革から生まれた少数派を表す概念や類型の試みについては、以下を参照。倉塚平
「序説　ラディカル・リフォーメーション研究史」倉塚平他編訳『宗教改革急進派』26-61
頁；出村彰『再洗礼派』167-191頁；出村彰「解説」出村彰他訳『宗教改革著作集　第8巻再
洗礼派』493-510頁。「宗教改革の左翼 The Left Wing of the Reformation」は、ローランド・H・
ベイントンが、1941年の論文で提唱した概念である。Roland H. Bainton, The Left Wing of
the Reformation, in: The Journal of Religion 21, 1941, pp. 124-134; Heinold Fast (Hg.), Der
linke Flügel der Reformation. Glaubenszeugnisse der Täufer, Spiritualisten, Schwärmer und An-
titrinitarier, Bremen 1962.「急進的宗教改革 Radical Reformation」の提唱者は、ジョージ・H・
ウィリアムスである。George Huntston Williams, The Radical Reformation, Philadelphia, 1962.

32 Goertz, Pfaffenhaß, S. 245. Vgl. Hans-Jürgen Goertz, Eine „bewegte" Epoche. Zur Heterogenität
reformatorischer Benegungen (Erweiterte Fassung), in: Gunter Vogler(Hg), Wegscheiden der
Reformation. Alternatives Denken vom 16. bis zum 18. Jahrhundert, Weimar 1994, S. 23-56.

33 Hans-Jürgen Goertz, Die Radikalität reformatorischer Bewegungen. Plädoyer für ein kulturg-
eschichtliches Konzept, in: Hans-Jürgen Goertz und James M. Stayer (Hg.), Radikalität und Dis-
sent im 16. Jahrhundert, Berlin 2002, S. 29-41.

34 Berndt Hamm, Bernd Moeller und Dorothea Wendebourg, Reformationstheorien. Ein kirchenhis-
torischer Disput über Einheit und Vielfalt der Reformation, Göttingen 1995.

35 R. W. スクリブナー・C. スコット・ディクソン著、森田安一訳『ドイツ宗教改革（ヨーロ
パ史入門）』岩波書店、2009年、59-70, 84-85頁。

36 Thomas A. Brady Jr., German Histories in the Age of Reformations, 1400-1650, New York,
2009; Carter Lindberg, The European Reformations, 2nd ed., Malden, 2010; Carlos M. N. Eire,
Reformations. The Early Modern World, 1450-1650, New Haven, 2016. ドイツ語圏でも、ラウ
スターが、カトリックを含む様々な宗教改革を「Die Reformationen」と複数形で表現して
いる。Jörg Lauster, Die Verzauberung der Welt. Eine Kulturgeschichte des Christentums, 3. Au-
flage, München 2015, S. 295-333. 近年の宗教改革研究におけるカトリックの位置づけにつ
いては、以下を参照。Wieste de Boer, An Uneasy Reunion. The Catholic World in Reformation
Studies, in: Archiv für Reformationsgeschichte 100, 2009, S. 366-387.

37 Bernd Moeller, Was wurde in der Frühzeit der Reformation in den deutschen Städen gepredigt?,
in: Archiv für Reformationsgeschichte 75, 1984, S. 176-193; ders., Die Rezeption Luthers in der
frühen Reformation, in: Hamm u. a., Reformationsgeschichte, S. 9-29; Scott H. Hendrix, Reculti-
vating the Vineyard. The Reformation Agendas of Christianization, Louisville/London, 2004.

38 Berndt Hamm, Einheit und Vielfalt der Reformation – oder: was die Reformation zur Reforma-
tion machte, in: Hamm u. a., Reformationstheorien, S. 57-127; Goertz, Antiklerikalismus, S. 18f.,
117f.

39 Harold S. Bender, The Anabaptist Vision, in: Church History 13, 1944, pp. 3-24; 倉塚平「序説 ラディカル・リフォーメーション研究史」33-36頁

40 複数起源説を唱えた記念碑的論文。J. M. Stayer, W. O. Packull and K. Deppermann, From Monogenesis to Polygenesis: The Historical Discussion of the Anabaptist Origins, in: The Mennonite Quarterly Review 49, 1975, pp. 83-121. ただし、再洗礼派の多様性については、その後修正の動きがある。スナイダーは、複数起源を認めながら、再洗礼派神学に共通性があったことを示そうとした。シュテイヤーも後に自らの複数起源説は違いを強調しすぎたと考え直し、スイスと南ドイツ再洗礼派の密接な関係を強調するようになった。彼は、上のスナイダーの試みも高く評価している。Arnold Snyder, Beyond Polygenesis: Recovering the Unity and Diversity of Anabaptist Theology, in: H. Wayne Pipkin (ed.), Anabaptist Theology, Elkhart, 1994, pp. 1-33; James M. Stayer, Swiss-South German Anabaptism, 1526-1540, in : John D. Roth and James M. Stayer (eds.), A Companion to Anabaptism and Spiritualism, 1521-1700, Leiden / Boston, 2007, p. 105; Ders., Whither Anabaptist Studies?, in: Anselm Schubelt, Astrid von Schlachta und Michael Driedger (Hg.), Grenzen des Täufertums / Boundaries of Anabaptism. Neue Forschungen. Beiträge der Konferenz in Göttingen vom 23.-27. 08. 2006, Heidelberg 2009, S. 395-398. シューベルトは、21世紀に入ってから「新宗派主義 Neukonfessionalismus」的な研究が出てきていると指摘している。彼によれば、ストゥルービント (Andrea Strübind)やビーゼッカー－マスト (Gerald Biesecker-Mast)らは、神学や教会に対する貢献を重視する立場から、複数起源説などのベンダー的な見方を批判する研究を社会史的な「修正主義的再洗礼派研究 revisionistischen Täuferforschung」だと批判している。Anselm Schubelt, Täuferforschung zwischen Neukonfessionalismus und Kulturgeschichte, in: Schubelt u. a. (Hg.), Grenzen des Täufertums, S. 399-405.

41 代表的な研究は、J. M. Stayer, Anabaptists and the Sword, Lawrence, 1972. 初期のスイス再洗礼派については、Arnold Snyder, Swiss Anabaptism: The Beginnings, 1523-1525, in: Roth, et al. (eds.), A Companion to Anabaptism and Spiritualism, pp. 45-81、研究史については、踊共二「再洗礼派運動と農民戦争」『史潮』新23号、1988年、89-101頁 を参照。

42 キルヒホフの研究は、ミュンスター再洗礼派が当初は平和的であったことを明らかにし、本質的に暴力的だったというイメージを覆した。Karl-Heinz Kirchhoff, Gab es eine friedliche Täufergemeinde in Münster 1534?, in: Jahrbuch des Vereins für Westfälische Kirchengeschichte 55/56, 1962/63, S. 7-21. さらにキルヒホフは、ミュンスター再洗礼派運動は貧民の反乱だと言う伝統的イメージも覆した。Karl-Heinz Kirchhoff, Die Täufer in Münster 1534/35. Untersuchungen zum Umfang und zur Sozialstruktur der Bewegung, Münster 1973. (以下「KIR」)

43 ミュンスター再洗礼派に関する研究史の概要は、本書2.2を参照。

2 課題と方法

　ミュンスター再洗礼派運動は最終的に特異なかたちを取ったとしても、都市で起こった宗教改革運動の一種であるため、都市宗教改革の文脈の中に位置づけられる必要がある。そのため、先ず都市宗教改革研究の研究史と課題を把握し、その文脈の中にミュンスター宗教改革・再洗礼派運動研究の研究史と課題を位置づける。こうして課題を明確にした後、その課題を検討するための方法を詳述する。

1 都市宗教改革研究の課題

1.1 研究史の状況：都市宗教改革の共同体主義的性格

　1960年代から80年代にかけての宗教改革研究で大きな注目を浴びたのは、都市の宗教改革であった。宗教改革は都市的な現象だと見なされ、ドイツでも、英語圏でも、日本でも数多くの研究が出された[44]。

　これらの都市宗教改革研究では、都市住民の共同体への帰属意識が宗教改革運動の進展に与えた影響を強調する傾向にあった。このような見方を広める嚆矢となったのが、帝国都市の宗教改革においてゲノッセンシャフト的精神が運動推進のための最も重要な推進力であったと指摘した1962年のベルント・メラー『帝国都市と宗教改革』である[45]。彼は、中世末の都市は市民共同体と教会共同体が一つに重なった「聖なる共同体」であり、市参事会も市民もそれぞれの職分に応じて公益、都市全体の救済に配慮すべきであるというゲノッセンシャフト的な考え方を共有していたと指摘した。そして、このような彼らの共同体理念が宗教改革の理念と合致したために、帝国都市において宗教改革の理念が受容され、運動を成功に導いたと考えた。また、ハインツ・シリンクは、領主を持つがゆえにゲノッセンシャフト的理念に基づく宗教改革が成り立たないとメラーが見なした領邦都市も、高度な自治権とゲノッセンシャフト的伝統を持っていたことを明らかにした。そして、メラーのテーゼを、帝

国都市だけでなく、領邦都市、司教都市といった他の種類の都市にも適用できることを示した[46]。

さらに、ペーター・ブリックレは、このメラーのテーゼは都市だけでなく農村でも当てはまると考えた。彼によれば、都市や農村の共同体は、宗教改革理念を、共同体による教会及び政治的自治を擁護するものだと見なしていた。そのためブリックレは、共同体主義が、南ドイツの帝国都市のみならずあらゆるタイプの都市、さらには農村をも含む全ドイツ社会で宗教改革運動を推進させた基本原理であったと評価して「共同体宗教改革」というモデルを提唱した[47]。人々が宗教改革を受け入れる際にゲノッセンシャフト的精神あるいは共同体主義が重要な役割を果たしたというメラーのテーゼの適用範囲は、当初彼が想定していた帝国都市だけでなく、領邦都市や農村共同体にも拡大されていった。

このようにメラーやブリックレは、ゲノッセンシャフト的理念や共同体主義という市民あるいは平民の理念と宗教改革の神学との親和性を宗教改革運動の原動力と見なし、それらの理念を抱いていた市民あるいは平民、そして彼らによって構成される都市共同体を宗教改革運動の中心的担い手であると捉えた。

1.2　研究の課題：都市の多様な住民の参加を考慮する必要性

しかし、宗教改革運動は、市民あるいは都市共同体によってのみ支持された運動ではなかった。市民以外の様々な都市住民もまた、それぞれのやり方で宗教改革運動に参加していた。

先ず、都市のお上である市参事会が宗教改革運動で果たした役割が無視できないものであったという指摘が様々な研究者によってなされた。

メラー以降、市民や平民が宗教改革の主要な担い手だと考えられるようになると、市参事会は主に宗教改革運動の障害として消極的な役割を与えられることになった。ブラディは、シュトラースブルクの市参事会員職を独占していた門閥市民が教会や修道院と密接な関係にあったことを明らかにし、彼らはできるだけ少なく、しかし自分達の支配的地位を

守るために必要なだけは改革したと結論づけた[48]。またブリックレは、宗教改革運動の主要な担い手は市民や民衆であり、市参事会ではなかったと指摘している[49]。

しかし、オズメントやシュミットは都市で宗教改革が導入される場合、市参事会による受容、公認が必要であったため、市参事会の役割は重要だったと評価した[50]。またゲルツは、都市における宗教改革運動は、程度の差はあれ市民と市参事会の協力によって進められたと宗教改革における市参事会の関与を一定程度認めている[51]。さらに渡邊伸は、シュトラースブルクの市参事会は中世以来自らの支配領域の教会や聖職者への統制を強めようとしており、同様の目的で宗教改革を積極的に進めていく場合があったことを指摘した。彼はこのような傾向は領邦君主にも見られるとし、市参事会と諸侯が公権的教会改革を行っていたと評価した[52]。

以上のように宗教改革に対する市参事会の態度は、大別すると宗教改革運動を阻害すること、公認すること、市民と共に推進すること、主体的に推進することという四つに分類される。しかし、市参事会主導の宗教改革の存在を否定するメラーやブリックレが、宗教改革の制度化における市参事会の役割を認めていることからも明らかなように[53]、これら四つの態度は相互に排他的だったわけではない。

市参事会が最初から積極的に宗教改革を推進した例は余り見られなかったにせよ、彼らは単なる宗教改革の阻害者ではなく、より多様な態度を取っていた。市参事会が以上の四つの態度のいずれを取るにせよ、都市宗教改革の進展に大きな影響を与えていたことは確かであり、市参事会が宗教改革運動で果たした役割は無視できない重要性を持っている。

またハムは、宗教改革を「上から」と「下から」に二分し対置するブリックレ的な見方を批判し、ブリックレが共同体的宗教改革の時代だと見なす1525年以前に、既に都市のエリート層が宗教改革を受容していたことを強調した。南ドイツでは宗教改革の最初の支持者は、上層市民、人文

主義者、法曹、市参事会の書記、学校教師、さらには医師や出版業者など、都市の知的エリート層、さらには説教師や修道士のような聖職者であった[54]。

　他方で、農村でも都市でも多くの住民が共同体の正規の成員ではなく、共同体自治から排除されていた。メラーやブリックレの論は、このような住民を考慮に入れていないという指摘も存在する。ルッツは、ブリックレが農民戦争や宗教改革の主体であったと見なした「平民（gemeiner Mann）」という用語の用法を精査し、平民という用語が示す人々の範囲を明確にした。その結果、南ドイツの都市や農村共同体では、「平民」は民衆全体ではなく、都市や農村のゲマインデに属していた人々、つまり南ドイツの都市においては家屋を持ちツンフトに属する市民、農村においては家を持ちゲマインデ集会に参加する権利を持つ完全農民のみを指す用語であり、多くの成人が「平民」には該当しなかったことを明らかにした[55]。スクリブナーもまた、都市でも農村でも、扶養家族や奉公人、日雇い労働者、女性など大部分の住民が共同体の正規の成員として認められておらず、内部に階層格差や利害対立が存在していたことを指摘した[56]。

　しかし、グライエルツによれば、市参事会員資格のない都市住民の各階層がどのように宗教改革の教義を受け取ったのかについて、綿密に分析を行った研究は存在しない[57]。この指摘は1985年とかなり以前に出されたレビュー論文でなされたものだが、管見の限りでは、その後も状況は変わっていない。スクリブナーも共同体の成員と非成員の共同体意識が異なっていたことを実証的に示しているわけではなく、彼の指摘は理論的な推測に留まっている。

　また、宗教改革運動研究では、宗教改革運動に参加していた女性の役割が長らく無視されてきたが、80年代以降になると、宗教改革運動における女性の役割に関する研究が次々に現れるようになった[58]。

　以上のように、メラーの研究が公表されて以降大きく発展した都市宗教改革研究は、市民や平民だけでなく、支配層から下層民、女性まで、都市のあらゆる立場の人々が運動に関与していたことを明らかにしつつあ

る。ゲルツは、ニュルンベルク、チューリヒ、ミュールハウゼンという三都市の宗教改革の過程を検証し、全ての場合で宗教改革は、教会、市参事会、市民層の間の相互作用の編み細工によって生じたと見なしたが[59]、このような様々な集団や階層が織りなす「相互作用の編み細工」がどのようなものであったかを明らかにすることは、都市宗教改革運動研究にとって本質的な重要性を持つであろう。

　しかし、カウフマンが指摘するように1990年以降宗教改革研究で問題意識に大きな変化が起こり、1980年代までは宗教改革研究の中心であった都市宗教改革研究は、1990年代以降下火になった[60]。そのため、上記のような視点を包括して、都市宗教改革運動を把握しようという試みは未だ十分になされているとは言えない状況にある。

　以上の都市宗教改革の研究状況を鑑みると、異なった社会的背景を持つ多様な住民がそれぞれ宗教改革に対しどのような態度を取っており、その進展にどのような影響力を及ぼしていたかを個別に把握すると同時に、彼らの主張や行動がどのように相互作用し、運動を進展させたかを明らかにすることが必要だと考えられる。その際、共同体主義などの規範がどの程度多様な住民に共有されていたのか、宗教改革運動に対する彼らの態度へどのような影響を及ぼしていたかも重要な問題となるであろう。

2　ミュンスター宗教改革・再洗礼派運動研究の課題

2.1　研究史の状況：共同体主義に基づいた運動

　本書では、以上の問題を検討するためドイツ北西部ヴェストファーレン地方の中心都市ミュンスターで起こった一連の社会運動を分析する。ミュンスター市は、1525年の騒擾、1530年から33年にかけての宗教改革運動、1533年から34年2月にかけての三宗派分裂、1534年2月から35年6月にかけての再洗礼派統治と、16世紀に入ってから立て続けに激しい社会運動を経験した。ミュンスターの一連の社会運動は、短期間のうち

に中世以来の反教権主義的な騒擾から、宗教改革運動、さらには再洗礼派統治にまで急進化したという意味で、極めて特異なものであった。

再洗礼派統治の時代から20世紀後半までは、ミュンスター再洗礼派運動の参加者は主に貧窮した下層民であり、彼らが政治的・経済的理由で運動に参加し、反乱あるいは革命運動を引き起こしたという考え方が支配的であった[61]。19世紀半ばには、カール・アドルフ・コルネリウスが、ロートマンやヴァッセンベルクの説教師を支持したのは貧しい手工業者であり、富裕な中産市民が支持する市参事会と敵対したと、階級闘争の構図でミュンスターの宗派対立を説明した[62]。1895年にはカール・カウツキーが、ミュンスター再洗礼派運動を、プロレタリアートによる共産主義実現の試みとして位置づけ、社会主義の先駆者として肯定的に評価した[63]。第二次大戦後の1966年にも、東ドイツの歴史家ゲルハルト・ブレンドラーが、ミュンスター再洗礼派王国を、初期市民革命として性格づけた[64]。

このような伝統的なミュンスター再洗礼派観を根底から覆したのが、1973年に発表されたカール－ハインツ・キルヒホフによるミュンスター再洗礼派の社会構造分析である[65]。この研究において、彼は大きく分けて二つの画期的なテーゼを導き出した。第一に、この研究の中で彼は、ミュンスター占領後に司教によって没収された再洗礼派の財産リストに掲載された財産評価額を用いて、再洗礼派の財産階層を分析した。そこから、ミュンスター再洗礼派の財産階層は貧困層に偏っていたわけではなく、都市の住民は全ての階層で垂直的にルター派と再洗礼派に分裂したという分析結果を導き出した。第二に、彼は包括的な再洗礼派の人名リストを作り、都市支配層の変遷や再洗礼派統治期の役職について検討を加えた。そして、ミュンスター再洗礼派運動で下層民が運動の主導権を握ったことはなく、一貫して名望家層が指導的立場にあったことを明らかにした。

この二つの結論の研究史上の最大の功績は、ミュンスター再洗礼派を下層民中心の社会革命だと考える従来の見方を覆したことである。これ

によりその後の研究では、ミュンスター再洗礼派運動が生じた原因、運動の参加者の動機、そして運動の性格を、新しく捉え直そうという試みが促進された。

キルヒホフの研究成果に基づき、ミュンスターという都市の統治制度と一連の社会運動の関係を明らかにしたのが1975年のハインツ・シリンクの研究である[66]。彼によれば、中世以来、民衆の不満が高まり都市内で蜂起が生じた際に、市民委員会やギルド指導者達が彼らの要求を引き受け市当局と交渉し彼らの要求を認めさせることで、民衆の蜂起が無軌道にならないよう防いでいたという。彼はこの紛争解決のメカニズムを「ゲノッセンシャフト的蜂起運動」と呼んでいる。そして、都市支配層から排除されていた名望家層が、権力奪取のためにこのようなメカニズムを利用したことでエリート循環が生じたと指摘した。さらに、市参事会のお上的な政策が市民の不満を招き、彼らが都市のゲノッセンシャフト的伝統に適合するロートマンの教説を自分達のイデオロギー的基盤に据えたため、ミュンスターにおける再洗礼派運動が多くの市民や下層民の支持を集めたと考えた。

また、倉塚平は、シリンクの研究で十分検討されていなかった1533年以降の市内の宗派分裂の過程を再検討した。彼は、他の都市と違いミュンスターで再洗礼派が勝利できたのは、市参事会と全ギルド会議が共同で統治を行うという二極的統治構造があったためだと見なした。この統治構造はミュンスター特有のものであった。倉塚によれば、市参事会と並ぶ共同統治機関である全ギルド会議が、都市住民の下からの要求を市参事会に媒介する役割を果たしていたために、全ギルド会議の成員であった二流の名望家層は再洗礼派の利益を擁護せざるを得なかったという。そして市参事会と全ギルド会議の影響下にあった市民層も、その両者の分裂によって全ての財産階層を貫き垂直的に分裂したと考えた[67]。

さらにシャーは、宗教改革や再洗礼主義の支持者、特に指導的な役割を果たしたギルド員は、キリスト教的な共同体主義に基づき、支配的地位を独占し、自分たちの自己利益を公益よりも優先する聖職者、門閥市

民、ギルドの指導者たちが壊した都市共同体の一体性、つまり都市市民の平等性と公共の福利への配慮を取り戻そうとしていたと見なした[68]。ラルフ・クレツァーもまた再洗礼派運動は、都市のゲノッセンシャフト的伝統をその力の源泉にしていたとしている[69]。

このようにキルヒホフ以降、ミュンスターの宗教改革や再洗礼派運動は、市民を主体とした共同体主義的な運動だと評価されるようになっていった。

1990年前後には、キルヒホフ（1988年）、クレツァー（1992年）、ラウバッハ（1993年）が、キルヒホフ以降のミュンスター再洗礼派運動研究の様々な成果を盛り込み、それまでの研究成果を総括するような研究を立て続けに発表した[70]。これらの研究では、統治制度に主眼を置いたキルヒホフ以降の研究成果を土台として、ミュンスター再洗礼派運動を成立させた動機を明らかにしようとしている。キルヒホフとラウバッハは、ミュンスター市内のロートマン支持者が成人洗礼実行に踏み切ったのは、低地地方のメルヒオール派によってもたらされた終末期待を受け入れたためだと考えた[71]。他方、クレツァーは、ミュンスターでは、宗教改革期から再洗礼派統治期まで一貫して、聖人の共同体を作るために既存の社会秩序を変革することを目的としていたと主張した[72]。この両者の間では論争が続いており、ラウバッハとクレツァーが近年行った論争の模様は、2012年に刊行されている[73]。

2000年代に入ってからの研究でも、ミュンスターで宗教改革運動が進展する過程よりも、再洗礼派主義が受け入れられた後の時期に検討の重点が移っている[74]。例外は、2008年に刊行されたデ・バッカー等によるロートマンの思想と都市宗教改革を扱った研究である[75]。彼らは、再洗礼派統治が始まる前の時期にも多くの紙幅を割いているが、主にロートマンの思想の変遷が分析の主眼となっており、市内の諸勢力の力学的関係に関する詳細な分析は行われていない[76]。

このようにキルヒホフのミュンスター再洗礼派の社会構造分析は、それまでのミュンスター再洗礼派研究を根底から覆し、彼の研究以降ミュ

ンスターにおける再洗礼派運動の勃興を貧民の経済的困窮によって説明する見方は事実上駆逐された。そのため、キルヒホフの社会構造分析が、その後の再洗礼派研究の新たな出発点になったと言える。その後シリンクと倉塚が、ミュンスターの都市制度や市内での政治的力学に注目し、中世後期以来の都市蜂起や共同体主義的な都市宗教改革運動と関連づけた。これによって、ミュンスターの宗教改革運動や再洗礼派運動をより広い視野から捉えることができるようになったことも研究の大きな進歩であった。

2.2 研究の課題：都市の多様な住民の参加を考慮する必要性

しかし、再洗礼派統治以前を扱った上記の研究は、以下のような様々な問題を抱えている。

第一に、彼らの研究の基盤を成すキルヒホフの研究には問題があり、その信頼性が揺らいでいることである。その問題は、大きく分けると以下の三つである。

一つ目の問題点として、没収財産リストに出てくる者の数が少なすぎることが挙げられる。それ故ペトリは、再洗礼派の大部分は財産を持たない貧民であったと指摘した[77]。シリンクや倉塚も、基本的にはキルヒホフのテーゼを受け入れつつも、下層民の大部分は再洗礼派に移行したと見なした[78]。また、オルトマーとシントリンクは、財産価値が分かる人数が、住民の総数に対して少なすぎるので、それだけでは住民全体の財産階層について十分な証言力を持たないと評価した[79]。

二つ目は、キルヒホフが再洗礼派の財産階層分布を評価する際に行った比較に関する不備である。彼が用いた没収財産リストには家屋や土地といった不動産のみの評価額しか記載されていないが、通常の財産階層分析で用いられる租税記録の税額はほとんどの場合不動産と動産を合わせた全財産の評価額によって決まっていた。再洗礼派統治以前のミュンスターの財産階層分布は租税記録が残っておらず利用できないため、キルヒホフが再洗礼派の財産階層分布を評価する際に比較対象として用い

たのは、1539年のエギディ市区と1525年のヒルデスハイムの財産階層分布だった。この二つの分布作成で使われた租税記録でも、全財産の評価額によって税額が算出されていた[80]。このように双方の条件が全く違うので、不動産評価額のみによって算出された財産階層分布は、他の財産階層分布と比較ができず、この方法ではミュンスター再洗礼派の財産階層分布が貧困層に偏っていたかどうかは判断できない。さらに、キルヒホフは比較を行う際に、財産階層を異なった基準で区切っている。彼は貧困層を、一般によく用いられる基準である100グルデン以下の財産を持つ者だと見なし、ミュンスター再洗礼派の財産階層分布についてはこの基準を適用している[81]。しかし、彼が比較対象にしているエギディ市区とヒルデスハイムについては100グルデンを基準としていないため、適切な比較になっていない[82]。

　三つ目は、没収財産リストには、再洗礼主義を信奉しておらず、成人洗礼を強制された者の不動産も含まれていたので、キルヒホフが算出した財産階層分布は、そもそも再洗礼派の財産階層分布とは言えないということである。

　以上のような方法上の不備があるため、70年代以降のミュンスター再洗礼派運動研究の土台を成してきたキルヒホフのテーゼを信頼することは、もはや不可能となっている。

　しかし、キルヒホフ以降、ミュンスター再洗礼派の社会構造を再検討し、キルヒホフの研究を正面から乗り越えた研究は現れておらず、この状況は現在に至るまで変わっていない[83]。このことは、キルヒホフに依拠している既存の研究の土台が大きく揺らいでいることを意味している。

　第二の問題は、市民以外の住民が宗教改革運動で果たした役割に対する関心が著しく低下したことである。キルヒホフ以降の研究では、都市の名望家層と市民層がミュンスターの宗教改革運動や再洗礼派運動の主要な担い手であったと見なされたため、それ以外の住民、つまり貧困層や女性といった都市制度の中で周辺的な立場にいた人々、反対に市参事会や門閥市民層といった都市で支配的な役割を果たしていた機関や階層

が運動で果たした役割が軽視されるようになったことは問題であろう。

　下層民を中心的な担い手だと見なしていた60年代までの研究は、市参事会や都市名望家がミュンスターの宗教改革で果たしてきた役割を正しく評価してこなかったし、逆にキルヒホフ以降の名望家や市民を中心的担い手だと見なす研究では、市参事会や下層民が宗教改革で果たした役割が十分に検討されなくなった。さらにエリート層以外の都市住民の階層格差や利害の相違が宗教改革で果たした役割に対する関心も薄れている。

　また、ミュンスターでは圧倒的に女性の方が再洗礼主義を支持する傾向が強かったにもかかわらず、ミュンスターの再洗礼派女性に関する研究は極度の史料不足のために乏しく、彼女達が再洗礼主義を支持した動機は未だ明らかになっていない[84]。

　以上のように、運動における都市やギルドのゲノッセンシャフト的伝統の影響力が強調され、名望家や市民に関心を集中させるという視角は、メラー以降の都市宗教改革研究と共通しているため、前節で指摘した都市宗教改革研究の課題は、ミュンスター再洗礼派研究にも当てはまる。

　第三の問題点は、既存の研究はいずれも、ミュンスターの宗教改革や再洗礼派運動の性格を一義的に説明しようという傾向が強いことである。既に見てきたようにこれまでの研究は、ミュンスター再洗礼派運動を、貧窮した貧民が財産を狙った運動、あるいは貧民による初期市民革命、あるいはゲノッセンシャフト的伝統を回復しようという運動、あるいは終末を待望する運動、あるいは身分制を廃絶する社会改革的な運動等と様々に性格付けてきた。つまり、いずれの研究も、運動全体を規定する中心的な性格や運動参加者の動機・目的があったことを想定している。そして、そのような見方は、往々にして運動の中心的担い手の想定と結びついてきた。

　運動全体を規定する性格、運動の中心的支持者の存在を想定することは、複雑な運動を単純化し、分析や理解を容易にするという意味で有用である。しかし他方、中心的担い手を想定し、分析対象を予め絞るとい

う方法は、分析していない階層の住民が社会運動で果たした役割を正しく評価できないという非常に重大な欠点を持っている。

このような想定は、ミュンスターの宗教改革運動や再洗礼派運動に全階層の住民が参加していたことを考えると問題である。個々の階層が運動においてどのような役割を果たしていたかは、実際に検討してみないことには正確に評価できないためである。

また、都市には様々な階層や属性を持つ多様な住民が住んでおり、彼らの利害や目的は必ずしも一致したとは限らない。むしろ、立場が違う者は各々異なった利害関係や動機に基づき、宗教改革運動や再洗礼派運動に対する態度決定を行ったと考える方が自然である。この推定の蓋然性は、様々な集合行動研究で、運動参加者の間で必ずしも動機が一致するわけではないことが確認されていることからも強められる[85]。

そのため本書では、運動の中心的性格は何だったのか、運動の中心的な担い手はどのような階層だったのかという問いの立て方は行わない。その代わりに、先ずあらゆる階層、あるいはあらゆる属性を持つ人々を同じように扱い、それぞれがミュンスターにおける一連の社会運動に対し取った態度、各々が社会運動の中で果たした役割を個別に評価する。そして、多様な人々が各人の利害や意志に基づき行った行動が、いかに相互に影響しあい、運動を進展させていったかを分析する。それを通して、ミュンスターの宗教改革および再洗礼派運動の全体像を明らかにすることが本書の課題となる。

3　分析方法

本書では都市の宗教改革運動の全体像を把握するために以下のような方法を用いて分析を行う。

3.1　本書の構成と分析方法の概要
3.1.1　本書の全体構成
先ずミュンスターの各社会運動を、第一に個別的に、第二に通時的に

分析する。つまり、1525年の反教権主義的騒擾、1530-33年の宗教改革運動、1533-34年の再洗礼派運動という三つの社会運動を第3章から第5章にかけて個別に分析した後、第6章でその三つの社会運動全てを相互に比較しながら通時的に分析する。各社会運動それぞれを詳細に検討することによって、個々の社会運動の全体像を描き出す一方、複数の社会運動を相互に比較することによって、ミュンスターの様々な住民がそれぞれどのように主張・行動したか、そして彼らの行動がいかに相互作用し社会運動を進展させたか、その特徴を明らかにしようと試みる。

3.1.2 各社会運動の個別的分析の方法

　第3章から第5章までの各社会運動の個別的分析は、以下の手順に従って行う。先ず各社会運動の事件の経過を史料に基づき通時的に検証する。しかし、時系列に従った記述には極めて多様な要素が入り交じることになり、個々の集団や社会階層、運動全体の動機や行動の相互作用を整理して分析することが困難である。そのため、次に事件の経過の検証によって明らかになったことを個々の論点に整理して分析することが必要になる。本書では、以下の二つの段階に分けてそれらの分析を行う。（図1）

図1　各社会運動の分析

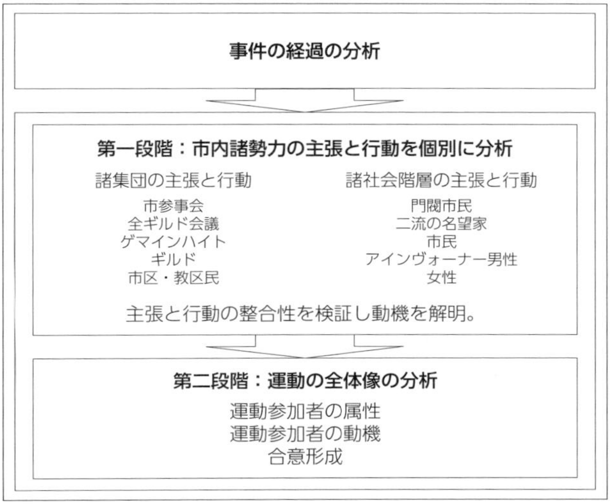

事件の経過の分析

↓

第一段階：市内諸勢力の主張と行動を個別に分析

諸集団の主張と行動	諸社会階層の主張と行動
市参事会	門閥市民
全ギルド会議	二流の名望家
ゲマインハイト	市民
ギルド	アインヴォーナー男性
市区・教区民	女性

主張と行動の整合性を検証し動機を解明。

↓

第二段階：運動の全体像の分析

運動参加者の属性
運動参加者の動機
合意形成

第一段階：様々な属性を持った住民が、社会運動においてどのように主張・行動していたかを分析する。

　本書では、社会運動に対する個人の態度決定は、集団や社会階層への帰属意識や備えている様々な属性によってある程度規定されていると仮定して分析を行う。この仮定は、都市共同体やギルドの集団規範であるゲノッセンシャフト的精神や共同体主義が、宗教改革運動で人々の態度を規定していたという、これまでの宗教改革運動研究の前提に倣ったものである。そのため、本書では、様々な属性を持った住民が、各社会運動でどのような行動を取り、どのような主張を行ったかを検証することで、彼らの社会運動に対する態度を明らかにしようと試みる。

　しかし、彼らの主張が彼らの態度決定の意図を忠実に表したものであるとは限らない。そのため、彼らの主張が実際の態度決定と整合性があるかどうかを含めて検証する。このように個々の属性を持つ都市住民の主張と態度決定の整合性を検証することで、宗教改革運動で彼らの態度決定を規定していた要因の特定を試みる。

　その際、個別に分析する対象は、以下の通りである。先ず都市制度上の集団である1. 市参事会、2. 全ギルド会議、3. ゲマインハイト、4. ギルド、5. 市区・教区民。そして、政治的社会階層である6. 門閥市民、7. 二流の名望家、8. 市民、9. アインヴォーナー男性、10. 女性。これら10に分けた対象の主張と行動を分析する。

第二段階：様々な属性を持つ住民の個々の行動や主張が、どのように相互作用して社会運動を進展させていったのかを以下の三つの手順を用いて分析し、社会運動の全体像を俯瞰する。

分析の手順1：都市住民の属性が、社会運動における彼らの態度決定をどのように規定していたかを検討する。

　先ず、分析の第一段階で個々の集団・社会階層が、それぞれ社会運動に対してどのような態度を取っていたか、つまり運動を支持する傾向の度合いを明らかにした後、その分析結果を基にどのような属性が彼らの態度決定と相関関係にあったのかを検証する。

その際、集団や政治的社会階層への所属以外の属性も考慮に入れる。都市の住民個人は、それぞれ様々な属性を持っており、上で挙げた集団や社会階層への所属はその中の一つに過ぎない[86]。そのため、史料で特定の集団や社会階層が、運動を支持する傾向があったことを確認できたとしても、その集団や政治的社会階層に所属していたためにその成員が運動を支持していたかどうかは分からない。実際には、その集団や政治的社会階層への所属そのものではなく、それらに所属する個人の多くが備えている他の属性が、運動支持・不支持を規定していた可能性があるためである。

例えば、門閥市民は政治的社会階層の上層に所属していたが、同時に彼らは経済的社会階層でも上層を占めていた。政治的社会階層と経済的社会階層は必ずしも一致しないが、密接な関係がある。そのため、門閥市民が宗教改革運動に反対する傾向が史料によって確認できたと仮定しても、そのような傾向が彼らの政治的地位と経済的地位のどちらに直接規定されていたかは判別がつかない。さらには、門閥市民は他の属性も保持していたため、政治的社会階層と経済的社会階層のどちらも宗教改革への不参加とは無関係であり、他の属性が影響を及ぼしていた可能性もある。（図2）

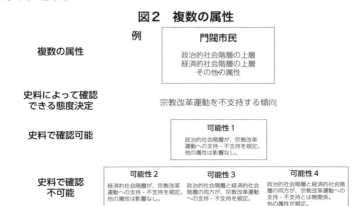

図2　複数の属性

史料で直接確認できる属性以外も考慮する必要性がある。

歴史学研究では変数を統制することが極めて困難であるため、因果関係や相関関係の検証には大きな困難が伴う。そこで、本書では史料で確認できる属性だけではなく、それらの属性と密接に関係すると思われる他の属性が個々人の態度決定を規定していた可能性を考慮することで、運動支持・不支持と相関関係にあった属性を推定する精度を高めようと試みる[87]。

　その際、先ず運動を支持する者と支持しない者の間の分裂線が、どこに走っていたのかに特に注目する。

　複数の集団・社会階層が運動を支持している場合、複数の属性が運動支持という態度決定と相関関係にある可能性がある。このように複数の属性が態度決定と相関していると思われる場合、可能な限りそれら複数の属性の間に共通要因を抽出しようと試みる。共通要因が見いだせない場合、または共通要因だけでは態度決定を説明できない場合のみ、複数の属性がそれぞれ態度決定と相関関係にあったと想定する。

　複数の属性が態度決定を規定していた可能性が想定できる場合、個々の属性と態度決定の間の相関関係の強さを評価する。この評価の指標として、各属性を備えた者が運動を支持、または支持しなかった比率を用いる。比率を算定できない場合には、史料の記述を参考にして傾向を推定する。また、可能な場合には、複数の属性と態度決定の相関関係の度合いを比較し、各属性の説明能力の相対的な程度を明らかにする。

分析の手順2：様々な属性を持つ住民の主張を比較し、彼らの主張がどの程度共通しているか、異なっているかを検証し、その主張と彼らの行動の整合性を考慮に入れながら、彼らが社会運動で取った態度決定の動機を明らかにする。

　その際の分析の手順は以下のとおりである。先ず、当事者の発した主張を分析する。この時彼らが発した主張は、彼らの動機を率直に述べたものであると、あえて一度仮定する。というのは、動機といった内面的な要素は、直接観察できるものではないため、動機の分析を行う際には、彼らの主張や行動など客観的に観察できる対象が必要だからである。そ

の意図がはっきりせず様々に解釈できる行動を分析するよりも、その意味内容をより厳密に解釈できる主張を分析するほうが、動機をより明確に推定することができる。

ただし、本書では、ロートマンたち説教師の思想そのものには深く立ち入らない。本書の目的は、彼らの思想を明らかにすることではなく、その思想がどのように住民に受容されたかを明らかにすることだからである。既存の研究は説教師の神学や再洗礼派指導者の主張から、ロートマン派・再洗礼派の動機を探るという手法を採ることが多い[88]。しかし、ミュンスターの住民が、説教師や指導者の言うことをそのまま受け取り、受け入れていたとは限らない。そのため、本書では一般信徒の主張を検討することによって彼らの動機を探るという手法を採る。他方、説教師たちの説教や著作で展開された思想については、住民の受容を明らかにするために必要な場合のみ触れる。

しかし、一般信徒の主張が、弁解や嘘などによってその動機を率直に表明したものではない可能性は常に残る。そのため、彼らの主張と行動が整合的かを検証することによって、その主張の信頼性を評価する。行動は客観的に観察できるし、行動を取った者はその結果を自分で引き受けねばならないため、主張とは異なりその主体の意志をより率直に表していると評価することができる。このように本書では、主張と行動を単独で分析する時に生じる欠点を補うために、双方の整合性を検証することによって、彼らが社会運動で採った態度決定の動機を明らかにしようと試みる。

分析の手順3：様々な属性を持つ都市住民の個々の態度決定が、ミュンスターにおける社会運動の進行あるいはその阻害に与えていた影響、そして彼らの行動がいかに相互作用しながら社会運動を進展させていったかを検証する。本書では、それらの相互作用を分析する際に、集団・個人間で結ばれた「合意」に着目する。分析で用いる概念や枠組みの詳細については、本章の3.2.2で説明する。

3.1.3　社会運動の通時的分析の方法

　第2章から第5章の個別の社会運動の分析の結果に基づき、第6章で3つの社会運動全てを相互に比較しながら、ミュンスターの社会運動を通時的に分析する。分析する際の手順は、個別の社会運動を扱ったときと同様である。つまり、第一段階で様々な属性を持った住民が、社会運動においてどのように主張・行動していたかを個別に検証し、第二段階で、住民の属性と社会運動における態度決定の相関関係、都市住民の主張と行動の整合性と動機、彼らの合意形成と行動の相互作用について分析を加える。条件が異なる個々の社会運動で得られた分析結果を総合的に分析することによって、都市の社会運動・宗教改革運動の通時的な特徴を描き出す。

　以上のように本書では、各社会運動や様々な属性を持つ住民を個別に検討することで検証の詳細さと精緻さを担保する一方、各社会運動や様々な属性を持つ住民の主張や行動を比較検討することで、ミュンスター宗教改革運動の全体像を明らかにしようと試みる。

3.2　分析概念

　本書では、上記の分析を行う際に以下のような概念を用いる。

3.2.1　規範

　都市住民の間では、様々な規範が広まっていた。それらの規範は、宗教改革運動に参加した住民の主張や行動、動機と密接に関わっていた。その中でも、都市宗教改革の進展にとって特に重要な役割を果たしていたのが「反教権主義」と「公共の福利」であった。

3.2.1.1　反教権主義

　中世後期から近世にかけてカトリック教会や聖職者に対する批判が、様々な地域や人々によって行われていた。このような人々の志向を反教権主義（独 Antiklerikalismus; 英 Anticlericalism）という概念で呼び、宗教改革にとって重要な役割を果たしたと見なした代表的な論者が、ハンス－ユルゲン・ゲルツである[89]。彼は反教権主義という概念を、「人々の救

いに配慮すべく招命された者としての理想像から遥かに遠ざかった霊的な個々人への攻撃」だと定義している[90]。ハイコ・オーバーマンの定義では、それは、中近世ヨーロッパで聖職者が持つ不正な特権に反対する様々な行動を引きおこした態度や行動様式を指している[91]。

　ゲルツは、中世後期には、聖職者の倫理的逸脱行動、法的特権、租税や防衛などの義務の免除、経済的競合、教会裁判、教会での職務遂行の金銭化や職務怠慢など様々な原因で、聖職者に対する批判や攻撃が行われていたことを指摘した。このような反教権主義的な態度は、様々な地域や都市で、諸侯、知識人、市民や農民など様々な社会的立場の人々に広まっていた[92]。

　宗教改革はその初めから、反教権主義を中心的な主題としており、反教権主義的メッセージはパンフレットなどで人々の間に広がっていった。中世後期に反教権主義が広がっていたからこそ、反教権主義的性格を持つ宗教改革が急速に人々に受け入れられ実行されたと、ゲルツは考えた[93]。ただし、中世後期に聖職者への抗議が既に見られたにせよ、その批判は宗教改革によって聖職者身分を完全に廃絶するという、より根本的なものへと変化した[94]。宗教改革の原因は様々であり、それ故その目的もまた不均質であったが[95]、宗教改革の様々な思想や行動は、等しく反教権主義という状況の中で形作られ方向性を与えられたと、ゲルツは反教権主義の影響の大きさを強調している[96]。

　このようにゲルツによれば、中世後期から引き継がれた反教権主義は、宗教改革と不可分のものであった。クレツァーが、反教権主義はミュンスターの宗教改革の過程における構造的要素だと見なしているように[97]、それはミュンスターの宗教改革運動でも極めて重要な役割を果たしていた。そのため本書でも、一連の社会運動における反教権主義的な主張や行動に注目しながら分析を行う。

3.2.1.2　公共の福利

　中世以来ドイツにおける君主と臣下の関係は双務的なものであったが（本章3.2.2.2参照）、中世後期から近世初期の君主に義務づけられると考

えられていたのが「公共の福利」への配慮であった[98]。君主は自らが治める領域の全住民の利益や幸福に配慮する義務を負っており、この義務を果たすことによってのみ自らの支配の正当性を主張することができた。もし君主が臣下の公共の福利を配慮しない場合、君主は暴君だと見なされ支配の正当性を失った。君主が暴政を行う場合、臣下は暴君に抵抗することが認められた[99]。

　しかし、公共の福利の担い手は君主だけではなかった。臣下もまた、自らが属する支配領域の公共の福利を配慮すべきだという自己認識を持っていた。このような規範意識に基づき、選帝侯や都市同盟は皇帝や帝国に対し、自らも公共の福利の担い手であり、帝国の利益に資するために政治参加することを求めた[100]。公共の福利は市民や農民にとって最も高い価値を持っており、都市や農村の代表は公共の福利を引き合いに出して領邦議会で抗議を行っていた[101]。このように公共の福利は、君主の支配権の正当性の基盤であると同時に、お上に対し臣下が様々な要求を行う際の根拠でもあった。

　公共の福利は、多様な担い手、範囲、事項と関わる規範であった。そのため、公共の福利の担い手や適用範囲をめぐって競合が生じる可能性があり、実際に生じた。その競合は、主に君主と臣下の間で行われた。君主が自らの支配権の正当性を公共の福利への配慮を根拠に行ったのに対し、臣下もまた自らを公共の福利の担い手だと主張し、君主に対し自らの要求を正当化した。皇帝や帝国に対し選帝侯や都市同盟が、諸侯に対し領邦諸身分、都市、農村共同体が、さらには市参事会に対し都市の市民・住民が、公共の福利を根拠として批判・要求を行っていた[102]。そのため、公共の福利は、都市や農村における蜂起や抗議行動でも、お上への苦情や要求を正当化する役割を果たした[103]。このように公共の福利は、君主と臣下が政治的コミュニケーションを行う際、自身の主張を正当化するために必要不可欠な規範であり、本書が扱う都市騒擾や宗教改革運動に参加した人々の行動や主張にも大きな影響を及ぼしていた[104]。

　「公共の福利」は、同時代の史料の中で、ラテン語では「bonum com-

mune」や「utilitas publica」、「utilitas communis」、「salus publica」、「neces-
sitas publica」、ドイツ語では「gemeiner Nutzen」など様々な表現で呼ばれ
ていた[105]。そのため、本書では、市参事会や都市住民が、都市共同体や
住民全体の利益について言及している場合史料上の表現がどのようなも
のであろうと、それを「公共の福利」と表現して記述を行う。そして、本
書では「公共の福利」を、上で説明したような同時代人の規範を表す分析
概念として用いる。

3.2.2　合意形成

　都市騒擾や宗教改革運動が、どのように進展したかを分析する際に、
本書では市内外諸勢力が結ぶ「合意」に着目する。その際、以下のような
概念・枠組みを用いる。

3.2.2.1　「公式な領域」と「非公式な領域」

　都市社会を「公式な領域」と「非公式な領域」に分けて把握するという
視角は、川名洋が2010年の研究で提唱したものである[106]。川名は、近世
イングランドの自治都市レスターを分析する際、都市政府、職業ギルド、
フリーメン、市区、教区といった政治的経済的仕組みの下に組織された
社会を「公式な領域」、下層民や女性、若者のようなフリーメン以外の都
市民や移住民、郊外、親族や隣人、友人関係などそれに同調しない世界、
経済、社会を「非公式な領域」と概念上区分した。それは、彼がイングラ
ンド都市研究で見られる「定住民」やフリーメン社会、つまり「公式な領
域」の住民の社会認識ばかりに注目が集まる傾向に批判的だからである。
川名は、彼らと市内で生活圏を共有している下層民や移住民、女性や若
者、つまり「非公式な領域」の住民の社会認識が見過ごされる傾向は、近
世都市を見る場合に大きな欠陥になると述べている[107]。このような問題
意識は、これまでの都市宗教改革運動では、都市の名望家や市民、ゲマ
インデのような「公式な領域」にばかり注目が集まり、市民権を持たない
下層民や女性や若者のような「非公式な領域」の住民の役割が看過され
てきたという本書の問題意識と共通している。そのため、「公式な領域」
と「非公式な領域」を概念的に区分し、その相互関係を明らかにしようと

する川名の分析的枠組みは、本書の分析でも有用であると考える。

　ただし本書では、都市宗教改革運動の分析に合わせて、「公式な領域」と「非公式な領域」を以下の様な用法で用いる[108]。「公式な領域」は、帝国、領邦、都市における制度に基づいた諸集団や諸個人の活動領域を指す。都市内部で言えば、市参事会、全ギルド会議、ゲマインハイト、ギルド、市区・教区共同体といった都市制度の中に位置づけられた諸集団、あるいはそこに所属する個人がその集団の成員として行う諸活動のことを指す。

　「非公式な領域」は、制度に基づかない、私的な立場で行われる個々人の活動領域を指す。市民権を持たない男性や女性の活動はほぼ全て「非公式な領域」での活動に属することになるし、上記の都市制度上の諸集団に所属する市民による活動も、所属する集団と無関係な私的な立場で行われる場合は「非公式な領域」での活動と見なす。

　この「公式な領域」と「非公式な領域」は純粋な分析概念なので、本書では当時の都市住民自身の「公」と「私」の区分の仕方ではなく本書の目的に合致するように二つの領域を区分している。

　本書でこのような分析的枠組みを採用する利点は、第一に、既存の研究で見過ごされがちであった「非公式な領域」が、分析対象として明確化されることである。これにより、既存の都市宗教改革研究では十分検討されてこなかった下層民や若者、女性の宗教改革運動における役割、さらには都市の制度的な枠組みの外で行われた様々な私的活動を包括して分析することが可能となる。第二に、「非公式な領域」を概念化し明確な分析対象にすることで、はじめて「公式な領域」だけでなく「非公式な領域」における活動を含めた都市宗教改革運動の全体像を描くことができるようになる。この二つの領域を概念上区分するのは、両者を無関係なものとして個別に分析するためではなく、両者の相互関係を分析するためである。本書では、この二つの領域での様々な住民の活動が、いかに相互作用し、ミュンスターの宗教改革運動を進展させた、あるいは阻害していったのかを明らかにする。

3.2.2.2 「形式的合意」と「実質的合意」

　本書では、都市社会における「合意」の役割を重要視する。これまでの研究では、中世から近世初期の社会の秩序維持において、支配するものと支配されるものが相互に義務を課すという双務的な関係が大きな役割を果たしてきたことが指摘されている。マルク・ブロックは、中世の主君と臣下の関係を、主君が契約を守る代わりに臣下も服従という義務を果たすという、双務的なものであったと特徴づけた[109]。オットー・ブルンナーもまた、支配者と被支配者は、誠実宣誓を通じて相互に義務を果たさねばならないという双務的誠実関係で結ばれており、このことは都市領主と都市共同体の間にも成り立っていたと見なした[110]。

　このような双務的誠実関係の連鎖の中で、都市の統治機関である市参事会は、対外的には都市の君主、対内的には都市共同体と二重の双務的関係を結ぶこととなった。

　このような都市制度のあり方を「都市共和主義 (städtischer Republikanismus)」という概念を用いて説明したのがハインツ・シリンクである[111]。中世後期から近世初期にかけての都市は、君主から様々な自由や特権を獲得しており、帝国や領邦国家に属しながらも自治を保っていた。彼らは、領邦君主を契約相手だと見なし、新しい君主に彼らの自由や特権を確認させていた[112]。他方、都市内部では、市参事会のみが市政を担うのではなく、市民もまた都市の自治に参加していた。彼らの政治参加は、個人ではなく市民共同体やギルドといった仲間団体 (Genossenschaft) を通じて行われた[113]。マイヤーとシュライナーは、中世末以降の都市で門閥による市参事会員職の寡占化が進んだが、それでも市民たちは選挙や拡大参事会、市民委員会などを通じて政治に参加しており、市参事会は市民との「合意に基づく支配 (konsensgestützter Herrschaft)」を行っていたと見なした[114]。ショルン－シュッテによれば、この「合意に基づく支配」は、市参事会と市民共同体だけでなく、皇帝と帝国諸身分、領邦君主と領邦諸身分という神聖ローマ帝国の全てのレベルの支配・被支配関係に当てはまるものであった[115]。

以上のように双務的な支配・被支配関係の網の目の中に組み入れられていた都市及び市参事会は、君主に一方的に支配されることも、市民を一方的に支配することもなかった。このように二重の双務的誠実関係に基づき、対外的・対内的合意を結びながら都市の秩序を維持していくことが、中世後期から近世初期の都市制度の特徴であった。

　これまで見てきた「合意」は、君主と都市、市参事会と市民間という「公式な領域」で結ばれるものであった。しかし、都市内部には市民権を持たず、仲間団体を通じた政治参加から排除されていた住民も多数住んでいた。本書では彼らが「非公式な領域」で行った様々な活動も分析対象にするため、既存の研究よりも「合意」の範囲を拡大して取り扱う。つまり、支配者と被支配者の間の双務的な関係を示すものとして合意だけではなく、都市社会に住む全ての人々を相互に結びつけ、様々な領域で秩序を維持し、共同行為を成り立たせるという合意の役割にも注目する。

　そのため、本書では、公式な領域で成立する協定や決定を「形式的合意」、非公式な領域で成立する複数の集団あるいは個人間の合意を「実質的合意」と概念的に区別しながら、ミュンスターの社会運動で成り立っていた様々な合意について検討していく。

　ただし、協定や誓約などにより成立していることが明瞭な形式的合意とは異なり、実質的合意の成立は必ずしも明確なかたちで示されるわけではない。そのため、本書では、具体的なかたちで明示的に合意が確認できる場合だけでなく、何らかの集合行動が成立しているときにも、集合行動の参加者の間で実質的合意が成り立っていると仮定する。

　「形式的合意」と「実質的合意」を概念的に区分して、ミュンスターの社会運動を分析することには、以下の二つの利点がある。一つ目の利点は、市参事会や全ギルド会議のような都市の統治機関が協定などの形式的合意を結んだ際、その形式的合意が、合意締結の当事者、つまりそれら諸機関の成員の態度決定にどの程度の影響力を及ぼしていたかを検証できることである。ある機関の成員は、その機関の一員として公式な領域でその機関の役割や決定に拘束されながら活動すると同時に、非公式な領

域で一個人として私的に態度決定を行っていたはずである。そのため、諸機関の間で形式的合意が成立しても、その機関の成員が必ずしもその合意内容に納得しているわけではなく、実質的合意の度合いが弱い場合があることも考えられる。このように形式的合意と実質的合意を概念的に分けることで、公式な領域で諸機関の成員がその機関の一員として結ぶ合意内容が、非公式な領域における彼らの個人的な態度決定とどの程度一致していたのか、そしてその機関の役割や集団規範が、その成員の態度決定をどのように規定していたのかを検証することが可能になる。

　二つ目の利点は、公式な領域で結ばれる合意だけでなく、非公式な領域で結ばれる様々な合意も分析対象にできることである。本書では、公式な領域だけでなく、非公式な領域で行われる様々な活動も分析対象にするため、公式な領域で結ばれる形式的合意とは別に、非公式な領域で結ばれる実質的合意という概念を用いることは有用である。

3.2.2.3　合意の形成・維持の諸段階

　都市の宗教改革運動がどのように進展するかについては、これまでのところ個々の研究者が主に特定の都市の事例を参考にしながらまとめている。主な発展段階論には以下のようなものがある[116]。

　オズメントは、都市宗教改革の担い手と発展段階を三つに区分して考えた。先ず、説教師と俗人が聖書を学び、彼らが最初の刺激を与える。次に、主に中下層から成るイデオロギー的にも社会的にも流動的な市民たちが幅広い支援を得るためのきっかけを作る。その後、当局が新しい制度的変化を固め、穏健化させる[117]。

　ルブラックは、エスリンゲンの宗教改革の発展を三段階に分けた。第一段階は、新しい信仰が書物や説教によって市内で広まり、公然とした行動を引きおこすが、公的秩序を維持しようとする市参事会によって阻止された時期である。中間段階は、市参事会が公には宗教改革に反対しカトリック支持を維持する一方、教会領域へ自らの権限を拡大しようとしたためカトリックの聖職者と対立した時期である。市参事会により市内で宗教改革が導入され制度化されたのが第三段階である[118]。

メールケは、北ドイツの都市リューネブルク、ブラウンシュヴァイク、ゲッティンゲンの宗教改革の分析を通して、四段階のモデルを作った。つまり、最初の改革グループが形成される「非公式なサークルの段階」、公の場で行われる示威行動を通して宗教改革が全住民に意識され、都市の政治的問題になる「公然とした宗教改革の始まりの段階」、市民委員会が改革派市民の代表機関となり、市参事会がもはや宗教改革を抑圧できないことを認める「組織化・制度化された行動と交渉の段階」、市参事会が自ら新たな教会の形成に努力するようになる「市参事会による宗教改革的政策の段階」である[119]。

エープレヒトは、北ドイツ諸都市の宗教改革では、中世以来の共同体的な抗議の方法が使われたと指摘した。それは以下の三段階で進行した。先ず宣誓団体を基盤として、事情によっては武装した集まりが生じ、次に市民委員会が都市指導層と苦情書について交渉を行い、最後に場合によっては暴力によって要求が貫徹される[120]。

都市宗教改革の進展の仕方は都市によっても異なり、上記の発展段階論も分析対象とする都市や地域、研究者が重視する要素によってばらつきがあるが、「合意」形成を重視する本書の観点からは以下のようにまとめられる。先ず、宗教改革理念が市内で次第に広まり、非公式な領域で一部住民の間で宗教改革を支持しようという実質的合意が形成されていく段階。次に、宗教改革を要求する動きが公になり、市民委員会形成というかたちで宗教改革を支持するという市民の形式的合意が結ばれる段階。そして市民と市参事会との間に宗教改革を実行するという形式的合意が結ばれ、市内で宗教改革が制度化されていく段階である。さらに、ミュンスターは領邦都市であり、都市君主であるミュンスター司教の公認なしには宗教改革を継続できないため、四段階目として、都市と君主の間の形式的合意の形成も必要である。以上のように本書では、ミュンスターでの騒擾・宗教改革の進展を、四段階の合意形成に整理しながら検証する。

4　史料

　以上の分析を行う際に利用する史料は以下の通りである。ヨーゼフ・
ニーザルトは、多くの審問記録を含む再洗礼派関連の史料集[121]、1525年
の騒擾と1533年の説教師任命問題をめぐりミュンスター司教と市参事
会の間で交わされた書簡が多数収録されている史料集を編纂してい
る[122]。また、コルネリウスの著作の付録には、ルター派体制期にミュン
スターの顧問であったヨハン・フォン・デア・ヴィークや市参事会、ヘッ
センから来たルター派説教師が記した書簡が収められている[123]。ロベル
ト・シュトゥッペリヒは、ロートマンの著作、再洗礼派に対し出された
カトリックの著述家の文書、福音派の文書を三巻本の史料集としてまと
めている[124]。コルネリウスが編纂した当時の目撃証言を集めた史料集か
らも、宗教改革をめぐる交渉について知ることができる[125]。ハンス−ヨ
アキム・ベーアが編纂した史料集には、ミュンスター司教フランツ・フォ
ン・ヴァルデック関連の史料が集められている[126]。

　当該時期を対象とした同時代の歴史記述で最も重要なのは、ミュンス
ターの大聖堂付き学校の校長であったケルゼンブロークが1560年代後
半から1573年にかけて執筆したラテン語の年代記である[127]。この年代
記には、既に失われた多くの史料がラテン語に翻訳され引用されている。
彼が引用している史料には現存しているものも含まれているため、彼が
参照した原史料と彼が年代記に挿入した史料引用を比較することが可能
である。そこから翻訳や引用は基本的に彼が参照した原史料を忠実にラ
テン語訳したものであることが分かる[128]。そのため、彼の史料引用は信
頼性が高いと評価することができる。また、この年代記の冒頭には、ミュ
ンスターの諸々の制度や住民構成などについての記述がある[129]。ミュン
スターの史料はそのほとんどが再洗礼派によって燃やされたため[130]、彼
の記述は16世紀前半以前のミュンスターの都市制度を知るための基本
史料となっている。

　他方、ケルゼンブロークの史料の使い方は恣意的であり、カトリック

と市参事会を支持するという党派的立場から記述しているため、彼自身の手による記述は信頼性に欠けることが指摘されている[131]。彼のミュンスター再洗礼派に対する極めて否定的な見方が、その後のミュンスター再洗礼派観に与えた影響は非常に大きいため、近年では彼の歴史記述に対する批判が高まり、その記述を史料として用いることの危険性が強調されている[132]。

　ただし、彼の記述の中には、彼によってのみ伝えられた多くの情報が含まれている。これらの情報は他の史料の記述によってその信頼性を確認することができないため、その信憑性には常に疑問の余地があり、史料として利用することには危険性が伴う。しかし、彼のみが伝える情報を史料として利用しない場合、ミュンスターで起こった多くの出来事を無視して歴史を記述することになり、ミュンスターの宗教改革や再洗礼派運動に関する歴史像を大きく歪めることになる。そのため、本書では、ケルゼンブローク自身の価値判断や解釈を可能な限り分析に用いないことで、彼の歴史記述の歪みを排除する一方、事実関係の確認のためには最大限利用することで、詳細な事件の経過の分析を試みる。

　この時期のミュンスター関連で残っている書簡のほとんどはミュンスター司教と市参事会の間の交渉に関わるものであり、市参事会と全ギルド会議や市民の間の交渉に関しては、信頼できる史料が少ない。そのため信頼性は劣るが、ケルゼンブロークの年代記や市民ヘルマン・ラーメルト（Hermann Ramert）が書いたと目される日記など、交渉当事者以外の手による記述も適宜参照する[133]。1525年の騒擾に関しては、ユーバーヴァッサー教会首席司祭であったニコラウス・ホルトマンの歴史記述[134]、ニージンク女子修道院の年代記[135]、1532年以降の宗教改革期や宗派分裂期に関してはユーバーヴァッサー女子修道院の年代記[136]、ヘッセンの福音派神学者アントニウス・コルヴィヌス（Antonius Corvinus）が書いたと目される歴史記述[137]を参照する。

　1534年以降の再洗礼派に関しては、ある程度数量的に把握が可能であるため、具体的に支持者の数を見ていく。主に再洗礼派統治期にミュン

スター市内にいたハインリヒ・グレシュベク（Heinrich Gresbeck）の目撃
証言や[138]、再洗礼派の審問記録、未公刊の書簡を用いる。さらに、後代
のミュンスターの租税記録などを用いて補足を行う。また、ミュンスター
占領後に行われた再洗礼派指導者3人、ヤン・ファン・ライデン（Jan van
Leiden）、ベルント・クニッパードルリンク（Bernd Knipperdollinck）、ベル
ント・クレヒティンク（Bernd Krechting）の審問記録は、クレツァーによ
る校訂版が出版されているためこれを利用する[139]。運動参加者個人につ
いては、1532年7月半ばにミュンスター司教の書記局によって作成され
たと思われるルター派リストとケルゼンブロークの記述を元にキルヒホ
フが作成したルター派人名リスト[140]、1536年に司教によって没収された
不動産リストなどに基づきキルヒホフが作成した再洗礼派人名リス
ト[141]、ケルゼンブロークの年代記の記述、そしてカトリックの教師の手
による風刺詩である『懺悔の書』[142]などによって把握していく。

　倉塚平の「ミュンスター再洗礼派王国前史」には、多くの史料の日本語
訳が載せられており、リヒャルト・ファン・デュルメン編纂の史料集には、
抜粋された様々な史料の現代ドイツ語訳が納められているため、これも
適宜参照する[143]。

5　用語

　最後に本書で用いる用語について説明する。

　先ず、本書では、ミュンスターで起こった一連の出来事を、「社会運動」
という概念を用いて把握する。この「社会運動 soziale Berwegung」は、ゲ
ルツが、ヨアヒム・ラシュケによる近現代の社会運動の定義を、宗教改
革期に転用した用法に依拠している。ゲルツは、社会運動の指標として、
動員する集合的な参加者、ある程度の連続性、高度な象徴による統合、
役割が明確でないこと、可変的な組織や活動形態、キリスト教の革新、
つまり教会と社会に関わる変化を目的とすることを挙げている[144]。本書
では、一連の出来事を「社会運動」として理解することで、様々な行動の

相互作用を総体として検証しようと試みる[145]。

　ドイツ語の「Obrigkeit」は市当局や諸侯など支配権力を指す近世特有の用語であるが[146]、本書ではドイツ近世史の慣例に倣い「お上」と訳す。

　1533年4月以前の時期については、市内の宗教改革支持者をひとまとめにして「福音派」と呼ぶ。1533年4月以降市内の福音派が分裂する時期は、ルター主義を支持する福音派を「ルター派」、ロートマンを支持する福音派を「ロートマン派」と呼ぶ。また、1534年1月5日に成人洗礼、つまりカトリックやルター派から見た「再洗礼」が行われた後の時期には、ロートマン派を「再洗礼派」と呼ぶ。

6　ミュンスター市の統治制度の基本的特徴

　分析に入る前に、ミュンスター市の統治制度の基本的な特徴を概観する[147]。

　先ずミュンスター市の地理的区分について見る。ミュンスター市が位置するのはドイツ北西部のヴェストファーレン地方であった。ミュンスター司教領の西方には低地地方が、南には下ライン地方が広がっていた。（地図1）

44

2　課題と方法

地図1　ミュンスター司教領とその周辺

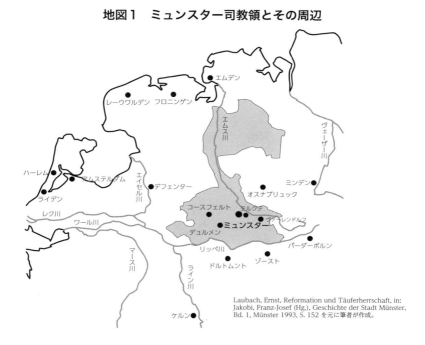

Laubach, Ernst, Reformation und Täuferherrschaft, in: Jakobi, Franz-Josef (Hg.), Geschichte der Stadt Münster, Bd. 1, Münster 1993, S. 152 を元に筆者が作成。

　市の中心部には、司教座大聖堂を中心とした、司教座聖堂参事会員やその奉公人が居住するドームブルク（Domburg）という領域があった[148]。彼らを含めた市内に住む聖職者は、市民が負う全ての負担から免除される特権を持っていた[149]。ドームブルク以外の部分は、教会制度上の区分である教区と、行政上の区分である市区（Leischaft）という2種類の管区によって分けられていた。市内には聖マルティニ教区（St. Martini）、聖ランベルティ教区（St. Lamberti）、聖ルートゲリ教区（St. Ludgeri）、聖エギディ教区（St. Aegidii）、リープフラウエン－ユーバーヴァッサー教区（Liebfrauen-Überwasser）、聖セルヴァティ教区（St. Servatii）の6つの教区が存在した。このうち聖セルヴァティ教区は他の教区より著しく小さかった[150]。また市内には、聖マルティニ市区（St. Martini）、聖ランベルティ市区（St. Lamberti）、聖ルートゲリ市区（St. Ludgeri）、聖エギディ市区（St.

45

地図2　宗教改革期のミュンスター市内

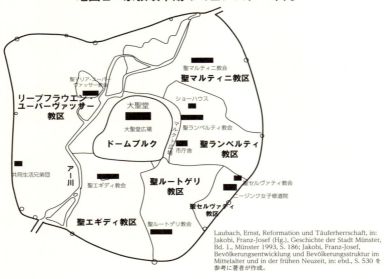

Laubach, Ernst, Reformation und Täuferherrschaft, in: Jakobi, Franz-Josef (Hg.), Geschichte der Stadt Münster, Bd. 1., Münster 1993, S. 186; Jakobi, Franz-Josef, Bevölkerungsentwicklung und Bevölkerungsstruktur im Mittelalter und in der frühen Neuzeit, in: ebd., S. 530 を参考に著者が作成。

地図3　宗教改革期のミュンスターの市区

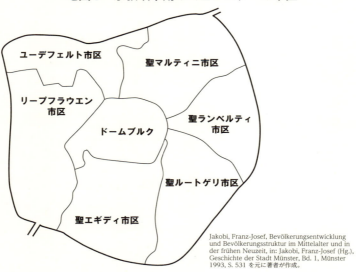

Jakobi, Franz-Josef, Bevölkerungsentwicklung und Bevölkerungsstruktur im Mittelalter und in der frühen Neuzeit, in: Jakobi, Franz-Josef (Hg.), Geschichte der Stadt Münster, Bd. 1, Münster 1993, S. 531 を元に著者が作成。

Aegidii)、ユーデフェルト市区（Jüdefeld）、リープフラウエン市区（Lieb-frauen）の六つの市区があった[151]。教区と市区の地理的範囲は、重なる部分も多かったが完全に一致していたわけではなかった[152]。

　ミュンスター市は制度的にはミュンスター司教に臣従する領邦都市であった。ミュンスター司教は、ローマ・カトリック教会の聖職者であると同時に、神聖ローマ帝国の帝国諸侯の1人であった。ミュンスター市は、司教座聖堂参事会員、騎士身分と並んでミュンスター司教領の領邦議会に参加する領内17都市の筆頭であり、高度な自治権を持っていた[153]。（図3）このようにミュンスター市は、制度的には帝国や領邦の一員であったため、ミュンスター市が取る政策や市内で起こる出来事は、常に帝国や領邦といった市外の諸勢力の介入を招く可能性があった。その意味では、市内の全ての出来事は、都市内部で完結する問題であるとは必ずしも言えなかった。

図3　16世紀初めの帝国におけるミュンスター市の位置

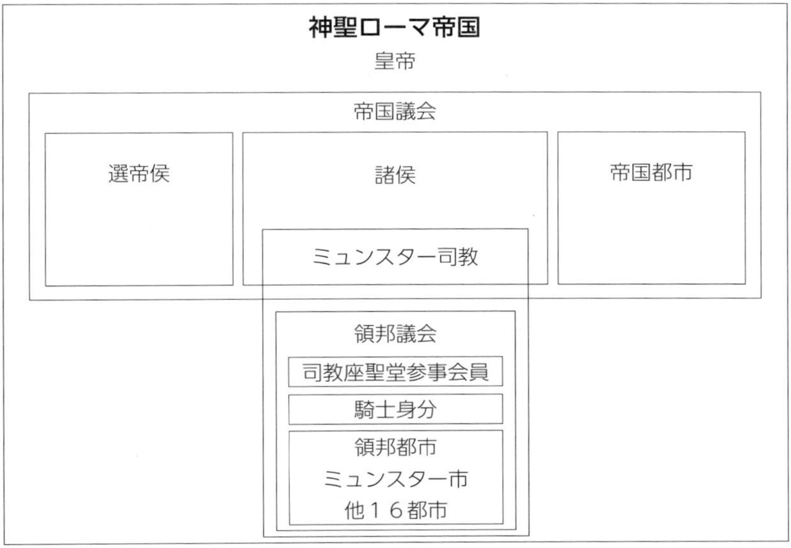

ミュンスターの最高統治機関は、外交的にも内政的にも市参事会であった。市参事会員、特に市長はミュンスター市の外交を司り[154]、領邦身分としての都市を代表しミュンスター司教領の領邦議会にも出席した。また、市参事会は都市の行政と司法を司っており、都市の平和、都市市民の利益、都市の特権や自由を守る義務を負っていた[155]。

　市参事会成立以来、市参事会員職を長らく独占してきたのは都市貴族であった。しかし、フェーデの結果、1458年に都市貴族と並びギルドに所属する名望家層も市参事会員の席を占めるようになった[156]。彼らは都市貴族に次ぐ富と声望を持っていたが、血縁的門閥を作らず、ギルドに属している点で都市貴族とは異なっていた[157]。

　ミュンスターの市参事会は、間接選挙によって選ばれた。この選挙は四旬節の第一月曜日に行われた[158]。先ず全市民が市区毎に2人ずつ選挙人を選び、合計10人の選挙人が24人の市参事会員を選んだ。各市区から選ばれた市参事会員は、市区の代表者であり、シェッフェン（Schöffen）と呼ばれた。六つの市区から2人ずつ選挙人が選ばれるにもかかわらず合計が10人なのは、ユーデフェルト市区とリープフラウエン市区からは合計で2人の選挙人しか選ばれなかったためである[159]。このことからも分かるように、この二つの市区は実質的に一つの市区として扱われており、しばしば両市区を合わせてユーバーヴァッサー市区と呼ばれることもあった[160]。市参事会員職に就くことは市民の義務であり、もしこれを拒絶した場合罰金及び一年間の市外追放に処せられた[161]。

　しかし、1520年代には既に市参事会員の再選が常態化するなど、その後市参事会員資格を得た名望家層は次第に門閥化していき、市民層は選挙によって市参事会員の構成に影響を及ぼせなくなっていた[162]。そのため、16世紀初めにおいて市参事会員職を担ったのは、都市貴族と一部の名望家家門から成る門閥市民層であったと見なすことができる。彼らは富においても傑出している富裕な上層市民であった。都市貴族は騎士身分を模倣し、次第に土地領主化していき、名望家もそれに続こうとしていた[163]。彼らは子弟や子女を聖職者や修道士にしたり、教会や修道院に

多額の寄付をしたりと、聖職者や教会と密接な関係を持っていた[164]。

ミュンスターには、市参事会と並ぶもう一つの統治機関が存在した。それが、17のギルドの代表者であるギルド長（Gildemeister）と、ギルド長の中から選ばれた2人の長老（Alterleute）によって構成される全ギルド会議（Gesamtgilde）である[165]。長老の選挙は、聖アントニウスの日（1月17日）の後の二回目の火曜日に行われた。この日全ギルド会議の34人が集まり、2人の長老を除く32人のギルド長の代表4人が長老を選んだ。2人の長老は再選されることも多かった[166]。各ギルドのギルド長の選出の仕方は、ギルド毎に異なっていた。ほとんどのギルドは、ギルド長をメンバー自身で選んでいたが、全員による直接選挙のギルドもあれば、間接選挙で選ぶギルドもあった。都市の食糧政策にとって重要な肉屋とパン屋、さらに毛織工は市参事会によってギルド長が選ばれた[167]。

1447年のミュンスター・フェーデの際に都市貴族、ギルド、ゲマインハイトは、市参事会による決定は全ギルドの同意を得た場合のみ法的拘束力を持つと合意した。これ以降市参事会はこの共同決定権に縛られ、内政においても外交においても、全ギルド会議の意向を無視した政策を実行することは不可能になった[168]。特にギルドの同意なしに市参事会が逮捕を行えないという逮捕同意権は、一連の社会運動において重要な役割を果たした[169]。このような市参事会と全ギルド会議が並び立つという二極的統治構造は、ミュンスター市の統治制度の大きな特徴であった[170]。（図4）

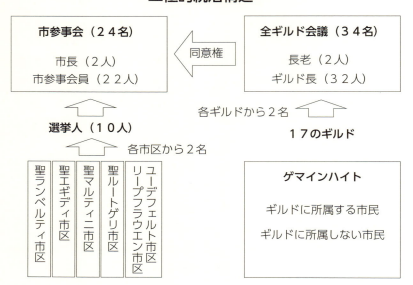

　全ギルド会議の成員は領邦議会にも派遣され、他都市や領邦諸身分と協定を結ぶ際に市参事会と共に参加することがあるなど、外交面でも大きな権限を持っていた[171]。ギルドは都市の防衛でも中心的役割を果たしていた。全てのギルドのメンバーは、1424年以降自身の武器を持つことが義務づけられていたし、全ギルド会議は、ギルド員の動員についての交渉、傭兵の雇い入れの決定、警備条例の布告を市参事会と共同で行うなど、都市の軍事や警備に大きな影響を及ぼした[172]。

　ギルド長老は全都市住民の長であり[173]、彼らが率いる全ギルド会議は市参事会に対して、ミュンスターの市民共同体であるゲマインハイト、さらには市民権を持たない住民の利益も代表した[174]。長老は、一般にギルド長達の同意の下で事を行わなければならなかった。全ギルドのための会館であるショーハウスで議案が決まると、長老とギルド長が個々のギルドに案件を持ち帰り、ギルド毎に集会が開かれた。そこでギルド員

はギルド長から案件について聞き、多数決を取った。その後ギルド長が、各ギルドの決議の結果をショーハウスに持ち寄り、議論が行われ、投票による決議が行われた。重要な案件では決議は書面に書かれるが、それ以外は、それが市にとって重要な案件ならば、2人の長老が市参事会に行き、口頭で投票結果を伝えた[175]。このように、ギルドでの決議は、全ギルド会議のメンバーだけでなく、各ギルドのメンバーの意向も踏まえて行われた。

　全ギルド会議を構成するのは、ギルドで指導的な立場に立っていた富裕な名望家達であった。本書では倉塚平に倣って、彼らを門閥階層に属す一流の名望家と区別するために「二流の名望家」と呼ぶ[176]。彼らは経済的には富裕であったが、市参事会職からは閉め出されており、都市の支配階層に入り込むことができない階層であった。

　市参事会に属さない市民は、統治制度上ゲマインハイト（Gemeinheit）と呼ばれる市民共同体に属していた[177]。ゲマインハイトに関しては多くのことは知られていない[178]。市参事会と全ギルド会議は政治決定の際にゲマインハイトの同意を必要とせず、彼らは個々の案件で意見を聞かれる程度であった[179]。市民集会は年に一度聖トーマスの祝日（12月21日）周辺の日に行われ、その結果は市参事会によって条例集に記録された[180]。ミュンスターでは、ギルドの成員だけではなく、兄弟団（Bruder-schaften）と呼ばれるギルド以外の同職組合の成員、さらに何の同職組合にも所属していない者も市民権を所有することが可能であり、市民権所有者における非ギルド員の割合はかなりのものであった[181]。そのため、ミュンスターにおけるゲマインハイトの成員たる平民（der gemeine Mann/das gemeine Volk）は、ギルド員だけでなくギルドに属さない市民を含んでいた[182]。ただし、ギルドに所属していない市民は、全ギルド会議に代表を送ったり、参加することはできなかったため、同じ市民でも、ギルド員と非ギルド員では、その政治的な地位に大きな違いがあった。さらに、各市区の市民によって行われる市参事会員選挙でも、ギルドが大きな影響力を発揮していたと思われる[183]。ゲマインハイト内部でも、

ギルド員とギルドに属さない市民の間には対立があり、ゲマインハイトは必ずしも一枚岩ではなかった[184]。ゲマインハイトの成員は市民とほぼ同義なので、財産階層も中層を中心としながら、上層から下層まで含んでいた。

ミュンスターには、市民権を持たない、つまりゲマインハイトに属さない住民であるアインヴォーナー（Einwohner）が多数居住していた。成人男性の中でも手工業に携わる職人や徒弟、奉公人、日雇い労働者、学生、また賎視された職業に就いていた者や乞食は、ゲマインハイトの一員とは見なされず、都市の統治制度の中に組み入れられていなかった[185]。市民権を持たない非市民層に属する彼らは、統治制度上アインヴォーナーとして一括りにされていたが、単なる市民を除いた残余の概念であり集団を形成しなかった。彼らは都市の統治制度で何の地位にも就いていなかったので、外交においても内政においても何の権限も持たなかった。彼らの大部分は貧困層であったと思われる。彼らの中心を成す職人や徒弟、日雇い労働者は、仕事を求めて頻繁に移動する人々であり、アインヴォーナーのかなりの部分はミュンスター出身ではなかったり、ミュンスターに長期間滞在することはなかったと思われる[186]。彼らの大部分は自分の家を持たず、雇い主の家に居住するか、借家住まいであったと考えられる[187]。

夫や親の社会階層にかかわらず、女性や子供は、アインヴォーナーと同様にゲマインハイトには属さず、都市の自治に参加することはできなかった[188]。

図5　1530年代初頭のミュンスター市の社会階層

男性	女性
門閥市民 都市貴族 一流の名望家	**妻** **未亡人**
二流の名望家	**妻** **未亡人**
その他の市民 ギルド市民 非ギルド市民	**妻** **未亡人**

アインヴォーナー

子ども

　このように、ミュンスターでは各社会階層の成員は、同じ都市に住み
ながらも、異なった共同体に多元的に所属し、異なった役割を担ってい
た。（図5）この都市内部における地位や役割の違いは、彼らの都市共同
体への帰属意識や社会運動における態度決定と無関係ではないことが当
然予想される。以下、このような都市住民の属性の違いを考慮に入れな
がら、ミュンスターの一連の社会運動について分析を行う。

【注】

44　都市宗教改革全般の研究状況については、以下を参照。Kaspar von Greyerz, Stadt und
　　Reformation: Stand und Aufgaben der Forschungen, in: Archiv für Reformationsgeschichte 76,
　　1985, S. 6-63; R. Po-Chia Hsia, The Myth of the Commune: Recent Historiography on City and
　　Reformation in Germany, in: Central European History 20, 1987, pp.203-228; Berndt Hamm,
　　The Urban Reformation in the Holy Roman Empire, in: Thomas A. Brady Jr., Heiko A. Oberman
　　and James D. Tracy (eds.), Handbook of European History 1400-1600: Late Middle Ages, Re-
　　naissance and Reformation, Volume 2: Visions, Programs and Outcomes, Leiden/New York/

Köln, 1995, pp 193-220; Ehrenpreis u. a., S. 29-39; Mörke, Die Reformation. S. 93-100. 日本で
も都市宗教改革研究が盛んになり、1983年には論文集が出版されている。中村賢二郎、
倉塚平編『宗教改革と都市』刀水書房、1983年。

45　Moeller, Reichsstadt und Reformation.

46　Schilling, Die politische Elite nordwestdeutscher Städte.

47　Peter Blickle, Die Reformation im Reich, 3. Auflage, Stuttgart 2000; ペーター・ブリックレ著、
田中真造、増本浩子訳『ドイツの宗教改革』教文館、1991年。

48　Thomas A. Brady, Jr., Ruling Class, Regime and Reformation at Strasbourg 1520-1555, Leiden,
1978, pp. 234f.

49　Blickle, Die Reformation im Reich, S. 125ff.; ブリックレ『ドイツの宗教改革』、177-179頁。

50　Steven E. Ozment, The Reformation in the Cities. The Appeal of Protestantism to Sixteenth-Cen-
tury Germany and Switzerland, New Heaven/London, 1975, pp. 121-131; Heinrich Richard
Schmidt, Konfessionalisierug im 16. Jahrhundert, München 1992, S. 7f.

51　Goertz, Pfaffenhaß, S. 159f.

52　渡邊伸『宗教改革と社会』京都大学学術出版会、2001年、414-420頁。

53　Moeller, Reichsstadt und Reformation, S. 25ff.; メラー『帝国都市と宗教改革』、44-45頁；
Blickle, Die Reformation im Reich, S.126; ブリックレ『ドイツの宗教改革』、178頁。

54　Berndt Hamm, Reformation „von unten" und Reformation „von oben". Zur Problematik reforma-
tionshistorischer Klassifizierungen, in: Hans R. Guggisberg und Gottfried G. Krodel (Hg.), Die
Reformation in Deutschland und Europa: Interpretationen und Debatten, Heidelberg 1993, S.
256-293.

55　Robert Hermann Lutz, Wer war der gemeine Mann? Der dritte Stand in der Krise des Spätmit-
telalters, München/Wien 1979.

56　Bob Scribner, Communities and the Nature of Power, in: Bob Scribner (ed.), Germany. A New
Social and Economic History, Vol.1 1450-1630, London/New York/Sydney/Auckland, 1996, pp.
294, 297, 301, 308-310, 314, 319.

57　Greyerz, S. 39.

58　研究史の概観は以下を参照。Merry Wiesner-Hanks, Gender and the Reformation, in: Archiv
für Reformationsgeschichte 100, 2009, S, 350-365; Kirsi Stjerna, Women and the Reformation,
Malden/Oxford, 2009, pp. 5-7. ただし、ヴィースナー――ハンクスは、めざましい女性史・
ジェンダー史研究の質的・量的発展にもかかわらず、近年でも宗教改革の概説書のほと
んどでは、依然として女性や結婚に関する記述は、わずかなページで触れられるのみで
あり、その研究成果は主流派の宗教改革研究に組み入れられていないと指摘している。
(p. 364)

59　Goertz, Pfaffenhaß, S. 160.

60　近年の宗教改革に関する研究動向については、以下を参照。Thomas Kaufmann, Die
deutsche Reformationsforschung seit dem Zweiten Weltkrieg, in: Archiv für Reformations-

geschichte 100, 2009, S. 15-47; Thomas Brady Jr., From Revolution to the Long Reformation: Writings in English on the German Reformation, 1970-2005, in: Archiv für Reformationsgeschichte 100, 2009, S, 48-64; Mörke, Die Reformation; Ehrenpreis u. a., Reformation und konfessionelles Zeitalter. カウフマンは、1990年代以降の宗教改革研究では、問題意識に大きな変化が起こったと指摘している。90年代以降大きく取り上げられるようになったテーマは以下の三つである。一つ目は、宗教改革の単一性と多様性の問題、二つ目はラインハルトやシリンクの宗派化論の影響で関心が16世紀初期から後期へ移行したこと、三つ目は時代の大変革という宗教改革の伝統的評価が相対化され、中世との連続性が強調されるようになり、中世後期から17世紀まで長いスパンで宗教改革を理解するようになったことである。(S. 42-46)彼は、都市宗教改革が中心的な地位を果たしていたのは1962年のメラーの研究の登場から約20年間だと評価している。(S. 34)

61 ミュンスター再洗礼派の研究史については、以下を参照。Karl-Heinz Kirchhoff, Das Phänomen des Täuferreiches zu Münster 1534/35, in: F. Petri (Hg.), Der Raum Westfalen 6. Fortschnitte der Forschung und Schulußbilanz 1, Münster 1989, S. 310-335; Klötzer, Missachtete Vorfahren, S. 54.

62 C. A. Cornelius, Geschichte des Münsterischen Aufruhrs, Erstes Buch. Die Reformation, Leipzig 1855.（以下「C1」）; C. A. Cornelius, Geschichte des Münsterischen Aufruhrs, Zweites Buch. Die Wiedertaufe, Leipzig 1860.（以下「C2」）

63 Karl Kautsky, Die Vorläufer des neueren Sozialismus, Zweiter Band, Der Kommnismus in der deutschen Reformation, 6. unveränderte Auflage, Stuttgart/Berlin 1921, S. 229-332,. カウツキーのミュンスター再洗礼派観については、以下も参照。Jochen Oltmer und Anton Schindling, Der soziale Charakter des Täuferreichs zu Münster 1534/1535. Anmerkungen zur Forschungslage, in: Historisches Jahrbuch 110, 1990, S. 477f.

64 Gerhard Brendler, Das Täuferreich zu Münster 1534/35, Berlin 1966. ブレンドラーの著作の詳しい紹介。阿部謹也「ゲルハルト・ブレンドラー著『ミュンスター再洗礼派王国1534・35』」『商学研究』17(3)、1967年、83-105頁。

65 KIR.

66 Heinz Schilling, Aufstandsbewegungen in der stadtbürgerlichen Gesellschaft des Alten Reiches. Die Vorgeschichte des Münsteraner Täuferreichs, 1525-1534, in: Hans-Ulrich Wehler (Hg.), Der Deutsche Bauernkrieg 1524-1526, Göttingen 1975, S. 193-238.

67 倉塚平「ミュンスターの宗教改革—再洗礼派千年王国への道—」中村賢二郎他編『宗教改革と都市』260-316頁; Taira Kuratsuka, Gesamtgilde und Täufer: Der Radikalisierungsprozeß in der Reformation Münsters: Von der reformatorischen Bewegung zum Täuferreich 1534/34, in: Archiv für Reformationsgeschichte 76, 1985, S. 231-270.

68 R. Po-Chia Hsia, Münster and the Anabaptists, in: R. Po-Chia Hsia (ed.), The German People and the Reformation, Ithaca/London 1988, pp. 51-69.

69 Ralf Klötzer, Hoffnungen auf eine andere Wirklichkeit. Die Erwartungshorizonte in der Täufer-

stadt Münster 1534/35, in: Norbert Fischer und Marion Kobelt-Groch (Hg.), Aussenseiter zwischen Mittelalter und Neuzeit. Festschrift für Hans-Jürgen Goertz zum 60. Geburtstag, Leiden/New York/Köln 1997, S. 155ff.

70　Kirchhoff, Das Phänomen; Ernst Laubach, Reformation und Täuferherrschaft, in: Franz-Josef Jakobi (Hg.), Geschichte der Stadt Münster, Bd. 1, Münster 1993, S. 145-216; Ralf Klötzer, Die Täuferherrschaft von Münster. Stadtreformation und Welterneuerung, Münster 1992.（以下「Kl2」）

71　Kirchhoff, Das Phänomen, S. 361-413; Laubach, Reformation und Täuferherrschaft, S. 174f. キルヒホフは、1985年にすでに終末期待に焦点を当てた論文を上梓している。Karl-Heinz Kirchhoff, Die Endzeiterwartung der Täufergemeinde zu Münster 1534/35. Gemeindebildung unter dem Eindruck biblischer Verheißungen, in: Jahrbuch für Westfälische Kirchengeschichte 78, 1985, S.19-42.

72　Kl2, S. 13f., 70, 199-207.

73　両者の論争については、以下を参照。James M. Stayer, Unsichere Geschichte: Der Fall Münster (1534/35). Aktuelle Probleme der Forschung, in: Mennonitische Geschichtsblätter 59, 2002, S. 63-78; Klötzer, Missachtete Vorfahren, S. 41-63. 両者の直接の論争。Ralf Klötzer - Ernst Laubach, Kontroverse Fragen zur Täuferherrschaft in Münster. Eine Podiumsdiskussion, in: Westfälische Zeitschrift 162, 2012, S. 45-79.

74　近年の研究の概要については以下を参照。 Stayer, Unsichere Geschichte; Klötzer, Missachtete Vorfahren. 2000年以降に出た以下の研究は、いずれもミュンスターで成人洗礼が始まった後の時期に主眼を置いている。Hubertus Lutterbach, Der Weg in das Täuferreich von Münster. Ein Ringen um die heilige Stadt, Geschichte des Bistums Münster, Bd. 3, Münster 2006; Ralf Klötzer, Herrschaft und Kommunikation. Propheten, König und Stadtgemeinde im täuferischen Münster 1534/35, in: Anselm Schubelt, Astrid von Schlachta und Michael Driedger (Hg.), Grenzen des Täufertums / Boundaries of Anabaptism. Neue Forschungen. Beiträge der Konferenz in Göttingen vom 23.-27. 08. 2006, Heidelberg 2009, S. 326-345; Claus Bernet, The Concept of the New Jerusalem among Early Anabaptists in Münster 1534/35. An Interpretation of Political, Social and Religious Rule, in; Archiv für Reformationsgeschichte 102, 2011, S. 175-194; Günter Voger, Die Tänferherrschaft in Münster und die Reichsstände. Die politische, religiöse und militärische Dimension eines Konflikts in den Jahren 1534 bis 1536, Gütersloh 2014; 永本哲也「帝国諸侯による「不在」の強制と再洗礼派による抵抗－1534－35年ミュンスター包囲戦における言論闘争と支援のネットワーク形成」『歴史学研究』947、2016年8月号、36-47頁。以下の研究は、同時代あるいは後世における反応を扱っている。Sigrun Haude, In the Shadow of „Savage Wolves": Anabaptist Münster and the German Reformation During the 1530s, Boston/Leiden/Cologne, 2000; Katja Schupp, Zwischen Faszination und Abscheu: Das Täuferreich von Münster, Münster/Hamburg/London 2002. ルッターバッハの著作には、再洗礼派統治前に関する記述も多いが、著作全体の主眼は第二部で扱われている

ミュンスター再洗礼派の神学的な考えに置かれており、歴史に関する記述はクレツァーらの先行研究から大きく外れるものではない。

75 Willem De Bakker, Michael Driedger und James Stayer, Bernhard Rothmann and the Reformation in Münster, 1530-35, Kitchener, 2008. この本は、元々デ・バッカーが1987年にシカゴ大学に提出した博士論文に、シュテイヤーとドリートガーが手を加えたものである。

76 この中でデ・バッカーらは、ミュンスターの宗教改革の発展が近隣都市のそれから逸脱していたわけではないこと、その性格は改革派の宗教改革と共通する部分が多いことを示し、ミュンスターの宗教改革が必ずしも特殊でないと評価した。(pp. 6, 215-221) さらに、ロートマンが、下ライン地方の説教師達や低地地方のメルヒオール派など市外の急進派から受けた影響を強調している。(pp. 221-224) また、この本ではミュンスター宗教改革をめぐる市内外の諸勢力の政治的関係についても触れられているが、ミュンスター住民間の力関係よりも、ミュンスター司教や司教座聖堂参事会と市参事会との外交関係に重点が置かれている。

77 Franz Petri, Das Reich der Wiedertäufer zu Münster. Ein frühbürgerlicher Vorläufer der proletarischen Revolution des 20. Jahrhunderts?, in: Werner Besch, Klaus Fehn, Dietrich Höroldt, Franz Irsigler und Matthias Zender (Hg.), Die Stadt in der europäischen Geschichte. Festschrift Edith Ennen, Bonn 1972, S. 635.

78 Schilling, Aufstandsbewegung, S. 229; 倉塚平「ミュンスターの宗教改革」、305-306頁。

79 Oltmer u. a., S. 481-484.

80 KIR, S. 40; Ders., Die landständischen Schatzungen des Stifts Münster im 16. Jahrhundert, in: Westfälische Forschungen 14, 1961, S. 117-133; Karl Josef Uthmann, Sozialstruktur und Vermögensbildung im Hildesheim des 15. und 16. Jahrhunderts, Bremen/Horn 1957, S. 8.

81 KIR, S. 39.

82 KIR, S. 39ff. キルヒホフは、100グルデン以下の価値の不動産を持つ31.6%の再洗礼派を貧困層としているが、ヒルデスハイムに関しては15ヒルデスハイム・マルク以下の財産を持つ課税対象者43.2%を (Uthmann, S. 33)、エギディ市区に関しては2シリンク以下を課税された35.1%を貧困層だと見なしている。そして両者の貧困層の比率を比較し、再洗礼派の貧困層の比率が異常なものではないと評価している。しかし、彼はヒルデスハイムの15マルクが、ミュンスターにおける100グルデンと同等の価値だということを示しているわけではない。また、エギディ市区の租税記録から分かるのは課税額だけであり、課税対象者の財産評価額は不明である。このように100グルデンを貧困層の上限だという基準はヒルデスハイムとエギディ市区については適用されないままであり、比較はかなり恣意的な基準設定に基づいて行われている。同様の方法上の問題は、永本哲也「宗教改革期ミュンスターの社会運動 (1525-35年) と都市共同体―運動の社会構造分析を中心に―」『西洋史研究』新輯第37号、2008年、106頁にも当てはまる。

83 既に1990年にオルトマーとシントリンクは、カウツキーからキルヒホフ、シリンクまでのミュンスター再洗礼派の社会構造研究を総括し、既存の研究の分析には不備があり、

証言能力を持たないと結論づけた。Oltmer u. a., S. 491. キルヒホフ以降でミュンスター再洗礼派の社会階層を全面的に再検討した研究は存在しないが、部分的に修正または補足的なかたちで言及した研究は存在する。倉塚平は、キルヒホフの研究の不備を指摘している。キルヒホフの財産階層分布には無産市民が含まれていないという制約があること、都市貴族と一流のホノラツィオーレンからなる門閥市民と二流のホノラツィオーレンを区別していないことである。倉塚平「ミュンスター千年王国と社会層」『明治大学社会科学研究所年報』22、1982年、34-43頁。シャーはミュンスター占領後の1548-50年の4つの市区の租税記録から住民の財産階層分布を算出し、7-12シリングを課税された中層に属する住民が課税対象者全体の2.7%と極度に少ないことを明らかにした。彼はこの数字を、この階層の住民から多くの再洗礼派が排出されたために、1550年にもその影響が残り続けていたことを示す証だと解釈している。つまり、中層の手工業者が特に再洗礼主義を信奉する傾向が強かったと見なしている。しかし、彼が作成した財産階層分布を見ると、分布の少し上の1グルデン（22シリング）を課税された者がその前後と比べて極度に多くなっている。R. Po-chia Hsia, Society and Religion in Münster, 1535-1618, New Haven/London, 1984, pp. 28f. このことは、単純に財産額に一定の比率を掛けて課税額を決めていたのではなく、その前後の財産の所有者の多くが切りの良い数字である1グルデンで算出された可能性を示している。つまり、シャーが指摘した中層の極端な少なさの原因は、再洗礼派が多かったためではなく、課税額算定方法による可能性が高い。このことは占領直後の1539年のエギディ市区の財産階層分布によって裏付けられる。キルヒホフが1539年の租税記録を用いて作成した財産階層分布では、7-12シリングを課税された住民は全体の15.7%を占めている。KIR, S. 40. その代わりに1グルデンの課税者は2.9%と少数に過ぎない。占領後15年経った時期の数字から、再洗礼派の財産階層を逆算するという推論にも無理があり、シャーの推論は妥当なものではないと考えられる。また、デ・バッカー等による著作には、人口に関する3頁の短い補遺が掲載されている。この補遺は、キルヒホフが推定した数字に依拠しながら、それを再解釈したものであり、キルヒホフの推論が抱えている様々な問題を解決するものにはなっていない。De Bakker u. a., pp. 225-227.

84　ミュンスター再洗礼派女性に関する研究は、以下の通りである。 A. J. Jelsma, De Koning en de Frouwen; Münster 1534-1535, in: Gereformeerd theologisch Tijdschrift 75, 1975, pp. 82-107; ders., The King and the Women: Münster 1534-35, in: ders., Frontiers of the Reformation. Dissidence and Orthodoxy in Sixteenth-Century Europa, Aldershot/Brookfield/Singapore/Sydney, 1998, pp. 52-74; Edith Eymann, Die Täuferbewegung in Münster 1534/35 unter der besonderen Berücksichtigung des Emanzipationsprozesses von Frauen und ihre Darstellung in der Historiografie, Dipromarbeit am Fachbereich Erziehungswissenschaften der Johann Wolfgang Goethe-Universität Frankfurt am Main, 1985 (ungedruckt); Marion Kobelt-Groch, Aufsässige Töchter Gottes. Frauen im Bauernkrieg und in den Täuferbewegungen, Frankfurt 1993; D. Jonathan Grieser, A Tale of Two Convents: Nuns and Anabaptists in Münster, 1533-1535, in: Sixteenth Century Journal 26, 1995, pp. 31-47; Rita Kauder-Steiniger, Täuferinnen - Opfer oder Heldinnen? Spurensuche nach den Frauen in Münster während der Reformation und der Täuferherrschaft, in: Barbara Rommé (Hg.), Das Königreich der Täufer in Münster - Neue Perspektiven, Münster 2003, S. 13-40; C. Arnold Snyder und Linda A. Huebert Hecht (eds.), Profiles of Anabaptist Women. Sixteenth-Century Reforming Pioneers, Waterloo, 1996, pp. 288-304; Ernst Laubach, Beobachtungen zur Rolle von Frauen in den deutschen Täufergemeinschaften des 16. Jahrhunderts, in: Zeitschrift für historische Forschung 29, 2002, S.57-77.

85 田中淳、土屋淳二『集合行動の社会心理学』北樹出版、2003年、68-69、125-127頁。

86 例えば、アインヴォーナー男性は、経済的には下層に所属し、他の階層よりも未婚である可能性、年齢的に若者である可能性が高いなど、様々な属性を備えている。

87 諸属性は、相互に強い相関関係があっても、当然のことながら必ずしも完全には一致しない。例えば、アインヴォーナー層の成人男性の中には、他の社会階層の成人男性と比べて貧困層や若者が多く含まれていたはずであるが、全員が貧困層や若者であったわけではない。しかし、諸属性の相関関係の強さを厳密に判定することは史料上の問題から不可能であるので、本書では相互の属性の相関関係の程度を無視し、強い相関関係を想定できるかどうかに単純化して分析を進める。属性同士の相関関係については本書2.6を参照。

88 代表的な研究としては、倉塚平「ミュンスターの宗教改革」；Kl2; Lutterbach, Der Weg in des Täuferreich von Münster. ロートマンの思想に関する研究には以下がある。James M. Stayer, The Münsterite Rationalization of Bernhard Rothmann, in: Journal of the History of Ideas 28, 1967, pp. 179-192; Martin Brecht, Die Theologie Bernhard Rothmanns, in: Jahrbuch für westfälische Kirchengeschichte 78, 1985, S. 49-82; W. J. De Bakker, Bernhard Rothmann: Civic Reformer in Anabaptist Münster, in: Irvin Buckwalter Horst (ed.), The Dutch Dissenters. A Critical Companion to their History and Ideas, Leiden, 1986, pp. 105-116; De Bakker u. a., Bernhard Rothmann. ロートマンの人物像については、以下も参照。Hubertus Lutterbach, Bernhard Rothmann (1495-1535) aus Stadtlohn. Mitbegründer des „Neuen Jerusalems" in Münster, in: Ulrich Söbbing (Redaktion), Auf dein Wort hin. 1200 Jahre Christen in Stadtlohn, Stadtlohn 2000, S. 100-105.

89 Goertz, Pfaffenhaß; Goertz, Antiklerikalismus. 反教権主義については、1990年に開かれた国際シンポジウムを基にした大部の論文集が出版されている。Peter A. Dykema und Heiko A. Oberman (eds.), Anticlericalism in Late Medieval and Early Modern Europe, Leiden/New York/Köln, 1994. 研究史については以下を参照のこと。Greyerz, S. 23ff.; Mörke, Die Reformation, S. 121-125.

90 Goertz, Antiklerikalismus, S. 12. 反教権主義という用語の利用については、シュライナーによる上記の論文集の書評で批判が加えられている。彼は、反教権主義という用語は19世紀に生まれたものであり、条件が違う中世後期から近世の状況を示すために利用することが適切なのかと疑問を呈している。Klaus Schreiner, Gab es im Mittelalter und in der

frühen Neuzeit Antiklerikalismus?, in: Zeitschrift für historische Forschung 21, 1994, S. 513-521. しかし、用語の選択の仕方が妥当かはともかく、中世後期から近世にかけて聖職者への批判や攻撃が広く見られたことは確実であり、それを表す際に「反教権主義」という用語を使うことは既に定着しているため、本書でも分析概念としてこの呼び方を用いる。

91 Heiko A. Oberman, Anticlericalism as an Agent of Change, in: Dykema et. al. (eds.), Anticlericalism, S. x.

92 Goertz, Antiklerikalismus, S. 12-18.

93 Goertz, Pfaffenhaß, S. 89, 109-118; Goertz, Antiklerikalismus, S. 18.

94 Goertz, Antiklerikalismus, S. 16.

95 Goertz, Pfaffenhaß, S. 248f.

96 Goertz, Antiklerikalismus, S. 18f., 117f.

97 Kl2, S. 16.

98 エーバーハルトや田中俊之によれば、「公共の福利」は12世紀以降君主の役割や義務を示す理念として生まれ、13世紀以降その担い手が市参事会や市民など、君主以外にも広げられていった。Winfried Eberhard, Der Legitimationsbegriff des „Gemeinen Nutzens" im Streit zwischen Herrschaft und Genossenschaft im Spätmittelalter, in: Joerg O. Fichte, Karl Heinz Göller und Bernhard Schimmelpfennig (Hg.), Zusammenhänge, Einflüsse, Wirkungen. Kongressakten zum ersten Symposium des Mediävistenverbandes in Tübingen, 1984, Berlin/New York 1986, S. 241-254; 田中俊之「ドイツ中世都市における「公共の福利」理念」『史林』76-6、1993年、41-73頁。ブリックレは、「公共の福利 gemeiner Nutzen」は、元々都市や農村共同体の平民の理念であり、諸侯に受け入れられたのはようやく16世紀になってからだと見なした。Peter Blickle, Kommunalismus, Parlamentarismus, Republikanismus, in: Historische Zeitschrift 242, 1986, S. 540ff. しかし、このブリックレの見解は、田中やイーゼンマンによって批判されている。田中俊之、72頁 ; Eberhard Isenmann, The Notion of the Common Good, The Concept of Politics, and Practical Policies in Late Medieval and Early Modern German Cities, in: Elodie Lecuppre-Desjardin, and Anne-Laure van Bruaene (eds.), De Bono Communi. The Discourse and Practice of the Common Good in the European City (13th-16th c.), Turnhour, 2010, p. 108, A.7.

99 Winfried Eberhard, "Gemeiner Nutzen" als oppositionelle Leitvorstellung im Spätmittelalter, in: Manfred Gerwing und Godehard Ruppert (Hg.), Renovatio et reformatio: Wider das Bild vom "finsteren" Mittelalter. Festschrift für Ludwig Hödl zum 60. Geburtstag, Münster 1985, S. 200f.

100 Eberhard, Der Legitimationsbegriff, S. 249ff.; Eberhard, "Gemeiner Nutzen", S. 203-208.

101 Blickle, Kommunalismus, S. 540-544.

102 Eberhard, Der Legitimationsbegriff, S. 241-54; Eberhard, "Gemeiner Nutzen", S. 195-214; 田中俊之、55-61頁。

103 Peter Blickle, Kommunalismus. Begriffsbildung in heuristischer Absicht, in: Historische Zeitschrift. Beihefte Neue Folge, Vol. 13, Landgemeinde und Stadtgemeinde in Mitteleuropa. Ein

struktureller Vergleich, 1991, S. 21.

104 Blickle, Reformation im Reich, S. 172-179; ブリックレ『ドイツの宗教改革』238-248頁；
Berndt Hamm, Bürgertum und Glaube. Konturen der städtischen Reformation, Göttingen 1996,
S. 58-63.

105 Peter Hibst, Utilitas Publica - Gemeiner Nutz - Gemeinwohl. Untersuchungen zur Idee eines
politischen Leitbegriffes von der Antike bis zum späten Mittelalter, Frankfurt am Main/Berlin/
New York/Paris 1991, S.1; 田中俊之、42頁；Isenmann, The Notion of the Common Good, S.
111 A. 26. ブリックレは、「bonum commune」や「utilitas publica」など古代的伝統を引き継
ぐ概念は、ドイツにおける「gemeiner Nutz」と直接結びついていないと考え、これらの概
念を区別している。彼によれば「gemeiner Nutzen」は元々君主の支配の正当性に関わる
概念ではなく、都市や農村共同体における共同体的な規範を示す概念であったという。
Peter Blickle, Der Gemeine Nutzen. Ein kommunaler Wert und seine politische Karriere, in: Her-
fried Münkler und Harald Bluhm (Hg.), Gemeinwohl und Gemeinsinn. Historische Semantiken
politischer Leitbegriffe, Berlin 2001, S. 85-107. しかし、「bonum commune」などのラテン語
の表現と「gemeiner Nutz」といったドイツ語の表現を、同じ理念を示すものだと見なす研
究者が現在でも大勢を占めている。また本書で扱う史料にも見られるように、「公共の
福利」を扱う表現は極めて多様であった。ケルゼンブロークの年代記では公共の福利を
示す多様なラテン語表現が使われている。「reipublicae commodis」、「reipublicae salutem」
（MGQ5, S. 153)；「publicum emolumentum」「commoda omnium et singulorum civium」（MGQ5,
S. 218）；「plebeia salute」（MGQ5, S. 219）；「patriae incolumitas」（MGQ6, S. 446)。ドイツ
語でも1532年に出されたゲマインハイトの請願書では「nutticheit vnd salicheit disser ge-
meine」（SMTG1, S. 86)、1533年に締結された宗教協定では「gemeines nutzes」（Robert
Stupperich, Dr. Johann von der Wyck. Ein münsterscher Staatsmann der Reformationszeit, in:
Westfälische Zeitschrift 123, 1973, S. 36. 以下「Wyck」)、1533年にミュンスターで公布され
た『規律規則』では「gemeinen besten」（C2, S. 327）など、様々な表現が使われている。そ
のため、本書では「gemeiner Nutzen」を他の様々な表現と区分して扱うことはしない。

106 川名洋『イギリス近世都市の「公式」と「非公式」』創文社、2010年。

107 川名洋、6-7頁。

108 川名は、「公式な領域」と「非公式な領域」とは別に、二つの領域が重なり合う「混在域」
という分析的枠組みを使っている。川名、271-299頁。「混在域」は市場や住居などの空
間を想定した概念である。本書では都市社会そのものではなく、都市で生じた社会運動
を分析対象にしているために、川名とは必要なアプローチ方法が異なる。そのため、本
書では「混在域」という概念を使用せず、「公式な領域」「非公式な領域」の区分や定義も、
社会運動で用いるために最適化している。

109 マルク・ブロック著、堀米庸三監訳『封建社会』岩波書店、1995年、283-285頁。

110 オットー・ブルンナー「ヨーロッパ史における都市と市民」オットー・ブルンナー著、石
井紫郎他訳『ヨーロッパ－その歴史と精神』岩波書店、1974年、342頁。

111 Heinz Schilling, Gab es im späten Mittelalter und zu Beginn der Neuzeit in Deutschland einen städtischen „Republikanismus"? Zur Politische Kultur des alteuropäischen Stadtbürgertums, in: Schorn-Schütte u. a. (Hg.), Ausgewählte Abhandlungen, S. 157-204; 渋谷聡「『近世的都市共和主義』の展開と終息　神聖ローマ帝国とアーバン・ベルト地帯のはざまから」小倉欣一編『近世ヨーロッパの東と西　共和国の理念と現実』山川出版社、2004年、170-195頁；高津秀之『ドイツ近世都市ケルンの共和主義―ヘルマン・ヴァインスベルクの回想録にみる参事会と市民の政治的対話―』早稲田大学提出博士論文、2012年、5-9頁（未刊行）。

112 Schilling, Gab es, S. 180ff.

113 Schilling, Gab es, S.165-179, 200f.

114 Ulrich Meier und Klaus Schreiner, Regimen civitatis. Zum Spannungsverhältnis von Freiheit und Ordnung in alteuropäischen Stadtgesellschaften, in: Klaus Schreiner und Ulrich Meier (Hg.), Stadtregiment und Bürgerfreiheit. Handlungsspielräume in deutschen und italienischen Städten des Späten Mittelalters und der Frühen Neuzeit, Göttingen 1994, S. 15-18; 高津秀之「"誰が全ての決定権をもつのか"―近世ケルン市のワイン税徴収をめぐって―」『早稲田大学大学院文学研究科紀要』46(4)、2000年、33-44頁。

115 Luise Schorn-Schütte, Obrigkeitskritik und Widerstandsrecht. Die politica christiana als Legitimitätsgrundlage, in: Luise Schorn-Schütte (Hg.), Aspekte der politischen Kommunikation in Europa des 16. und 17. Jahrhunderts, Historische Zeitschrift Beihefte (Neue Folge), Band 39, München 2004, S. 204.

116 都市宗教改革の発展段階については、主に以下を参考にした。Greyerz, S. 47f.; Hamm, Bürgertum und Glaube, S. 120.

117 Ozment, p. 131.

118 Hans-Christoph Rublack, Reformatorische Bewegung und städtische Kirchenpolitik in Esslingen, in: Ingrid Bátori (Hg.), Städtische Gesellschaft und Reformation, Stuttgart 1980, S. 191-220.

119 Mörke, Rat und Bürger, S. 172-225.

120 Wilfried Ehbrecht, Verlaufsformen innerstädtischer Konflikte in nord- und westdeutschen Städten im Reformationszeitalter, in: Bernd Moeller (Hg.), Stadt und Kirche im 16. Jahrhundert, 1978, Gütersloh, S. 27-47.

121 Joseph Niesert (Hg.), Münsterische Urkundensammlung, Bd. 1, Coesfeld 1826.（以下 N1）

122 Joseph Niesert (Hg.), Beiträge zu einem Münsterischen Urkundenbuche aus vaterländischen Archiven, 1. Band. Erste Abtheilung, Münster 1823.（以下 N2）

123 C1, 214-297; C2, S. 240-413.

124 Robert Stupperich (Hg.), Die Schriften der Münsterischen Täufer und ihrer Gegner, 1. Teil, Die Schriften Bernhard Rothmanns, Münster 1970（以下「SMTG1」）; Ders. (Hg.), Die Schriften der Münsterischen Täufer und ihrer Gegner, 2. Teil, Schriften von katholischer Seite gegen die Täufer, Münster 1980（以下「SMTG2」）; Ders. (Hg.), Die Schriften der Münsterischen Täufer und ihrer Gegner, 3. Teil, Schriften von evangelischer Seite gegen die Täufer, Münster 1983.（以

下「SMTG3」）ロートマンの印刷された著作については以下を参照。Bertram Haller, Bernhard Rothmanns gedruckte Schriften. Ein Bestandsverzeichnis, in: Jahrbuch für Westfälische Kirchengeschichte 78, 1985, S. 83-102.

125 C. A. Cornelius (Hg.), Berichte der Augenzeugen über das münsterische Wiedertäuferreich, Die Geschichtsquellen des Bistums Münster, Zweiter Band, Münster 1853, Neudruck 1965.（以下「MGQ2」）

126 Hans-Joachim Behr (Bearbeitet), Franz von Waldeck. Fürstbischof zu Münster und Osnabrück, Administrator zu Minden (1491-1553). Sein Leben in seiner Zeit, Teil 2: Urkunden und Akten, Münster 1998.（以下「Behr2」）

127 MGQ5; MGQ6. この年代記は、1566年以降に書き始められ、1583年には完成していた。MGQ2, S. XXXVIIIf. この年代記にはドイツ語訳と英語訳が存在するが、適宜これらの翻訳を参照した。ドイツ語訳は1771年に初版が出版された古いものであり、1929年に序文を付加され再版されている。Hermann von Kerssenbroick, Geschichte der Wiedertäufer zu Münster in Westfalen. Aus einer lateinischen Handschrift des Hermann von Kerssenbroick übersetzt, dritte Aufl., Originalgetreue Wiedergabe des Erstdruckes von 1771, Münster 1929. しかしこの翻訳は信頼性が低いため、主に英訳を参照した。Hermann von Kerssenbrock, Narrative of the Anabaptist Madness. The Overthrow of Münster, the Famous Metropolis of Westphalia, Translated with Introduction and Notes by Christopher S. Mackay, Leiden/Boston, 2007. ケルゼンブローク自身については、以下を参照。H. Detmer, Hermann von Kerssenbroch's Leben und Schriften, Münster 1900.

128 MGQ2, S. LVI, LX.

129 MGQ5, S. 1-125.

130 MGQ2, S. 46f.

131 MGQ2, S. XLIII-LX.

132 Klötzer, Missachtete Vorfahren, S. 46f.; De Bakker u.a., S. 9f.; Klötzer und Laubach, Kontroverse, S. 47.

133 Heinrich Detmer (Hg.), Ungedruckte Quellen zur Geschichte der Wiedertäufer in Münster, in: Zeitschrift für vaterländische Geschichte und Altertumskunde 51, 1893, S. 90-118.（以下「WZ51」）

134 Nicolai Holtmanni, Historia sui temporis ab anno MDXVI usque ad annum MDXXIX, in: D. Möhlmann (Hg.), Stadae, 1844.

135 Chronik des Schwesterhauses Marienthal, genannt Niesinck, in Münster, in: MGQ2, S. 419-441.

136 Rudolf Schulze, Klosterchronik Überwasser während der Wirren 1531-33, in: Eduard Schulte (Hg.), Quellen und Forschungen zur Geschichte der Stadt Münster i. W., 2. Band, Münster 1924-26, S. 149-165.

137 Henricus Dorpius, Warhafftige Historie, in: SMTG3, S. 220-245. この著作はハインリヒ・ドルピウス名義で出版されたが、ドルピウスという名の人物がミュンスターに赴いたという

記録はないため、これは偽名であると目されている。シュトゥッペリヒは、ミュンスター占領後再洗礼派指導者たちの審問を行ったヘッセンの神学者アントニウス・コルヴィヌスが実際の著者であると推測している。Robert Stupperich, Wer war Henricus Dorpius Monasteriensis? Eine Untersuchung über den Verfasser der „Warhafftigen Historie, wie das Evangerium zu Münster angefangen und danach, durch die Wiederteuffer verstöret, widder aufgehöret hat." Wittenberg 1536, in: Jahrbuch des Verreins für westfälische Kirchengeschichte 51/52, 1958/59, S. 150-160.

138 MGQ2, S. 1-214. 邦訳は、ハインリヒ・グレシュベク著、C. A. コルネリウス編、倉塚平訳『千年王国の惨劇 ミュンスター再洗礼派王国目撃録』平凡社、2002年。(以下「惨劇」) コルネリウスが刊行したダルムシェタット版は、オリジナルではなく、ケルン市立文書館に収められていた手稿本が原本である。ケルン版は未刊行であり、2009年に文書館が倒壊して史料も行方不明になっているため、本書ではダルムシェタット版を利用している。Vgl. Ernst Laubach, Habent sua fata libelli. Zu zwei Werken über die Täuferherrschaft in Münster, in: Westfälische Zeitschrift 143, 1993, S. 32-51.

139 Ralf Klötzer, Die Verhöre der Täuferführer von Münster vom 25. Juli 1535 auf Haus Dülmen. Edition der Protokolle sowie der vorbereitenden Fragenliste, in: Westfälische Zeitschrift 155, 2005, S. 51-92. (以下 Kl1); Ders., Die Verhöre der Täuferführer von Münster vom 25. Juli 1535 auf Haus Dülmen. Zwei Versionen im Vergleich, in: Mennonitische Geschichtsblätter 59, 2002, S. 145-172.

140 KIR, S. 16-19, 57-62.

141 KIR, S. 93-266. 没収財産リストについては、以下も参照。Karl-Heinz Kirchhoff, Die Häuser der Wiedertäufer in Münster 1535. Möglichkeiten der Auswertung einer Quellengruppe zur Geschichte der Stadt Münster, in: Westfälische Forschungen 15, 1962, S. 140-143.

142 Das Ketter-Bichtbok, in: SMTG2, S. 133-224.

143 倉塚平「ミュンスター千年王国前史1～8」『政経論叢』明治大学政治経済研究所紀要47巻1号、1978年、1-68頁 (以下「倉塚1」); 47巻2・3号、1978年、27-65頁 (以下、「倉塚2」); 倉塚3; 50巻1号、1981年、39-110頁 (以下「倉塚4」); 52巻3・4号、1984年、1-64頁 (以下「倉塚5」); 53巻1号、1984年、25-77頁 (以下「倉塚6」); 53巻4・5・6号、1985年、225-276頁 (以下「倉塚7」); 54巻1・2・3号、1986年、35-122頁 (以下「倉塚8」); Richard van Dülmen (Hg.), Das Täuferreich zu Münster 1534-1535, München 1974.

144 Goertz, Pfaffenhaß, S. 245-249.

145 ゲルツは、個々の運動を引きおこす原因や参加者の目的には多様性があり、目的も必ずしも最初から明確ではなかったことを指摘している。Goertz, Pfaffenhaß, S. 248f. 本書でも、2.2.2. で述べたように、目的が共通していたことを自明視していないので、社会運動の条件とはしない。そのため、社会運動の定義では、目的ではなく、参加者の集合行動やある程度の連続性を重視する。

146 D. Willoweit, Obrigkeit, in: Adalbert Erler und Ekkehard Kaufmann (Hg.), Handwörterbuch zur

2 課題と方法

deutschen Rechtsgeschichte, 3. Band, Berlin 1984, S. 1171-1174.

147 ミュンスター市の統治制度については以下を参照。Gottfried Schulte, Die Verfassungs-
geschichte Münsters im Mittelalter, in: D. Hellinghaus (Hg.), Quellen und Forschungen zur
Geschichte der Stadt Münster i. W., Erster Band, Münster 1898, S. 1-160; 倉塚1; Uwe Goppold,
Politische Kommunikation in den Städten der Vormoderne. Zürich und Münster im Vergleich,
Köln/Weimar/Wien 2007.

148 ドームブルクの住民については Franz-Josef Jakobi, Bevölkerungsentwicklung und Bevölk-
erungsstruktur im Mittelalter und in der frühen Neuzeit, in: Franz-Josef Jakobi (Hg.), Geschichte
der Stadt Münster, Bd. 1, Münster 1993, S. 512ff. ドームブルクの地理的境界については、
Karl-Heinz Kirchhoff, Stadtgrundriß und topographische Entwicklung, in: Jakobi (Hg.),
Geschichte der Stadt Münster, S. 447-484 を参照。

149 Jakobi, S. 487; MGQ5, S. 101.

150 都市の教会・教区についての概観は以下を参照。MGQ5, S. 26-75; Wilhelm Kohl, Kirchen
und kirchliche Institutionen, in: Jakobi (Hg.), Geschichte der Stadt Münster, S. 535-573.

151 MGQ5, S. 105f.

152 Jakobi, S. 529ff.

153 倉塚1、2-7頁。

154 MGQ5, S. 254.

155 Wilfried Ehbrecht, Rat, Gilden und Gemeinde zwischen Hochmittelalter und Neuzeit, in: Jakobi
(Hg.), Geschichte der Stadt Münster, S. 117f.; MGQ5, S. 153.

156 MGQ5, S. 106; 倉塚1、13頁。

157 倉塚1、61-62頁。

158 倉塚1、26-27頁。

159 MGQ5, S. 105f. 1520-1802年までの選挙人は、以下を参照。Eduard Schulte, Die Kurgenos-
sen des Rates 1520-1802, in: Eduard Schulte (Hg.), Quellen und Forschungen zur Geschichre der
Stadt Münster i. w., 3. Band, Münster 1927, S. 117-203.

160 MGQ5, S. 208.

161 MGQ5, S. 106.

162 Schilling, Aufstandsbewegung, S. 198.

163 Robert Krumbholtz, Die Gewerbe der Stadt Münster bis zum Jahre 1661, Leipzig 1898, S. 28. 本
書は第一部と第二部でページ数が独立しているので、第一部のページ数を示すときは無
表記、第二部のページ数を示すときは in 2. を付して表記する。MGQ5, S. 109; 倉塚1、61
頁。

164 倉塚1、61頁。

165 Krumbholtz, S. 28.

166 Krumbholtz, S. 28f.; Ders., in 2, S. 5; 倉塚1、55-56頁。長老を選ぶ4人は以下のように選ば
れる。先ず32人のギルド長は8人ずつ4グループに分かれる。その後この4グループ内

で各自がさいころを投げ、最小の目を出した者4人が長老を選出する。

167 倉塚1、52-53頁。

168 倉塚1、9, 24, 58-60頁 ; Krumbholtz, S. 22, 34-41.

169 Krumbholtz, S. 41.

170 倉塚平「ミュンスターの宗教改革」、267-270頁。

171 Krumbholtz, S. 35, 37.

172 Krumbholtz, S. 21, 37f.

173 MGQ5, S. 112.

174 Krumbholtz, S. 23; Ders., in 2, S. 16, 45. さらに Karl-Heinz Kirchhoff, Gilde und Gemeinheit im Münster/Westfalen 1525-1534. Zur legalen Durchsetzung einer oppositionellen Bewegung, in: Wilfried Ehbrecht und Heinz Schilling (Hg.), Niederlande und Nordwestdeutschland. Studien zur Regional- und Stadtgeschichte Nordwestkontinentaleuropas im Mittelalter und in der Neuzeit, Köln/Wien 1983, S. 165, 169; SMTG1, S. 78.

175 Krumbholtz, S. 34.

176 倉塚1、63頁。

177 Kirchhoff, Gilde und Gemeinheit, S. 165.

178 Krumbholtz, S. 16.

179 Krumbholtz, S. 17, 22.

180 Ehbrecht, Rat, Geilden und Gemeinde, S. 117.

181 Kirchhoff, Gilde und Gemeinheit, S. 165.

182 Kirchhoff, Gilde und Gemeinheit, S. 169. „den gemeinen manne" と „dat gemeine volk" が同じ意味で使われている例は、Krumbholtz, in 2, S. 16.

183 Krumbholtz, S. 19f. ケルゼンブロークによれば以前は手工業者によって市参事会員が選ばれていた。 MGQ5, S. 105.

184 MGQ2, S. 177; 倉塚1, S. 60; Krumbholtz, S. 41.

185 下層民にどのような人々が含まれるかは、Eberhard Isenmann, Die deutsche Stadt im Spätmittelalter. 1150-1500. Stadtgestalt, Recht, Verfassung, Stadtregiment, Kirche, Gesellschaft, Wirtschaft, Wien/Köln/Weimar 2012, S. 717. を参照。

186 近世では男児女児共に、親元を離れ奉公に出た。また、農村から都市へ流入する者も多かった。Heide Wunder, „Er ist die Sohn', sie ist der Mond". Frauen in der Frühen Neuzeit, München 1992 S. 41. ブロイアーによればザクセンでは職人雇用に4種類あり、最短は8-14日の雇用に限られた。Helmut Bräuer, Gesellen im sächsischen Zunfthandwerk des 15. und 16. Jahrhunderts, Weimar 1989, S. 36.

187 Krumbholtz, S. 82, 86; Franz Lethmate, Die Bevölkerung Münsters i. W. in der zweiten Hälfte des 16. Jahrhunderts, Münster 1912, S. 62.

188 都市における女性の地位ついては以下を参照。Ulrich Rosseaux, Städte in der Frühen Neuzeit, Darmstadt 2006, S. 55. ミュンスターでは女性はギルドにおいて、職人や徒弟と同様

に、正規のメンバー（Vollgenossen）ではなく庇護的メンバー（Schutzgenossen）という立場にあった。Krumbholtz, S. 98ff. ミュンスターでは、1400年までの新市民の記録における女性の割合は3分の1に上っていた。そのため女性が市民権を得ることは可能であった。Günter Aders, Das verschollene älteste Bürgerbuch der Stadt Münster (1350-1531), in: Westfälische Zeitschrift 110, 1960, S. 38. ただし、たとえ市民権を持っていたとても、他都市の女性市民同様政治への参加はできなかったはずである。Vgl. Barbara Studer, Frauen im Bürgerrecht. Überlegungen zur rechtlichen und sozialen Stellung der Frau in spätmittelalterlichen Städten, in: Rainer Christoph Schwinges (Hg.), Neubürger im späten Mittelalter. Migration und Austausch in der Städtelandschaft des alten Reiches (1250-1550), Zeitschrift für historische Forschung. Beiheft 30, Berlin 2002, S. 176f.

3　1525年の反教権主義的騒擾

1　事件の経過

1.1　修道院に対する反教権主義的示威行動

　1525年は農民戦争が起こった年であった。しかし、ドイツ南部・中部では主に農村で大規模な蜂起が起こったのに対し、フランクフルト・アム・マイン以北では農村ではなく都市で起こった。ミュンスターでも1525年に大規模な騒擾が起こったが、これはフランクフルトから始まる、諸都市の騒擾と連動したものであった[189]。フランクフルトでは、4月17日に騒擾が始まり、農民戦争の中心的要求であった十二箇条の影響を受け4月20日に箇条書が作成された。その後、フランクフルトの騒擾はマインツに派生し4月25日に騒擾が勃発した[190]。ケルンでは5月半ばにヤコブ・フォン・ビースト（Jakob von Biest）によって40箇条から成る要求書が作られ、6月7日に騒擾が始まった[191]。

　この時期、ミュンスターでも都市住民の間で特に修道士に対する敵意が高まっていた。大規模な騒擾に先だって起こっていたのが、主に若者からなるグループの反教権主義的な示威行動であった。グレシュベクによれば、司教フリードリヒ・フォン・ヴィート（Friedrich von Wied）の時代（1522-25年）には「ミュンスター市内では、一部の若い職人や市民が集まり、騒動を起こし、市内のあらゆる修道院の中に押しかけ、スープを欲した。そして彼らは、嫌がらせに修道院でスープを食べた」[192]。彼らは、そのため「スープ喰らい（zoppenetters）」と呼ばれた[193]。その後この「スープ喰らい」は、1525年2月の謝肉祭でも若い職人、一部の市民、アムトの職人、学生達といっしょに、聖職者を嘲笑する示威行動を行っていた[194]。そのため、ミュンスターの反教権主義的な行動は、市民も含まれていたにせよ、主に職人などの若者が中心となって始まったと考えられる。

69

しかし、ミュンスターで本格的に都市騒擾が始まるのは、1525年5月22日のことであった。ニージンク女子修道院の年代記によれば、この日の夜、修道院に、錫職人ヨハン・グレーファー（Johan Grever）とディリク・スロセケン（Dirick Slosseken）、ロロフ・ショーメッカー（Rolof Schomecker）という三人の男がやって来た[195]。さらに、修道院の外には「名もなき人々の大群」が三人の男に続こうと待ちかまえていた。彼らは、三人が連れてきた少年の合図で侵入することになっていた。しかし、実行前に計画が露見したために、この襲撃は未遂に終わった[196]。

　この首謀者三人のうちディリク・スロセケンは「スープ喰らい」の一人であり、その後おそらくこの件が原因でミュンスターを追放されている[197]。首謀者三人のうちの一人が、若者中心のグループであった「スープ喰らい」に属していたことを考えると、この三人はおそらくスープ喰らいグループと関係ある若者であり、それまでと同様に修道女への嫌がらせや嘲笑として、このような行為に及んだのだと思われる。

　彼らの後に続いて修道院に押し入ろうとしていた者達については、人数も社会階層も不明である。ニージンク女子修道院の年代記作者やホルトマンの記述を信用するならば、彼らの目的はワインやビールといった食糧や聖職者の財産の略奪であったので、「名もなき人々」と呼ばれる貧しい人々が彼らの大部分を占めていたと思われる[198]。

　このように、修道院襲撃未遂は、修道院に対する嫌がらせをしようとしていた「スープ喰らい」周辺の若者達と修道院の財産を略奪しようとしていた貧民によって引き起こされた反教権主義的事件だと見なすことができる。

1.2　ギルドによる市参事会への抗議と要求

　修道院への襲撃未遂の翌日、首謀者の三人は市参事会の命令で逮捕された[199]。しかし、他の諸ギルドあるいはギルドのほぼ全ての手工業者は、逮捕された三人を守るべく市庁舎に押し寄せ、市参事会に抗議した[200]。倉塚はこの抗議の理由を、襲撃未遂首謀者の逮捕が全ギルド会議の同意

3　1525年の反教権主義的騒擾

を得ずに行われ、彼らの逮捕同意権が無視されたためだと推測している[201]。彼らを先導したのは、ガラス細工親方のライネルト・シュテレ（Reinert Stelle）と魚商人ルッベルト・レンティンク（Lubbert Lentinck）という富裕な名望家であった[202]。市参事会は、この騒擾を鎮めるために市参事会員から代表を選んだ。

　市庁舎前に集まったギルド員達は、ニージンク女子修道院とケルゼンブロークの年代記の記述によれば、市参事会に以下のような要求を行った。先ず聖職者は市壁や歩哨によって守られるなどの利益を受けているにもかかわらず、市民の負担や責務を免除されているだけでなく、商工業に携わり市民に損害を与えている。そのためニージンク女子修道院と共同生活兄弟団の収入記録を取り上げ、管理人を任命し、彼らの生活に必要な金額以外を貧民のために使うべきである。また、聖職者は神のみに仕えるべきであり、世俗の行為に従事することは相応しくないため、聖職者の亜麻布織機を破壊するか撤去し、聖職者が得ていた利益が市民に入るようにすべきである。もし市参事会が市民の不利益を取り除かず、聖職者の貪欲を止めない場合、市参事会も聖職者も暴君、民衆の抑圧者と見なし、剣によって市参事会から現在の市参事会員を追い出し、「市民の利益を心から願う他の誠実な人々」を選ぶだろう[203]。

　この要求から二つのことが明らかとなる。一つ目は、ギルド員の反教権主義が、聖職者の商工業に向けられていたことである。彼らは、聖職者が行う「世俗の行為」つまり亜麻布製作などの商工業が、市民の利益を損害していると考えていた。そのため、聖職者の経済活動を市参事会の管理下に置くことを求めた。

　二つ目は、ギルドの中に、以前から市参事会にこのような要求を行おうとしていた者がいたことである。この要求は、ギルド員達が組織的な抗議を行っている最中に市参事会に提示されたものであるため、群衆の中から突発的に出てきたのではなく、ギルドの総意として市参事会に提示されたものだと思われる。後述するように、この抗議を行う前に、ギルド員達は一度集会を行っていると推測されるので、この要求もギルド

71

集会の際に何者かによって発案され、他のギルド員の承認を受けたものだと考えられる。このことは、ギルド員の中に以前から市参事会に対し聖職者の経済活動制限を要求しようと、機会を狙っていた者達がいたこと、そして彼らの要求は、ギルド員の多数派に支持されたことを示している。

　ギルドからこのような要求を受けた市参事会は首謀者の処罰を控え、彼らの要求に従い共同生活兄弟団とニージンク女子修道院の収入記録と工具を接収することを約束した[204]。

　また、市庁舎前に集まった群衆は、既に行われた要求以外に、多様な要求を含む箇条書を長老に渡し、市参事会に同意を求めるよう強要した[205]。ホルトマンによれば、この箇条書は、商人がフランクフルトから持ち込んできた苦情書を基に[206]、いくらかの市民が、福音主義を支持する聖マルティニ教会の説教師ルッベルト・カンセン（Lubbert Cansen）の助けを得て起草されたものであった[207]。ゲマインハイトは、長老に対しこの箇条書を自分達の代わりに市参事会に提出し、司教領の諸身分の公認を取り付けるべく彼らに努力させることを求めた。長老は市参事会と交渉する際に、民衆は要求を受け入れなければ平和の維持は望めないと脅した[208]。この交渉の最中、市庁舎の前に集まった群衆も、市参事会が市内にいる司教座聖堂参事会員ひいては他の領邦諸身分にこの箇条書を受け入れさせることは容易であると主張し、彼らの同意を得るように要求した[209]。市参事会はゲマインハイトを鎮めるために、この箇条書を受け入れざるを得なかった[210]。

　箇条書を受け入れるよう市参事会に強要したのは、市参事会や司教座聖堂参事会の認識によればゲマインハイト（gemeynen; gemeynheit; dat gemeyne Volck）であった[211]。しかし、箇条書がどのような過程を経て起草されたかは不明である。また、どの程度多くの人々に承認されたものであったかも不明である。ホルトマンの記述や箇条書の内容から、これを起草した中心人物は、フランクフルトなど市外の騒擾について通じ、ケルンで騒擾に参加していた者達と関係を持ち、市内の福音派説教師達

と協力関係にあった市内の福音派市民であったと思われる。ただし、後に見るように箇条書には福音主義に関わる条項はほとんどなかったので、福音派以外の市民もその起草に関わっていたことは確実である。箇条書はすぐに起草できるものではないため、修道院襲撃首謀者の逮捕以前に既に完成していたはずである。そのため、ギルド員を含む福音派周辺の住民は、この抗議の前に完成していた箇条書を市参事会に提示する機会を狙っており、市参事会による住民逮捕への抗議という機会を使って、市参事会に受け入れを要求したと考えられる。長老が蜂起を脅しに使い市参事会と交渉をしていたことを考えると、箇条書の内容はその場にいた群衆の多くに支持されていたはずである。しかし、箇条書は多数の条項から成り立っており、騒擾の際に口頭で読み上げられたとは考えにくいため、市参事会に受け入れを求めた人々は、事前にその内容について知っていた可能性が高い。騒擾前にそれを可能とする組織的行動を行っていたと確認できるのはギルドだけである。箇条書の手渡しのタイミングが、ギルド員の組織行動の最中であったことがこの推論を裏付けている。

　以上の理由から、箇条書は福音派を中心としたギルド員や市民達が福音派説教師カンセンと共同で起草したものであり、市参事会へ抗議する前に行われたはずのギルド集会でギルド員に紹介され、彼らの同意を得た後に、ギルドが長老を通じて市参事会に受け入れを求めたのだと推測できる。つまり、市参事会が箇条書受け入れを求めたと認識していたゲマインハイトとは、実際にはギルドであったと思われる。

　またこの騒擾が起こっている間、市庁舎の前に集まった福音派の住民が、自身の友人や通りかかった者に、「今や福音の光が輝いており、宗教の闇を払い、尊大で強欲な聖職者の力を奪うであろう」と呼びかけていた[212]。ホルトマンによれば、この福音派の呼びかけを聞いてやって来た者のうち最も多かったのは、事態の新奇さに誘われた野次馬であり、次に多かったのはその忠告に惹かれてきた者であり、群衆の不平を鎮めるためにやって来た者はわずかであった。また、家に留まり、群衆の行動

を遠くから眺めている者達もいた[213]。

1.3　市民要求の実行

1.3.1　箇条書の成立

　その後、市民の異議を聞きそれを市参事会に伝えるために、市参事会員と市区住民から40人を超える人々が選ばれ市民委員会が結成された。市参事会から選ばれた者、市区から選ばれた者がそれぞれ何人であったかは不明である。この市民委員会が数日議論を重ね、箇条書を完成させた[214]。この箇条書は市民委員会が、ゲマインハイトあるいはギルドから手渡された箇条書を基に、市民の要求を聞き、委員会内部で議論をして作成したものであったが、市民委員会には市参事会員も参画していたため、市参事会も箇条書作成の際に一定の役割を果たしていたことになる。ただし、市民委員会が、ゲマインハイトが起草した箇条書にどの程度手を加えたかは不明である。

　この箇条書には、30を超える多岐に渡る条項が盛り込まれていた[215]。これらの条項のかなりの部分を占めていたのは、市域内の聖職者に対する都市の自治権拡大に関わる項目であった。これらの条項は、聖職者による市民の破門禁止、聖職者による世俗的な経済活動の禁止、聖職者に市民同様の負担を課すこと、市参事会、ギルド長、ゲマインハイト代表による共同生活兄弟団とニージンク女子修道院の財産管理、共同生活兄弟団に新たな修道士加入を認めないこと、窃盗や殺人などの重罪を犯した聖職者を他の身分の犯罪者同様に処罰すること、托鉢修道会などの修道士を新たに市内に居住させないこと、司祭が助任司祭を任命罷免する際、教区財産管理人、シェッフェン、教区民の同意を義務づけること、市外の修道士・説教師による説教禁止などである[216]。また、娼婦や聖職者の妾にしるしをつけるという、反教権主義的要求も含まれていた[217]。

　また、市民の経済的利益や特権に関わる条項も多数含まれていた。これらは、ミュンスター周辺2マイルの禁制圏で全ての手工業、ビール醸造、パン焼きを禁止すること、共同生活兄弟団の土地を市民に売却すること、

共同生活兄弟団の余剰財産を貧民のために使うこと、共有地の共益権復活、登記なく市民から地代や財産を取り立てることの禁止、裁判継続期間の制限、露天商の場所代免除、民事事件における市参事会による市民投獄禁止、ワインやビールの量り売りの自由、エムス川にかかる二つの橋の通行税免除などである。

　他方、宗教改革に関わる条項はほとんど見られない。宗教改革に関わると解釈できる条項はケルゼンブロークが伝えるラテン語訳によれば以下の一つだけである。「市内の司教座聖堂参事会及びその他は、我々が日々待望しているケルンの者達によって改革 (reformationem) が公布された後、我々の改革にも従わなければならない。」[218]。ただし櫻井美幸によれば、翌月6月18日に市参事会に提出されたケルンの184条項から成る箇条書では、教会に対する要求は多かったものの、それらは経済問題に関わるものばかりで、宗教改革的な性格を持っていなかった[219]。低地ドイツ語の同箇条では、ケルンの者たちによって起草される予定の箇条書は「reformationem」ではなく「条例 ordinantien」という表現で呼ばれており、必ずしも宗教改革と関わらない箇条だとも解釈できる[220]。また、ホルトマンは死者ミサの廃止を宗教改革のしるしだと見なしているが、死者ミサの廃止は、市民による聖職者への遺贈禁止と同じ条項の中で要求されているため、倉塚が指摘しているように、宗教改革というよりも、市民の財産が聖職者に流出することを阻止するための要求であると思われる[221]。また、教区による聖職者任命権掌握も、首席司祭による助任司祭の人事に対する同意権に限定されているため、倉塚の指摘の通り、市民に協力している福音派助任司祭の地位確保が主要な目的であろう[222]。

　以上のように、福音派説教師が起草に関わっていたにもかかわらず、ミュンスターの箇条書では宗教改革に関する条項はほとんど見られない。このことから、ミュンスター市内では福音主義が余り広まっておらず、彼らの影響力も非常に限定されていたことが分かる。

　また、この箇条書の叩き台になったのは、フランクフルトの都市騒擾で作成された苦情書であり、箇条書の中でケルンでの改革が引き合いに

出されていることから、ミュンスターの騒擾の首謀者達は、他の諸都市の騒擾を意識しながら今回の騒擾を引き起こしたと考えられる。ラムシュテットの指摘によると、フランクフルト以北の諸都市の蜂起は相互に影響し合っており、フランクフルトの苦情書はミュンスターだけでなく、マインツ、オスナブリュック、ケルンなど他の多くの諸都市で参照されていた[223]。ただし、フランクフルトの苦情書はそのまま受容されたのではなく、各都市でそれぞれの都合で改変された[224]。倉塚によれば、フランクフルトなど諸都市の箇条書と比較して、ミュンスターの箇条書の特徴として、都市の統治制度改革に関する条項が見られないこと、貧民層の経済的利益に関わる条項が少ないこと、身分制政府樹立によって領邦君主の権力を制限するための条項が見られないこと、宗教改革に関する条項がほとんど見られないことが挙げられる[225]。

1.3.2　修道院財産の没収と司教座聖堂参事会員への要求

　5月26日に市参事会は約束通り、収入記録と工具を没収するために二つの派遣団を、ニージンク女子修道院と共同生活兄弟団に送った[226]。

　共同生活兄弟団に派遣されたのは、市参事会から選ばれたヨハン・ドローステ（Johan Droste）とヨハン・オスナブルック（Johann Osnabrug）、ギルドとゲマインハイトから選ばれたベルンハルト・グルーター（Bernhard Gruter）、ハインリヒ・スーダルトー（Heinrich Sudarto）、ヘルマン・ラーメルト、ヨハン・ランガーマン（Johann Langermann）の6人である。

　ニージンク女子修道院に派遣されたのは、市参事会から選ばれたディートリヒ・ムンスターマン（Dietrich Munsterman）とヨハン・ヘルディンク（Johan Herdinck）、ギルドから選ばれたヨハン・ファン・オーセン（Johan van Oisen）とハインリヒ・ブレック（Heinrich Bureck）、ゲマインハイトから選ばれたロトガー・トース（Rotger Tos）とヨハン・バッゲルト（Johan Baggelt）という6人である[227]。

　ゲマインハイト代表のほとんどは、修道院の所在地とは異なる市区に居住しており、なおかつ各市区から均等に選ばれていたわけではないことから、彼らは市区に関係なく選ばれていたことが分かる[228]。またゲマ

76

インハイト代表のうちランガーマンはこの後1528年に選挙人、1530年から33年まで市参事会員に、トースは1524年と1527年に選挙人に選ばれており、バッゲルトは1520年から1532年の間に四回選挙人に選ばれ、1530年に長老を務めるなど、いずれも名望家市民であった[229]。しかし、彼らのうちこの時点までに市参事会員を経験した者は誰もおらず、この後市参事会員を務めた者もランガーマンだけであった。このようにゲマインハイトから選ばれた代表4人中3人は市参事会員格ではない二流の名望家であった。彼らはギルド員の要求通りに収入記録、羊皮紙と筆記用具、織機を没収した[230]。

この没収の際多くの群衆が集まり騒擾が起きた。修道院の年代記作者によれば、機織り機を運び出す際に、「織機を破壊し大騒動を起こそうと、いらいらしている名もなき人々の大群が荷車をもって待っていた」ため、使者の一人が彼らを制止しなければならなかった[231]。群衆の中には多くの女性が含まれており、彼女達は家に持ち帰って今まで食べたことがないほど腹一杯食べたいと思って、物を奪い詰めこもうと袋を持って立っていた[232]。また、ホルトマンによれば、この群衆の一人ヨハン・グローテン（Johann Groeten）は、「金持ちは、2000の金貨を持っていれば十分だ」と主張していた[233]。しかし群衆は周りをうろついてはいたが、修道院を襲撃したり、接収された修道院財産を運ぶ人々を襲うことはなかった。結局、没収された織機や収入記録は、市庁舎に運び込まれ、保管された[234]。

その後市民の安全のため市門を閉じた後、数人に付き添われた市長と長老が箇条書の受け入れを司教座聖堂参事会員に求めた。すると、聖堂参事会員達は箇条書には他の諸身分に関わる要求も含まれているため、単独で署名はできないと返答した。ケルゼンブロークによれば、これに対し市長は、「あなた方は分かっていない。もしこの箇条書が受け入れられず、捺印されない場合、どうやって民衆の憤慨した気分を和らげることができるのか、そしてどうやって私達が暴徒の怒りからあなた方を守れるのかを」と述べ、署名を強要した[235]。そのため聖堂参事会員達は

一部の条項に署名した後、病気で逃げられなかった一人を除き全員が市外に逃亡した[236]。

これまで見てきたように、一連の騒擾では、大きく分けて四つの動きが混在していた。一つ目は若者を中心としたグループによる聖職者に対する嫌がらせや嘲笑といった反教権主義的な動きである。二つ目が、貧しい男女による修道院で食糧を要求あるいは略奪しようとする動きである。三つ目は、聖職者の特権剥奪、聖職者による世俗の経済活動禁止、市参事会による修道院財産の管理など、都市による聖職者の活動の管理を求める動きである。これらは主にギルド員や市区住民、つまりゲマインハイトによって要求された。そして四つ目は、福音主義を市内に広めようという動きであった。しかし、ギルドやゲマインハイト、長老が市参事会に対し、市内での福音主義拡大に関わる要求を行わなかったこと、箇条書作成に福音派説教師が参加していたにもかかわらず、宗教改革に関わる要求がわずかであることから、福音派住民の勢力は弱く、彼らは少数派であったと思われる。

1.4　市民要求をめぐる市参事会と司教との交渉

1.4.1　市参事会と司教の交渉

修道院財産の没収や箇条書の様々な要求は、ミュンスター司教や司教座聖堂参事会員、聖職者身分、騎士身分の特権を侵害するものであった。そのため、この後彼らからミュンスター市に対し政治的圧力が加えられた。

ミュンスター市内では、福音派の助任司祭達が相次いで罷免された。箇条書起草にも参加するなど騒擾に積極的に関わっていたルッベルト・カンセンは、ある有力家門の娘と結婚しようとしたため聖マルティニ教会の助任司祭の職を罷免された。同様に聖ランベルティ教会の助任司祭ヨハン・タント（Johann Tant）、ユーバーヴァッサー教会の助任司祭ゴットフリート・ライニンク（Gottfried Reininck）、聖ルートゲリ教会の助任司祭ヨハン・フィンク（Johann Vinck）もそれぞれ罷免された[237]。ケルゼ

78

ンブロークによれば、ヨハン・タントが罷免される際には、ランベルティ教区の教区民、特に商人達がこれに反対し強く抗議したし、ライニンクが罷免される際に、罷免した者はユーバーヴァサー教区の幾らかの教区民の不興を買った[238]。にもかかわらず、結局両者とも罷免されているので、教区民による抵抗は大きくなかったと思われる。

また、5月26日に接収が行われた後、同情した多くの人々が修道女を慰めるためにニージンク女子修道院を訪れた[239]。また、ニージンク女子修道院の何人かの支持者は、織機を修道院に返却するように市参事会に求めた。ミュンスター司教にニージンク修道院での一件を手紙で伝えた支持者達もいた[240]。

さらに、司教座聖堂参事会員から苦情の手紙を受け取ったミュンスター司教は、6月7日にミュンスター市に対し、彼らの要求は司教、騎士身分、領邦諸身分に損害を与え、教皇や皇帝の決定に反するものなので、全てを元に戻すよう求めた[241]。

市参事会は6月16日に司教に対し、ミュンスターだけでなく司教領の他の諸都市でも市外の農村での手工業が市民の生計を破壊しているという抗議が起きており、そのためミュンスターでも平民達の反乱が生じ、箇条書が起草され彼らに提示されたと返答している。彼らは平民達を鎮めなければならなかったのでそれを受け入れざるを得なかったと弁解しつつ、自分達や市民が暴力的に聖職者に要求の受け入れを強いたこと、都市、教会、聖職者に不当な要求をしたことを否定し、教皇の聖性や皇帝の勅令、司教の高権を縮小する意図もないと述べた[242]。このように市参事会は、自分達だけでなく、不本意ながら受け入れを強いられた市民の要求や行動も正当化、擁護した。

司教は市参事会の返答に耳を貸すことなく、7月10日の手紙において市内で行われた行為や箇条書は不法なので、全てを元に戻すよう再度求めた[243]。それに対し市参事会は7月27日の手紙で、その箇条書は公共の福利に資するものであり、市民への様々な重荷と損害故に平民によって起草されたものなので、司教や騎士身分を嘲笑するものではないと認識

していると、再度市民を擁護した。しかし、彼らは民衆を鎮めるために箇条書受け入れを強いられたと主張し、箇条書は正当性に反しているので喜んで破棄すると司教の要求を受け入れている。また没収した収入記録については、司教が返却を求めているので、売却せず保管していると述べた。しかし織機については市民の生計に損害を与えているために返却できないと司教の要求を拒絶した[244]。

　市参事会はこの手紙の中で司教に譲歩しているが、倉塚が指摘しているように、これは市外の蜂起が鎮圧されつつあった状況によると思われる[245]。先ずドイツ南部や中部の農民軍は既に5月から6月にかけて敗走していた。さらに市参事会の前回の手紙が出された6月16日から今回の手紙が出された7月27日の間には以下の二つの事態が生じた。6月27日にケルンで立てられた、市門を占領し農民を引き入れるという計画は発覚し失敗した[246]。6月29日にはハンザ及びライン・ヴェストファーレン全都市が自らの君主に対する義務を果たし、他都市の反乱者を受け入れないと決議した[247]。その後8月1日には近隣の司教座都市オスナブリュックでも都市が司教に屈服する協定を結ぶなど、市外の蜂起は鎮圧されていった[248]。

1.4.2.　市参事会による司教命令の受け入れ

　ミュンスター司教は8月26日にそれまでと同様、ミュンスター市の行いが不正であり、箇条書を取り下げ、全ての印章や証書などを返却し、司教座聖堂参事会員が安全に市に戻れるよう命じた[249]。再三に渡る司教の強い要求に従い、市参事会は9月8日までに証書と手工業の道具を返却した[250]。この市参事会の措置に市民が反対し、蜂起を起こしたことは史料から確認できない。5月の騒擾の時の市参事会の対応を考えても、市参事会が市民蜂起を引き起こす危険性がある措置を取るとは考えにくい。そのため、市外で次々と蜂起が鎮圧される状況下で、市外からの脅威を感じ市民の士気が落ち、市内で蜂起の危険性がなくなったために、市参事会が司教の命令に従い市内の改革を復旧できるようになったのだと推測できる[251]。また、市参事会は織機や収入証書の没収や箇条書を正当

だと見なしていなかったにもかかわらず、市民蜂起を避けるために不承不承受け入れていたため、単に司教から圧力があったからだけではなく、半ば自発的に復旧を行ったとも考えられる。

市参事会は9月23日に、箇条書の失効、証書と手工業道具の返却を約束し、司教座聖堂参事会員の帰還を認めるなど司教の要求を全面的に受け入れた。また彼らは、「我々は我々が知るところでは現在はまだ猊下に対する義務に反することを行っているが、不正を行おうと企てたわけではない。我々は、他の土地や都市のいたるところで平民によって引き起こされた反乱が我らの都市でも起こることを見越していたのである」と弁明した[252]。ここから市参事会は、帝国各地で起こっていた農村や都市での反乱を意識しながら市内の騒擾に対処しており、市参事会が市民要求を撤回することができたのは、市内での市民蜂起の危険性がなくなったためだという推論が裏付けられる。また市参事会は、市内での平民の蜂起を避けるために司教に対する義務を履行しないことは不正ではないと主張していたことが分かる。

結局、司教座聖堂参事会と都市は、ケルン大司教の仲介で1526年3月27日に箇条書の撤回、逃亡者の帰還と市内での安全確保を取り決め、騒擾は終わった[253]。

2 市内諸勢力の主張と行動、運動の全体像

以上の事件史的経過に基づき、市内諸勢力の主張と行動、運動参加者の属性、動機、合意形成について分析を加える。

2.1 市内諸勢力の主張と行動
2.1.1 市参事会の主張と行動

1525年の騒擾において市参事会は、当初は修道院襲撃未遂の首謀者を逮捕・投獄するなど騒擾を鎮めるための施策を採ったが、ギルド員をはじめとする群衆に彼らの解放や箇条書受け入れなどの要求をされると、

これを受け入れた。市参事会員は司教や司教座聖堂参事会に対しては、自分達は市内の平安を保つため、やむを得ずゲマインハイトの要求を受け入れたと弁明していた。このことは、市参事会は市民蜂起の危険性がある時には、聖職者身分や司教の特権を侵害することも辞さなかったことを示している。

市参事会は、市内でゲマインハイトの要求を実行するにあたって、常に彼らと共同で行動していた。箇条書の作成は市参事会の代表者と市区の代表者が、共同生活兄弟団とニージンク女子修道院の財産接収は市参事会、ギルド、ゲマインハイトの代表者が、司教座聖堂参事会員への箇条書受け入れ要求は、市長と長老が共同で行ったものであった。

他方、市参事会がゲマインハイトの要求を実行するためには、都市の君主であるミュンスター司教や領邦諸身分との外交交渉を行わねばならなかった。交渉の当初、市参事会は市民の要求と市内で行った彼らの施策の正当性を弁護していたが、市内での蜂起の危険性がなくなると、司教からの処罰を避けるために司教の命令を受け入れ、市民から強要されて行った全ての改革を撤回した。しかし、市参事会は司教に対し、一貫して市民を擁護する姿勢を崩さなかった。

以上のことから市参事会の主張と行動について、二つのことが確認できる。一つ目は、市参事会は、修道院襲撃を謀った者を処罰する際にも、ゲマインハイトの要求をやむを得ず受け入れる際にも、市内の平和維持を最も重視して態度決定を行っていたことである。その方針が確固としていたことは、市内の平和維持のためには司教や聖職者身分の特権を侵害することも辞さなかったことからも分かる。二つ目は、市参事会が、対外的に一貫して市民の利益を守ろうとし、市民の行動の正当性を擁護していたことである。

以上の二つの特徴はいずれも、この騒擾において市参事会が、司教の臣下あるいはミュンスター司教領の領邦身分として、司教や領邦諸身分の特権を守ることよりも、都市のお上として、市内の平和を保ち、市民の利益を守ることをより重視していたことを示している。

2.1.2　全ギルド会議の主張と行動

　この騒擾において、全ギルド会議、つまり長老とギルド長は、ゲマインハイトあるいはギルドの請願に基づき、民衆蜂起を脅しに使いながら箇条書の受け入れを市参事会に強要し、さらに市長と共に司教座聖堂参事会員に箇条書を受け入れさせるための交渉を行っていた。このように全ギルド会議は、ゲマインハイトあるいはギルドの要求を市参事会や司教座聖堂参事会に仲介し、彼らに要求を受け入れさせるというゲマインハイトやギルドの代弁者としての役割を果たしていた。

2.1.3　ゲマインハイトの主張と行動

　箇条書を起草し、長老を通じて市参事会にその受け入れを求めたのは、市参事会や司教座聖堂参事会の認識によればゲマインハイトであった。ただし、実際にこれを実行したのはギルドであったと思われる。このことから、ギルドの要求がゲマインハイトの要求だと見なされることがあることが示唆される。

　また、共同生活兄弟団とニージンク女子修道院の工具や収入記録の接収を行う際には、市参事会、ギルドと並び、ゲマインハイトからも2名ずつの代表が選ばれ、その実行に携わった。ただし、ゲマインハイトの代表がどのような手続きで選ばれたのかは不明である。

　ゲマインハイトは、箇条書を起草し、市参事会に受け入れを強要し、市参事会、ギルドと共にギルドが要求した修道院の工具や収入記録の接収に携わるなど、騒擾において中心的な役割を果たしていた。

2.1.4　ギルドの主張と行動

　この騒擾で中心的な役割を果たしたのは、ギルド員であった。彼らは、ギルドという組織に従って行動するため、極めて大きな動員力を持ち、騒擾にはほとんど全てのギルド員が参加した。彼らは全ギルド会議の同意なしに逮捕された都市住民を解放するために組織的に市参事会に圧力をかけた。その際彼らは、聖職者による生業を禁止し、市民の利益を守ることを市参事会に求めていた。

　彼らは、もし市参事会が市民の不利益を取り除こうとしない場合、市

参事会を暴君だと見なし、実力によって市参事会員を入れ替えると主張し、市参事会へ圧力を加えていた。このことは、市民の不利益を取り除くのは市参事会の義務であり、その義務を果たさない場合には、彼らの手で市参事会員を入れ替えることは正当であるという、彼らの権利意識を示している。

　また、長老に箇条書を手渡し、市参事会に箇条書を受け入れさせるよう交渉を行うことを求めたのも、ギルドであったと思われる。市民委員会によって手が入れられる前の箇条書がどのようなものであったかは不明であるが、ギルドが市参事会に受け入れを迫った箇条書も、同様に市内の聖職者に対する都市の自治権拡大や市民の経済的利益や特権に関する要求が中心だったであろう。

　彼らは市参事会による逮捕に抗議する前に、既に箇条書を起草するなど、事前に準備を行っていた。そのため、ギルドあるいはギルド内部の一部成員は、以前から市参事会に対し要求を行う機会を狙っており、市参事会による住民の逮捕という機会に乗じて、要求と箇条書受け入れを市参事会に要求したと考えられる。

　また、共同生活兄弟団とニージンク女子修道院の工具や収入記録の接収を行う際には、ギルドからも各2名ずつの代表が選ばれ、その実行に携わった。

　以上のように、ギルドはこの騒擾において、組織的に行動し強い圧力をかけることによって、市参事会に修道院の工具や収入記録の接収や箇条書の要求の受け入れを強要した。その際彼らが求めていたのは、市参事会が都市の自治権拡大や市民の経済的利益や特権に配慮することであった。

　他方彼らは、一度市参事会が彼らの要求を受け入れると、その後は市参事会に対しさらなる要求を突きつけることはなかった。市参事会は司教との交渉で、次第に司教の要求に譲歩し、最終的に修道院財産を返却し、箇条書の要求を取り下げたが、この市参事会の動きに抗議した様子は見られない。このことは、ギルド員も市参事会と同様に、農民戦争や

ミュンスター外の都市騒擾の鎮圧の報を知ることによって、士気が下がり、司教に譲歩するのはやむを得ないと考えるようになったためであろう。

2.1.5 市区・教区民の主張と行動

この騒擾において市区民は、市民の意見を市参事会に対し代表し、市民の要求を考慮しながら市参事会と共に箇条書を完成させた市民委員会の成員を選出する母体であった。市区から選出された代表者が何人であったかは不明である。とはいえ、この騒擾で市区民は、市民委員会の代表の選出に携わり、彼らを通じて箇条書に自分達の要求を反映させたと思われる。その要求は、やはり市内の聖職者に対する都市の自治権拡大や市民の経済的利益や特権に関する要求が中心であったろう。

また、ランベルティ教区とユーバーヴァッサー教区では、福音派助任司祭の罷免に対し抗議を行う者達がいたが、彼らの抗議は聞き入れられなかった。そのため、助任司祭の罷免を支持する者あるいは無関心な者が、教区の住民の大半を占めていたと推測される。

2.1.6 門閥市民の主張と行動

門閥市民個人が、この騒擾にどのように関わっていたかは不明である。彼らのうち市参事会員であった者達は、市参事会員として騒擾の拡大を防ぐ一方、司教に対し都市や市民の利益を主張したことになる。

2.1.7 二流の名望家の主張と行動

二流の名望家達は、ギルドの市参事会に対する組織的な抗議を指揮し、全ギルド会議の成員として市参事会員や司教座聖堂参事会員にゲマインハイトの要求を伝えるなど、都市の諸機関の指導層として騒擾でも指導的役割を果たしていた。

また、この騒擾は、農民戦争やフランクフルトやケルンなど他都市の騒擾が連鎖する中で生じたものである。ミュンスターにも市外の騒擾に通じ、ケルンの福音派と関係を持ち、市内の福音派説教師達と協力関係にあった福音派市民がおり、彼らが箇条書の起草で中心的な役割を果たしていたと思われる。この箇条書はギルドを通じて市参事会に提示され

たので、彼らの中にはギルドに大きな影響力を持つ者、つまりギルド内部の有力者である二流の名望家層が含まれていた可能性が高い。

2.1.8 市民の主張と行動

この騒擾で市民達は、様々な役割を果たしていた。ギルドに所属している者は、ギルドの一員として市参事会に修道院の工具や収入記録の接収や箇条書の要求の受け入れを強要した。また全ての市民は、自分の居住している市区で、箇条書起草に携わる代表選任に参加し、彼らを通じて箇条書の要求に影響を与えた。また彼らは修道院の工具や収入記録の接収を実行する代表の選任にも関わった。

おそらく市民の中には、個人的にマルクト広場へ赴き、騒擾に参加した者もいたと思われる。彼らの中にはギルドの要求に賛同していた者もおり、彼らと一緒に市参事会に要求を行っていた者もいたであろう。また、ホルトマンが福音派の呼びかけに対し、野次馬、教えに惹かれた者、群衆の不平を鎮めるために来た者が集まり、その中で野次馬が最も多かったと述べているが、おそらく同じ事は市参事会に対するギルドの呼びかけにも当てはまるであろう。ギルド員のように組織されて騒擾に参加した者以外は、興味本位であったり、仲裁に入ろうとしたり、個々人がそれぞれの意図を持って騒擾に参加していたと思われる。

2.1.9 アインヴォーナー男性の主張と行動

この騒擾で職人や学生などの若者達は、修道院でスープを食べたり、聖職者を嘲笑するなど、反教権主義的な示威行動を取っていた。また、ニージンク女子修道院襲撃未遂の首謀者3人も若者であったと思われる。この時に彼らに続いて修道院を襲撃し、食糧などを略奪しようとしていた男性の多くは、アインヴォーナーであったと思われる。

また、ニージンク女子修道院の織機と収入記録の接収の際に、修道院の食糧などを略奪しようとしていた男性の多くは、貧しいアインヴォーナーであったと思われる。この時、ある男は「金持ちは2000の金貨も持てれば十分だ」と主張していた。

このように、この騒擾では、主に若者による反教権主義的行動、貧困

男性による食糧などの修道院財産を略奪しようという動きが見られた。またどの程度の者によって支持されたかは不明であるが、聖職者に対してだけではなく、富裕な市民に対する反感が表明されていた。

ただし、彼らは、修道院の食糧などを略奪しようとはしていたが、女子修道院の修道女に見つかったり、数が多くない役人に制止されるだけで、実際には略奪を行わなかった。このことは、彼らが公然と修道院を襲撃し略奪を行うつもりがなかったことを示している。

またアインヴォーナーの中には、市庁舎前での騒擾に参加した者もいたと思われる。その際参加者の動機は、様々だったであろう。

2.1.10　女性の主張と行動

この騒擾で、女性が行っていたと確認できるのは、5月26日にニージンク女子修道院で機織り機の接収が行われた際に、多くの女性達が機織り機を破壊したり、修道院の食糧を略奪しようとしたことに限られる。ただし、5月22日のニージンク女子修道院襲撃未遂にも、女性が参加していた可能性は高い。この騒擾に参加した女性は、主に貧しい女性であり、彼女達の目的は修道院の食糧や財産の略奪や破壊であった。貧しい女性のうちどの程度の割合がこの騒擾に参加していたかは不明である。

女性はゲマインハイトの一員として公式な領域での活動を行うことはできなかったし、二度にわたる市庁舎前での集合行動においても、女性が参加していたという記述はないことから、一部の貧しい女性以外は余りこの騒擾に参加していなかったと思われる。

2.2　運動の全体像

2.2.1　運動参加者の属性

1525年の騒擾では、若い職人、一部の市民、学生などの若者達が聖職者を嘲笑するという反教権主義的行為を始め、若者、多くの女性を含む貧民が修道院を略奪しようとし、ギルド員が市参事会による逮捕同意権の無視に抗議し、ゲマインハイトが都市による教会自治権の拡大を要求し、全ギルド会議がその要求の受け入れを市参事会に強要した。これら

の史料の記述をそのまま受け取れば、若年という年齢層、女性という性別、下層という財産階層、ギルドへの所属、ゲマインハイトや全ギルド会議という統治機関への所属が、反教権主義的行動や要求を支持した都市住民の属性であったことが分かる。それをまとめたのが、表1である。

表1　1525年反教権主義的運動における参加者の属性

反教権主義	性別	政治的社会階層	財産階層	統治機関	ギルド	都市共同体	教会共同体	結婚	子供	年齢層
なし	男性	都市貴族	上層	市参事会	非所属	所属	カトリック	既婚	あり	壮年
		一流の名望家	上層	市参事会	非所属	所属	カトリック	既婚	あり	壮年
あり	男性	二流の名望家		全ギルド会議	所属	所属	カトリック	既婚	あり	壮年
		市民	中層	ゲマインハイト	所属	所属	カトリック	既婚	あり	壮年
		アインヴォーナー	下層	非所属	非所属	所属	カトリック	未婚	なし	若年
	女性	全階層	全階層	非所属	非所属	所属	カトリック	既婚	あり	壮年
		アインヴォーナー	下層	非所属	非所属	所属	カトリック	未婚	なし	若年

縦軸が各集団・社会階層と属性の種類、横軸が相互に密接な関係がある集団・社会階層と属性を示している[254]。そのうち、社会運動における都市住民の態度決定と相関関係があると思われる項目には灰色で塗りつぶしてある。騒擾に反対した住民の属性は薄い灰色、騒擾に参加した人々の属性は濃い灰色に彩色してある。なお、本書では、政治的地位を指標とした社会階層を政治的社会階層、経済的地位を指標とした社会階層を財産階層と、両者を区別して分析を行う。

先ず、騒擾に参加した全ての住民に共通する属性は、都市共同体に所属していたことである。ただし、同じく都市共同体に所属していた市参事会員は騒擾を支持していなかったので、都市共同体に所属していた住民と騒擾の支持者の範囲は必ずしも一致しない。そのため、騒擾における都市住民の態度決定を一つの属性で説明することはできない。

反教権主義的行動や要求を支持していた住民と支持しなかった住民の境界は、市参事会に属する都市貴族や一流の名望家という門閥市民層と

それ以外の都市住民の間、さらに市参事会とそれ以外の統治機関の間にあった。そのため、反教権主義は、門閥市民層を除く複数の政治的社会階層、市参事会を除く複数の集団によって共有されていたと考えられる。ただし、市参事会は都市住民の武力蜂起を未然に防ぐために、一度反教権主義的要求を受け入れているので、市参事会とそれ以外の統治機関の間の分裂は一時的に解消されている。他方、市参事会の反教権主義的要求受け入れに伴い、市参事会員職を独占していた門閥市民層とそれ以外の都市住民の間の態度の相違が解消されたかどうかは不明である。

騒擾に参加した者の比率が最も高かったのは、ギルド員であったと思われる。5月23日の騒擾にはほとんど全てのギルド員が参加していたためである。彼らは、ギルドという組織の一員として一体となって行動するため、組織的ではなく各自の利益や関心に基づいて騒擾に参加した市民、若者、貧困層、女性よりも、参加する比率は遙かに高かったはずである。ただし市参事会員の一流の名望家層は、騒擾を鎮静化すべき立場にあった。

また、若者、下層民以外に市民層も騒擾に多数参加していたし、男性と比べて多数の女性が騒擾に参加したことは確認できないので、若者、財産階層の下層、女性であることが、騒擾への参加を促すわけではないと考えられる。

以上の検討から、1525年の反教権主義的騒擾では、市参事会という統治機関、さらに門閥市民層という政治的社会階層、ギルドに所属していたかどうかが、都市住民の態度決定を分ける最も明白な要因であったことが確認できた。

2.2.2 運動参加者の動機

2.2.2.1 動機の複数性

1525年の騒擾では、四種類の集合行動が確認されたが、これらは異なった住民によって異なった動機に基づいて行われたものであった。

一つ目は、聖職者や修道士を嘲笑しようという反教権主義的な動きである。若者達は、修道院でスープを要求し、謝肉祭の時に聖職者を嘲笑

する示威行動を行った。また、5月22日夜のニージンク女子修道院襲撃未遂の首謀者も、それまでと同様に修道院に対する嫌がらせを意図していたと考えられる。そしてこの時集まった群衆の中にも、同様の動機で参加したものが含まれていたであろう。また、5月26日の修道院財産没収の際に集まった者の中にも、修道院の織機を破壊しようする者達がいた。彼らの行動から、彼らの中心的動機が、聖職者に嫌がらせをすること、そして嘲笑することであったことが見て取れる。

　二つ目は、修道院の食糧などを略奪しようという動きである。修道院襲撃未遂は二度にわたり生じた。一度目の襲撃未遂の参加者の動機は、年代記作者の記述を信用するとすれば、修道院の食料や財産の略奪であった。ただし、首謀者にスープ喰らいが含まれていたことを考えると、首謀者の目的は聖職者への嫌がらせであり、参加者にも反教権主義的な感情に駆られて参加した者もいたと思われる。

　二度目の襲撃未遂では、荷車を引いたり、袋を持った者が集まってきていた。この参加者の一人は食料を家に持って帰り、腹一杯食べたいと述べていたが、これは群衆の中には荷車を引いたり、袋を持っていた者がいたという記述と整合性がある。そのため、彼らの中心的動機は、修道院の財産、特に食料を略奪し、経済的利益を得ることであったと思われる。ただし、略奪の標的になったのが、富裕な市民の家ではなく修道院であるため、彼らの反教権主義が、略奪対象の選択に影響を与えていた可能性は高い。

　三つ目は、市内で福音主義を広めようという動きである。市内の福音派は、市外の福音派と連絡を取り合い、市内の福音派助任司祭と協力しながら、箇条書を作成し、ギルドと全ギルド会議を通じて市参事会に受け入れさせていた。また、5月23日の市庁舎前での集合行動には、福音派も参加しており、福音主義受け入れを呼びかけていた。このように、福音派の目的は、市内で福音主義を広めることであった。ただし、市民代表によって手を加えられた箇条書の項目のほとんどは、福音主義とは無関係であったことを考えると、元々の箇条書でも、聖職者や司教の権

限を縮小し、都市の自治権を拡大させることを求めた項目が大半を占めていたであろう。そのため、福音派にとっても、これらの要求は重要なものであったと思われる。

　四つ目は、ギルドや全ギルド会議、さらには彼らが引き起こした騒擾に参加した住民による、聖職者の経済活動を制限し教会領域への都市共同体の自治権を拡大しようという動きである。ギルド員は、市参事会による逮捕に抗議する際に、ニージンク女子修道院と共同生活兄弟団の収入記録と織機を没収するよう市参事会に求めた。彼らがこのような要求を行ったのは、彼らの主張によれば、聖職者が市民の負担を免除されているにもかかわらず、商工業を営むことによって、市民に損害を与えていると彼らが見なしていたためであった。またゲマインハイト、おそらくはギルドによって市参事会に提出された箇条書には、市域内の聖職者に対する都市の自治権拡大に関わる条項と市民の経済的利益や特権に関わる条項が多数含まれていた。その条項の中には、司教座聖堂参事会員だけでなく、司教や騎士身分の特権に抵触する条項も多数含まれていた。彼らは強い反教権主義を持っており、聖職者、司教、騎士身分の利益よりも、市民の利益が考慮されるべきだと見なしていた。このように彼らは、都市や市民の公共の福利を何より重要だと見なす共同体主義的な価値観を根拠に主張や行動を行っていた。

　また、彼らは、市参事会が司教座聖堂参事会員や領邦諸身分に箇条書を受け入れされることは容易だと主張するなど、箇条書が領邦で公式に認められることに対し、極めて楽観的な展望を持っていた。

　ただし、興味本位で騒擾に参加した者も少なくなかったと思われる。ホルトマンによれば、5月23日の市庁舎前での騒擾には、野次馬などギルド員以外の住民も多数集まっていた。彼の言及は福音派の呼びかけを聞きに来た者に関するものだが、おそらく同様のことはこの騒擾全体に当てはまるであろう。そのため、この騒擾には、福音派あるいはギルドやゲマインハイトと動機を共有しているわけでもなく、興味本位でやって来た者も多数参加していたと思われる。

このようにミュンスターでの騒擾では、四つの異なった集合行動が確認され、それぞれの集合行動の参加者の動機もまた異なっていたと思われる。

2.2.2.2　動機と規範の結びつき

2.2.2.2.1　反教権主義との結びつき

これら四つの集合行動の参加者の主張や行動は多様であったが、一つ共通点があった。それは、いずれの集合行動も、市内の聖職者に対する敵意、つまり反教権主義的な傾向が見られたことである。これらの全ての行動の標的になったのは市内の聖職者、特に修道士・修道女であった。このことは、門閥市民以外の全ての階層の住民の間で反教権主義が広まっており、このような感情が1525年に起こった様々な騒擾の原動力になっていたことを示している。その意味で、これら複数の集合行動は、ゆるやかに共通した目的を持つ一つの社会運動だと考えることも可能である。

これらの集合行動で目立つのが、全ての行動が何らかのかたちで聖職者の経済活動・財産を標的にしていることである。このことは、市内で反教権主義的感情が高まったのは、住民が、聖職者の経済活動が自分達の活動と競合し、その利益を侵害していると認識していたためだったことを示している。

ただし、これらの反教権主義的な動きは、単に彼らに嫌がらせをするか、聖職者の特権を一部制限することを目的としており、カトリック教会そのものや聖職者身分を批判するものではなかった。聖職者の経済活動の制限や都市による管理も、二つの修道院に限定されたものであり、市内の大半の修道院は対象となっていなかった。そのため、既に同時期に帝国の多くの場所で始まっていた宗教改革とは、反教権主義の性質が根本的に異なっていたことが分かる。

2.2.2.2.2　公共の福利との結びつき

この反教権主義と密接に結びついていたのが、「公共の福利」という規範であった。ギルドが聖職者の経済活動や特権を制限すべきだと主張し

たときに根拠として持ち出されたのが公共の福利であった。彼らは、都市の市民の利益や特権といった公共の福利は、聖職者の利益や特権よりも優先されるべきだと主張していた。つまり、彼らの反教権主義的要求は、主に経済的に都市の公共の福利を増進させることを目的として行われていたことになる。

市参事会とギルド・ゲマインハイトの公共の福利観には、共通する点と相違する点があった。市参事会もギルド・ゲマインハイトも、公共の福利を根拠にして主張を行っていたことに見られるように、公共の福利に配慮しなければならないという価値観は共有されていた。また、市参事会とギルド・ゲマインハイトは、聖職者や領邦諸身分の特権、あるいは領邦の公共の福利よりも都市や市民の公共の福利をより重要視していた。しかし他方で、ギルド・ゲマインハイトが、市民の利益や特権を守るためには実力行使を行うことを辞さなかったのに対し、市参事会は、市民利益よりも、市内での平和維持を重視していた。このように、都市の公共の福利を守る際に何を重視するかは、両者の間で一致していなかった。

さらに、聖職者や司教、領邦諸身分の利益や特権が都市の公共の福利を損なっている場合、ギルド・ゲマインハイトは、彼らの利益や特権を侵害することは正当だと主張したのに対し、市参事会は正当だと主張せず、その侵害に対し消極的で受動的な態度を採っていた。

以上のように、市参事会とギルド・ゲマインハイトは、都市の公共の福利を守らねばならないという理念そのものは共有していたが、他方で公共の福利を守る際に何を重視するか、また聖職者や司教、領邦諸身分の利益や特権をいかに評価するかで、違った方針を持っていた。

以上のことから、1525年の騒擾は多様な集合行動から成り立っており、そこに参加した者もその動機も多様であったと結論づけられる。

2.2.3 合意形成

1525年の騒擾を合意形成という観点から見ると、以下のような段階を経て進行したと解釈できる。

2.2.3.1　住民間の合意

　第一段階では、非公式な領域で住民達が、様々な動機に基づいて実質的合意を結び、集合行動を行った。

　一つ目の聖職者や修道士への嘲笑は、若い職人や学生を中心とした「スープ喰らい」と呼ばれる集団が行ったものであった。彼らは大規模な騒擾が始まる前から聖職者や修道士への反教権主義的な示威行動を行い、修道院襲撃未遂で中心的役割を果たすなど、その後の騒擾が起こるきっかけを作った。

　二つ目の修道院略奪未遂は、スープ喰らいを含む3人の若者を首謀者とし、女性を含む貧しい住民によって引き起こされたものであった。修道院略奪未遂は二度に渡り生じたが、一度目の修道院襲撃未遂は、三人の若者が先導役を務めており、他の者は彼らの後に続き修道院を襲撃しようとしていた。子どもに合図を送る役を与えるなど、群衆はある程度事前に準備し、組織的に行動していた。しかし、修道女に彼らの意図が悟られただけで群衆は逃げてしまったので、彼らが強い意志を持って修道院を襲撃しようとしたわけではなかったことがわかる。彼らがどのように集まったのかは不明だが、おそらく3人の首謀者の呼びかけに応じて突発的に参加した者、人々が集まっているのを見て、野次馬的に参加した者がほとんどを占めていたと思われる。

　三つ目の福音主義拡大は、主に市内の福音派説教師達と、少数の住民によって周到に準備され、主張されたものであった。市内の福音派住民は、市外の諸勢力と連絡を保ちつつ、ミュンスターでの騒擾を準備し、箇条書を起草し、ギルドを動かし市参事会に箇条書を受け入れさせた今回の騒擾の中心人物達であった思われる。しかし他方で、箇条書を起草するきっかけは彼らが作ったとしても、福音主義そのものは他のギルド員やゲマインハイトの代表達には受け入れられず、彼らの影響力は限定されていたと考えられる。また、彼らの動きは既存の都市の組織ではなく、福音主義を支持する少数の個人の活動に基づき非公式な領域で行われるなど、小規模なものであった。

94

以上非公式な領域で生じた三つの動きは、いずれも規模が小さく、組織化されておらず、市当局によってすぐに鎮圧された影響力の小さなものであった。しかし、これらの集合行動こそが、その後に続く騒擾の大規模化の引き金となった。

2.2.3.2　集団内部での合意

　1525年の騒擾が本格化した契機は、全ギルド会議に無断で行われた市参事会による修道院襲撃未遂首謀者の逮捕であった。しかし、この抗議の際に、彼らは市内の聖職者の経済活動の制限と箇条書の受け入れを、直接あるいは長老とギルド長を通じて市参事会に要求している。このことは、以前からこれらの要求を行う機会を狙っていたギルド員が、市参事会による住民の逮捕を利用したことを示している。つまり、一部のギルド員が非公式な領域で結んでいた実質的合意が、他のギルド員に承認されることによって、公式な領域での形式的合意になったことを意味している。

　箇条書を起草したのは福音派住民だったので、少なくとも箇条書については、福音派に属していたギルド員が、集会が開かれるという機会を利用してギルド内部で提案を行ったと考えられる。

　また、彼らの提案が他のギルド員達に受け入れられたのは、ギルド員の多数派もまた、潜在的に聖職者への経済活動に対し反感を抱いていたためであろう。そのため、実際に抗議を行う前にギルド内で成立したと推測される決定、すなわち形式的合意が成立する前提条件は、議論を先導した福音派ギルド員達の間で結ばれていた実質的合意、さらにギルド員の多数派に潜在していた反教権主義であったと考えられる。

2.2.3.3　市民と市参事会の間の合意と制度化

2.2.3.3.1　ギルドの政治的圧力と公共の福利の機能

　都市共同体が教会領域に権限を拡大しようという要求は、ギルド内部で結ばれた形式的合意に基づき、主に公式な領域で行われた大規模かつ組織的な集合行動によって市参事会へ伝えられた。ギルドは、市参事会に市内の聖職者の経済活動制限を求める際に、もし彼らの要求が受け入

れられない場合、彼らは抵抗権を行使し、市参事会員を相応しい者に入れ替えると脅した。また、彼らは、箇条書受け入れの交渉を長老に依頼したが、長老もまた、要求を受け入れないと民衆を鎮めることができないと市参事会に要求受け入れを迫った。このように、ギルドが市参事会に彼らの要求を受け入れさせることができたのは、彼らが組織的にギルド員を動員し、市参事会に圧力をかけたからであった。

　この交渉で二重の意味で重要な役割を果たした規範が、公共の福利であった。ギルド員は自分達の要求が都市の公共の福利に適うものだと主張し、彼らの要求や行動を正当化した。さらに彼らは、公共の福利を守ることが市参事会の義務であるので、義務を果たさない場合には、彼らを解任することは正当であると述べることで、市参事会に対する彼らの実力行使を正当化し、政治的圧力を強めた。これが効果を上げて市参事会は、彼らの要求を受け入れたため、公共の福利という規範が政治的交渉の場で重要な役割を果たしていたことが分かる。

2.2.3.3.2　野次馬の影響力

　また、ギルドが市庁舎前に集まったときに、それ以外の住民も集まってきた。彼ら全てがギルドの要求を支持していたわけではなく、彼らの中には、興味本位で参加した者も多数含まれていたと思われる。しかし、彼らの参加の理由が好奇心であったとしても、彼らが加わり、市庁舎前に集まった群衆の数が増大したことは、市参事会員達により大きな恐怖心を与えたことは想像に難くない。そして、市参事会が、ギルドやゲマインハイトの要求を受け入れたのは、彼らの怒りを鎮め、蜂起を未然に防ぐためであったので、彼らの興味本位の行動は、市参事会をより厳しく追い詰め、ギルドやゲマインハイトに譲歩する方向へ追いやったとも考えられる。

2.2.3.3.3　少数派の影響力

　この騒擾には、都市の非公式な領域で生じた三つの集合行動と公式な領域で生じた一つの集合運動、合計四つの集合行動が混在していた。以上の四つの集合行動のうち、非公式な領域で生じた聖職者に対する嘲笑、

修道院略奪未遂と福音主義拡大の動きは、公式な領域で生じた教会領域への都市の自治権拡大の動きと比べると、組織化されていない、あるいは規模が小さいものであり、市参事会によって要求が受け入れられることなく失敗に終わったとも言える。

しかし、これらの非公式な領域で行われた三つの集合行動は、それぞれに公式な領域で行われた集合行動と無関係ではなかった。最初のニージンク女子修道院襲撃未遂は、市参事会の首謀者逮捕という、ギルドが市参事会に抗議し、要求を突き付けるきっかけを作った。もしこの逮捕が起こらなかったならば、ギルド内の福音派が、ギルドを通じて彼らの要求を市参事会に強要する機会が生じたかどうか不明である。その意味で、修道院襲撃未遂は、1525年の騒擾の導火線になった決定的な出来事だったと言える。

また福音派も、数は少なかったものの、箇条書を起草し、ギルド員の多数派に受け入れさせるなど、ギルドの要求をまとめる際に中心的な役割を果たしていたと思われる。彼らがいなければ、ギルドあるいはゲマインハイトが箇条書受け入れを市参事会に要求することはなかったであろうことを考えれば、彼らがこの騒擾で果たした役割もまた、極めて大きかったと評価できる。このことは、非公式な領域で生じた、非組織的あるいは小規模な集合行動は、他の集合行動を誘引したり、他の住民の考えや行動に影響を及ぼすことによって、より大規模な集合行動に決定的な影響を与えることがあることを示している。

2.2.3.3.4　諸集団共同による市民要求の実行

市参事会は、ギルド員の実力行使の脅しに抗うことができず、結局彼らの要求に全面的に従わざるを得なかった。つまり、市参事会は、ギルド員による蜂起を防ぐために、市内の修道院や司教座聖堂参事会員、ミュンスター司教、司教領の領邦諸身分の特権の侵害を選択した。市参事会が、ギルド、そして長老ギルド長の要求を受け入れると、彼らの要求した修道院財産の没収や箇条書受け入れの強要は、市参事会、ギルドや長老、ギルド長だけでなく、市区、そしてゲマインハイト全体の協力で実

行された。このことは、ギルドという特定の集団内部で結ばれた形式的合意が、市参事会の承認により全都市的な形式的合意になると、都市の制度的枠組みに則り、市参事会と他の諸機関の協力の下市内で実行されたことを示している。

しかし、形式合意に基づき、市参事会とゲマインハイト共同で活動している段階でも、突発的な集合行動が起こらないわけではなかった。二度目の修道院襲撃未遂は、修道院財産の没収時に便乗しようとした者が行ったものであった。ただし、彼らは、ほとんど組織化されておらず、強い意志を持っていなかったため大きな影響力を持たなかった。

また、今回の騒擾の黒幕となっていた福音派は、相次ぐ福音派助任司祭の罷免によって、即座に力を失ったと思われる。

2.2.3.4 都市と司教の間の合意

このように形式的合意内容が公式な領域で実行されると、ミュンスター市は市外の諸勢力、特に彼らのお上であるミュンスター司教との関係を悪化させ、両者は長く厳しい交渉を続けることとなった。ミュンスター市は強力な自治権を持つ都市であったが、同時にミュンスター司教を君主に頂くミュンスター司教領の領邦諸身分の一員であった。そのため、彼らが市内の公式な領域で結んだ形式的合意は、ミュンスター司教や他の領邦諸身分にも関係するものであり、彼らの合意は司教や領邦諸身分の反対を引き起こした。このように、市内で結ばれた合意は、ミュンスター市と市外諸勢力との関係に影響を及ぼすなど、連鎖的な反応を引き起こした。

この交渉はミュンスター市にとって非常に厳しいものとなった。ミュンスターの市参事会は司教に対し、市内での修道院の財産没収や箇条書の要求を、市民の利益や市内の治安維持という都市の公共の福利を守るためという理由で正当化しようとした。しかし、領邦全体の君主である司教は、都市の福利を自身やそれ以外の領邦諸身分の福利よりも優先させようという市参事会の論理を認めることはなく、特権の侵害として厳しく非難し続けた。このように司教がミュンスター市の論理を認めるこ

とはありえないために、交渉によってミュンスター市が市民の行動や要求を司教や領邦諸身分に承認させることはできなかった。

　司教との交渉の過程で、ミュンスター市参事会は、ギルド・ゲマインハイトとの形式的合意に則り実行した様々な施策を次第に撤回していった。最終的に全てを騒擾以前の状態に戻すことで、ミュンスター市と司教座聖堂参事会員の間で形式的合意が成立し、騒擾は終わった。

　このように騒擾が、市民要求の全面撤回で終わったことには、市外の状況が大きく影響していた。市参事会と司教が交渉している過程で、市外では農民戦争や都市騒擾が鎮圧され、それらに対する政治的圧力が高まっていた。おそらくミュンスターにもこのような外部状況が伝えられ、ミュンスターの住民の士気を下げ、市内の住民間の実質的合意の程度を弱めていたと思われる。このことは、ミュンスターの住民が市外の状況をも考慮しながら自らの態度や主張を決めていたことを示している。

　ミュンスター市参事会が司教に譲歩可能になったのは、住民の間での実質的合意が弱まり、彼らによる蜂起の危険性がなくなったためであると思われる。ここから、市参事会が公式な領域で司教をはじめとする市外諸勢力との交渉で何を主張するか、彼らとどのような合意を結ぶかは、市参事会が住民間の実質的合意の内容や強さ、大きさをどのように認識していたかによって規定されていたことが分かる。このように市民と市参事会の間の形式的合意は、それを支持する住民の実質的合意の弱まりと市外からの政治的圧力により維持できなくなり、最終的に解消された。

【注】

189　Otthein Rammstedt, Stadtunruhen 1525, in: Hans-Urlich Wehler (Hg.), Der Deutsche Bauernkrieg, 1524-1526, Göttingen 1975, S. 239-276.

190　Rammstedt, S. 244, 246, 256.

191　櫻井美幸「帝国都市ケルンにおける宗教改革運動──16世紀前半を中心に」『ヨーロッパ文化史研究』8、2007年、84-85頁。

192　MGQ2, S. 8f.; 惨劇、20頁。司教フリードリヒの在位は1522-32年なので、スープ喰らいの起こした事件は、22年から騒擾が起こる前の1525年までの間になる。

193 MGQ2, S. 9; SMTG2, S. 160.

194 MGQ2, S. 9.

195 MGQ2, S. 426; MGQ5, S. 128.

196 MGQ2, S. 426.

197 SMTG2, S. 157.

198 ニージンク女子修道院の年代記によれば、この騒擾は、「いくつかのギルドといくらか
    の名もない者達」が、富裕な者や聖職者の財産を自分のものにして共有にするために引
    き起こした。修道院前に集まった者たちの目的も略奪であった。MGQ2, S. 425. この襲
    撃未遂では、ギルドの組織的関与は見られないので、年代記の記述は後述するように襲
    撃未遂後の騒擾でギルドが重要な役割を果たしていたことを指していると思われる。ま
    た、反乱者の目的が富者の財産の略奪や財産共有にあるという記述は、宗教改革運動や
    再洗礼派を扱った他の史料の記述の中でも繰り返されているので、一種の定型的な表現
    であると考えられる。そのため、この種の記述の信頼性は一般に低く、証言能力がある
    と見なすことはできない。Vgl. Kirchhoff, Das Phänomen, S. 336ff.

    他方ホルトマンは、この襲撃未遂の首謀者は数人のルター派住民であり、彼らが諸修道
    院で金もないのにワインとビールを求めたと述べている。Holtmanni, S. 25. ホルトマン
    は翌日生じた市庁舎前での騒擾もルター派が引き起こしたものであり、彼らによって聖
    職者や教会の儀式に対する抗議がなされたと述べるなど、この襲撃未遂から始まる一連
    の騒擾全体をルター派の仕業だと見なしている。しかし、後述するように翌日の騒擾の
    主体になったのはギルドであり、彼らの要求は宗教改革とは無関係な経済的要求であっ
    たことは明らかなので、彼のこの記述は事実に反していると判断できる。このように彼
    の記述には強いバイアスが掛かっているため、この襲撃未遂がルター派によって引き起
    こされたという彼の記述の信憑性は極めて低い。

    しかし、史料で描かれている騒擾の様子、ホルトマンとニージンク女子修道院の年代記
    作者が共に略奪目的だと書いていること、この後の騒擾でも修道院の食糧を略奪しよう
    とする貧民がいたことを考慮すると、シリンクや倉塚が指摘するように、略奪目的の参
    加者が多かったという彼らの記述はある程度信頼できると考えられる。Schilling, Auf-
    standsbewegungen, S. 200f.; 倉塚2、41-46頁。

199 MGQ2, S. 426.

200 MGQ2, S. 426; MGQ5, S. 129; 倉塚2、32頁。

201 倉塚2、32頁。

202 MGQ5, S. 129. 両者の個人的地位については、KIR, S. 58-61. を参照。

203 MGQ5, S. 129f.; MGQ2, S. 426.

204 MGQ5, S. 129f.

205 MGQ5, S. 132f.; MGQ2, S. 427. ケルゼンブロークは、5月26日の修道院での接収の後に、
    市参事会に対する箇条書提出が起こったと記述しているが、ホルトマンやニージンク女
    子修道院の年代記作者によれば、これはギルドが市庁舎に押し寄せた際に起こった。

Holtmanni, S. 26; MGQ2, S. 427. ケルゼンブロークの参照元の史料であるホルトマンやニージンク女子修道院の年代記の記述が一致していること、ケルゼンブロークは後述するように23日に起こった福音派住民による行動も誤って26日に起こったと記述していることから、ケルゼンブロークはこの出来事についても時系列を誤って記述したと思われる。

206 フランクフルトの騒擾では、4月20日に市民委員会によって42箇条から成る訴願書が市長に提出された。これが4月22日に市参事会によって承認された後、4箇条を加えられ46箇条となった。ミュンスターの商人たちが参考にしたのは、この箇条書であったと思われる。小倉欣一「フランクフルトの宗教改革―市民蜂起からシュマルカルデン同盟への道―」中村賢二郎他編『宗教改革と都市』、159-191頁。183-189頁にかけて46箇条訴願書の試訳が掲載されている。箇条書についての詳細は以下を参照。小倉欣一「フランクフルト市民の「46ヵ条」訴願書(1525年)について―「宗教改革と農民戦争」研究への一つの寄与―」『経済論集』第5巻第1・2号、1980年3月、319-351頁。

207 Holtmanni, S. 26; C1, S. 5.

208 MGQ5, S. 132.

209 MGQ5, S. 139. ニージンク女子修道院の年代記によれば、ギルド員たちは司教座聖堂参事会員だけでなく、共同生活兄弟団とニージンク女子修道院にも箇条書を渡そうとした。MGQ2, S. 427.

210 MGQ5, S. 139; N2, S.131.

211 N2, S. 123f., 131. 市参事会の手紙中で使われている「ゲマイネ gemeyinen」は「平民 dat gemeyne Volck」と同義で用いられている。本書2.6 で見たように「dat gemeyne Volck 」は、ゲマインハイトに属する市民のことである。

212 Holtmanni, S. 25.

213 Holtmanni, S. 25f. ケルゼンブロークはホルトマンの記述をほぼそのまま使い、この出来事を記述しているが、起こった日時を誤って5月26日に行われた修道院の工具の接収の後に移動させている。MGQ5, S. 132.

214 Holtmanni, S. 26.

215 この箇条書には、ケルゼンブロークによるラテン語版と低地ドイツ語版があるが、ラテン語版は34箇条、低地ドイツ語版は38箇条から構成されるなど、一部収録されている条項が異なっている。N2, S. 116-121; MGQ5, S. 133-138. 日本語訳は、倉塚2、47-51頁。

216 N2, S. 116-121; MGQ5, S. 133-138; 倉塚2、47-58頁。

217 N2, S. 119; MGQ5, S. 136; 倉塚2、49頁。

218 MGQ5, S. 135; 倉塚2、48頁。

219 櫻井美幸、81-94頁。

220 N2, S. 118.

221 Holtmanni, S. 25; N2, S. 119; 倉塚2、57-58頁。

222 倉塚2、56-57頁。

223 Rammstedt, Stadtunruhen, S. 240f., 259ff.

224 Rammstedt, Stadtunruhen, S. 263.

225 倉塚2、51-58頁。

226 ニージンク女子修道院の年代記とケルゼンブロークが修道院での収入記録や工具の没収の日を5月26日と記しているのに対し、ホルトマンは26日に一日中箇条書について議論がなされ、箇条書が完成した後、市参事会員たちが修道院へ接収のために赴いたと述べている。MGQ2, S. 428; MGQ5, S. 130; Holtmanni, S. 27. デトマーはホルトマンに従い、箇条書が市参事会に提出されたのは5月27日だと見なしている。MGQ5, S. 130, A2. しかし、修道院で起こった大事件の日にちを修道院の年代記作者が間違えるというのは考えにくいこと、5月23日に騒擾が起こった後、26日まで箇条書に関する議論が行われなかったとは考えにくいことから、23日から25日か26日にかけて箇条書が作成され、26日に修道院での接収が行われた可能性が高い。

227 MGQ2, 427; MGQ5, S. 131. ケルゼンブロークは、共同生活兄弟団に派遣された後の4者については、ゲマインハイトから選ばれたと書いている。MGQ5, S. 131. しかし、ニージンク女子修道院の年代記によれば、派遣団は市参事会、ギルド、ゲマインハイトから選ばれていた。MGQ2, S. 427. 派遣先によって選び方が違うとは考えにくいので、共同生活兄弟団に派遣された使節も、同様に市参事会、ギルド、ゲマインハイトの三者から選ばれたと思われる。

228 Kirchhoff, Gilde und Gemeinheit, S. 168f. キルヒホフによれば、共同生活兄弟団はリープフラウエン市区にあったが、派遣団のギルドとゲマインハイト代表のうち、グルーターはランベルティ市区、スーダルトはルートゲリ市区、ランガーマンはマルティニ市区の居住者で、ラーメルトだけが、リープフラウエン市区あるいはユーデフェルト市区に居住していた。また、ニージンク女子修道院はルートゲリ市区にあったが、派遣団のゲマインハイト代表トースはリープフラウエン市区、バッゲルトはランベルティ市区に居住していた。

229 Kirchhoff, Gilde und Gemeinheit, S. 169.

230 MGQ2, S. 427; MGQ5, S. 131f.

231 MGQ2, S. 427.

232 MGQ2, S. 427.

233 Holtmanni, S. 27.

234 Holtmanni, S. 27; MGQ2, S. 428.

235 MGQ5, S. 139.

236 Holtmanni, S. 27; MGQ5, S. 139f.

237 MGQ5, S. 140f.

238 MGQ5, S. 141.

239 MGQ2, S. 428.

240 MGQ2, S. 428.

241　N2, S. 111f.

242　N2, S. 122-125.

243　N2, S. 126f.

244　N2, S. 134-137.

245　倉塚2、35-39頁。

246　櫻井美幸、86頁；C1, S. 10.

247　C1, S. 12.

248　C1, S. 12.

249　N2, S. 139f.

250　MGQ2, S. 428.

251　C1, S. 12; 倉塚2, 37頁。

252　N2, S. 141-144; MGQ5, S. 146.

253　MGQ5, S. 149f.

254　本書2.3.6で述べたように、ここで相互に強い相関関係にあると評価し表の横軸に並べた諸属性の範囲は、必ずしも完全に一致しない。

4 1530-33年の宗教改革運動

1 事件の経過

1.1 宗教改革運動の拡大

1.1.1 ロートマンの登場とミュンスター宗教改革のはじまり

　北ドイツで宗教改革運動が本格化するのは、ようやく1520年代後半のことであった[255]。ミュンスターでは、1530年からミュンスター近郊にある聖モーリッツ教会で、ベルンハルト・ロートマン（Bernhard Rothmann）という説教師が、福音主義的な説教を始めたことから、宗教改革運動が次第に広がっていった。

　ロートマンが説教していたのは市外の聖モーリッツ教会であったが、ミュンスター市民も彼の説教を聞きに来ていた。その人数は不明であるが、コルヴィヌスによれば多くの男女のミュンスター市民が、祝日にモーリッツ教会を訪れた[256]。1531年4月7日には、ロートマンの説教に刺激されて、ミュンスターから大勢の民衆が聖モーリッツ教会に押しかけ聖像破壊を行っているので、ロートマンは既にミュンスター市内にも多くの支持者を得ていたことが分かる[257]。

　また、ロートマンは、当初からミュンスターの福音派市民から援助を受けていた。1531年に彼に旅費を出し、ヴィッテンベルクに赴くよう勧めたのは、ミュンスターの何人かの福音派商人であった[258]。ロートマンが5月17日にシュパイヤーから送った追加の金銭的援助を求める手紙には、ミュンスターの名望家達の名前が挙がっていた[259]。

　ロートマンは、1532年1月にミュンスター司教から逃れるために、ミュンスターの小売商のギルド会館に逃げ込んでいる。市参事会は、市内で誰もロートマンを泊めたり、住まわせてはならないという命令を出していたにもかかわらずである[260]。ロートマンをギルド会館に匿うことはミュンスター司教の意向や市参事会の命令に逆らうことなので、少数の

105

ギルド員の独断でこのような重大な決定を行い、彼を持続的に居住させることが可能だったとは考えにくい。そのため、既にこの時点で小売商の多くはロートマンを支持していたと思われる[261]。

　ここから、ロートマンは当初からミュンスターの主に呉服商や小売商などの商人を中心とする、おそらくその多くが名望家層に属する富裕な市民に支援されていたことが分かる。ただしグレシュベクによれば市参事会、長老、ギルド長、市民の一部はこれに反対していた[262]。

1.1.2　ロートマンの『教えについての短い信仰告白』

　ロートマンは、彼がミュンスター市内に逃げ込んでから一ヶ月も経たない1月23日に『教えについての短い信仰告白』を公表した[263]。

　この著作はラテン語で書かれたが、ロートマンの支持者ランガーマンがこれを低地ドイツ語に翻訳し、その際自身の手による序文を付け加えている[264]。彼はこの中で、自分がロートマンの著作をラテン語からドイツ語に訳したのは、彼の教えが聖書と福音に合致しているかを読者に判断してもらうためだと述べている。彼は、ラテン語を知らなくても、その教えが神に由来するかどうかを判断することは彼らの義務だと見なしている。そして、ロートマンの教えに対し非難・中傷が行われているが、それに欺かれないよう警告している。このようにランガーマンの序文は、神の教えの正しさの根拠を聖書に求める「聖書のみ」、聖職者のみならず一般信徒も自身で教えの正しさを判断すべきという万人祭司主義という福音主義の教えに基づき書かれたものであった。

　他方ロートマンはこの著作の中で、死者ミサ、煉獄、聖人崇拝、聖画像の崇拝、巡礼などの聖書に基づかないカトリック教会の慣習に対する批判を含む、数多くの論点について簡潔にまとめている。ここから彼の神学的志向を見て取ることができる。

　ロートマンは、教会を聖徒の集まりだと見なした。彼らは神の言葉、福音の説教を聞くことにより信仰を得て、聖霊によってしるしをつけられ聖徒となる[265]。この神の言葉とはイエス・キリストであり、聖書である[266]。キリストへの信仰によってのみ神から罪が赦される。この恵みは

選ばれた者達に福音によって知らされ、信仰によって受け取られる[267]。

彼は善行ではなく信仰のみが恵みをもたらすと述べているが、他方では信仰の果実や信仰の実践なしには何人も祝福されない、善行に従って永遠の浄福へ、悪行に従って永遠の罰に裁かれると述べるなど、ルターよりも信仰の果実たる善行の意義を強調している[268]。

神の言葉を理解することが信仰の前提だという考えは、全てのキリスト教徒は祭司だと見なす彼の万人祭司主義と結びついている[269]。彼は、ランガーマンと同様にこの信仰告白の是非を、ミュンスターの司教や聖職者だけでなく共同体の判断に任せている[270]。また彼は、教会の儀式についても共同体 (gemeyne) の同意で定められるべきだと述べている[271]。このように彼は、信仰を持った祭司としての聖徒が教会を作り、彼らが聖書に基づき、教会の事柄にもある程度関わるという、共同体主義的な教会観を持っていた。

しかし、全ての信徒は祭司であるが、彼ら全てが教会の奉仕者であるわけではなく、福音を教え、サクラメントを行い、貧者を世話する真の奉仕者が必要であった[272]。

彼は、共同体や牧師と共に世俗権力もまた市内の住民の魂の救済に責任を負っていると見なしていた。彼は、キリスト教的世俗権力には偽預言者を罰する義務があると述べており[273]、別の手紙では、世俗権力は、全ゲマインデの救い、不正と悪の処罰、権利と財産の保護のために神からその職務と剣を与えられたと見なしていた[274]。

ロートマンは、住民は世俗権力に従わねばならないと見なしたが、それは彼らの命令が神の意志に適っている限りのことであり、もしその命令が神の言葉と合致しない場合にはいかなるかたちでも従ってはならないと見なした。これは、公共の福利の基本構図と合致している。

このようにロートマンの神学では初期の段階から、聖俗の権力、都市共同体の世俗的側面と宗教的側面が明確に分かれておらず、信仰を持ち善行を行う聖人からなる教会を都市共同体において実現させようという志向が見られた。倉塚やデ・バッカーらは、この信仰告白に既に後のロー

トマンの神学に見られる基本的な志向が見られると指摘している[275]。

1.1.3　1532年1月のゲマインハイトによる嘆願書

　この著作が公表されたのと同時期に、「ミュンスターのゲマインハイト」が、長老に宛てて嘆願書を書いている[276]。おそらく、この嘆願書の起草にはロートマンが関わっていたと思われる[277]。ゲマインハイトによる嘆願の内容は以下の通りである。ゲマインハイトによれば、神の秩序と慣習により長老はギルド長と共に彼らの指導者であり、彼らのお上である市長や市参事会に対し、ゲマインハイトの要求を代表し、支援することが義務づけられている。そのためゲマインハイトは魂の救済やキリスト教を促進するのに必要なことを、長老とギルド長が支援し、お上に頼んでくれるようお願いする。説教師ベルンハルト・ロートマンは、神の言葉とキリストの福音を、神の恵みを通して偽りなく説き、彼らが長年騙されてきた誤りを正している。そのため、彼の説教が禁止されたことは、彼らの主キリストの恥であり、彼らの魂を愚弄することである。そして彼らは、長老とギルド長自らが、ロートマンの教えが神の言葉であり、真実であることを理解できるように、ロートマンの教えを紹介した。

　ゲマインハイトはこの中で、ロートマンの『信仰告白』を要約している。真の悔悛とは心から罪を嫌悪・自覚し、永遠の破滅で彼らを罰する神への畏れであること、信仰から良き業が流れ出るのであり、善行は信仰のしるしであること、信仰から生まれる善行には、神を純粋に愛し信頼することと隣人を自分自身のように愛することの二つがあること、断食や喜捨などの善行で悔い改めを行うのは誤りであること、煉獄についての教えや死者ミサはキリストの受難を愚弄していることなどである。

　お上である市参事会は、悪を罰し善を守るために神から剣を与えられているため、都市住民の魂を破滅させる誤った教えから、住民を守る義務がある。そして、彼らは誤った説教を日々聞かされ、苦しめられているので、神の言葉と聖なる福音が彼らの改善と救いのために説かれるべきである。そのため、市参事会はロートマンの説教禁止を解除し、ゲマインハイトの福利と救いのために、彼が説教できるよう適切な地位を与

え、暴力から彼を守るべきだと説得してほしいと、長老とギルド長に嘆願した。この嘆願書は、ケルゼンブロークによれば、ロートマンの権威の下で出版され、周辺の小都市に送られた[278]。

　ゲマインハイトによるこの嘆願書から、以下の四つのことが見て取れる。第一に、ゲマインハイトの長老とギルド長に対する見方である。彼らはこの嘆願書を市参事会に直接手渡すのではなく、長老とギルド長に向けている。それは彼らが、長老とギルド長は彼らの指導者であり、自分達の要求を市参事会に伝え、支援することを義務づけられていると見なしていたからであった。第二に、彼らの市参事会に対する見方である。彼らは、市参事会は悪を罰し善を守るために剣を与えられているので、都市の住民の魂の救いを守る義務がある、つまり市参事会は宗教領域でも公共の福利を守る義務を負うと主張した。第三に、彼らは、都市住民の魂の救済の問題を、公共の福利に関わる問題であると位置づけていた。第四に、彼らは、ロートマンの教えは神の言葉であり、真実であると、彼の教えを全面的に信頼していた。

　また、この嘆願書は、「全ゲマインハイト」名義で起草されたものであるが、実際にはほぼ確実にゲマインハイトを構成する全市民の協議や決議に基づき書かれたものではない。というのは、聖モーリッツ教会で説教師をしていた時期に既に多くのミュンスター住民の支持を得ていたにせよ、ロートマンがミュンスター市内に入って一ヶ月も経たない時期に、ロートマン支持者がゲマインハイトの大多数を占めていたとは考えにくいためである。このことは、ランガーマンによるロートマンの『教えについての短い告白』の序文で、市内でロートマンの教えに非難・中傷が行われている、つまり市内にはロートマンの教えに反対する者がいたと記述されていたことと整合的である。そのため、この嘆願書は、ゲマインハイト全体に承認されたわけではなく、一部の福音派住民がゲマインハイト名義を使って起草し、長老に提出したものだと思われる。

1.1.4　聖ランベルティ教会での実力行使

　2月18日には、数人の福音派名望家市民が、大勢を引き連れ、何人か

の名望家に支援され聖ランベルティ教会の墓地にロートマンを連れて行った[279]。ケルゼンブロークによれば、その際司教座聖堂参事会員や下級聖職者、最後には街中の善男善女がこれに抗議した。教会は閉められたままだったので、ロートマンは教会墓地に据えられた木製の説教壇から説教を行った。しかし説教の後、市民達は教会を力ずくで開きロートマンを説教師に就けた[280]。その後ゲマインハイトが市参事会にロートマンが公に自由に説教できるよう懇願したため、市参事会はこれを許可した。そして、ロートマンは全市の名で召喚され、説教師として公認された[281]。市参事会が市内の教会で持っていた保護権は幾つかの祭壇の代理司祭職に限られていたので[282]、市参事会による説教師任命は彼らの権限外の行為であった。この時期福音派住民の勢力はまだ大きくなかったにもかかわらず市参事会が福音派市民の実力行使を追認したのは、1525年の蜂起の際に見られたように、彼らが教会の特権を守ることよりも市内での争いを避けることを重要視していたことを示している。

1.1.5　2月19日の市参事会員選挙

こうして市内で宗教改革が盛り上がる中、翌2月19日に市参事会員選挙が行われた。この年選ばれた市参事会員24人のうち、1532年7月の時点で福音派だと確認できる者は5人であった[283]。1531年の市参事会員のうち後に福音派になったと確認できる者は3人であり、1532年には前年より2人福音派が増えていることになる[284]。しかし、5人の福音派市参事会員のうち、ランガーマンとモダーゾーンは前年の市参事会員、ティルベックは都市貴族でいずれも市参事会員格の門閥市民であった。またシュローダーケンとカスパー・ユーデフェルト（Caspar Judefeld）は、いずれも以前に選挙人を務めた経験のある富裕な呉服商であったので、彼らも福音派であるためというより、本人が市参事会員格の門閥市民であるために市参事会員に選ばれたと思われる。

他方、1532年各市区から選ばれた選挙人のうち、1532年7月の時点で福音派だと確認できる者は6人である[285]。このように選挙人の過半数は遅くとも7月には福音派になっていた市民によって占められており、市

参事会員よりも大幅に福音派の占める比率が高かった。しかし、選挙人に選ばれた福音派は、門閥市民であるヘルマン・ビシュピンク（Herman Bispinck）を除き、市参事会員よりも政治的な地位や所有財産で劣った二流の名望家であった[286]。

　前年から入れ替わった市参事会員の数も6人にとどまっており、市参事会員選挙の結果を見ると、市内の宗教改革が市参事会員選挙に与えた影響はほとんど見られない。市区の市民が直接選んだ選挙人では福音派が過半数を占めていたが、選挙人が選んだ市参事会員はその大多数がカトリックである門閥市民であり、彼らは例年通りの基準で市参事会員を選んでいたことが分かる[287]。

　ミュンスター市内ではロートマンが説教師に選任されるなど宗教改革運動の動きが本格化していたが、ミュンスター司教フリードリヒ・フォン・ヴィートは、後任に司教の座を譲るつもりであったため、これに真剣に対処することはなかった[288]。そして、彼の退位の後、3月27日にエーリヒ・フォン・ブラウンシュヴァイク－グルーベンハーゲン（Erich von Braunschwieig-Grubenhagen）が新しい司教に選ばれた[289]。

1.1.6　4月16日の全民衆と手工業者による嘆願書

　1532年4月16日「全民衆と手工業者の群れ」が、長老とギルド長に以下のような嘆願書を書いた[290]。彼らは先ず宗教問題で市民が不和を避け、一致する必要を説いている。公的な調和と確固とした平和は都市社会にとって最良のものであり、これを守るには、市民が一つの宗教、普通法、法律に従うしかない。彼らの救いに関わる宗教や信仰に関する事柄で分裂や論争が生じることは、この都市を破滅に突き落とすことである。そのため、彼らやその妻、子供に対する災厄を避けるためにも、長老とギルド長は市参事会の前で彼らに保護と援助を与えるべきである。また、彼らはロートマンの教えが純粋で、人間的伝統の澱とは無関係であり、福音と一致していることを確信していると明言した。そして彼らは、説教師が互いに教義をめぐって敵対し、民衆が諸党派に分裂すると市民の平和と調和が期待できないので、市参事会は市当局の権威に基づき、市

111

内の聖職者に聖書に基づきロートマンの教えの誤りを証明するか、ロートマンの教え、神の純粋な言葉を自ら教えるか、沈黙するよう強いるべきだと主張し、そのための説得を長老とギルド長に求めた。彼らは、ロートマンの教えが正しいかどうか学識者を呼んで検証するならば、そのための費用は自分達が負担するつもりだと述べた。

　この手工業者、つまりギルド員による嘆願書は、公開討論会を求めるものであったが、ここから以下のことが明らかとなる。一つ目は、彼らの長老とギルド長に対する見方である。ギルド員達はやはり、市参事会に直接嘆願書を手渡すのではなく、長老とギルド長に市参事会の説得を頼んでいた。二つ目は、彼らが調和と平和を保つことを何より重要だと考え、平和維持のためには、市民が一つの宗教や法に従う必要があると見なしていたことである。三つ目は、彼らが市内の宗教的分裂を、都市の平和の危機だと考えていたことである。つまり彼らにとって、住民間での宗教的一致は、都市の公共の福利を保つために不可欠の要件であった。四つ目は、彼らがロートマンの教えは福音と一致していると確信し、教義の問題を公開討論会における議論で解決しようとしていたことである。ここから、彼らがロートマンの教えを全面的に信頼し、ロートマンは公開討論会でも勝利するに違いないと思っていたことが見て取れる。しかし、嘆願書を受け取った長老やギルド長は、これを市参事会に伝えただけであった[291]。

　他方、ミュンスター司教は4月17日に、ミュンスターの市参事会と全身分にロートマンの行為は違法であり、彼を追放するよう強く命じる手紙を送った[292]。

1.1.7　4月28日のゲマインハイトによる市参事会への手紙

　それに対しゲマインハイトは4月28日に市参事会に以下のような手紙を送った[293]。この手紙の中で彼らは、「神の意志と共に、あなた方は我々の投票によってこの都市の権威ある統治者へと任命された。我々は正当にあなた方に法的に服従する義務を負うが、あなた方も同様に我々に対し信仰と美徳の問題で法的に擁護する義務を負っている」と市民と市参

事会の間に双務的な関係があることを明示し、「都市の各部分が安全ならば、身体全体がより確固とするであろう」と市参事会と市民の一体性を強調している。彼らは「我々に関係する限りで確実なのは、平和と相互の調和、同時に純粋で、調和した真の福音の繁栄が我々の下で生じることほどより良く、好ましいことはないと我々は思っていることである。（中略）我々は自分達の救済に関わることを、多くの懇願により市当局に訴えるのをやめなかったし、真の福音が全ての汚れから清められ、市当局の仕事により我々に輝きが戻るのを望んだし、ベルンハルト博士がこれまで我々に教えてくれた純粋な教えを維持することを望んでいるし、もしキリスト者でありたいと望むなら、そこから離れてはならないと考えている。何故なら、我々は疑うことなく、これが純粋な教えであり真の神の言葉だということを確かに知っているからである。」と述べた。そして、ロートマンの教えが正しく、自分達の行っていることが都市の公共の福利に資すると確信しているため、市参事会が司教に対し自分達の正当性を証明してくれるよう懇願した。

　市参事会に直接、ロートマンの教えと市内での宗教改革の正当性を司教に対し証明するよう求めるゲマインハイトの手紙から、以下のことが明らかになる。一つ目は、彼らは市参事会を自分達の統治者として認めていたことである。二つ目に、彼らは、お上である市参事会とゲマインハイトの間には、相互に義務を果たさなければならないという、双務的な関係が成り立っていると考えていたことである。三つ目は、彼らが宗教問題を都市の公共の福利に関わり、市参事会の管轄すべき問題だと見なしていたことである。四つ目は、彼らが、自分達は既に何度も市参事会に懇願したと述べているように、名義が異なっていても、これまで行われた宗教改革を求める1月25日、4月16日、4月28日の三つの嘆願は、同じ者達によって行われてきたことである。

　これらの三つの嘆願の主張をまとめると、以下のようになる。先ずゲマインハイトの要求は、市内の宗教を福音主義で統一することであった。彼らは、カトリックの教えは不純で、偽りで、誤っており、都市住民は魂

の破滅の危険にさらされていると見なしていた。そのため彼らは、市内で純粋な神の言葉が説かれるように、ロートマンを説教師職に就け、彼の安全を守ること、説教をさせること、市内の聖職者とロートマンの間での公開討論会によってロートマンの教えの正しさを検証すること、司教に対し福音派の主張や行動の正当性を証明することを市参事会に求めた。そして、ロートマンの教えが純粋な教え、真の神の言葉だということを確信していると、ロートマンに対する絶対的な信頼を公言していた。

またゲマインハイトは、市参事会には、都市住民の魂の救済にも責任があると見なしていた。それは、市参事会は神の意志によって統治者に任命されているため、彼らは法的に服従する義務があるが、反対に市参事会も、彼らの魂を破滅させる誤った教えから守り、彼らを信仰と美徳の問題で擁護する義務があると考えたためであった。また、彼らは、宗教的な一致を都市内部の平和や調和といった都市の公共の福利の問題だと見なしていた。そして、市参事会と住民は同じ身体の部分であるとその一体性を強調し、平和と調和が何より重要であり、宗教問題で分裂や論争が生じることは都市の破滅につながると主張した。これを避けるために、市内で福音主義に基づき宗教を統一するよう市参事会に求めた。

ゲマインハイトからこのような手紙を受け取った市参事会は 5 月 2 日に、自身の判断を加えることなく、そのままミュンスター司教に伝えた。その際市参事会は、「我々は平和と平穏を守るために多大な努力を費やし不安を感じている。より注意深く熟慮されるべく全てをあなたの判断に委ねる」と述べた。このことは市参事会が、市民とは異なり宗教問題についての判断を下すことに消極的であること、彼らの主要な関心が市内の平和と平穏を保つことにあったことを示している[294]。

1.1.8 ユーバーヴァッサー教区での要求と新司教就任

5 月 19 日には、ロートマン達福音派と市内のカトリックによる討論会が、ミュンスターのフランシスコ会修道院で行われた[295]。翌日の 5 月 20 日に、ユーバーヴァッサー教区のシェッフェン、つまりリープフラウエン市区とユーデフェルト市区で選出された市参事会員 4 人が、福音派の

名望家と共に[296]、ユーバーヴァッサー女子修道院長に、カトリックの説教師を罷免し、福音派説教師を任命すると共に、両種による聖餐を行うよう迫った[297]。シェッフェンのうちティルベック以外の3人はカトリックであったので、彼らは福音派市民によって市区の代表として福音派説教師任命要求に参加するよう強要されていたと思われる。

5月14日ミュンスター司教エーリヒが急死すると[298]、新司教に選ばれたフランツ・フォン・ヴァルデック（Franz von Waldeck）は、6月28日にミュンスターの市参事会、長老、ギルド長、ゲマインデ宛てに手紙を送った。彼はこの手紙で、ゲマインハイトの多くや他の反乱者集団の扇動でルター派説教師達がミュンスターに入り込み、教会を占拠し、古くからの儀式を変えてしまったため、説教師を追放し儀式を元に戻すよう求めた。そして、命令に従わない場合処罰を行うことを仄めかした[299]。そのため、市参事会は司教の命令への服従を決議した[300]。

1.2　全ギルド会議での議論と市民委員会結成

1月から度々ゲマインハイトからの嘆願を受けながら消極的な態度をとり続けていた全ギルド会議が、福音主義支持の姿勢を明確化させるのは、1532年7月1日のことであった。この日、二人の長老ハインリヒ・モダーゾーン（Heinrich Modersohn）とハインリヒ・レデッカー（Heinrich Redecker）は、全てのギルド員とギルド長を全ギルドの集会所であるショーハウスに召集した[301]。集まってきた者の騒ぎ声が次第に落ち着き、長老とギルド長が彼らの席に着くと、ヨハン・ヴィンデモラー（Johann Windemoller）が会議の招集の理由を説明した。彼が言うには、この会議を招集した理由は、神の栄光の賛美、全ての市民の福利、そして平和と自由の増大に関わっている。この件は福音の教えと永遠の生命に関わり、ロートマンはそこへ向かう真の道をはっきり示した。そして彼はいかに教皇主義者が自分達の利益のため巧妙な嘘によってこの道を隠し塞いできたかを示した。そしてヴィンデモラーは、彼らは福音の抑圧者に対抗し、ロートマンと真実であることが確実な彼の教えを守るために同盟を

結ぶべきであると呼びかけた[302]。すると、ほとんど全ての群衆は、「我々は、ロートマンと彼の福音の教えを息のある限り、血管に血が流れる限り、もし必要ならば両の腕と財産を使って守る」と叫び、同盟結成に同意した[303]。

しかし、ギルド員の中にはこれに反対する者もいた。その一人であるヨハン・メンネマン（Johann Menneman）が公に福音派に反論を行うと、怒った者達に取り囲まれ、非難され、殴られた。仲裁に入った者がいたため彼はそれ以上の暴行を免れたが、彼は長老の前に連れて行かれ、彼らの口論の理由を説明するよう命令された。そのためメンネマンは、このような問題は怒りや軽率ではなく、協議や熟慮に基づき決定されるべきであると諭し、もしギルド毎に投票を行い、意見を一致させるならば、彼もその決定を支持すると述べた[304]。

しかし、全てのギルドが個々の事案に関わるのは難しかったので、長老は議論に参加する者の数を減らすことにした。そして、全てのギルドから36人が選ばれ、長老、ギルド長と協議を行うことになった[305]。しかし、36人に選ばれたハインリヒ・イーゼルマン（Heinrich Iserman）はこの職を辞退しようとし、このような市民反乱、市参事会に対し企てられている計画についてもっと注意深く考えるよう全ギルドに求めた。彼は1513年にケルンで生じた反乱で首謀者達が斬首されたことを引き合いに出し、お上に対する反乱は大半が成功せず、ほとんど常に不幸をもたらすと述べた[306]。それに対し長老レデッカーは、首切りについて語ることによって自身の不安を表に出すような者は、彼らの目的を達成するための妨げになると返答した。そして、イーゼルマンの代わりに、福音について自信を持って語る別の者が任命された[307]。

このように36人が任命された後、全てのギルドの権威が、長老とギルド長に委譲された。その委譲の際の文言は以下の通りである。「彼らは公益のために協議し、福音に関する事柄を促進すべく市参事会に対抗する。ただし、国や都市の自由を損なうことなく。市参事会への主要な要求は、一致し全員に同意された宗教が街中で教えられ、勢力を増し、繁

栄することである。その宗教は、それに付随するもの全てと共に、息が止まるまで身体に血が少しでも残っている限り守られねばならない。全ての誤った教えは最も有害な疫病のように根絶されねばならず、不純で福音の真実にいささかでも反対するものは残されてはならない。公の平静と自由がもたらされ、強められ、日々増大しながら成長する中で、保持されねばならない。しかし、もし市参事会が、敬虔で栄誉に満ちているのと同様に有用であるこの事案で後込みし、やっかいごとを引き起こすならば、これは協議のためにゲマインハイトの全身分に伝えられるべきである。」[308] こうして、全ギルド会議が主導的な役割を果たし、ギルドの代表者36人による市民委員会が結成された[309]。

この集会から、以下のことが明らかになった。第一に、全ギルド会議が、はじめて福音主義を支持する態度を明確にしたことである。これまで長老とギルド長は、ゲマインハイトからの嘆願を市参事会に伝えるだけで、積極的に彼らの要求を支援していなかったが、この集会では、彼らが率先して福音主義の支持をギルド員に呼びかけていた。

第二に、ギルド員の多数派が既に福音主義を支持していたため、この集会が開かれたであろうことである。全ギルド会議は、各ギルドの決定を集約するための機関なので、制度的に各ギルドの意向を無視することはできず、彼らがギルド員の多数派の意向を無視した政策を取ることは考えられない。そのため、この福音主義支援を求める集会も、ギルド員の間で福音主義を支持する者が増え、ギルドそして全ギルド会議に、組織として福音主義を支援する決定を下すよう求める声が上がっていたために開催されたと考えるのが妥当である。

第三に、長老やギルド長の多くが、個人的に福音主義支持に転じたことである。この集会は長老が開催を呼びかけたものであるし、長老レデッカーは極めて強い調子で、ギルド員に福音主義支持を求めていたが、このことは二人の長老が個人的に福音主義信仰を持っていたことを示していると思われる。おそらく同じことはギルド長にも当てはまるであろう。そのため、長老やギルド長の個人的信仰に基づき、彼らの間で福音主義

支持の実質的合意が結ばれたことが、このギルド集会の開催に結びつい
たと思われる。また、少なくとも4月半ばまで長老やギルド長は、福音
主義に対し消極的態度を採っていたため、4月半ばから7月初めの間に、
彼らの多くの個人的信仰が変化したことになる。

第四に、この集会が、ギルド全体で福音主義を支持するという形式的
合意が結ばれたはじめての集会であったことである。これ以前にも手工
業者名義で長老とギルド長へ福音主義支持を求める嘆願が行われたこと
があったが、その時既にギルド内部で福音主義支持の形式的合意が成り
立っていれば、わざわざギルドの全体集会を開く必要はない。そのため、
今回の集会がギルド員全員で福音主義支持について話し合った最初の機
会であったと思われる。

第五に、既にギルド員の多数派の間で福音主義支持に関する実質的合
意が成り立っていたために、市民委員会を結成することができたことで
ある。ギルド員の中には、まだカトリックを支持する者や福音主義を支
持しない者も含まれていたが、彼らは他のギルド員からの圧力によって
沈黙させられた。そのため、ギルド員の間で福音主義支持のための形式
的合意が成り立ち、長老とギルド長にギルドの権威が移譲され、市民委
員会が結成可能となった。

第六に、ギルド員は、市内での宗教の一致を、市民の福利、平和や自由
の増大といった都市の公共の福利に関わる問題だと見なしていたことで
ある。

第七に、彼らは教義そのものについての議論を行わず、カトリックの
教えは不純で、誤っており、ロートマンの教えは真実であると見なすな
ど、彼の教えを全面的に信頼していたことである。

1.3　全ギルド会議と市参事会の交渉と協定締結

1.3.1　市参事会と全ギルド会議の交渉[310]

ミュンスター市では、ミュンスター司教の手紙に対していかに返答す
べきか議論がなされ、事情がありすぐに返答できないのでご寛恕いただ

きたいという旨の手紙が7月10日に司教に送られた[311]。

7月11日に長老とギルド長は、「あなた方は神の言葉を、それを取りまく全ての事柄と共に守り、ゲマインハイトと市参事会双方は、意志と熱意を完全に一致させるべきである」というゲマインハイトの請願を市参事会に伝えた。これに対し市参事会は、「我々は福音と神の言葉に逆らうつもりは決してなく、まだ誰が真の福音の教えを説いているか十分に明らかになっていないので、彼の権威によって共同の討議と出費で学識者を招くよう懇願すべく司教に使節を送ろうと思う。学識者に純粋な教えを判定する権能が委ねられ、彼らの判定と決定に抗議してはならない。これが実現すれば、全員の意志が堅く一致することが可能になるであろう」と返答した[312]。ここから市参事会が教義に関する判断を下すことを控え、司教と協力し問題を解決しようと考えていたこと、その目的が諸勢力の意見を一致させることであったことが分かる。

しかし市民委員会は、この返答に満足しなかった。翌日の7月12日に長老とギルド長を派遣し、市参事会に、双方の同意が望めるのか、ゲマインハイトの要求を認めるかについて明白に解答するよう求めた[313]。

これに対し市参事会は、彼らは決して神の言葉から逸れることはなく、力の及ぶ限り市民を守るつもりなので、これ以上困らせないで欲しいと返答した[314]。

市参事会の返答に腹を立てた市民委員会は、市参事会が宗教に関するゲマインハイトの助言を受け入れることを明言するよう、長老を再び市参事会に送った[315]。7月13日の午前9時頃長老とギルド長は、トルコ税徴収について司教座聖堂参事会員と話し合っていた市参事会員に対し、以下のように述べた。長老はもはや神への愛に燃えた「粗野な暴徒の群」の反乱を止めることはできず、もしすぐに彼らを鎮める方法が見つからない場合、彼らが全聖職者と多くの住民を破滅へ追い込み始めるのではないかと恐れていると[316]。

長老の話を聞いた市長と市参事会員は、午後2時に全市参事会員を市庁舎に召集した。そして長老が再びゲマインハイトの要求を述べその場

を去った後、市参事会員はゲマインハイトの怒りを鎮めるために議論を行ったが、その日には何も決まらないまま夜になったため、7月15日に会議は延期された[317]。

　7月15日には、各ギルド長が自らのギルドの成員をショーハウスに召集する一方、市参事会員は市庁舎で会議を行った。その後市庁舎で、市参事会に対し長老とギルド長がゲマインハイトの要求を伝えた[318]。「第一に賢明にして市で最も栄誉ある者達よ、我々が職務によって代表することを義務づけられているゲマインハイトが現状について討議する際に求めると言明しているのは、神の栄誉と、魂の救済、公共の福利を得ることだけである。しかし、もし何らかの裁きによって反抗が認められるならば、彼らは自らの当局に服従する。正当にこれまで常に行われてきたように、合法的で品良く、喜んで従い、当局の命令から爪の厚さほども逸れるつもりはないことを約束する。しかし反対に、当局が臣民からの服従を求めるように、当局が彼らを法に従って保護、擁護し、ミュンスター市が多くの皇帝や代々の司教から授けられた特権と自由を守り、あらゆる個々の市民の利益を、必要とされるたびに市壁の内側でも外側でも防護し、防御し、保護することを彼らは要求する。何故なら当局の人々が信仰を保護することなしに、そして臣民が神を畏れ、真実と法に基づき服従することなしに、市民も都市も長い間無傷のままでいることはできないからである」[319]。ここでもゲマインハイトは4月の要求の時と同様に、自らが市参事会に服従する代わりに、市参事会は市民の特権、自由、利益を守る義務があると主張した。また市民は、信仰問題を市参事会が擁護することを義務づけられている市民や都市の利益、公共の福利の問題だと見なしていた。

　さらに長老達は、以下の理由でゲマインハイトは市参事会が自分達を傷つけるのではないかと疑い恐れていることを伝えた。一つ目は、市参事会が、市民が市庁舎に自由に出入りすることを許さず、市民の意見を聞こうとしないことである。二つ目は市参事会員が少人数に分かれ、しかも市庁舎でなく一部は礼拝堂、一部は他の隠れ家で協議を行っている

ことである。三つ目は長老とギルド長の助言を受け入れ、全ての教区教会に福音派説教師を任命すべきなのにしていないことである。四つ目はゲマインハイトが全ての法と特権を守るよう嘆願したにもかかわらず、市参事会は司教に宛てた手紙で彼らに帰せられた罪状を晴らさなかったことに対する不満である[320]。

この要求に対し市参事会は短い協議の後で以下のように返答した。「市参事会はゲマインハイトの福利から目を逸らしたことはなかったし、自らよりも市民の利益のために尽力してきた。何故なら市参事会は、一つの身体の部分が相互に引き裂かれることがどれほど危険なのかを承知しているからである。そのため市参事会は常に分裂の原因を避けてきたし、反対に調和の原因を探ってきた。」[321]

市参事会はこのように前置きした後、ゲマインハイトから出された四つの抗議について返答を行った。第一の点については、彼らは、ゲマインハイトの守護者である長老やギルド長を遠ざけたことはなく、長老を通じた申し立てという伝統的なやり方を取らなかった群衆のみを遠ざけたと弁明した。第二の点に関しては、以下のように述べた。彼らは確かに市庁舎の外で討議を行うことがあったが、市の法や自由を傷つけたことはない。彼らは市庁舎で行っていたときと同様に市民の利益を追求している。これはいくらかの無分別な者を避けるために行ったことだと。第三の点に関しては、現在までゲマインハイトが福音派説教師を手に入れていないのは、市参事会の怠慢や忘却によるのではなく、市参事会が教区に任せようと思う人物が足りないからだと釈明した。第四の点に関しては、以下のように弁明した。確かに市参事会は何人かの個人の不遜な行動を司教に対し擁護しなかったが、これは、彼らは自分達が命令していないことや認めていないことを擁護することを義務づけられていないためである。しかし彼らは共同の協議に基づく行動は、常に擁護してきたと。

以上四つの抗議に対し解答を行った後、市参事会は以下のように述べた。以上の理由から、ゲマインハイトは市参事会を徒らに疑うことをや

めるべきである。市参事会は、他の者の助けなしで済ませることは出来ないので、全ての疑いを捨て我々は相互に愛し合い、誠実でお互いを繋ぎ、宣誓でお互いを堅く結びつけ、相互に義務を果たし、相互に支え合うという熱意で燃え上がり、相互の権限に基づき全てを行うべきである。市参事会はゲマインハイトを愛しており、決して軽蔑してはいないし、他の者を害さない範囲で彼らの利益を追及している。ゲマインハイトは市参事会に従うべきであり、正当な助言に逆らってはならない。そして市参事会はゲマインハイトが服従するならば、市参事会もまたゲマインハイトの要求を無視することはないと約束した[322]。

　長老とギルド長達は、市参事会のこの言葉に同意し、さらにゲマインハイトの要望を市参事会に伝えた[323]。ゲマインハイトは、「今やこの都市のお上と臣民は、互いに善意と服従の絆で結ばれ、互いの嫌悪と争いの疑いは取り除かれた」と相互の双務的誠実関係の修復を確認した後、都市で反乱を起こさないためには、都市全体を「福音と純粋な教え」から成り立つ一つの宗教で統一することが重要だと主張した。様々な不純な教えは肉体だけでなく、魂にも永遠の死をもたらすが、救いをもたらす唯一の教えはベルンハルト・ロートマンによって伝えられている。そのためゲマインハイトは、これを救いをもたらすものと見なし、市参事会がこれを擁護し、神の言葉を偽りを混ぜることなく広め、キリストによって定められたやり方でサクラメントを行う福音派説教師を任命し、カトリックの説教師を罷免するよう求める。また、ゲマインハイトは、様々な悪癖がはびこり、魂を害していることに気がついているため、市参事会が神の言葉と矛盾する全ての儀式を廃止するよう求める。市参事会が、廃止すべき儀式が何かを分からない場合には、ロートマンの説教を聞いたり、彼に尋ねれば分かる。さらに彼らは、もしロートマンの教えを聖書と明快な議論によって覆せると思う者がいれば、市参事会が自身の権威によって、聖職者に特にこれを公にし、もしそれを拒絶するなら罰を与えると命令することを求める。

　最後に、市民は、古き賞賛されるべき慣習、レガーリエン、特権が残念

なことに日々侵害され、都市が害されていることに気づいているため、全市民共同体は、市参事会が長老とギルド長の助けを得て、都市の古き法の輝きを取り戻すよう真剣に行動することを求めた[324]。

市参事会はこれを受け入れ、長老、ギルド長、ゲマインハイトと協定を結び、その写しを長老達に手渡した。さらに市参事会は聖職者達に、定められた期日中に正当な議論と聖書の章句によってロートマンの教義を論破すべきであり、さもなければ市参事会は長老とギルド長の助けを得て、正義と公正を顧慮して事を行うと告知することを約束した[325]。

こうして、7月11日から15日にかけての交渉で、市参事会、全ギルド会議、ゲマインハイトが、宗教改革を進めるための協定を結ぶ、つまり都市の公式な領域で形式的合意を結ぶ結果となった。以上の交渉から明らかになったことは以下の通りである。

第一に、都市の公共の福利に関して、ゲマインハイトと市参事会の間には、元々基本的合意が成り立っていたことである。つまり、ゲマインハイトも市参事会も、市参事会が都市のお上、市民が臣民であり、両者は一つの身体の部分であり、相互に愛し合い、信頼し合い、相互に義務を果たし合う関係にあることについては考えが同じであった。そして、もし義務を果たさない場合、お上としての義務あるいは臣下としての義務を果たす必要はないという双務的な関係にあることを認めていた。また、やはり両者は、市参事会は都市のお上として都市の公共の福利に配慮しなければならないと見なしていた。市参事会が守るべき都市の公共の福利とは、都市あるいは市民の特権や自由、利益、法、平和と調和であった。

しかし、第二に、両者の間には公共の福利あるいは市参事会の守るべき義務について意見の相違もあった。市参事会は、教義の正当性について自分達で判断を下そうとせず、司教と協力して公開討論会を開き、学識者に裁定を任せようとしていた。つまり、彼らはそれまでと同様に、教会問題に対し自分達で判断を下すことを控えていた。それに対し、ゲマインハイトは、ロートマンの教えが正しいと主張し、神の純粋な言葉

である彼の教えを市内で聞けるように、カトリックの説教師を福音派説教師に置き換え、神の言葉に反する既存の儀式を廃止するよう、市参事会に求めた。それは、住民の魂に関わる宗教的問題は、都市の公共の福利にとって最も重要な問題であり、それ故公共の福利を追及しなければならない市参事会は、市内の教会問題に対する責任を負うと考えていたためであった。このように、市参事会が宗教問題を自分達が扱うべき対象だと見なしていなかったのに対し、ゲマインハイトは、宗教問題を都市の公共の福利の最重要事項であり、市参事会が責任を負う事柄だと主張するなど、両者の見解には違いがあった。

　第三に、市参事会とゲマインハイトの間で、市民が市参事会に要求を伝えるときに、どのような方法が正当であるかについての認識に食い違いがあった。市参事会によれば、一部の福音派市民は市庁舎に押し寄せ、市参事会員に直接自分達の要求を伝えていた。ゲマインハイトはこういった住民個人が市参事会に直接意見を述べることを、正当な陳情方法だと見なしていたが、市参事会はこれを非伝統的だと見なし、ゲマインハイトの擁護者である長老を通じた要求のみを正当だと主張していた。

　第四に、市参事会はゲマインハイトの利益を無制限に守る義務があるとは考えてなかった。市参事会の義務は、他の者の利益を侵害しない範囲でゲマインハイトの利益を守ることであった。市参事会はミュンスター司教領の領邦身分として司教とも双務的誠実関係を結んでいたため、領邦諸身分の一員として領邦全体、そして他の領邦諸身分の利益にも配慮する義務を負っていた。そのため、市参事会は、ゲマインハイトの利益のみを考慮するわけにはいかなかったのであろう。

　第五に、この一連の交渉でゲマインハイトと呼ばれていたのは、実質的には市民委員会であったことである。この交渉で長老とギルド長は、ゲマインハイトの請願を市参事会に伝えるというかたちを採っているが、後述するようにゲマインハイト、つまり市民全員が集まって宗教問題を議論する機会はこの数ヶ月後の11月までなかったので、彼らが伝えたゲマインハイトの要求は、全市民によって構成される市民共同体とし

124

てのゲマインハイトの要求ではなかったはずである。元々長老とギルド長が、市参事会に要求を行ったのは、ギルド内部で福音主義を守るための市民委員会が結成されたことを契機としているので、彼らが市参事会に伝えていたのは、市民委員会の要求であったと考えるのが妥当である。この推論は、ケルゼンブロークが、ゲマインハイトの請願に対する市参事会の返答に満足しなかったため、再び市参事会に長老とギルド長を派遣したのが、市民委員会だと述べていることと整合している。

　第六に、長老とギルド長は、ゲマインハイトの要求を市参事会に伝えるという形式を採っていたが、実際にはゲマインハイトの要求は、同時に長老とギルド長の要求でもあったことである。上で述べたように、ゲマインハイトの要求は、実際には市民委員会の請願だったと思われる。この市民委員会は元々ギルド全体で意見を集約する際に生じる膨大な手間と時間を節約するために作られた。そのため、市民委員会の要求はギルド全体の要求を集約したものになる。そして長老とギルド長も、ギルド全体の長にして代表であるため、ギルド内部での議論に参加し、その際に大きな影響力を持っていたはずである。そのため、市民委員会がギルド全体の意見をまとめた要求には、長老とギルド長の意見も反映されていたと考えられる。

　第七に、市民委員会の要求は、ギルド員以外の福音派住民の意見も反映していたであろうことである。ギルドあるいは市民委員会が、7月以降に行っていた主張や行動は、以下のようにまとめられる。先ず彼らの要求の根幹は、都市全体を宗教的に福音主義で統一することであった。彼らは、カトリックの教えや儀式は不純で、嘘にまみれ、誤っており、彼らの魂が害され、永遠の死に脅かされていると見なしていた。そのため、彼らは、純粋な神の言葉を市内で広め、キリストによって定められたやり方でサクラメントを行うことができる福音派の説教師をカトリックの説教師と置き換え、神の言葉に反するすべて儀式を廃止することを、市参事会に求めた。その際彼らは、廃止すべき教えが分からなければロートマンに教えてもらえば良いと述べ、ロートマンの教えを覆すよう聖職

者に告知することを市参事会に求めるなど、ロートマンの教えが真の教えであると確信していた。

　また市民委員会は、市参事会には、福音主義の教えや儀式を都市住民が享受できるように努める義務があると見なしていた。お上である市参事会は都市の公共の福利に配慮する義務が、反対に臣下であるゲマインハイトはお上に服従する義務があった。彼らは宗教や魂の救いの問題を、神の栄光の賛美、全ての市民の福利、平和と自由の増大といった都市の公共の福利の問題として理解していたために、市内での宗教に関わる問題は、市参事会が配慮すべく義務づけられている問題だと考えた。そのため、市参事会は市内で宗教改革を行い、福音派住民を保護する義務があると、彼らは主張していた。

　このような彼らの主張は、1月と4月にゲマインハイトや手工業者によって起草された嘆願の主張とほぼ完全に一致している。このことは、7月1日の前後で、嘆願の内容をまとめる主要なメンバーが一貫していたことを示唆している。つまり、指導的説教師のロートマンとギルド員を含む初期からの福音派達が嘆願書をまとめていたことになる。

　しかし、福音派の中心的なメンバーの中にもギルドに所属していない者がいることから[326]、7月1日以前の嘆願書には、ギルド員以外の福音派住民の意見も反映されていることは明らかである。それとほぼ完全に一致する主張が、7月1日以降長老とギルド長、そして市民委員会の要求でもなされていることは、長老とギルド長、市民委員会が、ギルド員以外の福音派住民も参加した福音派内部での議論を参考にしながら、要求をまとめていった可能性を示唆している。

　このことから、非公式な領域で福音派住民同士が行った議論の中で形成されていった実質的合意が、7月1日以前にゲマインハイトや手工業者名義で行われた嘆願や、7月1日以降長老とギルド長、市民委員会によってまとめられたゲマインハイト名義での嘆願の内容の基盤となり、市内の宗教改革の方向性を決定づけていたのだと推定される。

126

1.3.2　福音派の社会階層

　7月半ば頃にミュンスター司教の書記局によって作成されたと目される ルター派リストが残っている。このリストには79名のルター派の名前が挙がっている[327]。キルヒホフはさらに他の文献の記述も加味して、92人のルター派のリストを作成している。ここから市内の主要な福音派の名前が把握できる[328]。このリストに名前が挙がっている市参事会員は、ユーデフェルト、ランガーマン、ヒンリヒ・モダーゾーン（Hinrich Modersohn）、シュローダーケン、ティルベックの5人のみである。市参事会員という要職に就いている者の支持宗派を司教側が把握していないということは考えにくいため、この時期の福音派市参事会員はこの5人以外にはいなかったと思われる。ここから、ミュンスター市参事会員の大部分、つまり24人中19人（79%）はカトリックであり、福音派は圧倒的少数派であったことが分かる。また、モダーゾーンを除くと彼らはいずれも初期からのロートマン支持者として指導的役割を果たしていた者達であり、ミュンスターで宗教改革が始まって以降カトリックから福音主義に支持宗派を変更した市参事会員は全くいなかったか、モダーゾーン1人のみであったことになる。

　市参事会員経験のある門閥市民は、7名しかリストに載っていない[329]。倉塚によれば、このリストに載っている者の中で、都市貴族家門約30に属する者は3名、一流の名望家家門約30に属する者は6名であった[330]。このことから、市参事会員格の家門に属する門閥市民のほとんどは、ルター派にならず、カトリックに留まったことが分かる。

　このリストには市内の宗教改革運動で中心的な役割を果たしたギルド員だけでなく、ギルドには所属していない者も含まれている[331]。市民権を持たない奉公人や家を持たない貧しい住民もいた[332]。

　さらにこのリストには、少数ではあるが女性も挙げられている。書記局の作ったリストに出てくる79人中、女性は、ゲルトルート・フォン・スヴォレ（Gertrud von Swolle）、未亡人クララ・ブラント（Klara Brand）、エンゲレ・ヴェスターフース（Engele Westerhues）、アンナ・ミリンク（Anna

Miling）の4人である[333]。キルヒホフのリストでは、さらにカタリーナ・レンティンク（Catherina Lentinck）、エルゼ・ピッケルト（Else Pickert）、ヒレ・シュテレ（Hille Stelle）が加えられている[334]。

　このリストに掲載された福音派は、当然のことながら市内の福音派のごく一部に過ぎない。彼らは、福音派の中でも、司教の書記局などに認知されるような活発で目立った活動を行っていた者だと推測される。このような活発な福音派の中には、二流の名望家やギルド員だけでなく、ギルドに属さない市民やアインヴォーナー男性、さらには女性まで含まれていた。このことは、ミュンスターの福音主義は、全ての社会階層に広がっていたことを示している。

　このリストからは、7年前に起こった1525年の騒擾と宗教改革の結びつきも垣間見える。1525年の騒擾の参加者個人はほとんど把握できないため、騒擾の参加者がどの程度宗教改革を支持するようになったかは不明である。しかし、1525年の騒擾でギルド員達を先導したレンティンク、ギルドとゲマインハイトの代表として修道院財産没収を行ったスーダルトとランガーマンがルター派リストに載っていた。レンティンクとスーダルトは、市民委員会のメンバーであった[335]。「スープ喰らい」で修道院襲撃未遂の首謀者だったスロセケンはリストには載っていないが、後に再洗礼派になったので、ほぼ確実に宗教改革の支持者だったと思われる[336]。また、騒擾にはギルドが組織的に関与していたこと、当時参加したギルド員の大半は7年後の1532年にも存命であろうことを考えると、騒擾に参加したギルド員の多くが宗教改革運動にも参加していた可能性は高い。また、1525年時点で福音主義を支持していた少数の者達も、この年の宗教改革運動に参加していたであろう。定量的な把握はできないが、宗教改革運動で見られた反教権主義的傾向を考えると、1525年の反教権主義的騒擾の参加者の多くが宗教改革に参加していたと推測できる。

1.3.3　市参事会と市外諸勢力の交渉

　7月25日には市長と市参事会名義で、延期されていた6月28日のミュ

ンスター司教の手紙に対する返答を送った。彼らは司教の要求に対し、ロートマンや福音派説教師達を市内に導き入れたのは自分達ではないし、自分達もキリスト教的な教会儀式を求めていると弁明した。そして、市内には多くの聖職者がいるにもかかわらず、彼らがロートマンの反論要求に応じていないため、福音と神の言葉を信奉する平民はますます福音派説教師に従うようになっている。また我々は市内で全ての古い教会儀式を保っている。我々のギルドとゲマインハイトの市民が正当にも服従しているため、我々は調和と平和と共に、都市の法と古き自由を守らねばならない。そのため、我々が説教師を罷免したり、我々の市民を神の言葉から引き離すのがいかに難しいか、猊下にはお分かりでしょうと理解を求めた。そして彼らは、司教に助言を求めて手紙を締めくくった[337]。またこの手紙には、ロートマンが市参事会に宛てて書いた手紙の写しが同封された[338]。

この間に、長老達に市外の勢力に助力を求めるよう教唆されたため、市参事会はヘッセン方伯フィリップに使者を送った[339]。フィリップは、シュマルカルデン同盟の中心人物であり、神聖ローマ帝国のルター派諸侯の中でも屈指の有力者であった。方伯は7月30日の手紙で、ミュンスター市参事会に、お上である司教に反乱したり、聖職者の財産に手を出さないよう諌めつつ、彼はミュンスター市とミュンスター司教の間で信仰を巡る争いが起こった場合調停を行うと約束した[340]。

8月5日に市参事会は、7月30日のヘッセン方伯の手紙に対し、彼らは方伯の手紙を住民に示し、正義が求めることを行うと返答した[341]。

また8月5日にミュンスター司教は、ミュンスター市に対し、古来の儀式を復活させ保ち、福音派説教師を追放するよう求める手紙を出した。彼はもしミュンスター市が再びこの要求を無視するならば、平穏と平和、レーゲンスブルク帝国議会の決議を守るため、帝国諸侯の一員として不服従に対抗する必要があることを熟慮するようミュンスター市に訓戒した[342]。

1.3.4　市内での宗教改革導入・説教師任命

　8月1日には、ユーバーヴァッサー市区のシェッフェンと一部のギルド員が、ユーバーヴァッサー女子修道院の院長に、司祭と助任司祭の説教停止、全ての教会儀式の廃絶を要求した。しかしケルゼンブロークによれば、この要求は市参事会の権威に基づいたものではなかったので、受け入れられなかった[343]。

　8月6日に、再びショーハウスに集まった市民委員会の要請を受けた長老とギルド長が、市参事会に個々の教区で、カトリックの説教師を罷免し、福音派説教師を任命するよう要求した。さらにその際、お上の権威に基づき、各教区に聖職者任命権を与えることも要求した。市参事会はこの件で協議しつつも、決断を躊躇していたので、長老はショーハウスに集まっている市民の蜂起を脅しに用いた。そのため、市参事会は前回同様に屈服し、彼らの要求を全面的に認めねばならなかった[344]。

　その結果8月6日には、市参事会が、各市区のシェッフェンとギルド長、数人の名望家に、教区の司祭と助任司祭の説教を禁止させ、市参事会が任命する説教師を教区民に受け入れさせ、儀式を廃止させることを命じた[345]。

　そのため8月10日に、説教師達はショーハウスで、市参事会、長老、ギルド長によって説教職に任命され、各教区教会に配置された[346]。コルヴィヌスによるこの記述が正しいとすれば、ここから二つのことが明らかになる。一つ目は、説教師の任命権を実際に行使したのは、教区の代表者というよりは、市参事会と全ギルド会議という都市の統治機関だったことである。二つ目は市庁舎ではなくギルドの集会所であるショーハウスで説教師任命が行われるなど、説教師任命が市参事会ではなくギルド主導で行われたことである。これまでの宗教改革運動を主導したのがギルド員によって選ばれた市民委員会と全ギルド会議であったことを考えると、コルヴィヌスの記述の信憑性は低くないと評価できる。

　その後、ロートマンが、福音派市参事会員や福音派指導者の名望家達、数多くの福音派住民と共に、大聖堂とユーバーヴァッサー教会を除く全

ての教区教会に押し入り、聖像破壊を行い、カトリック説教師を追い出し、福音派説教師を就任させた[347]。

　各教区教会に任命されたのは、以下の説教師達であった。聖ランベルティ教会にはそれまで通りロートマンが、聖エギディ教会にはヘンリク・ロル（Henrick Roll）とヨハン・グランドルプ（Johan Glandorp）が、聖ルートゲリ教会にはペーター・ヴィルトハイム（Peter Wirtheim）が、聖マルティニ教会にはブリクティウス・トン・ノルデ（Brictius tom Norde）が、ユーバーヴァッサー教会にはゴットフリート・シュトラーレン（Gottfried Straelen）が任命された[348]。聖セルヴァティ教会には福音派説教師は任命されなかった[349]。

　彼らのうちトン・ノルデとグランドルプは、市内で宗教改革が始まった初期段階からロートマンと協力しながらミュンスターで宗教改革を進めていた[350]。ヴィルトハイムとシュトラーレンは、ロートマンの要請によりマールブルク大学からミュンスターへ派遣された説教師であった[351]。ロルは、一時期下ライン地方のヴァッセンベルクで活動していたが、その後ミュンスターへやって来た[352]。ロートマンも元々はミュンスター市外の聖モーリッツ教会の説教師であったし、ミュンスターの説教師の多くは宗教改革運動が始まった後に、市外からやって来た者達であった。

1.3.5　カトリック住民の逃亡

　このような動きに命や財産の危機を感じた住民は自分達の財産を市外に移し始めた[353]。ユーバーヴァッサー女子修道院の修道女達も8月14日に、証書と財産の一部を市外に移した[354]。また、市参事会員や都市貴族を含む一部のカトリック名望家が、ミュンスターから市外に逃亡した。この逃亡者の中には、二人の市長を含む四人の市参事会員が含まれていた[355]。このことは、たとえ市長であっても市参事会員個人が市参事会全体の決定に従うことを拒もうとした場合、市参事会員としての職務を放棄し、市外に逃亡する必要があったことを示している。

　また、ケルゼンブロークの考えによれば、市参事会に力ずくで要求を

受け入れさせようとするゲマインハイトを避けるために、市参事会員の一部が集まり協議するようになり、一度に全員揃わないようにした[356]。

二人の市長が逃亡したまま戻らないので、8月16日の7時頃、長老とギルド長が、市参事会に対しゲマインハイトの以下のような要望を伝えた[357]。先ずゲマインハイトと全市民集団は、市参事会で指導的な地位にある年長の市長[358]がこのような時期に逃亡を選び、その名誉を汚し、市民を危険に晒していることに不安を感じている。そのためゲマインハイトは二つのことを求める。一つは、都市が費用を負担し、都市の代弁者の役割を果たすべき年長の市長の代わりに、共同体の権利、祖国の慣習を雄弁によって擁護する顧問を雇うことである。市民達は、法について並外れた知識を持っているヨハン・フォン・デア・ヴィーク（Johann von der Wyck）が顧問職に最適であると判断している。二つ目は都市が費用負担を行い、都市の防御施設や武器など、都市の防御に必要なものを揃えておくことである[359]。ここから、ゲマインハイトが、市内での宗教改革を進めるために、市外の諸勢力と外交交渉することが必要不可欠であると見なしていたこと、さらに既にミュンスター司教との戦争を念頭に置いていたことが明らかになる。

この要望が長老から市参事会に渡され、市参事会がこれを読んだ後、彼らは最善を尽くすと約束し、ブレーメンの顧問を務めているヴィークに使者を派遣した[360]。

1.3.6 福音派説教師による箇条書

同日8月16日10時頃、市参事会は長老とギルド長から、ロートマン達福音派説教師が『ローマ教会の悪癖についての簡潔な手ほどき』という箇条書[361]を書いたので、討論会を開催することを許可してほしいという要求を受け取った。市参事会は、この件は市参事会ではなく教会裁判官の権限に関わると見なしたので、討論会開催を認めようとしなかった。しかし長老との議論が長引き、いつ終わるとも知れなかったため、結局彼らはこれを認めた。そして全市参事会員は、長老とギルド長在席の下、ロートマンとその仲間から箇条書を手渡され、この箇条書が読み上げら

132

れるのを聞いた[362]。

この箇条書は、死者ミサ、教会で信徒の理解できない言葉を使うことや金銭的利益を目的にした教会の慣習や歌・礼拝、塗油、聖画像崇拝等を批判したものであるが、主要なテーマになっているのは16箇条中8箇条を占める聖餐についてである[363]。

1月にロートマンが起草した『信仰告白』からこの『悪癖について』にかけて、聖餐論に極めて重要な変化が生じた。当時の福音派の間では、聖餐論についての大きな対立があった。対立点となっていたのは、聖餐のパンと葡萄酒の中にキリストの身体と血が現在しているかどうかである。ルターは、聖餐式においてパンと葡萄酒がキリストの身体と血に実体変化するというカトリックの化体説を批判したが、他方でパンと葡萄酒の中に、パンと葡萄酒の元々の性質と共にキリストの身体と血が現在していると考えた[364]。この共在説が、ルター派の標準的な教えとなった『アウクスブルク信仰告白』の聖餐論であった[365]。しかし、チューリヒの改革者フルドリヒ・ツヴィングリは、聖餐式のパンと葡萄酒はあくまでキリストの身体と血のしるしであり、実際にその中にキリストの身体と血が現在しているわけではないと考えた。帝国のルター派とは異なり、スイスの改革派の間ではツヴィングリの象徴説が採用されていた[366]。

ブレヒトによればロートマンは1月に出された『信仰告白』のサクラメント論でメランヒトンの論を利用しており、この時の聖餐論は、全体的にヴィッテンベルクの神学の枠の中に留まったものであった[367]。彼の聖餐論には、この時既にシュトラースブルクの改革者マルティン・ブツァー（Martin Butzer）やツヴィングリ的な傾向は見られたが[368]、聖餐式において「主の身体を食べ血を飲む」とキリストの身体と血の現在を仄めかす表現を用いており、ルター主義的な側面も併せ持っている[369]。そのためこの時点では、ロートマンの聖餐論は、ツヴィングリ的象徴説に傾きつつも、ルター主義から逸脱したというものではなかった。

しかし、8月の『悪癖について』では、聖餐式におけるキリストの身体と血の現在という考え方が退けられている。この中で、聖餐式において

133

「パンはパンのままであり、葡萄酒は葡萄酒のまま」であり、「これは、我が身体である」という言葉の効力でサクラメントあるいはキリストの身体が作られるという主張は間違いだと述べられている[370]。これは、ルターの聖餐論からの明確な逸脱であり、ツヴィングリ的な聖餐論へのさらなる接近であった[371]。

聖餐式におけるキリストの身体と血の現在の問題は、当時の宗教改革運動で極めて重要な政治的意味を持っていた。1529年にドイツのルター派とスイスのツヴィングリ派を合同させるために開かれたマールブルク会談が決裂し、両派の合同が失敗に終わった最大の原因は、ルターとツヴィングリの聖餐論の違いにあった[372]。そして、市内の福音派が7月に援助を求めたヘッセン方伯やシュマルカルデン同盟を含め、帝国の福音派の間ではルター主義が支配的だったため、もしミュンスター市がツヴィングリ的聖餐論を採用した場合、彼らの援助を受けるのが困難になることは容易に想像できた。にもかかわらず、箇条書の聖餐論を福音派住民が問題視していなかったことは、市内の福音派の中に聖餐論が持つ重大な政治的意味を理解する者がいなかったことを示している。ロル達下ライン地方出身の説教師達は元々象徴説を支持していたので、このような聖餐論に同意するのは自然である[373]。しかし、それ以外の説教師達が、箇条書の聖餐論に同意した理由は不明である。

ケルゼンブロークによれば、読み上げられた箇条書を聞いて、市参事会は、この件は市民ではなく、聖職者の自由に関わる問題なので、自分達ではなく教会裁判所の管轄だと主張した。そして反論の機会を与えるため、教区聖職者に「16箇条」の写しを送り、これに反論することを求めた。これを受け取ると聖職者達はケルン大学神学部に送り、ケルンの神学者達がこれを論破するのを待った[374]。しかし結局8月中に旧来の儀式は廃止された[375]。ここから、市参事会は教義や儀式の問題は権限外なので判断を下せないと見なしていたが、市内での蜂起を避けるためには権限外の問題にも介入したことが分かる。

この後市参事会は、8月5日の司教からの手紙にいかに返答するかの

協議を行い、以下のような返答を送った。彼らは慣習に従い司教の手紙を長老とギルド長に見せ、彼らの意見を聞き、司教の返答が期待ほど好意的なものでなかったことが分かった。ロートマンが市内の聖職者達に彼の教えに反論するよう求めたにもかかわらず、彼らが返答しなかったため、ゲマインハイトはロートマンの正しさに対する自信を深めた。市参事会は、都市社会を守るために、古き都市の法や特権を犯すことなくこの反乱をいかに鎮めるかについて考慮するよう司教に求め、もしこれが聞き入れられないならば、彼の顧問をミュンスター市に派遣してほしいと頼んだ[376]。

翌日の8月17日に司教は、市参事会と全ミュンスター市住民からの返答が、彼の命に従い福音派聖職者を追放するというものではなかったことに失望感を示し、古くからの儀式から逸れたいかなる改革も許容できないと改めて訓戒した。さらに、市参事会から派遣を依頼された顧問達は別件に忙殺されているため、彼らが戻り次第協議を行い、決定を知らせると返答した[377]。

1.4 市内での宗教改革実行と市外諸勢力との交渉

1.4.1 1532年8月の市参事会と司教の交渉

ミュンスターでは、市参事会、全ギルド会議、ゲマインハイトが福音主義支持の同盟を結び、都市全体が一体となって宗教改革を押し進める体制が確立された。しかし、市内での福音派勢力の勝利と宗教改革の進展は、ミュンスター市が市外のカトリック諸勢力と対決することを余儀なくし、1532年8月以降ミュンスター市は市内の宗教改革を守るための外交交渉に追われることになった。

ミュンスター司教は8月21日、ヴォルムスとアウクスブルクの帝国決議に基づきミュンスターの宗教改革を鎮圧するよう求める皇帝の手紙の写しを添えて、市参事会に手紙を出した[378]。彼は、ルター派説教師の追放と古き儀式の復旧を求めた。そして、もしミュンスター市が命令に従わない場合、帝国決議の指示に基づき、反乱を鎮圧するという義務を果

たすことになると、その前の手紙の主張を繰り返した[379]。

　それに対しミュンスター市参事会は、8月28日にロートマン達が市内の聖職者に箇条書を渡したにもかかわらず、彼らはまだ返答していないので、市参事会が福音派説教師を都市から追放することが不可能であると弁明した。そして、市民財産没収禁止などの伝統的特権を引き合いに出し、もし司教が圧政的な態度をやめないならば、彼らは都市の法と司教領の特権に訴えるつもりでいると返答した[380]。このように市参事会は伝統的に都市が持つ特権を引き合いに出し、ミュンスター市に対する司教の威圧に対し、法的に対抗しようとした。

　司教は8月29日と30日の手紙で市参事会に返答し、都市住民の行いは帝国勅令に反しており、彼らが引き合いに出している特権はこの件に適用できないので、司教への服従義務を果たし、皇帝の命令に従い、司教達の忠告を聞くよう再考を促した[381]。

1.4.2　1532年9月のミュンスター市と騎士身分の交渉

　しかし、ミュンスター市は、ミュンスター司教の命令に従い市内で行った改革を廃止しようとしなかった。そのため、9月17日に司教は騎士身分を召集し、反乱的なミュンスター市を罰するよう求めたが、騎士身分は処罰を延期することを勧めた。そして騎士身分から8人の代表を選び、協議を行うためミュンスター市に使節を派遣するよう求めた[382]。

　9月23日にミュンスター市の使節団がヴォルベックに赴くと、騎士身分の代表は、手紙で市参事会、長老、ギルド長を召集したにもかかわらず、市の代表団に市長が一人もおらず、余所者が入っていることに対し説明を求めた。祖国の公共の福利に関わる議論を行う会合には少なくとも一人の市長が参加するのが慣習であったのに、来ていなかったためである[383]。

　それに対し、ミュンスターの代表の一人はこう返答した。彼は数日前仕事でミュンスターを訪れた際に、市参事会からこの会合に出席する代表の職を果たしてほしいと頼まれたが、この仕事は司教や領邦の貴顕の利益に反するものなので、ミュンスターの人々とは距離を置こうと思う

と[384]。ミュンスター出身の代表達は、市長は大病や怪我のためこの会合に臨席することができないが、長老とギルド長、そして他の市の代表が、騎士身分の代表の言葉を聞くためにここにいると釈明した[385]。

ミュンスター市代表の話を聞いた騎士身分の代表は、先ず9月17日の領邦議会で行われた司教の訓戒を市民に伝えた後、ミュンスターでの宗教改革は領邦全体を破滅させるものなので、古い儀式を元に戻し、帝国勅令に違反した反乱の罰を自らに課すことを求めた[386]。

これを聞いたミュンスター市の代表達は、騎士身分の助言に感謝を述べたが、自分達には市民が反乱をやめることを保証する権能が与えられているわけではないので、市内で協議を行うために、彼らに騎士身分の言葉を伝えねばならないと述べ、市内の全身分が協議するために14日間の猶予を求めた[387]。猶予期間をめぐり両者の間で議論が起こったが、結局8日間という猶予期間が認められた[388]。

この騎士身分とミュンスター市の交渉で明らかになったのは、以下のことである。一つ目は、市の代表に長老やギルド長が参加していたことに見られるように、市参事会と全ギルド会議が一体となって交渉に臨んでいることである。二つ目は、ミュンスター市側が、騎士身分を通じたミュンスター司教との和解を、最初から考えていなかったことである。ミュンスター市側は、彼らの代表としてたまたまミュンスターにやってきた余所者を採用し、市参事会員を誰も派遣せず、さらに市代表に十分な権限を与えないなど、騎士身分と真剣に交渉をしようという態度を見せていなかった。そのため、ミュンスター市側は、最初から騎士身分を通じて、司教と和解する気はなかったと思われる。

代表はミュンスターに戻ってきた後、騎士身分にいかに返答すべきか公的にも私的にも協議を重ねた。彼らから交渉の議事録を受け取ったロートマンは、9月25日に市参事会、長老、ギルド長の集まりに、騎士身分への返答を提出した[389]。しかし市参事会は、ケルゼンブロークによれば、ロートマンの助言に依存しないため、そして説教師達の利益を擁護する皮肉に満ちた感情的な文書によって騎士身分を立腹させないために

これを退けた[390]。

1.4.3 クニッパードルリンクと帝室裁判所の裁定

クニッパードルリンクとその仲間数人は、帝室裁判所に働きかけ、9月23日にミュンスター司教と司教座聖堂参事会は市長、市参事会、ミュンスター市とその臣民にいかなる暴力も振るってはならないという裁定を得た。しかし、クニッパードルリンク達は市参事会に無断で市長、市参事会、ミュンスター市全体の名を使って訴えを起こしており、彼らが帝室裁判所に伝えた内容は、司教による逮捕者が出ていなかったにもかかわらず、数人の市民が逮捕されたなどの虚偽の記述を含む問題の多いものであった[391]。クニッパードルリンクは市民委員会の成員5名臨席の中、この裁定を長老を通じて市参事会に渡したが[392]、これは市長や市参事会の権威に基づかず、数人の個人によって得られたものだという理由で、市参事会は裁定の受け入れを拒否し、長老を通じて突き返した[393]。

このように市参事会は、ロートマンから直接市参事会に行われた要求、クニッパードルリンクが市参事会に無断で得てきた帝室裁判所からの裁定を共に拒絶した。このことは、市参事会は長老やギルド長を通じたゲマインハイトからの要求と、長老やギルド長を介さず直接市参事会に向けられた説教師の要求や、市参事会の同意を得ず行われた数人の個人の独断的な行動を明確に区別し、前者のみを正当だと見なしていたことを示している。

1.4.4 1532年9月30日のミュンスター市と騎士身分の交渉

そして9月30日に、市参事会から指示を与えられたミュンスター市の代表は、騎士身分の代表に以下のように返答した。彼らは与えられた期間一日も休まずゲマインハイトや彼らに高く評価されている指導者達に全力で忠告や懇願を行い、儀式を復旧し、福音派説教師を追放するという返答を期待したが、これを得られなかった。しかし彼らは、司教に対し彼らの無実を訴えたい。ロートマンの箇条書に聖職者達が反論しないので、司教はこの件を相応しい仲裁者の裁定に委ねるべきである。これが受け入れられれば、疑いなくゲマインハイトも別の教えと古き宗教の

回復を認めるであろうと。また代表達は、市参事会や市民が苦しめられ、不当に扱われることはないように、一般法と8月3日に皇帝によって布告されたニュルンベルク休戦を引き合いに出した[394]。

この返答を聞いた後、騎士身分の代表達はミュンスター市代表の返答を司教に伝えると約束した[395]。

この交渉から明らかになったことは、以下のとおりである。ミュンスター市代表は、自分達が騎士身分の忠告に従い、市内の宗教改革の復旧を目指したが失敗した、またその責任は市内の聖職者の怠慢にあると弁解するなど、騎士身分に一定の友好的な態度を見せていることである。しかし、彼らは、それまで司教に行った返答の際と同様に、争いの解決の手段として仲裁者の裁定に委ねることを提案し、一般法や帝国決議を引き合いに出し法的に自分達の正当性を主張するなど、意見を変えていなかった。

1.4.5 ミュンスター司教の実力行使

彼の命令に従おうとしないミュンスター市の態度に業を煮やしたミュンスター司教は、領邦全土の代官に、ミュンスター市民、特に反乱の指導者達の財産を没収するよう命じた。そのため、司教の代官は10月8日に何人かのミュンスター市民の牛を没収した[396]。翌日ミュンスター市参事会、長老、ギルド長宛てに送られた手紙で、司教は市内での宗教改革が正当性のない反乱であるため、福音派説教師を追放し、伝統的な儀式を復活させ、反乱に加わった住民を処罰するよう勧告した[397]。

ケルゼンブロークによれば、牛の差し押さえの件がミュンスター市に伝わると市内は騒然となり、司教を暴君や都市民の抑圧者と呼んだり、お上として相応しくないと言い出す者が出てきた。またある者達は、この没収の責任は司教座聖堂参事会員にあると見なした[398]。このような意見がどの程度の住民に共有されていたかは不明であるが、少なくとも一部の住民は、司教をその地位に相応しくない者、暴君だと見なしていたことになる。また、これまでの手紙でも度々見られたように、司教座聖堂参事会に問題の責任を負わせるという反教権主義的な主張が、都市住

民の中から生じていたことが分かる。

これに対し、市参事会は10月11日、没収した家畜を市民に返却し、今後このような差し押さえを行わないよう代官に命じてほしいと懇願する手紙を司教に送った[399]。また市参事会は、司教座聖堂参事会と参事会長宛てに司教への手紙とほぼ同じ内容の手紙を送った[400]。

これに対し司教は、10月12日に市参事会に対し、自らの実力行使を正当化する手紙を送った。司教や騎士身分はミュンスターの住民に繰り返し反乱的な革新を元に戻すよう求めたが無駄であり、皇帝の命令を受けていた彼には、ずっと以前からミュンスターの住民、特に改革に責任がある者達に、より厳しい措置を取る理由があったと。ミュンスターの者達は領邦の特権だけでなく帝国決議にも違反しているため、法や特権の保護を持ち出すのは無駄であり、ミュンスター市の主張には法的な正当性がないと指摘した。そして、再び自らそして領邦全体の福利を思い起こし、皇帝の勅令と司教の助言に従い、福音派説教師追放と教会の儀式や装飾を復旧し、反乱責任者を監禁し、有罪確定後処罰のために引き渡すよう勧告した。そして、もしミュンスター市民が彼の命令に従わない場合は、神や他の諸侯、友人達の助けを得て、反乱や分裂を鎮圧するつもりであると、ミュンスター市にさらなる圧力をかけた[401]。

1.4.6　1532年10月の市参事会員補欠選挙

交渉の最中の10月14日に、8月に市外逃亡した2人の市長を含む4人の市参事会員を補充するための選挙が行われた。この時選ばれた市参事会員は、ヨハン・バステルト（Johan Bastert）、ヨハン・パリック（Johan Pallick）、ハインリヒ・フリダッハ（Heinrich Fridach）、アントン・ヨナス（Anton Jonas）であった。彼らのうち福音派リストで確認できるのはバステルト1人のみであるが、おそらくパリックとフリダッハも福音派であったと思われる[402]。4人の新市参事会員中以前に市参事会員を経験していたのは、カトリックだと思われるヨナスのみである。そのためこの選挙後も福音派市参事会員は24人中8人と依然として少数派に留まっていた[403]。このことは、多数派であるカトリックの市参事会員は自身の信仰

140

に反する宗教改革を守るために司教と困難な交渉を行っていたことを示している。

他方、選挙人10人のうち福音派リストに名前が挙がっている者は5人で、いずれも36人委員会の成員である[404]。また、ヘルマン・レデッカー（Herman Redecker）は後に再洗礼派になっているので、彼も福音派であったと思われる[405]。以上のように選挙人10人のうち福音派だと思われるのは6人と過半数であったが、他の選挙人達の中にも福音派がいた可能性は否定できず、選挙人の大部分は福音派によって占められていた可能性が高い。選挙人10人のうち市参事会員経験者は誰もおらず、選挙人経験者は5人である[406]。そのため、10人の選挙人は主に、その多くが福音主義を支持する市参事会員格ではない二流の名望家によって占められていたことになる。

1.4.7　市参事会、全ギルド会議の対応

市参事会は10月18日に、ミュンスター司教に対し以下のように返答した。彼らは皇帝や司教の命令に従い説教師達を罷免し、教会の儀式を復活させるべく可能な限りあらゆる努力を行ったが、ロートマンの公開した箇条書に市内の聖職者達が反駁を行わなかったため上手くいかなかった。つまり、市内の聖職者のせいで、自分達は皇帝と司教の命令に服従するという義務を果たせなかったと弁解した。そして、司教に二つのことを懇願した。一つ目は説教師と儀式の問題を中立的な仲裁人の裁定に委ね、聖書に基づき説教師達と箇条書に反論させ、教会規則を起草し、聖職者も俗人も従順、調和と平和の中で生きられるようにすることである。二つ目は市民の雄牛と財産に関する苦しみが聞き入れられ、市民、住民と共にこの領邦の特権に従い、相応しい法に基づき扱われ、暴力的な襲撃から守られることである[407]。ここから市参事会は、信仰問題の解決を自分や司教ではなく仲裁人に委ねようとしていたこと、司教に領邦の法と特権を守るよう求めたように、司教と都市は双務的な関係にあると見なしていたこと、市民の財産権の侵害をやめさせ、市民利益を守ろうとしていたことが明らかになる。

141

また、この市参事会の手紙には、司教の手紙に対する全ギルドからの返答が同封されていた。その内容は以下の通りであった。ギルドはミュンスター市内の改革を反乱だと呼んだ司教に対しこう反論した。反乱とは神の法、自然法、人の法を無視して、自分勝手に企てを行いやめようとしない者の行いだが、自分達は神や栄誉や法のみを望んでいるので反乱をしていないと。彼らは神の言葉なくして神の名誉は知られないままとなり、キリスト者は存在し得ないのだから、暴力によって自己の生命、財産、生活を失う方が、神の言葉から離れ、神と自己の意志に背いて行動するよりもましだと主張した。そして、この件を正当な裁判にかけ、自分達に弁明の機会を与えるよう求めた。彼らはキリスト教的で正しい教えのみを求めているので、もし司教たちが彼らの説教師の教えや彼らが行った改革が非キリスト教的で不正だと証明した場合、そこから離れると約束した。さらに最後に、皇帝の命令と帝国勅令を引き合いに出して、司教が彼らを弾圧する法的根拠はないと主張した[408]。

　司教の手紙に対し、市参事会と全ギルドが個々に書いた手紙から、市内の宗教改革や司教の措置に対する両者の見方の違いが明らかになる。市参事会は司教に対し、自分達は司教や皇帝の命令に従おうと努力したが政治的理由でこれを果たせなかったと、市内の改革が不正であることを認めていた。それに対しギルドは、市内の改革を反乱だと見なす司教の主張を真っ向から否定し、市内の改革が正当なものであると明確に主張していた。また、全ギルドは司教が武力行使や市民財産没収などの実力行使を行っても、市内の福音主義を守ると司教に対し対決姿勢をはっきり示していることから、彼らが市参事会と比べて司教に対し非妥協的で敵対的な態度を示していたことが分かる。

　10月21日には、市参事会員12人が協議を行っていた際に[409]、長老、ギルド長、市民委員会の成員数名がやって来て、住民の数に対し説教師が不足しており、7月15日に結ばれた同意で取り決められたことが十分実行されていないので同意を無視しないよう求めた。これに対し市参事会員は、彼らは同意に違反したことはなく、敬虔公正に適うことを行うと

返答したため、長老達は満足して戻っていった[410]。

市参事会は10月23日のコースフェルト市への手紙で、「他方我々は、我々の考えでは正当に我々の公法と私法、つまり祖国の特権を引き合いに出した。しかし司教はこれら全てを意に介さず、彼の代官に我々の市民の牛や財産を没収させ、市民自身を拘禁させた。我々や汝ら諸都市は、司教領の第四身分を構成しているので、我々はこんなことが起こるとは思ってもみなかった」と、司教のこれらの措置を領邦身分としてのミュンスター市の法と特権の侵害と見なした[411]。

1.4.8 ミュンスター市と司教の対立の激化

ミュンスター司教は、ミュンスター市住民が彼の警告を聞かないという理由で、10月23から25日にかけて領邦全土でミュンスター市への食料搬入と傭兵の流入を阻止し、ミュンスター市民の全ての財産を没収し、市民への支払い、債務の返済を禁止するよう命じ、騎士身分に公道を封鎖させた[412]。さらに彼は、ミュンスター市民9人を、反乱の指導者、ヴォルムスとアウクスブルクの帝国議会の決議に反しルター派説教師達を受け入れたという理由で、市外の様々な裁判所に召喚した[413]。

10月25日にゲマインハイトは、長老を通じて、市参事会に対し以下の四つの主張を行った。一つ目は、司教座聖堂参事会員が正当な理由なく都市の敵になり、ロートマンの教え故に都市を去ったことに対し、彼らが腹を立てていること。二つ目は、聖職者たちが司教の前でゲマインハイトのことを非難中傷し、元市長の二人が聖職者と修道士の側についているように思われること。三つ目は、ヴォルベックの代官が市民を余所の裁判所に委ねたことは不正であること。四つ目は、市参事会が長老とギルド長に都市の法と特権、市民自身を全力で守ると約束したにもかかわらず、市民が市外で訴えられ、様々な困難で苦しめられるなど現状はそうなっていない。そのため、司教と修道士の攻撃と暴力から市を守るため、500人の傭兵を早急に徴募すべきことである。

また、傭兵への支払いのために市内のみで流通する2000グルデン分の銅貨を鋳造することも求めた。さらに、市民と運命を共にするよう聖職

者の市外への外出を禁じること、ゲマインハイトの苦境の原因は告発者である聖職者にあるので、備兵への給金月4000フローリンを彼らに払わせ、市民の全損害を弁償させるべきだと主張した[414]。

これに対し市参事会は、自分たちは常に公共の福利に配慮しているが、徴募する備兵の数は先ずは300人で十分だと主張した。市参事会は数日以内にこの人数を集め、指揮官を任命、銅貨を鋳造し、不在の二人の市長の代わりをするために4人の主要な市参事会員を選んだ[415]。

このように市参事会は、司教が都市への政治的圧力を強めると即座に、市民の求めに従い都市の防備を増強し司教との戦争準備を始めていた。このことは市民や市参事会が、この時点で既に司教の襲撃を覚悟していたこと、司教と戦争を行う危険性を冒しても司教の命令に従う気がなかったことを示している。

11月2日に市外の裁判所に召喚された市民は、市参事会に対し市民の古き自由に反し、市外の裁判所に引き渡されないよう嘆願した。そのため市参事会は、翌日それらの裁判官に、より大きな災いを避けるため市民に対する告訴を無効にするよう求めた。しかし、裁判官達は司教に従わねばならないと市参事会の要求を拒否した[416]。

ケルゼンブロークによれば、この返答を見た市民達は、周辺の農村を襲撃し、必要なものを市内に運び込んだ。さらに、農民に対し、恐れることなくそれまで通り穀物、木材、その他の必要な物資を市内にもたらすよう命令し、もしそうしない場合は支払いなくそれらを持ち去ると脅した[417]。このように市民は、司教の実力行使に対し、自分達も実力行使を行い、物資を調達し始めた。

また市参事会は10月末から11月にかけて帝室裁判所、ケルン大司教、ヘッセン方伯、司教座聖堂参事会、さらに騎士身分や他の領邦諸都市に対し、司教による市民の財産権と裁判権、自由の侵害をやめさせ、信仰問題を公正な仲裁者に委ねるよう働きかけてくれることを求めた[418]。これを受けてヘッセン方伯は、市民財産の差し押さえをやめるよう司教に嘆願し、ミュンスター司教領東部の中心都市ヴァーレンドルフは、ミュ

ンスターを支援することを約束した。にもかかわらず事態は改善されず、それ以外の諸勢力からは協力を得ることはできなかった[419]。

1.4.9 市内での宗教改革の進展

　緊迫した状況下で、11月3日ユーバーヴァッサー教区の名望家市民達が、ユーバーヴァッサー教区の名において女子修道院長に対し、現在の聖職者を罷免し、福音派説教師ディオニシウス・フィンネ（Dionisius Vinne）とゴットフリート・シュトラーレンを代わりに任命するよう求めた[420]。フィンネは、下ライン地方各地で説教師として活動した後、9月17日にミュンスターにやって来た[421]。女子修道院長がこれを拒否すると、トン・ブリンクは、教区はさしあたりこの二人の説教師を自分達の負担で支援することを決定したと聞かされてきたと返答した。そしてトン・ブリンク達は集められた金で説教師を雇い、福音派の群と共に福音派説教師を教会に連れていき、カトリックの司祭を追い出した後、説教壇を委ねた。女子修道院長が福音派説教師二人の生計支援を拒否したため、説教師達の生活費を賄おうと、ルッベルト・レンティンクとラーナー・シュテルが説教の際に募金を行った[422]。また、レンティンクとセヴェルスの妻を中心とした何人かの女性が[423]、教区中の福音派支持者に懇願し、肉、穀物、バター、蝋燭、魚の薫製や干物、亜麻布、チーズ、腸詰め、木材などの生活物資を集めた。集まった量は、説教師とその家族を養って余りあるほどだった。ケルゼンブロークによれば彼らがこのようなことを行ったのは、神の栄光を広め、福音という食べ物で多くの魂を育んでいる者の生計維持を拒否することは罪だと考えていたからであった[424]。

1.4.10 1532年11月6日の全市民集会

　ケルゼンブロークによれば、長老は11月6日、ギルド員だけでなく全市民を召集し、以下のような演説を行った[425]。「我らの市において神の言葉とキリストの純粋な教えが慈悲深い神のおかげでしばらくの間説かれるようになり、それが多くの者達を信仰についての真の知識へと導いただけでなく、全市のギルドと射手たちがその信仰のみが天の教えであると公言するほどに彼らを確信させた。それゆえ彼らは、それが聖書の

真の議論により論駁されるまで、危険を恐れてその教えから離れること
なく、信仰のために息の続く限り戦うことで同意した。それゆえ自分達
を守るため公法と私法を引き合いに出してきたが、にもかかわらず我々
は苦しめられている、それゆえ手工業者達の全ギルドにして射手たちは、
市民にして住民である汝らに求める。神の言葉に自らの意志で従おうと
いう者（誰も強要されてはならないので）、自ら進んで純粋な神の言葉に
つき従い、必要となればそれを生命の危険を冒しても守ろうという準備
が出来ている者は、この建物の他の側に移動するよう。」[426]

　福音主義を支持しない者たちがその場を去った後、長老は以下のよう
に演説を続けた。「市民の法によれば、市民や隣人たちが一般法に訴え、
命や財産を失っても暴力や不正に対し自身を守り、防護することは、各々
の者たちにふさわしい。そのため、もし我々が福音のために法と公正に
訴えてきたのに、我々だけでなく、都市全体が不正に苦しめられるなら
ば、あなた方信仰篤き同胞の市民や住民は自身の命と財産を危険に晒し
てもこの不正を防ぐ用意があるか？」と。すると全員が共に、福音への
愛のため自分達は極度の危険を引き受けると返答した[427]。その後長老が
宣誓の文句を布告し、長老と福音派市民達は同意した[428]。

　ここで重要なのは、これが、ギルドに属していない者も含めた全ゲマ
インハイト、つまり市民全員に福音主義を支持するかどうか意見を求め
た、おそらく最初の集会だったことである。これまで見てきたとおり、
ミュンスター市内の宗教改革運動は、名義上は「ゲマインハイト」によっ
て進められてきた。しかし、もしこれまで実際に「ゲマインハイト」を構
成する市民全員でその都度意志決定を行っていたとすれば、既にこれま
で繰り返し市民集会で福音主義支持が確認されてきたはずであるが、実
際に市民全員が集まり市内の宗教問題のために協議を行ったことは史料
で確認できない。史料で協議が行われたことが確認されるのはギルド、
あるいはギルドの成員36人から構成される市民委員会、あるいは一部福
音派市民だけであった。この時まで繰り返し宗教問題が全市民により協
議されていた場合、今回再度福音主義を支持するかどうか確認する必要

があるとは考えにくい。そのため、これまでゲマインハイト名義で行われてきた様々な要求は、全市民による協議によってなされたものではなく、ギルドや一部の福音派市民が行ったものであり、今回はじめて宗教問題に対する全市民の意志が確認されたのだと思われる。

また、この集会を主催したのは長老であり、既に全ギルドは命を賭けても福音主義を守り通すことで一致団結していたことから、この会合はギルドがギルドに所属していない市民の意志を確認するために開かれたものだったと思われる。このことからも、市内の福音主義運動は、ギルドの主導で進められていることが分かる。

また、長老やギルドは、信仰は個人的な問題であり、誰も信仰を強要されてはならないと述べていることから、ギルドが組織的に福音主義を支持していたにせよ、カトリックのギルド員が福音主義を信仰するよう強要されることはなかったであろうことが推測できる。

1.4.11　ミュンスター市の外交的孤立

長老、ギルド長、市民委員会の成員達は、市外の諸勢力に援助を求めたにもかかわらずこれを得られなかったので、11月6日にシュマルカルデン同盟に助けを求めるよう市参事会に嘆願した[429]。そのため市参事会は、11月7日にブレーメン市の顧問ヨハン・フォン・デア・ヴィークに手紙を出し、同盟がミュンスター司教に、差し押さえや市民に対する裁判をやめ、説教師や教会の慣習の問題を仲裁人の手に委ねることを求めるように同盟と交渉することを依頼した[430]。この依頼を受けてヴィークは、同盟の会議でミュンスターの同盟加盟を訴えたが、認められなかった。また会議中には、ミュンスターで説かれている教えが『アウクスブルク信仰告白』と一致しているかどうかについて疑念が上がっていた[431]。それに対し市参事会も12月には新たな租税が課せられ、自由が損なわれる可能性があるという理由で同盟への参加を取りやめるなど意見を翻した[432]。

ミュンスター市は11月12日に開かれた領邦議会には呼ばれなかった。ミュンスター市代表は15日に領邦諸身分によって召集され、市民の財産

没収や外部の裁判所への召喚を止めるよう求める文書を提出した[433]。ミュンスター市代表は16日に諸身分から、ミュンスター市が行った改革は反乱的なので、皇帝、法、司教の指示に服従すべきであり、もし従わない場合諸身分は司教を支援しミュンスター市に対抗するつもりであると通告された[434]。その後も領邦諸身分が仲介役を果たし、ミュンスター市とミュンスター司教の間で交渉が行われたが、双方とも譲歩を行おうとしなかった。このようにミュンスター市はシュマルカルデン同盟やミュンスター司教領の諸身分といった市外諸勢力からの支援を得られず、外交的に孤立したまま司教に対抗しなければならないという厳しい状況に置かれた。

1.4.12　ミュンスター市内の状況

　11月25日には、フランシスコ会修道院付属の教会で修道士が、聖カタリナの受難と殉教についての説教を行った。説教の最後オルガンが鳴り響く中、敬虔な女性達が修道士を支援するために祭壇に貨幣を寄進した。その間にブリクティウス・トン・ノルデが、修道士が説教した話は教皇派の利益のために考え出されたものだと公言した。それを聞いて怒った女性達は彼を取り囲み、拳やサンダル、スリッパや教会の椅子で彼を袋叩きにした。そのため、翌日トン・ノルデは、市参事会にこの出来事のことを示し、彼女達への処罰を求めた。しかし市参事会は、彼に危害を加えた者をそのような多くの人々の間で見つけるのは無理なので、全女性を処罰のために召喚することはできないと答えた[435]。

　数日後の11月28日に、ロートマンの箇条書に対する反駁書がケルンの神学者たちから市内の下級聖職者に届いた。翌日市参事会で4人の下級聖職者が、ロートマンと彼の同僚の在席の下、市参事会と長老にこれを手渡した。この反駁書は三部あったので、市参事会は一部を長老、一部をロートマンに手渡し、一部を自分たちで保持した。ロートマンが市庁舎から出てくると、すぐに彼の支持者の大群が彼を出迎え、彼に福音主義の発展についてどのような意見と希望を持っているのかとたずねた。するとロートマンは、福音が教皇主義者達によって揺るがされるこ

とはないので、希望を持つよう自信たっぷりに述べた[436]。反駁書到着の話題は瞬く間に街中に広がり、人々はあちこち歩き回りながら話し合い、ケルゼンブロークによれば、ある者は聖職者が勝った、ある者はロートマンが勝ったと話し合っていた[437]。

ロートマンが市庁舎を去った後、市参事会員、長老、ギルド長は市参事会会議室に残り討議を行った。この時長老とギルド長は市参事会に以下のことを求めた。彼らは、下級聖職者が行った苦情や嘘のせいで、財産没収や道路封鎖などの処罰が司教から課せられ、騎士身分は市民に対する憎しみを掻き立てられた。このように聖職者が、全ての災い、損害、反乱、争い、憎しみ、嫌悪の原因なので、彼らの全財産を没収するか、市外に追放すべきである。さもなくば、この件で市民が被った損害を弁償させ、司教の市民に対する権利侵害を止めさせ、地所と保証人によって将来の損害を保証するか、市民の財産の差し押さえを止め、道路封鎖を解除し、自由な移動を認めるようすぐに司教を説得させるべきだと。彼らはさらに、聖職者に都市を防衛するための傭兵の給金も負担させることも求めた[438]。

市参事会はそれらの実行を次の領邦議会まで延期するよう勧めたが、長老からすぐに実行しなければ市内の調和を保ち、下級聖職者に対する市民の怒りを抑えることはできないと脅されたため、4人の市参事会員を下級聖職者のところに派遣し、2日以内に司教による市民財産没収や道路封鎖等をやめさせること、さらに1ヶ月分の傭兵の賃金を支払うことを命じた[439]。

12月18日に、市参事会、長老、市民委員会の成員は、市内の下級聖職者たちを市庁舎に召喚し、傭兵の給金を負担するよう命じた。そしてもし支払わない場合、自身とその財産について深刻に恐れなければならないことになると脅した。下級聖職者達は、これを容赦してくれるよう頼んだ。しかし、市民委員会の成員が[440]、市民の全ての苦難と災いのきっかけは聖職者なので、負担を免除されてはならないと叫んだ。そのため、市参事会と長老、市民委員会の成員は、市内にいる聖職者は傭兵の給金

として500マルクを支払うこと、もしこの分担金から逃れる者がいたらその名は市参事会に伝えられるべきこと、彼らは司教に差し押さえと食糧の輸送阻止を解くよう請願すべきことを決定した[441]。

1.4.13　市内での聖餐をめぐる状況

　ロートマンは、8月の『悪癖について』で、聖餐式におけるキリストの身体と血の現在を否定する聖餐論を展開し、ツヴィングリ的聖餐論に接近していたが、その後彼らの聖餐論は実際に実行された。

　ケルゼンブロークによれば、ロートマンは夜に教会や個人の家に人を集め、白パンと葡萄酒による両種の聖餐式を行っていた[442]。コルヴィヌスによれば、ロートマンは白パンを大きな器の上に置き、その上に葡萄酒を注ぎ、聖餐の主の言葉を述べた後、サクラメントを求める者に取って食べるよう命じた[443]。もし病気や他の理由で聖餐式を行う集まりに来られない者には、彼自身が袖に白パンや女性たちが拠出したソーセージ、チーズ等を入れて持って行き励ました[444]。この白パンはヴェストファーレン地方ではストゥーテン（Stuten）と呼ばれたため、ロートマンにはストゥーテン・ベルント（Stuten Bernd）というあだ名が付いた[445]。このようにロートマンは聖餐で用いるパンと葡萄酒を手荒に扱ったり、時には普通の食べ物のように用いていた。このようなロートマンが行う聖餐式を、倉塚は聖餐を脱呪術化するための実践だと見なしている[446]。

　ロートマンの聖餐論が『アウクスブルク信仰告白』と一致していないのではないかという疑いは、既に11月のシュマルカルデン同盟の会議の場でも上がっていたが、12月に入るとルターとメランヒトンによって直接警告の手紙が届くようになった。ルターは12月21日にミュンスター市と市長に向けて、純粋な神の言葉に背き、反乱を起こそうとするツヴィングリ主義者やトーマス・ミュンツァーのような熱狂主義者、再洗礼派に用心するよう警告する手紙を書いた[447]。ルターは12月23日には、ロートマン本人にも、ヴェストファーレンで若干の聖餐象徴主義者が都市に入り込もうとしているので気をつけるよう警告を行った[448]。メランヒトンも、12月24日にロートマンに向けた手紙で、ツヴィングリの聖餐論を

批判し、聖餐におけるキリストの現在を含めたルター主義的聖餐論を市内で説くよう勧めた[449]。このように1532年の秋にはツヴィングリ的聖餐論が公に説教され、それに基づいた聖餐式が行われるようになり、11～12月にはミュンスターでツヴィングリ的聖餐論が説かれているという噂が、市外のルター主義者に広く伝わっていた。

また、市内のカトリック住民は、キリスト降誕祭が近づいたので、断食や喜捨等によってミサに与るための準備を行っていた。教区教会は福音派説教師に占められており、二種による聖餐式しか行われなかったので、彼らは大聖堂で一種による聖餐に預かることを決めた。このことを知った市参事会は、12月23日に使者を通じて、個々の市民や女性達に、反乱の危険を避けるためにミサへの参加をやめるよう求めた。また市参事会は同時に、教区教会で洗礼を受けるべき幼児を大聖堂に連れていくことを禁じた。ケルゼンブロークによれば、この懇願と命令に皆従った[450]。このように市参事会は、市内のカトリック住民の信仰活動を制限しようとしていた。

1.4.14 ミュンスター市民によるテルクテ襲撃

その後も領邦諸身分が間を取り持ちながら、ミュンスター市とミュンスター司教の間で交渉が続いたが、司教とミュンスター市の和解には至らなかった[451]。

そのため12月26日、コルヴィヌスによれば長老とギルド長が全てのギルドと協議した結果[452]、ケルゼンブロークによれば市参事会、長老、ギルド長による協議の結果、ミュンスターの件について議論するためにミュンスター近郊の小都市テルクテに滞在していた司教や領邦諸身分を襲撃することが決まった。市の伝令が市民の家を回り、真夜中に武装して市庁舎に集まるよう伝えた。下級聖職者やカトリックの住民は、家に籠もり恐れおののいていた。ケルゼンブロークによれば、伝令の求めに応じて武器を持って集まった市民の数は市庁舎と広場を埋めるほどの多さであった[453]。この中の600人が300人の傭兵と若干の騎兵と共にテルクテ襲撃を実行し、司教座聖堂参事会員や騎士、司教顧問官、ミュンス

ターの都市貴族を捕虜にした[454]。翌年1533年1月6日にケルン大司教宛
ての書簡で、市参事会はそれまでの主張をもう一度繰り返し司教に対す
る襲撃を正当化した。市参事会は、司教に教会問題を公正な仲裁者の裁
定に委ねるよう頼んだにもかかわらず、司教は何人も信仰を理由に暴力
を振るったり不利益を被ることがないよう命じた皇帝の勅令に反し市民
の利益や特権を侵害したので、「遂にゲマインハイトはこの苦難に我慢
ができなくなり、テルクテを襲撃した」と主張した[455]。ここから市参事
会は、司教が守るべき義務を果たさない場合、抵抗権を行使することは
許されると見なしていたことがうかがえる。また市参事会は一貫して福
音主義の教義に対する判断を保留しているため、市参事会が司教襲撃を
決意したのは、市内の宗教改革を守るためというよりも、司教による市
民の特権や利益の侵害をやめさせるためであったことが分かる。

　この襲撃後に、ミュンスター市とミュンスター司教は一触即発の緊張
状態に陥ったが、ヘッセン方伯フィリップの仲裁によって両者は和解へ
と向かっていった[456]。そして、1533年2月14日にミュンスター司教とミュ
ンスター市は、条件付きでミュンスター市内での福音主義を公認する協
定を結ぶことになった[457]。この協定の序文では、ヘッセン方伯が自分の
顧問官を派遣し、彼らを和解させたことが明記してあり、この協定の公
布もヘッセン方伯の名前で行われている[458]。このように協定は、ヘッセ
ン方伯の影響下で結ばれたものであった。この協定では、ミュンスター
の市民と市参事会が、6つの教区教会で福音主義に基づく説教や儀式を
行わせ、説教師の罷免と任命を行うことが認められた。ただし、大聖堂
と修道院等6つの教区教会以外は、これまで通りカトリックに留まり、
市民と市参事会はこれを妨げてはならないと定められた[459]。これにより
ミュンスター市では、都市の君主であるミュンスター司教からも宗教改
革が公認されることとなった。

2 市内諸勢力の主張と行動、運動の全体像

以上の事件史的経過に基づき、市内諸勢力の主張と行動、運動参加者の属性、動機、合意形成について分析を加える。

2.1 市内諸勢力の主張と行動
2.1.1 市参事会の主張と行動

1532年6月までの市参事会は、一部市民による福音派説教師任命を、騒動を避けるために追認する一方、司教から処罰で脅されると市内での改革撤廃を約束するなど一貫しない教会政策を取っていた。このことは、市参事会が1525年の騒擾の時と同様に市内の教会問題に対して確固とした指針を持っておらず、宗教改革の正当性そのものには無関心であったことを示している。彼らは、司教や市民との争いを避けるために、個々の状況に応じて態度決定を行っていた。

1532年7月に全ギルド会議とゲマインハイトが福音主義支持の姿勢を明確にすると、市参事会は一貫して教義や儀式の改革、福音派説教師任命などは自らの権限外の問題だと主張し市内での宗教改革の実行を拒もうとした。しかし、その度に市民による蜂起が起こると脅されたために、権限外であるにもかかわらず、全ギルド会議、ゲマインハイトと福音主義支持の同盟を結び、これら宗教改革的施策を実行せざるを得なかった。以上のように市参事会は、市民蜂起が起こる危険性がある時には、必ず市民からの要求を受け入れ実行していた。

全ギルド会議との交渉で、市参事会は、市参事会とゲマインハイトの間に双務的誠実関係が成り立っており、相互に義務を果たさねばならないという前提を、ゲマインハイトと共有していた。しかし、宗教問題は、市参事会が責任を負う都市の公共の福利に関わる事案だと見なしていなかった点で、ゲマインハイトと認識が異なっていた。

市参事会は、ミュンスター司教から実力行使による強い圧力を受け、外交的にもほぼ孤立していたにもかかわらず、早い段階から司教との交

戦を視野に入れ、実際に領邦諸身分を襲撃するなど、司教に対し強硬な態度を取り続けた。他方市民による蜂起が起こりそうなときには、必ず彼らの要求を受け入れていた。市参事会は司教との交渉では、一貫して宗教的教義の正当性に関しては自らの判断を保留し、公正な仲裁者の判断に任せようとしていた。また、司教が市民の財産や特権を侵害するような実力行使を行うようになると、伝統的な自由と特権を引き合いに出しながら、司教による市民の利益と特権の侵害をやめさせようとしていた。この時期の市参事会員の多数派はカトリックの門閥市民であったが、逃亡した4人以外は、市参事会員職を放棄することなく市内で宗教改革を進め、司教との難しい交渉に携わり続けた。

以上のことから市参事会の主張と行動について、三つの特徴が確認できる。一つ目は、市参事会は、宗教的問題を自分達が管轄する問題だと見なしていなかったことである。二つ目は、市内での平和や秩序を保つことを最優先の使命だと見なしていたことである。彼らは、市内で住民による蜂起が起こることを、何としても避けようとしていた。三つ目は、市参事会が、対外的に市民の財産や利益、特権を守ろうとしていたことである。

2.1.2 全ギルド会議の主張と行動

全ギルド会議、つまり長老とギルド長は、ロートマンがミュンスター市内に逃げ込み、市内で宗教改革運動が本格化した当初は宗教改革に反対していたか、少なくとも消極的な態度を取っていた。

彼らが、福音主義支持の姿勢を明確にするのは7月1日のギルド集会のことであった。彼らは、それまでの消極的姿勢を改め、ギルド員に強い調子で市内での福音主義を守るための同盟結成を呼びかけ、市民委員会を結成させた。

長老とギルド長が福音主義支持の姿勢を明確にしたのは、以下の二つの理由によると思われる。先ず、長老であるレデッカー本人が、強い調子でギルド員に福音主義の支持を迫っていることに現れているように、長老やギルド長自身が福音主義を支持するようになっていたことであ

154

る。二つ目に、長老とギルド長が、ギルド員の間では福音主義支持者が多数派になっていると認識していたことである。全ギルド会議の意志決定は、各ギルドの決定に拘束されているため、彼らが各ギルドの意向を無視することは難しい。そのため、彼らが集会の開催を決めたのは、ギルド員の間で福音派が増え、組織として福音主義を支援することを、長老やギルド長に求める動きがあったためだと思われる。

これ以降、全ギルド会議は、ゲマインハイトあるいは市民委員会の要求を伝えるというかたちで、市参事会に福音主義の支持を求めるようになった。しかし、全市民、つまりゲマインハイトの間で宗教問題を扱う集まりが開かれたのはようやく11月のことであるし、その後も全市民が集まる会議が開かれた様子はないので、7月1日以降全ギルド会議が市参事会に要求を伝えていたのは、主に市民委員会の要求であったと考えられる。そして、市民委員会が各ギルドから選ばれた代表から構成されたギルドの代表であり、長老とギルド長もギルド内部の議論に参加していたことを考慮すれば、市民委員会の要求には彼らの意向も反映されているはずである。つまり、長老とギルド長は、自らも参加しギルド内部でまとめられた要求を、ギルドの代表として市参事会に伝えていたと思われる。

このように全ギルド会議は、1532年1月以降の宗教改革運動で、ゲマインハイト名義で行われた福音派住民やギルドの要求を市参事会に伝える役割を果たしていた。このことは長老とギルド長が、ゲマインハイトが認識している彼らの役割、つまり市参事会に対しゲマインハイトの要求を代表し、支援するという役割を一貫して果たしていたことを示している。

ただし、実際には市参事会にゲマインハイトの要求を伝える際の彼らの態度は、7月1日を境に、ただ仲介するだけという消極的な態度から、要求受け入れを強く迫るという積極的な態度に大きく変化していた。このことから、全ギルド会議は市参事会にゲマインハイトの要求を代表する際にも、彼ら自身がその要求を支持していたかどうか、さらにその要

求がギルドの成員の多くに支持されていたかどうかによって、交渉の仕方を変えていたことが明らかになった。

2.1.3　ゲマインハイトの主張と行動

ミュンスター市内で宗教改革運動が本格化すると、市参事会にゲマインハイト名義で宗教改革を求める嘆願書が出された。しかしこれらは、実際にはほぼ間違いなく全市民ではなく、一部の福音派市民による要求であった。

また、7月以降の市参事会と全ギルド会議の間の交渉で、全ギルド会議はゲマインハイトの要求を市参事会に伝えるという形式をとっていたが、これも実際には、市民全員による要求ではなく、市民委員会や長老とギルド長の要求であったと思われる。

市民全員が集まり、福音主義を支持することを宣誓したことが史料上確認できるのは、11月6日の集会だけである。この集会は、長老が招集したものであり、彼はこの集会を、7月1日にギルド内で結ばれた福音主義支持を誓う同盟を拡大するものとして位置づけていた。このことは、これ以前に市民全員の間で、ギルドで行われたような福音主義支持を誓う宣誓が行われていなかったことを示している。

以上のことから、ゲマインハイトは何らかの実態のある組織ではなく、一部の市民が公式な領域で市参事会や長老、ギルド長に自分達の要求を行う際や、ギルドや全ギルド会議が市参事会に要求を行う際に使う名義であったと考えられる。

また、市参事会や長老やギルド長、さらには司教もギルドや市民委員会の要求をゲマインハイトの要求だと述べたり、年代記作者のケルゼンブロークが、ギルドや市区民のこともゲマインハイトと呼んでいることからも、ゲマインハイトという用語が、必ずしも全市民の共同体を意味するのではなく、場合によって制度上の全市民の共同体、一部の市民、ギルド員、市民委員会、市区民、教区民など様々な集団を指すために使われていたことが分かる。

しかし、その要求が実際には一部の住民の要求であったにせよ、それ

156

らの要求がゲマインハイト名義で行われ、公式な領域で形式的合意が結ばれる際に、市参事会、全ギルド会議と並んで、合意形成の主体としてゲマインハイトの名前が挙がっていた。このことは、都市の制度上公式な領域で行われる要求、そして公式な領域で結ばれる形式的合意の主体は、ゲマインハイト名義で行うという理念が、都市住民に共有されていたことを示している。

2.1.4　ギルドの主張と行動

　宗教改革を最初に組織的に支持したことが確認されるギルドは、小売商ギルドであった。彼らは1532年1月ロートマンを自分たちのギルド会館に匿うことで、ミュンスター市内で宗教改革を本格化させるきっかけを作っていた。そのため、初期のミュンスターの福音派に小売商が含まれており、彼らが他の小売商ギルド員たちに福音主義を広め、ロートマンをギルド会館に匿うよう説得していたと思われる。

　しかし、小売商以外のギルドが組織的に福音主義を支持した形跡はしばらく見られない。4月16日の「全民衆と手工業者の群れ」名義の嘆願書も、それを受け取った全ギルド会議の消極的な態度を見るかぎり、ギルドが組織的に関与して起草されたものであるとは考えられない。

　ギルドが組織的に福音主義を支持する姿勢を明確にしたのは、1532年7月1日の全ギルド員による集会の際であった。このギルド集会では、長老がギルド員達に福音主義を守る同盟の結成を呼びかけ、それにギルド員の大多数が賛同していた。このことは、この時までにギルド員の多数派の間で、福音主義を支持するという実質的合意が成り立っていたことを示している。そしてその実質的合意に基づき、全ギルドの権威が長老とギルド長に移譲され、各ギルドから選ばれた36人の代表が市民委員会を結成するという形式的合意が結ばれた。

　これ以降も、長老、ギルド長が、ギルドの代表である市民委員会の要求を市参事会に伝えるというかたちで、ギルドは、市内での宗教改革実行、さらには市外諸勢力との外交交渉に大きな影響力を及ぼしていった。

　市参事会との交渉で長老とギルド長は、要求を受け入れなければゲマ

インハイトの蜂起が避けられないという脅しを度々行った。この文句は、必ず市参事会の譲歩を引き出しており非常に有効であった。そのため、ギルドが一致団結して、蜂起で脅しながら市参事会に要求を行ったことが、市内での福音主義公認に最も大きな影響を及ぼしたと思われる。

　ギルドあるいは市民委員会が、7月以降に行っていた主張や行動は、以下のようにまとめられる。先ず彼らの要求の根幹は、都市全体を宗教的に福音主義で統一することであった。彼らは、カトリックの教えや儀式は誤っており、そのため彼らの魂が害され、永遠の死に脅かされていると主張した。そのため、彼らは、純粋な神の言葉を市内で広め、正しいやり方でサクラメントを行うことができる福音派の説教師をカトリックの説教師と置き換え、神の言葉に反する全ての儀式を廃止することを、市参事会に求めた。その際彼らは、廃止すべき教えが分からなければロートマンに教えてもらえば良いし、ロートマンに反論するよう聖職者に告知することを市参事会に求めるなど、ロートマンの教えに対する信頼を示していた。

　また彼らは、市参事会は、福音主義の教えや儀式を都市住民が享受できるように努める義務があると主張した。それは、彼らが、都市のお上である市参事会と臣下であるゲマインハイトの間には、双務的誠実関係が成り立っていると見なしていたからであった。お上である市参事会は都市の公共の福利に配慮する必要があり、反対に臣下であるゲマインハイトはお上に服従する義務があった。彼らは市参事会とは異なり、宗教や魂の救いの問題を、都市の公共の福利の問題として理解していた。そのため、市内での宗教に関わる問題は、市参事会が配慮すべく義務づけられている問題であり、市参事会は市内で宗教改革を行い、福音派住民を保護する義務があると主張していた。

　また、ギルド員は、市内で市参事会との間に福音主義支持の協定を結んだ後も、市民委員会として長老とギルド長と共に、市参事会に要求を行っている。その要求から、以下のような傾向を見いだすことができる。

　一つ目は、外交状況を意識していたことである。既に7月末に長老は、

158

市参事会に対しヘッセン方伯に支援を求めるよう助言していた。彼らは、4人の市参事会員が市外に逃亡した後の8月16日に、外交顧問を雇うことを市参事会に提案した。11月6日には、長老とギルド長と共に、シュマルカルデン同盟に助けを求めるよう市参事会に主張した。このように彼らは、市外の福音派に援助を求めることによって、ミュンスター司教などとの外交交渉を有利に進めようとしていた。

　二つ目は、福音主義を守るためには司教と戦争を行うことも辞さなかったことである。彼らは1532年8月に既に、都市の防御施設や武器を揃えておくよう、市参事会に求めている。また10月に、司教から市を守るために500人の傭兵を雇い、その支払いのために2000グルデン分の銅貨を鋳造することを市参事会に求めた。そして12月には、実際にテルクテを襲撃した。長老やギルド長、ギルド員達は、7月のギルド集会や11月の全市民の集会で、自分達の命や財産の危険を顧みず福音主義を守るという宣誓を行い、10月18日の司教に対する手紙では、神の言葉から離れ、神と自己の意志に反して行動するよりも、暴力によって自分の生命や財産を失う方がましだと主張していた。彼らはこの言葉通り、実際に領邦諸身分を襲撃するなど、市内での福音主義を守るためには、戦争も辞さなかった。

　三つ目は、自分たちの行為を正当であると主張していたことである。彼らは、市参事会に対しても、司教に対しても、市内での宗教改革は都市の公共の福利の増進に必要なことであり、法、都市の特権、さらには皇帝の勅令に適った、正当なものだと主張していた。

　四つ目は、非常に強い反教権主義を示していたことである。彼らは、カトリックの教えや儀式を、不純で間違った、住民の魂を滅ぼすものだと見なしていた。そして、カトリックの説教師を罷免することを求めた。また、10月以降行われた司教による市民の牛没収や道路封鎖などの原因は、聖職者達が司教に対しゲマインハイトの非難中傷を行ったことにあると主張した。10月25日には聖職者の市外への外出を禁じ、傭兵への給金を支払わせ、市民の損害を賠償させるよう市参事会に要求した。11

月28日には、長老とギルド長が、下級聖職者の財産を没収するか、市外に追放するか、市民の損害を弁償させ、司教に市民に対する権利侵害を止めさせるよう市参事会に求めた。その際彼らは、再び傭兵の給金を彼らに負担させるよう主張した。12月18日には、市参事会と長老、ギルド長と共に、再び下級聖職者たちに傭兵の給金を負担することを求め、もし支払わない場合自身や財産の心配をしなければならないだろうと脅した。

　以上のように、ギルド員達は、長老やギルド長、さらには彼らの代表である市民委員会を通じて、市参事会に対し市内での宗教改革の擁護を求め、蜂起で脅すことによって、自分達の要求を強要していた。そして彼らが求めていたのは、都市の公共の福利を増進するために、市内の宗教を福音主義で統一することであった。

2.1.5　市区・教区民の主張と行動

　ミュンスター宗教改革において市区民や教区民が、組織的に行動したことが確認されるのは、ユーバーヴァッサー市区あるいは教区のみであった。彼らは、第一に自分達の教区教会の説教師をカトリックから福音派に替えること、第二に教区の儀式のやり方を福音主義的なやり方に変えること、第三に福音派説教師の生計支援を、ユーバーヴァッサー女子修道院長に繰り返し求めた。他の教区や市区が組織的にこのような要求を行ったことは、史料上確認できない。他には2月28日に多数の福音派住民が、ロートマンを聖ランベルティ教会の説教師に就けたことがあったが、これは、ランベルティ教区の教区民だけでなく、市内にいた当時の福音派住民達が一体となって行ったと思われる。

　市内で唯一ユーバーヴァッサー市区あるいは教区のみで、繰り返し様々な要求が女子修道院長に向けられたのは、彼女が繰り返し福音派説教師任命を拒否していたことに見られるように、福音派の要求を受け入れさせることが難しかったからだと思われる。他方、ユーバーヴァッサー教会以外の教区教会には、8月10日に福音派の説教師が就任した。そのため、それらの教区民は、福音派説教師の就任や彼らの生計について要

求を行う必要がなかったのであろう。

また、8月6日に長老とギルド長が、各教区に聖職者任命権を与えるよう求める市民委員会の要求を市参事会に伝えているが、実際には各教区の説教師任命はギルド主導で行われていた。そのことに不満が上がったことは、史料では確認できない。そのため、福音派の教区民にとって重要だったのは、聖職者任命権を保持することではなく、彼らが望む福音派説教師が自分の教区に任命されることだったと考えられる。

以上のように、ユーバーヴァッサー市区・教区を除けば、市区や教区が単位となって宗教改革を進めていった例は乏しく、市内の宗教改革において市区や教区が果たした役割は小さいものだったと思われる。

2.1.6 門閥市民の主張と行動

1532年7月のルター派リストに、門閥家門に属する者がわずか9名しか挙がっていなかったことから分かるように、門閥市民のほとんどは、市内の宗教改革運動に賛同することなく、カトリックにとどまっていた。

ただし、市参事会員を務めていた門閥市民は、市参事会の一員として、市内の平和を守り市民による蜂起を引き起こさないために、市内での宗教改革を進める様々な政策を実行していた。確かに、8月に市内で福音派の勝利が明らかになると、2人の市長を含む4人の市参事会員が市外に逃亡した。しかし、残りの市参事会員は、彼らの職務を放棄することなく市内で宗教改革を進め、ミュンスター司教や市外の諸勢力と外交交渉を行っていた。

また、ミュンスターの都市貴族は、聖職者や領邦諸身分と協力関係にあった。1532年12月の市民が、テルクテで開かれていた会議の参加者を襲撃したが、ミュンスターの都市貴族10人も捕虜にされた[460]。この会議にはミュンスター市の代表者は参加しておらず、ミュンスターの都市貴族達は、ミュンスター市とは無関係にこの会議に参加していた。このことは、彼らが司教や聖職者、領邦諸身分と近い関係にあったことを示している。

2.1.7 二流の名望家の主張と行動

二流の名望家達は、ミュンスターの宗教改革で当初から指導的役割を果たしていた。ロートマンが市外の聖モーリッツ教会の説教師を務めていた時から、二流の名望家を中心とする富裕な商人達が、ヴィッテンベルクへ行くようロートマンに助言し、彼を金銭的に援助していた。このことは、彼らが初期段階から、市外の福音派とのつながりを作ろうとしていたことを示している。

また、ロートマンがミュンスター市内に逃げ込む時に、彼を匿ったのは小売商ギルドだったが、ギルド指導層の二流の名望家達が、小売商ギルドで彼を匿うことを決定する際に、大きな役割を果たしていただろうと推測される。

2月18日に聖ランベルティ教会の説教師にロートマンを就ける際、あるいは8月10日に様々な教区教会に押し入り、聖像破壊を行い、カトリックに代わり福音派説教師を就任させる際に、二流の名望家達が個人として参加していたことが史料から確認できる。

また、二流の名望家達は、各市区の代表者である選挙人や、長老やギルド長といったギルドの要職に就いていたので、市区や教区、さらにギルド内部での議論でも、彼らの意見は尊重されていたはずである。そのため、彼らの個人的な信仰心は、市区や教区、ギルド内部での形式的合意を通じて、公式な領域で行われた交渉、そして宗教改革の実行に大きな影響を及ぼしていたと評価できる。

2.1.8 市民の主張と行動

一部のミュンスターの市民は、ロートマンが市外で活動している時期から、彼の説教を聞いたり、聖像破壊に参加するなど、福音主義を支持していた。

ロートマンがミュンスター市内に移住すると、市内で宗教改革を要求する動きが顕在化してきた。史料から確認できる市民達の活動は、大別すると二種類ある。一つ目は、実力行使による宗教改革の実行である。彼らは、ロートマンを聖ランベルティ教会の説教師に就ける際、あるい

はユーバーヴァッサー女子修道院長に福音派説教師の就任を迫る際に、実力行使によって自分たちの要求を強要しようとしていた。

　二つ目は、公式な領域で全ギルド会議や市参事会に嘆願を行うことである。市内で宗教改革を行うよう求めるゲマインハイトの嘆願は、ギルドが組織的に宗教改革実行のために動き出す前の7月までに、合計三度行われている。これらの嘆願は、いずれも全市民や全手工業者の総意ではなく、一部の福音派住民が行ったものだと思われる。そして、4月28日の嘆願書では、自分たちは多くの嘆願を市参事会に行ってきたと述べているため、この三つの嘆願は同じ者達によって行われたことが分かる。そのため、これらの嘆願の内容は、ロートマンと福音派住民の間の議論によって決められていたと思われる。この福音派内部の議論は、彼らが私的な関係に基づき、非公式な領域で行ったものであるため、議論に参加した人数や属性は不明である。しかし、この議論には、名望家以外の市民も参加し、彼らの要求もまたその中に反映されていると考えるのが妥当であろう。

　これら三つの嘆願における彼らの主張をまとめると、以下のようになる。先ず彼らの要求は、市内の宗教を福音主義で統一することであった。彼らは、カトリックの教えは誤っているため都市住民は魂の破滅の危険に晒されていると主張した。そのため彼らは、市内で純粋な神の言葉が説かれるように、ロートマンを説教師職に就け、彼の安全を守ること、説教をさせること、市内の聖職者とロートマンの間での公開討論会によってロートマンの教えの正しさを検証すること、ロートマンたちの安全を保証すること、司教に対し福音派の主張や行動の正当性を証明することを市参事会に求めた。そしてその際彼らは、ロートマンの教えは純粋な教えで真の神の言葉であると確信していると、ロートマンに対し絶対的な信頼を寄せていることを公言していた。

　また彼らは、市参事会は、都市住民の魂の救済にも責任があると主張した。それは、彼らが、市参事会は神の意志によって統治者に任命されているため、彼らは法的に服従する義務があるが、反対に市参事会も、

163

彼らの魂を破滅させる誤った教えから守り、彼らを信仰と美徳の問題で擁護する義務がある、つまり市参事会と都市住民の間には双務的な関係が成り立っていると考えたためであった。また彼らによれば、宗教的な一致を保持することは、都市内部の平和や調和といった都市の公共の福利の問題であった。彼ら市参事会と住民は同じ身体の部分であるとその一体性を強調し、平和と調和が何より重要であり、宗教問題で分裂や論争が生じることは、都市の破滅につながると見なした。そして、これを避けるために、市内で福音主義に基づき宗教を統一するよう、市参事会に求めていた。

　このような市民たちの主張は、7月1日以降に行われた市民委員会の主張とほぼ完全に一致している。このことは、7月1日以前の嘆願書をまとめていた福音主義者達には、ギルド員が含まれていたことを示唆している。しかし、ギルドに所属しない者達も福音派の中で指導的な役割を果たしていたこと、7月半ばに作られたと見られるルター派リストに、ギルドに所属していない福音派の名前が数多く含まれていることから、7月1日以前の嘆願書には、ギルド員以外の福音派住民の意見も反映されていると考えるのが妥当である。そして、それとほぼ完全に一致する主張が、7月1日以降長老とギルド長、市民委員会の要求でもなされていることは、彼らが、ギルド員以外の福音派住民も参加した福音派内部での議論を参考にしながら、要求をまとめていった可能性を示している。

　その際に重要なのは、福音派内部での議論は、基本的にロートマンたち説教師を含めた福音派同士の私的な会合、つまり非公式な領域で行われていたことである。7月1日以前に、ユーバーヴァッサー教区を除き公式な領域で福音派が何らかの会合を開いたり、形式的合意を結んだ様子は見られない。このことから、7月1日以前の嘆願書は、福音派住民が非公式な領域で行った議論に基づき起草されたことは明らかである。また、7月1日以降も、ギルドとユーバーヴァッサー教区、さらに11月6日の全市民の集会以外では、公式な領域で福音派住民が集会を開き、何らかの議論を行った形跡は見られない。そのため、ギルドの成員、あるい

は彼らの代表である長老やギルド長、そして市民委員会の成員は、ギルド内部の福音派同士で議論するだけでなく、ギルド外の福音派達と非公式な領域で私的に話し合い、その内容をギルド内部での議論で取り上げ、ゲマインハイトあるいは市民委員会名義で要求をまとめていたと推測される。そして、その要求を長老とギルド長が、市参事会に伝えることによって、非公式な領域で行われた福音派内部の議論、そしてそこでまとめられた合意内容が、市参事会と全ギルド会議の交渉で議論され、最終的に公式な領域での形式的合意になったのだと思われる。

　また市民達は、司教による実力行使に対し、周辺の農村を襲撃し必要な物資を市内に運び入れたり、12月25日にテルクテを襲撃するために集まったように、福音主義や市民の利益を守るためには、武力の行使も辞さなかった。

　さらに、7月1日までの要求の中で、カトリックの教えが偽りであり、住民の魂を破滅させると主張されていたこと、司教座聖堂参事会に司教による牛の没収の責任があると述べた者達がいたことから、市民の間でも強い反教権主義が広まっていたと思われる。

　このような武力行使を辞さない頑強な態度や強い反教権主義的傾向を示していたこともまた、ギルドと共通している。そのため、ギルドに所属する市民とそれ以外の市民は、軍事力行使に対する抵抗感や聖職者への評価について、同様の傾向を持っていたと思われる。

　他方、全ての市民が、福音主義を支持していたわけではなく、市内にはカトリックの信仰を保ち続ける者達がいた。ただし、おそらく彼らは既に市内で少数派になっていた。カトリック市民が福音派市民と対照的であったのは、彼らが市参事会にカトリック信仰を保つよう要求したり、市内での宗教改革に反対していた様子がほとんど見られないことである。2月18日に福音派住民が、聖ランベルティ教会にロートマンを連れて行ったときにカトリックの男女が抗議したり、11月25日に福音派市民がフランシスコ会修道士の説教を邪魔した際に、怒った女性達が彼を袋だたきにしたことは除けば、史料には彼らの抗議活動は見られない。

12月25日に福音派住民がテルクテ襲撃の準備をしていた時も、彼らは家で恐れおののいていただけであった。そのため、日常生活や礼拝式などの非公式な領域で福音派とカトリックの間で、言い合いや小競り合いがあったにせよ[461]、カトリックが公式な領域でカトリック信仰を守るべきだと市参事会に要求を行ったり、福音派住民の活動に抗議したり、妨害したりすることはなかったと思われる。

2.1.9　アインヴォーナー男性の主張と行動

　アインヴォーナー男性が、宗教改革に対しどのような態度を取ったかは不明である。彼らは、ギルドやゲマインハイト、さらにおそらくは教区や市区で結ばれた形式的合意には加わっていなかったため、公式な領域での活動にはほとんど関わっていなかったはずである。

　他方、聖モーリッツ教会でのロートマンの説教を聞きに行った者や聖モーリッツ教会での聖像破壊に参加した者の中には、アインヴォーナー男性も含まれていたであろう。また、聖ランベルティ教会の説教師にロートマンを就ける際や、ユーバーヴァッサー女子修道院へ要求を行う際、あるいは司教による牛の差し押さえが市内で伝えられた時に起こった騒ぎ、ケルンの神学者によるロートマンへの反駁書が届いた時に起こった路上での騒ぎなど、非公式な領域で起こった様々な集合行動にも、アインヴォーナー男性が参加していたと思われる。

　また、1532年7月のルター派リストには、不動産を持たない貧しい住民も掲載されている。彼らの多くはアインヴォーナーだった可能性が高いため、彼らの中にも市内の宗教改革で主要な役割を果たした者がいたことが分かる。彼らの中には、非公式な領域で他の福音派と共に討議を行っていた者もいたであろう。そのため、1532年1月や4月にゲマインハイト名義で行われた要求の前に行われたであろう議論に参加した者がおり、彼らの意見が反映されていた可能性もある。

2.1.10　女性の主張と行動

　宗教改革運動における女性の行為が史料上確認できるのは、三つのみである。一つ目は、多くの女性達が、聖モーリッツ教会で行われたロー

トマンの説教を聞きに行っていたことである。二つ目は、11月にユーバー
ヴァッサー教区の代表による福音派説教師の生計支援の要求が拒否され
た後、何人かの女性が、教区の福音派住民から生活物資を集めたことで
ある。彼女達が説教師の支援を行ったのは、神の栄光を広め、福音とい
う食べ物で多くの魂を育んでいる者の生計維持を拒否することは罪だと
考えたためであった。ロートマンが病気などで聖餐式に来られない者に
持って行った食べ物も、女性達によって拠出された。三つ目は、11月25
日にフランシスコ会士による説教の際に、説教に参加していた女性達が、
修道士を支援するために貨幣を寄進し、福音派市民による修道士の侮辱
に怒り、彼を袋だたきにしたことである。

　これら三つは、それぞれ福音派女性とカトリック女性によって行われ
たことであるが、日々の礼拝式で、説教師や修道士を支援するために生
活物資を集めたり、寄進を行ったりと物質的援助を行っていたことは共
通していた。また、説教を邪魔されて怒った女性が、他のカトリック男
性よりも先に福音派市民を袋だたきにしたように、女性達は必要があれ
ば、積極的に自分が支持する宗派のために行動したことが分かる。

　しかし、1532年夏のルター派リストに、4人の女性が登場することか
ら分かるように、福音主義を広めるために活発に活動していた女性は他
にもいた。

　市内の女性全般が宗教改革に対しどのような態度を取ったかは不明で
あるが、以上の三つの例から、女性の中には、市外の教会まで福音主義
的説教を聞きに行く行動的な者や、自分の支持する宗派の司牧者を支援
するために、積極的に活動していた者がいたことが分かる。このような
女性たちの態度が、どの程度一般化できるかは不明である。しかし、こ
れらの例から女性達が非公式な領域で、様々な宗教活動に携わっていた
可能性が示唆された。

2.2 運動の全体像

2.2.1 運動参加者の属性

　ミュンスターの宗教改革運動においては、先ず男女のミュンスター市民や民衆、二流の名望家が最初にロートマンを支持し始め、次にゲマインハイトや民衆、手工業者が宗教改革を受け入れた。全ギルド会議はすぐに福音主義を支持したわけではないが、7月以降は福音主義を支持するようになった。逆に、宗教改革運動を支持しなかったのは、市参事会であった。ただし、市参事会も1532年7月15日以降は市民に強要されて、福音主義支持に転じていた。史料の記述をそのまま受け取るならば、ミュンスターで宗教改革を支持した住民の属性は、市民層と二流の名望家という政治的社会階層、ゲマインハイトと全ギルド会議という統治機関、ギルドへの所属であり、支持しなかった住民の属性は7月15日までは市参事会という統治機関への所属であった。また、市参事会によれば11月初めには、「ミュンスター市住民の大半」は福音主義を支持していた[462]。そのため、ギルドやゲマインハイトの成員、女性の中にもカトリック信仰にとどまる者はいたにせよ[463]、おそらく都市住民の大部分は福音主義を支持していた。

　これらの属性と密接に関係する属性も含め、宗教改革の支持・不支持がどのような属性と相関関係にあったかをまとめたのが表2である。

表2 1530-33年宗教改革運動における参加者の属性

1530-32年7月宗教改革運動

教会共同体	性別	政治的社会階層	財産階層	統治機関	ギルド	都市共同体	結婚	子供	年齢層
カトリック	男性	都市貴族	上層	市参事会	非所属	所属	既婚	あり	壮年
		一流の名望家							
福音派		二流の名望家		全ギルド会議	所属				
		市民	中層	ゲマインハイト					
		アインヴォーナー	下層	非所属	非所属		未婚	なし	若年
	女性	全階層	全階層	非所属			既婚	あり	壮年
		アインヴォーナー	下層				未婚	なし	若年

1532年8月以降宗教改革運動

教会共同体	性別	政治的社会階層	財産階層	統治機関	ギルド	都市共同体	結婚	子供	年齢層
カトリック	男性	都市貴族	上層	市参事会	非所属	所属	既婚	あり	壮年
		一流の名望家							
福音派		二流の名望家		全ギルド会議	所属				
		市民	中層	ゲマインハイト					
		アインヴォーナー	下層	非所属	非所属		未婚	なし	若年
	女性	全階層	全階層	非所属			既婚	あり	壮年
		アインヴォーナー	下層				未婚	なし	若年

先ず、宗教改革運動に参加した全ての住民に共通する属性は、都市共同体に所属していたことである。ただし、同じく都市共同体に所属していた市参事会員の大部分は宗教改革を支持していなかったので、都市共同体に所属していた住民と宗教改革の支持者の範囲は一致しない。そのため、宗教改革運動における都市住民の態度決定を一つの属性で説明することはできない。また、全ギルド会議、ゲマインハイト、ギルドに所属していない者も、その多くが宗教改革を支持していたと思われるので、これらの団体への所属は、宗教改革支持者に共通する属性ではない。

　そのため、1530から33年2月にかけての宗教改革運動では、門閥市民層という政治的社会階層に所属していたかどうかが、都市住民の態度決定を分ける要因であったと思われる。

2.2.2　運動参加者の動機

2.2.2.1　一貫した動機

　ミュンスターで宗教改革運動に参加した者たちの動機は、彼らの主張によれば市内の宗教を福音主義で統一し、都市住民の魂の救いを保証することであった。1525年の騒擾では複数の集合行動が混在していたが、宗教改革運動は、門閥市民を除くあらゆる階層、組織に属する住民が、一体となって進めていった運動であったため、その動機もまたかなりの程度共通していたと仮定することができる。

　彼らの主張や要求は以下のようなものであった。彼らは市参事会との間に福音主義支持の協定が結ばれるまでは、市内でカトリックの聖職者を罷免し、カトリック式の儀式を廃止し、福音派説教師を任命し、聖書に基づいた純粋な神の言葉を説教できるようにし、福音主義的な正しい儀式を導入するよう市参事会に求めていた。何故なら彼らによれば、カトリックの説教や儀式は誤っているために、住民の魂は永遠の死に脅かされており、彼らの魂の救済を保証するためには、福音主義に基づいた正しい説教と儀式が必要だったからである。

2.2.2.2　力点の変化

　ミュンスターの福音派住民の基本的動機は一貫していたが、運動の進展の度合い、市内の宗教改革を取り巻く状況が変化するにつれて、彼らの要求や行動の力点は変化した。

　運動の初期段階では、ロートマンの説教許可や福音派説教師任命、儀式の改革といった要求を、書面や口頭による要求、もしくは実力行使によって市参事会に承認させることを直接的な目的として行動していた。このことは、彼らが都市のお上として市参事会の権威を認めており、宗教改革の制度化は市参事会の同意がなくては実行できないと考えていたことを示している。

　市内で市参事会によって宗教改革が公認されると、彼らは全ギルド会議や市民委員会を通じて市参事会と共に福音派説教師の任命や儀式の改革などの宗教改革の制度化を進めた。

他方福音派は、市内の宗教改革を脅かすミュンスター司教や領邦諸身分に対抗し、市内の宗教改革を守るために市参事会と協力をしながら対抗措置を講じた。彼らは、都市の防備を整え、傭兵を雇い、ヘッセン方伯やシュマルカルデン同盟といった市外の福音派勢力に助けを求め、外交交渉を有利に進めるために顧問を雇うよう市参事会に提案し、自ら武器を握り軍事行動に参加した。

　ギルド員や福音派市民は、自らの命や財産を賭けても福音主義を守るという宣誓を行っていたが、彼らが実際にテルクテに軍事攻撃を行ったことを考えると、彼らの福音主義を守ろうという強い意志は言葉だけのものではなかったことが分かる。

　このように彼らは、都市住民の魂の救済のために宗教改革を導入し、制度化しようとし、維持するために自らの命を危険に晒すことも辞さなかった。

2.2.2.3　動機と規範の結びつき

2.2.2.3.1　反教権主義との結びつき

　ミュンスターの住民の多数派が宗教改革を求めていたのは、彼らが強い反教権主義を持っていたからであった。福音派住民がゲマインハイト名義で行った様々な主張によれば、彼らが宗教改革を行わねばならないと考えたのは、カトリックの教えや儀式は偽りで、誤っており、住民の魂を破滅させるものだと見なしていたためであった。このように彼らは、中世以来市内で住民の魂の救済を保証していたカトリック教会に対する信頼を完全に失っていた。

　前章で見たように、反教権主義は既に宗教改革前夜のミュンスターにおいても、広く住民に共有されていた。市内の福音派には、1525年の騒擾に参加した者もいるなど、両方の社会運動に参加した者は少なくなかったはずであり、彼らの反教権主義的感情は、宗教改革運動への参加を促した重要な要因だったとも考えられる。

　ただし、彼らによる反教権主義的感情に基づく主張や行動は、1525年の騒擾の時から根本的に変化している。1525年の騒擾における聖職者

批判は、彼らの経済的競合や特権に向けられたものであったのに対し、宗教改革運動における聖職者批判は、聖職者及びカトリック教会の持つ救済機能に向けられていた。魂を救済するという機能は、カトリックの聖職者及び教会組織の根幹を成すものであり、その否定は聖職者と教会の存在意義を根本的に否定することを意味する。このように1525年から1532年というわずかな期間で、市内での反教権主義は質的に変化した。このような変化は、ルター登場以降の宗教改革運動全般に見られたもので、ミュンスター特有のことではなかった[464]。他の諸都市で先行して起こっていたように、1520年代後半から30年代前半にかけて、北ドイツに徐々に宗教改革的理念が浸透していった時期に、ミュンスターの人々のカトリック教会に対する見方が根本的に変わっていったのであろう。

　ただし、市内の福音派全員が、このような宗教改革的反教権主義のみに基づき福音主義を支持していたわけではないと思われる。福音派住民達は、司教による都市への圧迫の原因を司教座聖堂参事会員や下級聖職者に求め彼らを非難したり、カトリックの聖職者を無理矢理教区教会から追い出したり、市内の聖職者に傭兵の給金を負担させようとしたり、宗教改革運動を通じて一貫して強い反教権主義的言動を取っていた。このことは、1525年の騒擾と同様に、福音派住民には、聖職者への非難や嫌がらせを行いたいと思っていた者、都市の負担を聖職者にも負わせたいと思っていた者が多かったことを示している。

　また、カトリック聖職者の排除要求は、聖職者の特権と利益の剥奪を極限まで進めたものでもあるため、1525年の騒擾同様に聖職者の特権剥奪を目的として運動に参加した者もいたはずである。

2.2.2.3.2　公共の福利との結びつき

　福音派住民が、市内での宗教改革を強く求め、福音主義を守ろうという強い姿勢を示したのは、彼らの主張によれば、市内での宗教の統一と繁栄は、都市の公共の福利の増進と不可分のものだからであった。彼らは、宗教問題によって市内で分裂が生じることは、都市を破滅させ、彼らの妻や子供に災いをもたらすので、宗教的に一致し、平和と調和をも

たらす必要があると述べた。そして市内で宗教改革を行うことは、都市の公共の福利、平和と自由の増大につながると主張した。このことは、福音派住民にとって、都市の世俗的な繁栄と宗教的な繁栄が不可分であったこと、つまり彼らは都市を聖俗二つの面を併せ持った「聖なる共同体」だと認識していたことを示している。

そして、彼らの公共の福利観は、市参事会に要求を行う際に、自身の主張の正当性を主張する根拠となっていた。彼らは、市参事会とゲマインハイトが相互に義務を果たし合う双務的な関係にあると主張していた。彼らの考えでは、都市住民の魂の救済や利益を守ることは市参事会の義務なので、市参事会は彼らの要求を実行しなければならなかった。その際に含意されていたのは、市参事会が義務を果たさなければ、ゲマインハイトもまた服従の義務を果たす必要はないということであった。

このように、福音派住民は、強い反教権主義と、宗教問題を都市の公共の福利の最重要問題だと見なす価値観に基づき、市内を福音主義で統一しようとしており、そのためには労力を惜しまなかった。

2.2.2.4 神学的傾向

福音派住民の主張から二点の神学的傾向が見て取れる。一つ目は、「聖書のみ」である。彼らは一貫して、ロートマンの説教の正当性を計る判定基準として、聖書の章句と合致しているかどうかを持ち出していたが、このことは彼らが聖書を真の神の言葉だと見なしていたことを示している。二つ目は、万人祭司主義である。1532年1月に福音派市民ランガーマンがロートマンの著作を低地ドイツ語に訳したのは、彼らの教えが聖書と福音に合致しているかどうかを読者に判定してもらうためだった。また、ゲマインハイトは、ロートマンと市内のカトリック聖職者との公開討論会開催や、聖職者によるロートマンに対する公の反論を求めていたが、この要求も、両者の神学的主張を自分達で聞き、判断したいという万人祭司主義的要求であったと言える。

このような福音派住民の「聖書のみ」や万人祭司主義は、聖書と説教により信仰を得た聖徒たちが教会を作り、信仰の果実である善行を行い、

彼らが作る共同体が教会に関する事柄にもある程度関わるというロートマンの共同体主義的な教会観とも親和性があるように思われる。

ただし、彼らは1月の嘆願書を除いては、具体的な神学的主張や儀式の改革の仕方について述べることをせず、ロートマンの教えを信頼すると述べるに留まるなど、神学的志向を包括的に示すことはなかった。さらにロートマンと市内の聖職者の間の論争の判定を、学識者に任せようとしていた。ここから、彼らは個々の教義問題については積極的に立ち入らず、ロートマンの教えに依拠するという姿勢を示していたことが分かる。彼らは、一貫してロートマンの説教が真の神の言葉であり、聖書に合致した、純粋な、正しい教えであると確信していると主張し、彼の神学的主張を信頼し続けていた。

彼らは神学的教義が持つ政治的意味合いを、十分理解していなかったように思われる。ロートマンは遅くとも8月以降聖餐におけるキリストの真の現在というルター主義的聖餐論を否定し、ツヴィングリ的な聖餐論に傾倒するようになっており、遅くとも10月にはそれを公に説教し、行為でも示していた。しかし、このような聖餐論はミュンスターの福音派と市外のルター派の協力関係を壊しかねない政治的危険性を孕んでいた。にもかかわらず、ロートマンの周りの説教師を含め、市内で彼の聖餐論の政治的危険性を認識し批判した者はいなかった。

2.2.2.5 市参事会との動機の違い

市参事会は、福音派住民とは異なり、市内での宗教問題を自らの管轄だと見なしていなかった。市参事会は、市参事会と市民はお上と臣民であり、お上が公共の福利を守る代わりに、臣民が服従するという双務的な関係にあるという理念を市民と共有していた。ただし、市民が市参事会の責務である公共の福利の擁護に宗教問題も含めていたのに対し、市参事会は含めていなかった。このような公共の福利観の違いは、市参事会が市民要求に屈して宗教改革を公認した後も基本的に変化していなかった。

彼らは宗教改革公認の前も後も一貫して、宗教の教義の正当性につい

て自ら判断を下そうとせず、司教や公正な仲裁人の判定に委ねようとしていた。また市参事会は、長老やギルド長、市民委員会から、要求を受け入れないと蜂起が起こる危険性があると脅されると、必ず彼らの要求を受け入れていた。そのため、市参事会は、市内での宗教改革を拒否する場合でも、実行する場合でも、その目的は宗教問題の解決ではなく、彼らが都市のお上として義務づけられている、市内の平和と秩序を守ることにあったと考えられる。

　市参事会は、ミュンスター司教の臣下として彼の命令に従うことより、都市のお上として市内の平和や市民の利益を守ることをより重視していた。ただし、司教との交渉に際して、その命令に従おうとするという姿勢を見せるなど、司教に対し明確な対決姿勢を示していたギルドと比べると、かなり妥協的な態度を取っていた。このことは、市参事会は、都市のお上という役割だけでなく、司教への臣下という役割もまた、等閑視していなかったことを示している。

2.2.2.6 カトリックや無関心な住民

　市内の全住民が福音派になったわけではなく、カトリックにとどまっていた者もいた。彼らの一部は市外に逃亡し、市内に残った者も、公に市内でのカトリック説教師の再任を要求したり、カトリックの信仰活動の制限に抗議を行うことはなく、沈黙を続けていた。このことは、カトリックの住民は、市内でのカトリック信仰の再興よりも、自分や家族の身や財産の安全をより重視していたことを示唆している。

　また、市内の住民全てが、自らの支持する宗派を明確に決めていたわけではないと思われる。史料的な確認は困難であるが、市内での宗派的争いに関心を持たない者、もしくは福音主義に好意的だとしても、積極的に関わろうとせず行動に至らない者も多数いたであろう。

2.2.3 合意形成

　これまで見てきたミュンスターの宗教改革では、以下のような段階を経て合意形成が進んでいた。

2.2.3.1　住民間の合意

　第一段階では、非公式な領域で住民たちが、様々な動機に基づいて実質的合意を結び、集合行動を行った。

　市外の聖モーリッツ教会でロートマンが福音主義的な説教を始めた後、ミュンスターの住民の間で次第に福音主義への支持が広まっていった。このように非公式な領域で福音主義を支持する都市住民が増えていくと、彼らの間で福音主義を市内で広め、ミュンスターでの唯一の宗教にするために活動しようという実質的合意の度合いが強まったと思われる。

　1525年には福音主義的教えがミュンスターの住民によってほとんど受け入れられなかったのに対し、1530年のロートマンによる説教は、市外で行われていたにもかかわらず、多くの住民によって受け入れられていた。この変化は、南ドイツ諸都市からしばらく遅れ、北ドイツ諸都市にも徐々に宗教改革思想が広まってきたことの表れであろう。帝国各地で宗教改革が行われ、カトリック諸勢力と福音派諸勢力が対決していること、ヴェストファーレン地方の諸都市で宗教改革運動が行われていたことは、当然ミュンスターにも伝えられているはずであり、そのようなミュンスター周辺地域の状況の変化が、宗教改革に対する住民の態度を大きく変化させていたと考えられる。

　ロートマンの活動の初期段階から、彼を支援していたのは、ミュンスターの福音派名望家であった。1525年の騒擾の時と同様に、市外勢力とのつながりを視野に入れた二流の名望家層を中心とする少数の集団が、ロートマンと最も密接な関係を結び、ミュンスターの宗教改革運動で指導的な役割を果たしていた。

　ただし、初期段階から市外の聖モーリッツ教会でのロートマンの説教へ多くのミュンスター住民が訪れていたこと、1532年7月の市内のルター派リストには門閥以外の全社会階層の住民が含まれていたことから明らかなように、宗教改革支持者は二流の名望家層に限らなかった。ただし、福音派住民同士どのように意見を交わしたのか、内部にどれほどの一体

性があったのか、どのようにロートマンを支援していたのか、いかに宣教していたのかなど、内部での合意形成の過程について史料から分かることは少ない。

その後、このような福音派住民間の実質的合意に基づき、ミュンスター市内で宗教改革を実行しようという集合行動が実行された。福音派住民が実行した集合行動は、大別すると二種類に分けられる。一つ目は、福音派住民による実力行使である。説教師就任強制などの彼らの実力行使は、福音派住民間で成り立っていた実質的合意を基盤とした、非公式な領域で行われた集合行動であると言える。

二つ目は、公式な領域での交渉で、福音主義の公認を要求することである。非公式な領域の実質的合意の内容が、公式な領域での交渉で要求されるにあたって、以下の二つのことが重要であった。

第一に、ゲマインハイトやギルドの名義を使うことである。この時期には、まだゲマインハイト全体あるいはギルド全体で、福音主義支持が決議されていなかったので、福音派は、それぞれ私的に宣教したり、他の福音派住民と協議を行うなどの活動を行っていたと思われる。しかし、彼らは、ゲマインハイトやギルドという名義を用いることで、公式な領域で市参事会に市内での福音主義の公式化を求めることができた。

第二に、全ギルド会議を通して市参事会に要求を行うことである。福音派住民達は、ゲマインハイトやギルド名義で市参事会に要求を行う際、必ずしも市参事会に直接嘆願書を渡すのではなく、長老とギルド長に市参事会への嘆願を依頼していた。それは、彼らが長老とギルド長は、ゲマインハイトの指導者であり、市参事会に対し彼らの要求を代表し、支援する義務があると見なしていたためであった。

このように市内の宗教改革運動は、非公式な領域での実質的合意に基づく福音主義住民たちの活動によって、全ギルド会議と市参事会を巻き込み、公式な領域で取り扱われる問題になっていった。

2.2.3.2　集団内部での合意

福音主義を支持する者が、長老やギルド長、ギルド員の多数派を占め

るようになると、全ギルド会議とギルドといった都市の公的機関が福音主義を支持するという形式的合意を結び、彼らの代表である市民委員会を結成した。

ギルド内部での形式的合意は最終的には7月1日に結ばれたが、それが可能であったのは、その前にロートマンや福音派住民が市内で徐々に支持者を増やしていたためであった。支持者は男女問わずあらゆる社会階層に属する者達であり、彼らの活動はギルド員非ギルド員が入り交じって行われたものであった。そのため、ギルド内部で結ばれた形式的合意は、非公式な領域において様々な住民が行った活動の結果であったと見なすことができる。このように1525年の騒擾の時と同様、7月1日のギルド内部の会議においても非公式な領域で非ギルド員を含めた住民の間で結ばれた実質的合意の内容が、ギルド員によってギルド内部で議題として提示され、ギルド全体の形式的合意になったと考えられる。

2.2.3.3　市民と市参事会の間の合意と制度化

全ギルド会議とギルドの代表である市民委員会が市参事会に要求を行うことで、公式な領域で福音主義を守るための形式的合意が結ばれ、市内で宗教改革が実行されていった。

市参事会が全ギルド会議との交渉で彼らの要求を受け入れたのは、長老とギルド長から、ゲマインハイトの要求を受け入れないと彼らの蜂起が起こると脅されたためであった。市参事会は市内での平和を維持することを最も重視していたため、長老とギルド長に蜂起が起こると脅された際には、必ず譲歩していた。ここから、市参事会は、福音派住民による蜂起が、実際に起こりかねないと予期していたことが分かる。そのため、福音派住民が実力行使や度重なる要求を行ってきたこと、さらにギルドが組織的に福音主義を支持する姿勢を明確にし、執拗に市参事会に要求を繰り返したことが、市参事会に福音派住民の真剣さを確信させ、彼らの要求を受け入れなかった場合に実際に蜂起が起こると信じさせたのだと考えられる。

公式な領域での交渉は、直接的には市参事会と全ギルド会議の間で行

われたものであったが、長老とギルド長が市参事会に伝えた要求には、福音派住民が非公式な領域で協議してまとめた内容を含んでいたと思われる。彼らが市参事会に伝えた要求は、市民委員会によってまとめられたものであった。市民委員会はギルドの代表なので、彼らが行った要求は、長老とギルド長も含むギルド員の間で結ばれた形式的合意だと見なすことができる。

　にもかかわらず、この市民委員会による要求は、ギルドが福音主義支持を決める前に福音派住民が行っていた要求とほぼ共通していた。ギルドが組織的に福音主義を支持することを決定するまでは、福音派住民の間の協議は非公式な領域で、彼らの私的な関係に基づいて行われていたと思われる。その際、当然ギルドに所属していない福音派住民も協議に参加していたはずである。ここから推測できるのは、福音派内部で行われていた非公式な領域での協議に参加していたギルド員が、その協議における合意事項をギルド内部の協議で提案することで、ギルド内部で結ばれた形式的合意の内容に盛り込んだことである。そして、長老とギルド長が、そのギルド内部の形式的合意の内容を市参事会に伝え、受け入れさせることによって、非公式な領域で結ばれた福音派内部での実質的合意の内容が、公式な領域での形式的合意の内容となったのだと思われる。

　他方、市参事会は、ロートマンたち説教師、クニッパードルリンクのような一部市民が長老とギルド長を通さず直接市参事会に要求を行った場合、彼らの要求に応じていなかった。これは市参事会が、長老とギルド長を通じて彼らに伝えられた要求のみを、正当なものだと見なしていたためであった。

　市参事会、全ギルド会議、ゲマインハイトの間で福音主義支持のための形式的合意が結ばれると、市参事会と全ギルド会議、市民委員会の協力によって、市内で宗教改革が実行されていった。つまり、市内の教区教会ではカトリック説教師が罷免され、福音派説教師に置き換えられ、カトリックの儀式が廃絶され、福音主義的な儀式が導入された。

2.2.3.4 都市と司教の間の合意

　帝国の君主たる皇帝、領邦の君主たるミュンスター司教は共にカトリックであり、最初期から一貫して都市は、彼らから市内で起こっている宗教改革の動きに注意し、排除するよう警告を受けていた。市参事会は、ある程度これらの命令に対処しようとする動きを見せることもあったが、君主による命令に従うよりは、市内での治安維持を優先し厳然とした対処は取らなかった。

　7月に市内での住民の分裂と蜂起を避けるために行った市参事会の妥協は、住民の間の実質的合意を回復させる一方、ミュンスター司教や皇帝との関係を悪化させた。市内で宗教改革が公認され、制度化に向けた動きが始まると、ミュンスター市のお上であるミュンスター司教から宗教改革廃絶が命令されるようになり、ミュンスター市と司教をはじめとする市外の諸勢力との外交交渉が行われた。ミュンスター市は、司教を頂点とするミュンスター司教領の領邦諸身分であり、領邦を通じて神聖ローマ帝国の一員でもあったため、司教や皇帝の意志に反する市内での宗教改革の実行は、彼らとの対立を招かざるを得なかった。このように市内で結ばれた合意は、ミュンスター市と市外の諸勢力との関係の変化を連鎖的に引き起こしていた。

　ミュンスター司教は市内の宗教改革の完全撤回を主張し続け、実力行使を行い、ミュンスター市への譲歩を行おうとしなかった。領邦諸身分は、司教の側に立ちつつも、司教とミュンスター市の仲介役を果たした。他方ミュンスター市は、市外のルター派からの支援を得るために、シュマルカルデン同盟に支援を求めたが、結局同盟に加入することはなかった。

　にもかかわらず1525年の騒擾とは異なり、ミュンスター市が司教からの命令と実力行使を伴う厳しい政治的圧力に屈することなく、宗教改革維持の合意を保つことができたのは、都市をめぐる状況の違い、市内の支持者の士気の違いによると思われる。

　1525年の騒擾では、市外で農民戦争、諸都市の蜂起の両方が鎮圧され、

騒擾参加者の士気が落ちたため、市参事会は司教に譲歩することが可能であった。他方1532年には宗教改革は既に帝国各地で実行され、シュマルカルデン同盟結成によって強固な政治的基盤を確立しつつあった。そして、ミュンスター市は、ルター派諸侯の中心人物ヘッセン方伯フィリップを後ろ盾にすることに成功していた。ヘッセン方伯による支援や仲介があったからこそ、ミュンスター市は、司教の政治的圧力に対抗し、市内で宗教改革を制度化することが可能であった。

しかし、1525年の騒擾と1532年の宗教改革では、運動支持者の士気の高さが大きく異なっていたことも運動進展に決定的な影響を及ぼしていた。市内の福音派は、市参事会による宗教改革公認直後から都市の防衛の準備を始め、最終的に自分達から襲撃を行ったように、司教との軍事衝突も辞さないほど高い士気を保っていた。宗教改革実現のために都市住民が自らの君主に軍事攻撃をしかけるというのは極めて例外的なことであり[465]、ミュンスター市民の士気の高さは当時としても際立っていた。市民の血が流れても宗教改革を守り通そうとする福音派住民の実質的合意の強さこそが、司教からの強い政治的圧力に屈することなく、市内で宗教改革を制度化するための基盤となっていた。多くの住民の間で実質的合意が保たれている場合には、市参事会はそれに抗うことはできなかったので、市参事会もまた司教に対抗し続けることとなった。

このように、外交的環境、軍事的環境という現実的条件に支えられた福音派住民の実質的合意の強さこそが、宗教改革運動を支持するという市参事会と市民の形式的合意を保持できた重要な要因であったと考えられる。

そしてこれは、同時にミュンスター司教とミュンスター市の間で形式的合意が成り立つための条件でもあった。ヘッセン方伯という有力諸侯の介入とミュンスター市民による軍事攻撃なしには、司教からの譲歩を引き出すことは不可能だったためである。

このようにミュンスター市が、都市君主であるミュンスター司教と自分たちに有利なかたちで形式的合意を結ぶことは容易ではなく、そのた

181

めには、有力者からの外交的支援と軍事衝突を行うことも辞さない住民
の強固な合意が必要であった。

【注】

255 本書1.3.2を参照。

256 SMTG3, S. 225.

257 SMTG1, S. 53.

258 MGQ5, S. 162.

259 MGQ5, S. 162ff., この手紙で名前が挙がっているヨハン・ハフィックホルスト（Johan Havickhorst）は富裕な金細工師（KIR, S. 148）、ヨハン・ランガーマンは富裕なハンザ商人の息子で、1530年、31年、32年と市参事会員を勤めた一流の名望家（Kirchhoff, Gilde und Gemeinheit, S. 169; KIR, S. 58）、ヤスパー・シュローダーケン（Jasper Schroderken）は1530年に選挙人、32年に市参事会員となる市参事会員格の呉服商（KIR, S. 60）であった。また、支援者の一人であったベルント・クニッパードルリンク（Bernd Knipperdollinck）も富裕な呉服商であった。（KIR, S. 169; MGQ5, S. 164, A. 1; Kl1, S. 79）クニッパードルリンクの家系については、以下を参照。Joseph Prinz, Bernd Knipperdollinck und seine Sippe, in: Westfalen 40, 1962, S. 96-116.

260 MGQ2, S. 10.

261 この時点で小売商の誰がロートマンを支持していたかは不明であるが、この半年後1532年7月半ばに作成されたルター派リストに載った78人中、少なくとも5人が小売商であった。KIR, S. 17f., 57ff.

262 MGQ2, S. 11.

263 SMTG1, S. 63-77; MGQ5, S. 176-189.

264 MGQ5, S. 176ff.; SMTG1, S. 68f.; 倉塚3、75頁。

265 SMTG1, S. 67.

266 SMTG1, S. 65, 70.

267 SMTG1, S. 66.

268 SMTG1, S. 66f.; 倉塚平「ミュンスターの宗教改革」、273頁。

269 SMTG1, S. 73.

270 SMTG1, S. 64; 倉塚1、103-104頁。

271 SMTG1, S. 68.

272 SMTG1, S. 73.

273 SMTG1, S. 77.

274 1531年9月18日に市参事会に向けた手紙。SMTG1, S. 9; 倉塚1、97-98頁。

275 ロートマンは同年8月にはツヴィングリ的聖餐論を明確に打ち出すなど、改革派的な方向性によりはっきりと踏み出したが、倉塚やデ・バッカーらは、この信仰告白も既にル

ター的というより改革派的だと評価している。倉塚平「ミュンスターの宗教改革」、275頁；De Bakker u. a., S. 68. また倉塚は後にミュンスターで実現する「完全主義的聖化共同体」へと向かう志向を既に彼の初期の神学に見いだしている。倉塚平「ミュンスターの宗教改革」、274頁。

276　SMTG1, S. 78-86. この嘆願書の印刷版は現存しておらず、ヨハン・ブーゲンハーゲンの1532年の著作の序文に採録されたものだけが残っている。そこには1532年1月25日と書いてあるため、通常この嘆願書が起草された日は1月25日だと考えられてきた。SMTG1, S. 78. しかし、クレツァーはこの嘆願書にはロートマンの『信仰告白』の要約が載せられているため、その公表日である1月23日よりも前に嘆願書は起草され、提出されたと見なしている。Kl2, A. 71, S. 26. 彼の推測の是非は史料不足のために判定不能だが、『信仰告白』と嘆願書の起草と公表が同時期に行われたことは確実である。

277　シュトゥッペリヒとブレヒトは、この嘆願書はほぼ間違いなくロートマンに由来すると見なしたが根拠は不明である。SMTG1, S. 78; Brecht, S. 57. しかし、ロートマンが市内に逃げ込んだ直後『信仰告白』と同時期に書かれていることから、何らかのかたちで起草にロートマンが関わっていた可能性は極めて高い。ただし、この手紙はゲマインハイト名義で出されているため、他の福音派住民の意見や彼らの合意の下起草されたはずであり、単なるロートマン個人の嘆願だとは考えられない。

278　MGQ5, S. 190.

279　SMTG1, S. 26f.; MGQ5, S. 192; SMTG3, S. 225f.

280　MGQ5, S. 191f.; SMTG3, S. 226; KL2, S. 28.

281　SMTG1, S. 28; KL2, S. 28. クレツァーは、ロートマンは教区民によって説教師として選ばれたと見なしているが、一部市民が力ずくで教会に入り込んでロートマンを説教師に任命したことを考えると、彼の説教師任命が教区民の合議や選挙によって行われたとは考えにくい。そのため、直接この騒擾に関わっていなかった教区民は、事件が起こった後、ロートマンの説教師職就任を黙認または追認しただけで、合意形成には参与していないと考える方が妥当である。

282　Helmut Lahrkamp, Vom Patronatsrecht des münsterschen Rates, in: Max Bierbaum (Hg.), Studia Westfalica. Beiträge zur Kirchengeschichte und religiösen Volkskunde Westfalens. Festschrift für Alois Schröer, Westfalia Sacra, Bd. 4, Münster 1973, S. 214-229.

283　C2, S. 310; KIR, S. 57-60.

284　C2, S. 309f.; KIR, S. 57-60.

285　C2, S. 310; KIR, S. 57-60, 205.

286　KIR, S. 57, 61, 104, 205, 223f., 246ff.

287　倉塚3、79-80頁。

288　Kl2, S. 28.

289　MGQ5, S. 195.

290　MGQ5, S. 195-198. この嘆願書は、ケルゼンブロークのみが伝えている。

291　MGQ5, S. 198.

292　MGQ5, S. 198f. この手紙は、ケルゼンブロークのみが伝えている。

293　MGQ5, S. 203f. この手紙は、ケルゼンブロークのみが伝えている。

294　MGQ5, S. 205f. この手紙は、ケルゼンブロークのみが伝えている。

295　討論会については、以下を参照。SMTG1, S. 87-94.

296　ユーバーヴァッサー修道院の年代記には、ルトゲル・トン・ブリンク（Ludger tom Brinck）とミヒャエル・ノルディンク（Michael Nordinck）の名が挙がっている。Schulze, S. 155f. ブリンクは1525年に長老を経験し、1530年と31年にユーバーヴァッサー市区で市参事会員に選出されていた。毛皮工ノルディンクは1521年、1526年、1530年に選挙人を勤め、翌年1533年にユーバーヴァッサー市区で市参事会員に選出されていた。C2, S. 309ff.; Kirchhoff, Gilde und Gemeinheit, S. 173, A. 54. このように両者はユーバーヴァッサー市区を代表する名望家であった。

297　MGQ5, S. 208. なお、ユーバーヴァッサー女子修道院の年代記では、市区ではなく教区のシェッフェン（de scheppen dusses kerspels）が要求を行ったと記述されているが、これは市区が成立した後も、教区という用語を使い続けるという慣習が残っていたためだと思われる。Schulze, S. 155; Joseph Prinz, Mimigernaford - Münster. Die Entstehungsgeschichte einer Stadt, 3., durchgesehene Auflage, Münster 1981. S. 227, A. 56.

298　MGQ5, S. 209.

299　MGQ5, S. 212f.; Behr2, S. 36f.

300　C1, S. 172.

301　以下のギルド集会の様子は、ケルゼンブロークによってのみ伝えられている。MGQ5, S. 213ff. ケルゼンブロークは、長老たちはクニッパードルリンクに説得され召集を行ったと書いている。MGQ5, S. 213.

302　MGQ5, S. 213f. ケルゼンブロークは、ヴィンデモラーは、長老、クニッパードルリンク、何人かの福音派によって教唆され演説を行ったと述べている。MGQ5, S. 213f.

303　MGQ5, S. 214.

304　MGQ5, S. 214f.

305　MGQ5, S. 215f., A1.

306　MGQ5, S. 215.

307　MGQ5, S. 215.

308　MGQ5, S. 216.

309　36人委員会の成員は、1532年に作られたルター派リストで「captein」と記された者たちである。KIR, S. 17f., 57-60. 名前が判明しているのは、そのうち29人である。この中でペーター・フレーゼ（Peter Vrese）の職業は、宿屋の主人である。KIR, S. 61. ギルド外の職業に就いている彼が、何故市民委員会に含まれているのかは不明である。もしかすると、ギルド員以外でも市民委員会の成員に選ばれることは可能だったのかもしれない。しかし、判明している限りは例外は一人だけであり、原則としてギルド員から選ばれたこと

は確かである。

310 以下の市参事会と全ギルド会議の交渉については、ケルゼンブロークのみが伝えている。そのため、以下の交渉の記述は、専らケルゼンブロークの記録に依拠して行っている。

311 MGQ5, S. 213.

312 MGQ5, S. 216.

313 MGQ5, S. 216.

314 MGQ5, S. 217.

315 MGQ5, S. 217.

316 MGQ5, S. 217.

317 MGQ5, S. 217.

318 MGQ5, S. 217.

319 MGQ5, S. 217f.

320 MGQ5, S. 218f.

321 MGQ5, S. 219.

322 MGQ5, S. 219f.

323 MGQ5, S. 220f.

324 MGQ5, S. 220ff.

325 MGQ5, S. 222.

326 次節4.1.3.2を参照。

327 KIR, S. 16-19.

328 KIR, S. 57-61. キルヒホフは93名を挙げているが、倉塚はそのうち1名はカトリック、さらに説教師ロートマンが含まれていると指摘し、二人を除外している。倉塚4、48-50頁。ただし、倉塚は除外したカトリックの名前を挙げておらず、その妥当性が確認できないため、本書ではロートマンを除いた92名を分析対象とする。

329 現職市参事会員5人以外に、ビシュピンク、トン・ブリンクが加わる。

330 倉塚4、48-49頁。

331 全員の職業が記載されているわけではないため、非ギルド員がどの程度の割合になるかは不明である。しかし、リストには床屋、教師、宿屋の主人、鐘つき番、修道院の用度係などギルドに所属していない福音派の名前が含まれている。KIR, S. 57-61.

332 市民権をまだ持っていなかったヨハン・ボーフェントルプ（Johan Boventorp）の奉公人もリストに挙がっている。KIR, S. 18. リストに名前が載っている者の多くは、後に再洗礼派になった。再洗礼派の没収不動産リストから、彼らが家を持っていたかどうかが判別できる。例えば、ヒンリク・エーデルブロート（Hinrick Edelbloit）やヘルマン・ブリドルプ（Herman Bridorp）は不動産を没収されていない、つまり不動産を所有していなかった福音派である可能性が高い。KIR, S. 57, 111, 124. このように、市内で目立った活動を行っていた福音派男性にも、ゲマインハイトやギルドの活動から排除されていたアインヴォーナーや不動産を持たない者が含まれていた。

333　KIR, S. 18, 57-60, 249, 261, 230.

334　KIR, S. 57-59, 182, 207, 240.

335　KIR, S. 17f., 59ff.

336　KIR, S. 233.

337　N2, S. 175-177; MGQ5, S. 222f.

338　MGQ5, S. 223; N2, S. 191-194.

339　MGQ5, 225. ケルゼンブロークは一部の市参事会員が密かに使者を派遣したと述べているが、ヘッセン方伯が市参事会宛てに返事を書いていることを考えても、使者の派遣は一部の市参事会員の独断ではなく、市参事会名義で行われたと考えた方が妥当である。そのため、長老と一部の福音派市参事会員が中心となり計画を立て、彼らが市参事会に提案を行い、市参事会がこれを受け入れ、使者を派遣したと推測される。

340　MGQ5, S. 226ff.; Behr2, S. 37f.

341　MGQ5, S. 227.

342　MGQ5, S. 229f.; Behr2, S. 38f.

343　MGQ5, S. 228f.

344　MGQ5, S. 230f.

345　MGQ5, S. 231; 倉塚4、55頁。

346　SMTG3, S. 227; MGQ5, S. 231.

347　MGQ5, S. 231.

348　SMTG3, S. 227.

349　『真実の歴史』では聖セルヴェティ教会にディートリヒ（Dietrich）という説教師が任命されたと記述されている。SMTG3, S. 227. しかし、コルネリウスによれば、他の史料にディートリヒについての記述がなく、1533年8月の討論会にもディートリヒが参加していないことから、ファブリキウスがミュンスターに到着した1533年11月に、聖セルヴァティ教会の説教師を勤めていたディートリヒがそれ以前から就任していたと誤って推測されたためだと考えられる。1533年9月、10月までは聖セルヴァティ教会は、アーレンやリプシュタットで宗教改革に携わっていたコティウス（Cotius）に説教師就任を申し出ていたので、ディートリヒは1533年10月頃ミュンスターに来て聖セルヴァティ教会の説教師に就任したと思われる。C2, S. 341f.

350　トン・ノルデは1532年5月のミュンスター司教エーリヒの手紙で、既に前司教フリードリヒの時代からカトリック教会に反するような説教を行っていたと言及されている。MGQ5, S. 207; C2, S. 330-334. グランドルプはミュンスターの元学校教師であり、5月の討論会に参加していた。C2, S. 334.

351　SMTG3, S. 226.

352　C2, S. 338; Christiaan Sepp, Kerkhistorische studiën, Leiden, 1885, S. 34; 倉塚5、29頁。ロルがミュンスターにいることが史料上確認できるのは8月10日が最初であるため、彼がミュンスターにやって来た時期は不明である。

353 MGQ5, S. 232.

354 Schulze, S. 156; MGQ5, S. 232.

355 MGQ5, S. 232f., 271.

356 MGQ5, S. 233.

357 ケルゼンブロークのみが伝えている。MGQ5, S. 233f.

358 二人の市長のうち上位の者を指す。

359 MGQ5, S. 233f.

360 MGQ5, S. 234.

361 SMTG1, S. 57-63; MGQ5, S. 235-240. この箇条書の原本は残っていない。現在伝えられているのはケルゼンブロークによるラテン語訳とホルスト・フォン・ロンベルク（Horst vom Romberg）による1532年の反論書に記録されたドイツ語の文面である。ただし、ドイツ語には序文と結論が欠けている。SMTG1, S. 57f.

362 MGQ5, S. 235. ケルゼンブロークの記述による。

363 SMTG1, S. 61-63.

364 Martin Luther, De capativitate Babylonica ecclesiae praelundium. 1520, in: D. Martin Luthers Werke. Kritische Gesammtausgabe, 6. Band, Weimar 1888, 502-526; マルティン・ルター著、岸千年訳「教会のバビロン虜囚について、マルティン・ルターの序曲1520年」『ルター著作集　第一集第三巻』聖文舎、1969年、206-256頁；赤木善光『宗教改革者の聖餐論』教文館、2005年、75-78, 120-129, 170-173頁；A. E. マクグラス著、高柳俊一訳『宗教改革の思想』教文館、2000年、223-227頁。

365 聖餐に関する条項は第10条である。Confessio Exhibita Caesari in Comitiis Augustae, Anno M.D.XXX.; フィリップ・メランヒトン著、徳善義和訳「アウクスブルク信仰告白（1530年）」徳善義和他訳『宗教改革著作集　第14巻信仰告白・信仰問答』教文館、1994年、40頁。

366 Huldrich Zwingli, Eine klare Unterrichtung vom Nachtmahl Christi. Zürich, 23. Februar 1526, in: Emil Egli, Georg Finsler, Walther Köhler und Oskar Farner (Hg.), Huldrich Zwinglis sämtliche Werke, Band 4, Leipzig 1927, S. 773-862; フルドリヒ・ツヴィングリ著、出村彰訳「聖餐論」出村彰、森田安一、内山稔訳『宗教改革著作集第5巻　ツヴィングリとその周辺Ⅰ』教文館、1984年、269-349頁；F. ビュッサー著、森田安一訳『ツヴィングリの人と神学』新教出版社、1980年、92-98頁。

367 Brecht, S. 56.

368 ロートマンは、聖餐はキリストによって与えられた神の恵みのしるしであり、その機能はキリストの死を思い起こさせ、神の恵みと意志による約束を確信させることだと述べている。SMTG1, S. 74. 倉塚はこのような聖餐論をブツァーによって薄められたツヴィングリ的見解だと評価している。倉塚3, 71頁。聖餐論の象徴主義的傾向については、デ・バッカーらによっても指摘されている。De Bakker u. a., p. 66.

369 SMTG1, S. 74.

370 SMTG1, S. 59,

371 Brecht, S. 61.

372 ヴァルター・ケラー著、瀬原義生訳「ツヴィングリ、ルターの聖餐論争とマールブルク会談」『立命館文学』607、2008年、24-55頁；野々瀬浩司「ルター派の形成過程における連携と断絶―ツヴィングリ派との関係を中心にして」森田安一編『ヨーロッパ宗教改革の連携と断絶』、31-33頁。

373 ロルは、ミュンスターに来る以前に『聖餐の秘密についての鍵』という著作を書き、象徴主義的な聖餐論を主張していた。倉塚5、31-33頁；Karl Rembert, Die "Wiedertäufer" im Herzogtum Jülich. Studien zur Geschichte der Reformation, besonders am Niederrhein, Berlin 1899, S. 323ff.

374 MGQ5, S. 241.

375 ミュンスターの下級聖職者が、8月24日にミュンスター司教に送った手紙でこれについて苦情を述べている。N2, S. 182.

376 MGQ5, S. 241.

377 MGQ5, S. 242.

378 MGQ5, S. 242f.

379 MGQ5, S. 243f.

380 MGQ5, S. 244f.; Behr2, S. 40. 彼らが引き合いに出した特権は、1424年のミュンスター司教の宣誓で確認されたものと同一であった。Joseph Niesert, Münstersche Urkundensammlung, 7. Band, Coesfeld 1837, S. 172, 173, 175.

381 MGQ5, S. 245, 247f.; N2, S. 196f.; Behr2, S. 41.

382 以下の交渉の記述は、ケルゼンブロークの年代記の記録に依拠している。MGQ5, S. 248-253.

383 MGQ5, S. 253f.

384 MGQ5, S. 254.

385 MGQ5, S. 254.

386 MGQ5, S. 254-257.

387 MGQ5, S. 257.

388 MGQ5, S. 258f.

389 MGQ5, S. 259-262.

390 MGQ5, S. 262.

391 MGQ5, S. 264f.; 倉塚4、66, 101-102頁。

392 MGQ5, S. 265.

393 MGQ5, S. 265f.

394 MGQ5, S. 263f. ニュルンベルク休戦は1532年7月23日に決議され、8月3日に公布された。そこでは、教皇によって召集される公会議までの休戦と福音派の宗教的立場の保証が認められた。R. シュトゥッペリッヒ著、森田安一訳『ドイツ宗教改革史研究』ヨルダン社、1984年、135頁；倉塚4、101頁、註76。

395 MGQ5, S. 264.

396 MGQ5, S. 266.

397 MGQ5, S. 269.

398 MGQ5, S. 267.

399 MGQ5, S. 268.

400 MGQ5, S. 268.

401 MGQ5, S. 268f.

402 C2, S. 310. 新市参事会員のうち何人が福音派であったかは不明である。キルヒホフは、ミュンスター司教によるルター派リストに載っているバステルトのみを福音派だと証明可能と見なしているのに対し、倉塚は基本的に全員ルター派だとしている。KIR, S. 57, 63; 倉塚4, 68頁。福音派であったことが確実であったのはバステルトのみであるが、バステルト、パリック、フリダッハが翌年1533年の市参事会員選挙でも市参事会員に選ばれていることを考えると、彼らは福音派であった可能性が高い。C2, S. 311; KIR S. 65. また、パリックは後に再洗礼派になっているので、福音派であったことはほぼ確実である。KIR, S. 205. 逆にこの4人のうち1人だけ翌年市参事会員に選ばれず、1530年と31年に市参事会員を勤めた有力者であるにもかかわらず、ルター派リストや他の史料でも福音派として名前が挙がったことがないヨナスは、おそらくカトリックだったと思われる。

403 KIR, S. 57-60, 63.

404 C2, S. 310; KIR, S. 57-60, 63.

405 KIR, S. 215.

406 KIR, S. 63.

407 N2, S. 175f.; Behr2, S. 44f.

408 C1, S. 289ff.; 倉塚4, 68-69頁。

409 ケルゼンブロークによれば、この時の協議には12人の市参事会員しか参加していなかった。この時参加していた市参事会員のうちカトリックが5人、福音派が7人であった。MGQ5, S. 275.

410 MGQ5, S. 275.

411 MGQ5, S. 292.

412 MGQ5, S. 278.

413 MGQ5, S. 279. 司教に召喚されたのは、ユーデフェルト、ペーター・フレーゼ、ヨハン・ローテルムント親子（Johan Rotermunt）、ヨハン・フォン・デフェンター（Johan von Deventer）、ベルント・メネケン（Bernd Menneken）、ベルント・ショーマーカー（Bernd Schomaker）、ハインリヒ・レデッカー、アルベルト・ボーデッカー（Albert Bodecker）であった。彼らはいずれも7月に作成されたルター派リストに名前が挙がっているルター派住民である。KIR, S. 57-60.

414 MGQ5, S. 275ff. この交渉については、ケルゼンブロークのみが伝えている。

415 MGQ5, S. 277f.

416 MGQ5, S. 279f.

417 MGQ5, S. 280.

418 MGQ5, S. 282-296.

419 MGQ5, S. 287ff., 292f.

420 Schulze, S. 157; MGQ5, S. 280. 女子修道院の年代記で名前が挙がっているのは、トン・ブリンク、仕立て屋のヘルマン・フォッケ（Herman Focke）、パウル・ブッシュ（Paul Busch）、アントニウス・グルデナルム（Antonius Guldenarm）の4人である。全員が7月のルター派リストに名前が載っている。トン・ブリンクは市参事会員経験者、フォッケは選挙人経験者、グルデナルムは翌年の市参事会員である。

421 C2, S. 343.

422 MGQ5, S. 281f.

423 MGQ5, S. 282. セヴェルス Severini の妻及びセヴェルスが誰かは不明。

424 この様子も、ケルゼンブロークのみが伝えている。MGQ5, S. 281f.

425 原文では、召集されたのは「全ての都市市民と住民（omnes urbis cives et incolas）」だと書かれている。MGQ5, S. 296. しかし、クレッツァーの指摘によればここでの「incolas 住民」は、ギルドに属さない市民を指しており、市民権を持たないアインヴォーナーを意味していない。Kl2, S. 36, A.131; Kirchhoff, Gilde und Gemeinheit, S. 174f.

426 MGQ5, S. 296; 倉塚4、71頁。

427 MGQ5, S. 297.

428 MGQ5, S. 297.

429 MGQ5, S. 297f.

430 MGQ5, S. 297ff.

431 この交渉については、倉塚4、71-74頁を参照。MGQ5, S. 302.

432 倉塚4, 73-74頁 ; MGQ5, S. 304f.

433 MGQ5, S. 309.

434 MGQ5, S. 308ff.

435 MGQ5, S. 315f. この事件もケルゼンブロークのみが伝えている。

436 MGQ5, S. 316f. 11月28日から29日の出来事も、ケルゼンブロークのみが伝えている。

437 MGQ5, S. 317.

438 MGQ5, S. 317f.

439 MGQ5, S. 318ff.

440 ケルゼンブロークはここで、多くの場合ゲマインハイトや民衆を示す「plebs」という単語を使っているが、この会合の参加者の中で plebs にあたるのは、市民委員会の成員たちだけであり、ケルゼンブロークは他の箇所でも市民委員会を delecti a plebe でなく単に plebs と読んでいるので、この plebs は彼らを指していると思われる。MGQ5, S. 329.

441 MGQ5, S. 328f.

442 MGQ5, S. 330.

443 SMTG3, S. 231f.

444 MGQ5, S. 330.

445 SMTG3, S. 232; MGQ5, S. 330.

446 倉塚4、80頁。

447 MGQ5, S. 332-334; Wilhelm Martin Leberecht de Wette (bearbeit.), Dr. Martin Luthers Briefe, Sendschreiben und Bedenken, volständig aus den verschiedenen Ausgaben seiner Werke und Briefe, aus andern Büchern und noch unbenutzten Handschriten gesammelt, 4. Teil, Berlin 1827, S. 424f.; 倉塚4、106-107頁。

448 SMTG1, S. 39; 倉塚4、107-108頁。

449 SMTG1, S. 40f.; 倉塚4、107-108頁。

450 MGQ6, S. 336.

451 12月後半の交渉については、倉塚4、81-82頁を参照。

452 SMTG3, S. 228.

453 MGQ5, S. 339.

454 MGQ5, S. 339ff.

455 MGQ5, S. 351f.

456 交渉の過程は以下を参照。倉塚4、84-89頁。

457 Wyck, S. 36-42; 倉塚4、91-95頁。

458 Wyck, S. 36f.; 倉塚4、91-92頁。

459 Wyck, S. 37f.; 倉塚4、92-93頁。

460 MGQ5, S. 342.

461 1533年2月の宗教協定には、福音派とカトリックが、宗教問題で相互に誹謗中傷するのを止めるよう勧告する条項があるため、両派の住民の間では信仰問題を巡る口論が頻発していたと思われる。Wyck, S. 37.

462 MGQ5, S. 299.

463 MGQ5, S. 296, 316, 336.

464 本書2.3.2.1.1を参照。

465 倉塚は自分が知る限りこのような例は他に見当たらないと述べている。倉塚4、90頁。

5 1533-34年の宗派分裂と再洗礼派運動

1 事件の経過

1.1 宗教改革の制度化

1.1.1 福音主義体制の成立

　1533年2月14日に宗教協定が結ばれると、ケルゼンブロークによれば、福音派住民や説教師達は、あちこちで次のように叫んでいた。教皇と修道士達は打ち負かされ、教皇主義者たちの暴政が崩れ、ロートマンによって福音の自由が重い奴隷の頸木から救われ、回復し、協定の諸規定によって確認され、誤謬の闇は真実の光によって照らされたと[466]。福音派住民は宴会の際に必ずロートマンを在席させた。彼らは、ロートマンを称え、敬い、最高の席次を与えた。皆彼の話に耳を傾け、彼が話している時には全員が沈黙した[467]。2月19日に開かれたロートマンの結婚式には福音派が押し寄せ、競って贈り物をし、競って酒を飲み、聖職者の結婚を称賛し、そこにいない教皇を非難した[468]。このようにロートマンは、ミュンスターの宗教改革の指導者として、市内で絶大なる威信を勝ち得ていた。

　3月3日に市参事会員選挙が行われ、市参事会が福音派市民によって占められた[469]。市参事会員24人中福音派だと確認できないのは4人だけであったため、市参事会員職はほとんど福音派市民によって占められていたことになる[470]。彼らのうちキルヒホフによる1532年ルター派リストに名前が挙がっている者は24人中18人（75％）、そのうち4人は前年7月に選ばれた36人委員会の成員であった[471]。また、24名中17名がそれまで市参事会員職に食い込むことができなかった市民であり、そのうち9人は選挙人にも選ばれたことがなかった市民であった[472]。このことから、都市貴族と一部名望家による市参事会員職の寡占化が打破され、福音派の指導者として宗教改革運動の先頭に立った二流の名望家層に属す

193

る市民が市参事会員職の多くを占めるようになったことが分かる。

　選挙人のうちルター派リストで名前が挙がっている者は5人であり、10人全員が福音派であったと思われる[473]。そのうち36人委員会の成員は3人である[474]。また、彼らのうち都市の重要な役職に就いたことがあったのは、長老経験者であったヒンリク・モルレンヘッケ（Hinrick Mollenhecke）と、選挙人経験者であったスーダルトだけで、残りの8人は市参事会員にも選挙人にも選ばれたことがなかった[475]。以上のように、選挙人は完全に福音派によって独占されており、そのほとんどは、新たに選挙人に選ばれた福音派市民であった。

　この選挙によってミュンスターでは、市参事会、全ギルド会議、ゲマインハイトというミュンスター市内の全ての統治権力が完全に福音主義に移行し、協力体制を取ることが可能になった[476]。そのため市参事会員選挙以降、市内での宗教改革を進めるための動きが活発化した。

1.1.2　『教会規則綱要』

　市参事会員選挙が福音派の勝利で終わった後、市内における宗教改革の綱領が作成された。ケルゼンブロークによって『ミュンスター市参事会の権威に帰する事柄についての都市法の短い抜粋』と呼ばれたこの綱要は、おそらく市参事会の依頼を受けてロートマン達説教師の手によって起草された[477]。この綱要はかなり短いものであるが、その記述の中心を占めているのは説教師の選任についてである。それによれば、先ず個々の教区が説教職にふさわしいと判断した敬虔で学識ある2人の候補者を選び、その後教区民から選ばれた4人が、候補者を市参事会と全ギルド会議によって任命された審査員のところに連れて行く。審査委員達は聖書をもとに候補者を試問し、もしふさわしければ彼らを選んだ民衆のところに連れて行き、説教師職に任命する[478]。さらに、各教区には、救貧のための基金を作り、寄進された金を貧者に支払う執事を選ぶ権限も与えられている[479]。倉塚は、バーゼルやウルム、シュトラースブルクといった南ドイツやスイスの諸都市でも教区には非常に限定的な選出権しか与えられていないため、このような強い自主性が教区ゲマインデに与えら

194

れたことを、ミュンスター宗教改革の特徴だと評価している[480]。

ただし、それ以外の権限に関しては、概ね市参事会単独、もしくは市参事会と全ギルド会議という二つの統治機関に与えられている。二、三度の忠告の後も悔い改めない者を破門する権限を持つのは説教師達であった。しかし、破門された者が悪徳に固執し都市共同体に害を与える場合には、市参事会が一度もしくは二度その者に警告し、それでも改善されない場合、悪行にふさわしい罰を与えることになっていた[481]。この時破門されるもしくは罰せられるべき事柄は、空虚で無分別な誓い、呪いや神の冒涜、祭日に必要のない労働をすること、説教を無視すること、笛や小太鼓などで礼拝式を混乱させる等の宗教生活に関わること、両親にとって不名誉になる子ども達の忘恩、姦淫、密通、陵辱、売春の仲介、暴飲、賭博、贅沢か賭博による浪費、偽証、中傷や他の者の評判を傷つけること、高利貸し等の風紀に関わること、さらには既に都市法で規定があった強盗、窃盗、反逆などの刑事罰である[482]。このように市参事会は、市内の聖俗両方の秩序を法的処罰によって守るという役割を果たすことになっていた。

さらに市参事会には、公立学校の校長を任命する権限、校長と審査委員が協議し学校教育に必要で有益だと見なしたことを決議する権限、新旧聖書を読み上げ解釈する者2人を俸給で雇う権限が与えられた[483]。

それに対し、市参事会と全ギルド会議双方が行うべきだとされていたのは以下のことであった。先ず、説教師が神の言葉やサクラメントを監督し、その他の教会の職務について聖書と合致した形式と儀式を作る際には、市参事会と全ギルド会議双方の同意と決議が必要であった。また、両者は都市全体の乞食を管理する者をそれぞれ2人ずつ選ぶ権限、婚姻に関する紛争を解決する者6人を選ぶ権限を与えられていた[484]。

最後に、宗教生活や風紀に関わる残りの事柄は、市民総会決議の冊子に書き写され、市参事会、全ギルド会議、ミュンスターの全ゲマインデにより承認されることになっていた[485]。

このように教会規則綱要では、市内での教会管理や教育、宗教生活、

風紀の管理に関する権限が、様々な機関に分散されていた。確かに各教区共同体は、説教師指名権と執事の選任権を持っていたが、都市全体の教会や宗教生活の管理は、司法と教育に関しては市参事会、説教師や教会規則の承認、乞食の監督、婚姻に関する紛争解決については市参事会と全ギルド会議という統治機関が担うことになっていた。このように、ミュンスターの宗教改革は、市参事会と全ギルド会議を中心に、ゲマインハイト、教区共同体、説教師がそれぞれ権限を持ちつつ、一体となって進められるべきであるという考えが、この教会綱要から見て取れる。

1.1.3　市内での宗教改革実行

3月17日には、各教区教会で投票によって選ばれた説教師が任命された[486]。この時選任された説教師は不明であるが、それまで各教区教会で説教師を務めていた者が再任されたと思われる。

3月24日には、市長ティルベックをはじめとする教区に住む福音派住民、そこにいた全ての修道女達が、ユーバーヴァッサー女子修道院長に、教区の説教師シュトラーレンとフィンネの食事の世話を求めた。彼女は討議の後3月30日に、教区民への好意として説教師達を聖霊降臨祭まで共同の食事に受け入れると返答した[487]。

3月27日には、聖ルートゲリ教会の説教師ヴィルトハイムが聖体の貯蔵室を開け、多くの者の眼前で聖体を三つに割り、息で吹き散らし、「ここにお前達の神がいるぞ」と言った[488]。このように市内の教会では、ミサの際に使われるパンにキリストの身体が現在するという聖餐論が嘲笑された。

同日、都市裁判官のアルノルト・ベルホルト（Arnold Belholt）は、何人かの市参事会員と共にフランシスコ会修道院にやって来て、市参事会の命令を伝えた。市参事会は修道士達に、自発的に修道服を脱ぎ、修道院を去るか、より厳しい判定を待つことを選ぶよう命じた。市参事会は、都市にとって全く利益にならない、健康な乞食を市壁内に許すつもりはなく、修道院のある場所に公立の学校を建てるつもりであった[489]。8日後フランシスコ会修道会の修道院長ヨハン・フリダーク（Johan Frydagh）

は、修道士達は市民に損害を与えていないので、修道院から追放しないよう求めた後、修道士と学校の生徒が共同で修道院を利用することを提案した。そのため市参事会の費用で新たに福音派の学校が創設され、ヨハン・グランドルプが責任者となった[490]。

さらに同日3月27日、キッベンブロックとクニッパードルリンク、その仲間が、手工業者達の助けを得て、聖ランベルティ教会と教会墓地から全ての鉄製品を引き剥がした[491]。3月30日には、聖ルートゲリ教会で、福音主義に則った最初の聖餐式が挙行された[492]。

4月3日には、市長ティルベック、トン・ブリンク、ロートマンが、大勢の市民と共に二人の説教師をユーバーヴァッサー教会に導き入れ、ロートマンがそこで説教を行った[493]。

4月5日に市参事会は、ビシュピンクスホフ修道院の修道院長ハインリヒ・ムンペルト（Heinrich Mumpert）の下に二人の市参事会員キッベンブロックとヴィンデモラーを送り、懺悔を聴聞することを禁じた[494]。同日には、福音派住民によって、ユーバーヴァッサー教会で祭壇画、聖像、聖画像が撤去・破壊された[495]。

枝の主日である4月6日には、聖エギディ教会、聖マルティニ教会、ユーバーヴァッサー教会で同時に福音主義的なやり方で聖餐式が行われた[496]。ロートマンはユーバーヴァッサー教会で聖餐式を行い、ユーバーヴァッサー女子修道院のほとんどの修道女も参加した[497]。聖餐式で会衆は、ルターが翻訳した詩篇を歌った[498]。

4月7日には聖セルヴァティ教会で聖像と聖画像が破壊された[499]。

4月8日には、市参事会が、フランシスコ会士に懺悔の聴聞を禁止し、共同生活兄弟団にミサで用いる聖餅の販売を禁じた[500]。

4月9日には、クニッパードルリンクが何人かの仲間と共に大聖堂を取り囲み、礼拝式を行っている司祭に向かって大声で「お前、飢えた司祭よ、まだ神を食い足りないのか？」と叫んだ[501]。

4月13日復活祭の日曜日には、大聖堂広場北門の前に鉾槍を持った者達が立ち、ミサに出るために大聖堂に向かうカトリックの人々の邪魔を

した[502]。また、市参事会は、大聖堂で子供の洗礼を授けた者に5マルクの罰金を科した[503]。

　4月14日にはベルホルトとその仲間が聖ルートゲリ教会の全ての鉄製品を撤去した[504]。さらに翌日彼らは、祭壇を略奪し、聖画像や聖像を破壊し、壁画を石灰で塗りつぶし、装飾を略奪し、全てを冒瀆した。すると多くの者がやって来て、彼らの先祖が寄進し、神を礼拝するために作られた物を破壊し、略奪するとは恥ずべき行いであると叫び、ベルホルト達を聖物強盗と罵った。そのため口論と騒乱が起こった。この時やって来たカトリック支持者は、教会に寄進を行う財力のある富裕な住民が中心であったと思われる。争いは、もし仲裁者が騒乱を鎮めなければ、両派が武器に訴え、損害なしでは済まなかっただろうと、ケルゼンブロークが述べるほど激しいものであった[505]。翌日ベルホルト達は、市参事会に対し耐えがたい侮辱を受けたので、侮辱した者達に罰を与えるよう求めた。しかし、彼らは逆に投獄されそうになった。そのため、全てを撤回し、自分達は突然の怒りを抑えることができなかったと弁解し、許しを請うため、罰を免れた[506]。

　市参事会は宗教協定に基づき、教区の全ての宗教団体から、彼らの装飾品と収入記録を没収しようとした。市参事会はその際、それらは市民が寄進したものであり、聖職者達が浪費するためのものではないと理由づけ、宗教協定が市参事会の不注意によって損なわれないように、死者ミサ、教会物納、兄弟団のための基金を文書から見つけだそうとした[507]。市参事会はさらに聖ルートゲリ教会の首席司祭の家を、教区教会の牧師の住居にするために没収した[508]。

　ミュンスター司教は4月29日ミュンスターの宗教団体に、教会の装飾や収入記録を渡さないよう命じた[509]。市参事会は、宗教協定に反することは何もしていないと返答した。それに対し司教は、このような行いは市参事会ではなく、自分の権限に属すると返答した。6月に両者の間では手紙で論争が行われた[510]。

　以上のように、福音派市民によって占められた新市参事会が成立した

後、3月半ばから4月にかけて、立て続けに市内で様々な改革が実行された。

　その多くは、市参事会が実行したものであった。市参事会は、市内のカトリック聖職者や修道院、カトリック住民の活動を制限しようとする一方、福音派説教師任命や福音主義学校設置により、市内での福音主義体制を整えていった。このように、以前の市参事会が、長老やギルド長、ゲマインハイトの要求を受け入れるという消極的な姿勢で改革を行っていたのに対し、新しい市参事会は自ら率先して宗教改革を行っていた。市参事会が積極的に宗教改革を進めていったのは、宗教協定に基づき市内で宗教問題を管理する権限を持っていると認識していたためであった。そのため、宗教協定による宗教領域への権限の拡大が、市参事会の教会政策の方針を大きく変化させたと思われる。

　各教区教会では、福音派説教師による聖餐式が実行されるなど、教会での司牧活動も福音主義に則って行われるようになった。ただし、説教師ヴィルトハイムが、聖餐式のパンがキリストの肉であるという考えを嘲笑していることから、市内の福音派説教師達は、聖餐式のパンにキリストの身体が現在していることを認めるルター主義的な聖餐論ではなく、ロートマンが説くツヴィングリ的な聖餐論を採用していたことが分かる。

　ユーバーヴァッサー教区では、教区民が女子修道院長に説教師の生活支援を求めたり、ロートマンにユーバーヴァッサー教会で説教させるなど、教区での宗教改革を積極的に進めていた。この要求には市長も参加しているため、市参事会も公認した行為だと思われる。

　以上のような宗教改革は、主に市参事会や説教師、教区が主体となって行った公式な領域における改革だと言えるが、他方で住民個人による、非公式な領域での活動も行われた。福音派住民は、聖ランベルティ教会、聖ルートゲリ教会、ユーバーヴァッサー教会、聖セルヴァティ教会で聖像破壊を行った。また、クニッパードルリンクとその仲間は、大聖堂での礼拝式を邪魔していた。これらの活動は、市参事会が命令したのでは

ない、福音派住民個人による活動であるが、彼らは市参事会によって処罰されていないので、事実上これらの活動も市参事会によって黙認されてことになる。ただし、市参事会は、その活動が度を越していた場合、カトリックの住民ではなく福音派住民を逮捕しようとするなど、野放図に非公式な領域での活動を認めていたわけではなかった。

カトリック住民は、市内でのカトリックの活動が次第に制限されていっても、基本的に公然と宗教改革に反対することはなかった。しかし、聖ルートゲリ教会の聖像破壊に怒ったカトリックの住民が、福音派住民に食ってかかることもあった。前年にもカトリックの女性達が説教を邪魔した福音派市民を袋叩きにしたように、非公式な領域で福音派住民との争いを辞さないこと場合もあった。

以上のようにミュンスターでは、3月末から4月半ばにかけて、数多くの宗教改革が実行された。その大部分は、市参事会が主導して行ったものであった。逆に宗教協定以前の宗教改革運動で主導的な役割を果たした全ギルド会議やギルドは宗教改革に直接的に関わっていない。これは、市参事会の宗教政策が、全ギルド会議やゲマインハイトの意図と合致していたためだと思われる。

1.2　二つのサクラメントをめぐる市内での宗派対立

1.2.1　幼児洗礼批判のはじまり

しかし、都市住民が一体となって宗教改革を推進することができた時期はすぐに終わりを告げた。何故なら、ロートマンと仲間の説教師が、1533年4月に幼児洗礼批判を始めたからである。この時期、ロートマンによって、象徴説を採用した聖餐論と幼児洗礼批判を盛り込んだ教会規則が起草された。この教会規則と信仰告白の草案は4月17日に鑑定を受けるため市参事会によってヘッセン方伯に送られている[511]。市参事会がヘッセン方伯にこれらを送ったのは、2月の宗教協定締結の際にミュンスター市とヘッセン方伯の間で、ザクセン選帝侯ヨハン・フリードリヒとヘッセン方伯が学識者たちの鑑定に従い認めるまで、ミュンスター市

内で教会規則や命令を定めてはならないという協定が結ばれていたためであった[512]。司教との宗教協定締結がヘッセン方伯の後ろ盾によって実現したように、ミュンスター市の宗教改革は、ヘッセン方伯との協力の下に進める必要があった。そのため、市内での教会規則や信仰告白もまた、市単独で定めることはできず、市外のルター派勢力の意向によって条件づけられることとなった[513]。

　教会規則は、市参事会の手でヘッセン方伯へ送られているので、当然彼らは内容を確認し、ロートマンの象徴主義的聖餐論と幼児洗礼批判に同意をしていたはずである。しかし、この聖餐論はルターとツヴィングリが決裂する原因となり、ルター派からは異端視されていた教義であり、幼児洗礼批判は1529年に開かれたシュパイヤー帝国議会の最終決定以来死をもって禁じられていた教えであったので、ルター派にとって決して受け入れられるものではなかった。

　にもかかわらず、教会規則の聖餐論や洗礼論がミュンスターの福音派にそのまま受け入れられたことは不思議ではない。象徴主義的聖餐論は、既にミュンスターでは定着していた教義であった。前年の8月にロートマンのみならず市内の他の福音派説教師達の連名で起草された『ローマ教会の悪弊について』で、既にルター主義的聖餐論は否定されており、市内でツヴィングリ的聖餐論に基づいた聖餐式が実行されていた。ミュンスターでツヴィングリ的聖餐論が説かれていたことは、前年の終わりには市外のルター派にも広く知られていた。しかし、市参事会や都市住民は、ルターやメランヒトンの警告を気にかけた様子もなく、その後もロートマンに絶大な信頼を寄せていた。また、各教区教会では、ヴィルトハイムのように説教師達が、聖餐式のパンにキリストの身体が現在するという考えを批判する説教や示威行動をしていた。

　ミュンスターの顧問であったヴィークによると、彼が4月末にミュンスターに戻ってきたときには、既にロートマンと仲間の説教師たちが幼児洗礼批判を始めていたにもかかわらず、市内では反対運動が起きていなかった[514]。ツヴィングリ的聖餐論の政治的危険性が、ロートマンたち

201

一部の説教師にしか理解されていなかったように、幼児洗礼批判の政治的危険性もまた、ほとんどの福音派住民には理解されていなかったためであろう。彼らは、それ以前と同じように個別の教義については、ロートマンの教えを信頼し続けていた。

このように、市参事会、全ギルド会議、ゲマインハイト、そしてミュンスターの福音派ほぼ全員が、一度はロートマンの説教を信頼して、象徴主義的聖餐論と幼児洗礼批判を受け入れていた。

しかし、ヴィークが市参事会に幼児洗礼批判の危険性を説くと、ヴィークによれば全ての敬虔な市参事会員達は、ロートマン達の教えから離れた。ただし、市参事会員の中にも、ロートマンを支持し続け、市参事会での話し合いの内容を漏らす者達がいた[515]。市参事会員以外の都市住民の態度はしばらく不明であるが、熱狂的な幼児洗礼批判派であったヘルマン・シュタプラーデ（Herman Staprade）が、市参事会の意志に反して聖ランベルティ教会の説教師に任命されていることから[516]、多くの市民はまだロートマンを支持していたとも考えられる。

おそらく7月頃に、ヘッセンに送られたミュンスターの教会規則に対する鑑定書が、ヘッセンの神学者達からミュンスターに送られてきた[517]。彼らはミュンスター市が送った教会規則について、第一に教区による司牧者の選任、第二に象徴主義的聖餐論と幼児洗礼批判についての項目を認められないと鑑定した。そのため、ヘッセン方伯はこれらの教義を改めるようミュンスター市に要求した[518]。しかし、ロートマン達は、7月24日にマールブルクの神学者の鑑定に対し再反論を行った[519]。

市参事会は使節を送り、二つのサクラメントに関する論争を控えるようロートマンに求めたが、これは拒否された。さらに市参事会、長老、ギルド長はロートマンと仲間の説教師達を呼び、再び扇動的な教えを民衆の間で広げないよう求めたが、ロートマン達は二つのサクラメントに関する説教を控えようとはしなかった[520]。

3月の市参事会員選挙後にロートマンが教会規則の「綱要」を作成していたが、おそらく8月初めまでに「規律規則（Zuchtordnung）」が作成され、

市長、市参事会、長老、ギルド長によって、ミュンスターの市民、ギルド員、アインヴォーナー、その他諸々の人々に対し布告された[521]。クルーゲによれば、この「規律規則」は、1529年8月25日にシュトラースブルク市で出された「法規と規約（Constitution und Satzung）」を参考に作られていた[522]。この中で、剣の職務と公然とした悪徳の処罰、誓いや呪詛・言葉による神の冒涜、説教や祈りの妨害、両親への侮辱、姦通、売春、強姦、売春の斡旋、暴飲暴食、賭博、高利貸しや不当な買い取りが取り締まり対象として挙がっているように、これは人々の宗教生活だけでなく風紀に関わる広範な規則を含んでいた。倉塚の指摘によれば、これらの規則の順番は、ロートマンが作成した3月の「綱要」で予告した規則と一致しているため、おそらく「規律規則」の草稿はロートマンによって書かれ、市参事会側説教師の加筆修正により完成したと思われる[523]。「規律規則」には、幼児洗礼や聖餐式のパンと葡萄酒を嘲笑する者に対する処罰についての規定もあるが、この部分が市参事会側によって追記された部分であることは確実である[524]。ここでは、規律監督官が任命され、市内の教会や風紀に関わる問題を監督し処罰することになっていた[525]。ただし、この「規律規則」は、布告されただけで実際に実行されることはなかった。

　「規律規則」の最後には、後に「教会規則」と「学校規則」が公表されるという予告が述べられていた。説教師任命に関する「教会規則」、キリスト教的・世俗的規律のための「規律規則」、神の栄誉と公共の福利のために若者に教育を行おうという「学校規則」の三つが、良きキリスト教徒としての生活をつくり出し、維持するために必要であるとされている[526]。ここからミュンスターの宗教改革では、教会管理、宗教的世俗的生活の規律、教育による、住民の生活の聖化が目指されていたことが分かる。

　「規律規則」は、二つのサクラメントに関する部分を除けば、ロートマンの手による草稿にかなりの程度依拠していると思われる。そのような規則を市参事会と全ギルド会議が布告したことは、サクラメント以外の教えについては、依然としてロートマンとルター派の間では、基本的な

見解に違いがなかったことを示唆している。

1.2.2　低地地方のメルヒオール派との接触

　この時期、低地地方からメルヒオール派の一人ヤン・ファン・ライデンがミュンスターにやって来て、ヘルマン・ラーメルトの家に7月25日まで滞在した[527]。メルヒオール派とは、メルヒオール・ホフマン（Melchior Hoffman）の流れを引く低地地方の再洗礼派である[528]。メルヒオール・ホフマンはバルト海沿岸を回る毛皮商人だったが、俗人説教師としても活動していた。彼は1530年に北ドイツの商業都市エムデンにやって来ると、約300人に洗礼を行った[529]。ホフマンはその後シュトラースブルクへ去ったが、彼から洗礼を受けた弟子たちが、フリースラントやアムステルダムで洗礼を行い、信徒を増やしていった。しかし1531年に弟子たちが逮捕・処刑されたため、ホフマンは2年間洗礼を停止するよう命じた[530]。そのため、この時期メルヒオール派は新たな洗礼を控えていた。

　低地地方では既に1520年代から宗教改革思想が伝わっていたが、ルター派だけでなく、聖餐象徴主義者、さらにはプロテスタント的カトリックなど、改革傾向を持つ多様な人々がいた[531]。聖餐象徴主義者の多くはメルヒオール派に移行した[532]。こうしてメルヒオール派も低地地方の宗教改革諸派の一角を担うようになった。そして、遅くとも1533年夏にはミュンスターのロートマン派は、低地地方のメルヒオール派と接触を始めていたことになる。

1.2.3　二つのサクラメントに関する討論会

　市内でのロートマン達の活動を抑えるために、8月7日と8日に市参事会員、長老、ギルド長やルター派説教師、カトリックの聖職者、そして市外から呼ばれたルター派人文主義者ヘルマン・ブシウス（Herman Busius）等の学識者在席の下、二つのサクラメントに関する討論会が開催された[533]。討論会の開会の辞でヴィークは、開催の目的をこう述べている。幼児洗礼批判の説教や不実行、キリストの身体と血のサクラメントに反する教えは皇帝や諸身分によって定められた皇帝の法によって否定され

ており、神聖ローマ帝国による処罰や2月に結ばれた宗教協定の破棄、反乱やセクトや不健全な教義が生じ広まることを避けるためだと[534]。

このヴィークの言葉は、ミュンスター市当局の公式見解を表明したものだと言える。ここから、教義問題を一貫して仲裁人の判定に委ねようとしたカトリック期の市参事会と異なり、ルター派市参事会は主体的に教義問題に関与したことが分かる。このような市参事会の態度の変化は、2月に結ばれた協定によって市参事会が教義を含めた市内の教会管理を司る権限を得たためであると思われる[535]。

討論会では、一日目こそロートマン派、市参事会側双方が互いに自説を主張し合った。議論はその日に終わらなかったので、翌日続きを行うことになった。一日目の締めくくりに、ヴィークは市参事会の権威により、ロートマン派説教師に、今後二つのサクラメントに関する説教を行わないよう、市参事会が神の言葉で鑑定する時までは、再洗礼やその他の改革を待つよう命じた[536]。二日目はロートマンが前日の市参事会側参加者の主張に対して一方的に反論を行った。ブシウス達はそれに対しその場で反論せず、長時間の議論で疲れたため、後日文書で返答したいと市参事会に求めた。しかし、市参事会と長老、ギルド長は、ロートマン達に市内での二つのサクラメントに関する説教を禁じて、討論会は幕を閉じた[537]。

ヴィークが討論会の開始前からロートマン派のサクラメント論が誤りであると明言していること、また市参事会側参加者はロートマンの主張に反論できなかったにもかかわらず、市参事会と全ギルド会議が、ロートマン達に説教禁止を命じていることから、市参事会やヴィークにとって討論会開催の主要な目的は教義そのものの正否ではなく、帝国による処罰、司教との宗教協定の破棄、市内での反乱といった都市の平和やルター派体制確立に対する脅威を取り除くことであったことが分かる。

市参事会は宗教協定で市内の教会管理に関する権限を得たため、それ以前とは異なり、教義問題にも積極的に関与するようになった。ただしその目的は、教義そのものというより、都市の平和や市内でのルター派

体制確立にあった。

　また、長老とギルド長も市参事会側、つまりルター派の立場でこの討論会に参加していた。全ギルド会議の行動は、制度的に諸ギルドの決定に拘束されているため、彼らがルター派市参事会と共にロートマン派の活動を抑えようとしていたことは、既にギルド員の間ではロートマン派ではなくルター派が多数派になっていたことを意味している。このことから、ロートマン達が幼児洗礼批判を始めた時点では、市参事会員を含めた市内の全福音派住民が彼らを支持していたにもかかわらず、次第に都市住民の支持を失っていき、少数派に転落したことが分かる。そのため、この時期市参事会の政策がヴィークの影響を受けてお上的になり、ゲノッセンシャフト的理念に基づいた改革から逆行していると受け取られたため、住民は市参事会の政策に反発し、ロートマン達に対する支持が高まったとするシリンクや倉塚の推測は事実と合致していない[538]。

　このことは、ギルド員を含めた福音派住民の多数派がロートマン派説教師達への支持をやめたのは、主に彼らの教えの政治的危険性を懸念したためであったことを示唆している。既に述べたように、ロートマンたち説教師の象徴主義的聖餐論と幼児洗礼批判は、一度は市内の福音派に受け入れられていた。市参事会員がロートマン達の教義を支持しなくなったのは、ヴィークからこれらの教義の持つ危険性について聞かされたからであるが、このことは、ミュンスターの市参事会員は、それまでロートマンたちのサクラメント論が持つ政治的危険性に気づかなかったことを意味している。同じことは、市参事会員以外の福音派住民にも当てはまるであろう。そして、この教義の危険性とは、討論会でヴィークが述べたように、帝国による処罰、司教との宗教協定破棄、市内での反乱である。ギルド員をはじめとする他の福音派住民も、市参事会員同様に、これらの政治的危険性を懸念して、ロートマン達の支持をやめたと考えられる。

　この推論は、市内では二つのサクラメントに関する議論では、依然としてロートマン派説教師が圧倒的に強い立場にあったことからも裏づけ

られる。市内の説教師もまた、ロートマン派とルター派に分かれたが、討論会でルター派がロートマンに反論できなくなったことからも分かるように、市内のルター派説教師達は、教義論争でロートマンに対抗できるほどの力を持っていなかった。またルター派説教師達もまた、前年秋からずっと、時には聖餅を冒涜するなどの扇情的な行為を行いながら、教区教会で象徴主義的聖餐論を説いていたため、急にルター主義的な聖餐論を唱え始めても、説得力はなかったであろう。また、ヘッセンの神学者からミュンスター宛てに送られた、ロートマン達の教義を反駁する鑑定書も、鑑定書内で大きく取り上げられていた教区による説教師任命権が市内で問題になった様子がないことを考えると、ミュンスターで大きな影響力を持ったとは考えにくい。以上の点を考慮すると、ミュンスター住民にとっては、ルター派のサクラメント論よりも、ロートマン派のサクラメント論の方が、遙かに大きな説得力を持っていた可能性が高い。

　そのため、ギルド員がロートマン派支持を止め、ルター派支持に立場を変えたのは、二つのサクラメントに関する教義の正当性よりも、それらの教義が持つ政治的危険性をより重視していたためだと思われる。

1.2.4　説教師の説教禁止・追放をめぐる交渉

　ケルゼンブロークによれば、討論会の2日後の8月10日午後3時頃、聖エギディ教会でヘンリク・ロルが説教をしていた時[539]、ルター派の市参事会員ヨハン・ヴェンデモラーが彼を説教壇から引きずり降ろし、「頬に烙印を押された悪漢」と呼び、教会から出ていくよう命じた。すると、アンナ・ミリンクと他の多くの女性達が以下のように叫んだ。「神に仕える男を説教壇から押しのけ、説教中の彼を邪魔し、市民の利益になる教えをねたむとは恥ずべき悪行だ。他の者によって加えられた暴力を当然防ぐべき者が、自らの暴力を抑えないとは。これは前例のない不敬虔な犯罪であり、それゆえ罰さずに見逃すわけにはいかない。これに目をつぶるなら市参事会は解任され、福音の自由を迫害する者の代わりに、好意を示し、愛し、促進し、増大させる者に取り替えるべきだ。」この言

葉で、女性達が大声を出しながら群れ集まってきた。その間にこの騒動に恐れをなしたロルは教会から消えてしまった。ヴィンデモラーも教会から逃げ出した。敵対者がいなくなったので、この女性による騒擾はすぐに鎮まった[540]。

　9月7日に、市参事会員ヨハン・ランガーマン、ルター派名望家ペーター・フレーゼとその他の市民達により聖ランベルティ教会に連れていかれた幼児の洗礼が、ロートマン派説教師シュタプラーデによって拒否されるという事件が起こった[541]。また、ケルゼンブロークによれば、ロートマン派説教師達は討論会で負けたことを認めず、自分達の教えを守っていた。そのため市参事会は、幼児洗礼に関する伝統的な教会の慣習と教えをより安全に固守すべきであると判断し、ロートマン派の説教師達の説教禁止、さらには市外への追放を命令した[542]。幼児洗礼を実行しなかったシュタプラーデは、短期間ながらミュンスター市を離れた[543]。

　9月17日には、ロートマン派説教師、つまりロートマン、ヨハン・クロプリス、ゴットフリート・シュトラーレン、ヘンリク・ロル、ディオニシウス・フィンネによって、市参事会に対し、彼らの職務を妨害しないよう求める要望書が提出された[544]。

　聖ランベルティ教区では、反乱的でお上に従わないという理由でロートマンが説教師の職から罷免され、説教師として受け入れることが拒否された[545]。そのため、ランベルティ教区では教区民の多くがルター派で市参事会支持であったと思われる。これ以降、ロートマンは教区教会の中で最も小さい聖セルヴァティ教会でのみ説教することを許された[546]。

　しかし、ロートマン派市民からの突き上げがあったせいで、長老とギルド長は、市参事会にロートマン達説教師の追放取り消しを要請した[547]。そのため、市参事会は、ロートマンの説教師解任、聖餐論と洗礼論以外の説教禁止を撤回し、他の説教師にも市内滞在は認めるなど、態度を軟化せざるをえなかった[548]。このことから市内でのロートマン派の勢力は、全ギルド会議や市参事会が無視できないものであったことが分かる。

ただし、既に見たとおり、全ギルド会議は市参事会と共に市内のルター派体制を維持する姿勢を明確にしている。全ギルド会議の決定は、各ギルドの決定に拘束されているので、ギルド内で既にルター派が多数派を占めていたことは確実である。実際に、説教師全員の追放は免れたものの、説教が許可されたのはロートマンだけであり、しかも二つのサクラメントに関する説教以外に限られるなど、ロートマン派説教師の活動が大幅に制限されたことには変わりなかった。そのため、この時期ロートマン派の勢力は、市参事会や全ギルド会議にとって、無視できないほどには大きいが、完全に従わねばならないほどではなかったと思われる。また、ロートマンと他の説教師の間で扱いに大きな違いがあるため、ロートマンの説教禁止に対する反発が市民の間で特に強かったことが推測できる。さらに、この決定が文書化されたときに、ロートマンのところに文書を持ってきたのは市参事会員やその使者ではなく、数人のギルド長だったので[549]、全ギルド会議が市参事会とロートマン派説教師の仲介役を果たしていたことが分かる。

1.2.5　教区民の態度

この時までは市内の教区教会の多くでロートマン派説教師がそれまで通りの司牧活動を行うことが可能であったと思われる。11月に市内の教区教会全てが閉鎖される時点では6つの教区教会のうち聖エギディ教会、ユーバーヴァッサー教会、聖セルヴァティ教会の三つがロートマン派説教師の司牧する教会であり、聖ランベルティ教会、聖ルートゲリ教会、聖マルティニ教会の三つがルター派説教師の司牧する教会であったと推測される[550]。この直前まで聖ランベルティ教会でロートマンが司牧していたこと、長い間聖セルヴァティ教会では説教師が不在であったことを考えると、春以降宗派分裂が始まって以降の大半の期間、ロートマン派説教師が司牧する教区教会が三つ、ルター派説教師が司牧する教会は二つと、ロートマン派説教師が司牧活動を行っていた教区教会の方が多かったことになる。

しかし、市内では、聖ランベルティ教区を除けば、教区民が自分の教

区の説教師を変更しようという動きは見られなかった。既に市内ではルター派が多数派になっていたであろうことを考慮すると、全ての教区でルター派の住民が多数派を占めていたと思われる。にもかかわらず、ロートマン派説教師が司牧している教区のルター派住民から説教師の罷免を求める声が上がらなかった理由としては、以下のようなことが考えられる。

　一つ目は、既に多くの住民が、自分が住んでいた教区以外の教会に行っていたことである。ルター派でもロートマン派でも、熱心な信徒が、自分が支持しない宗派の説教師が司牧している教会に通い続けていたとは考えにくい。そのため、自分が支持する宗派の説教師が司牧している他の教区教会の礼拝式に参加していた者が多数いたと思われる。

　二つ目は、説教師が、ルター派かロートマン派かを重要視していなかった教区民がいたことである。特にどちらの宗派に肩入れをすることもなかった福音派の教区民は、そのまま自分の教区教会に通っていたはずである。

　三つ目は、そもそも教会に行かず、宗教的問題に関心を示さなかった教区民がいたことである。

　上記のような者がそれぞれ教区民のどの程度を占めていたかは不明である。しかし、教区教会の説教師罷免を提案した場合、教区民の間で深刻な論争を引き起こし、教区民同士が争う危険性があることは明白であった。そのような危険を冒してまで自分の教区の説教師を変更しようとするほどロートマン派に強く反対していた者は、各教区で強い影響力を持たなかったことは確かである。

　他方、ロートマンが司牧する聖セルヴァティ教会以外では、ロートマン派説教師の活動ができなくなったため、この時期からロートマン派は、夜人々が寝静まった頃に個人の家で集会を開き説教を聞いた[551]。また、個々人が自分で聖書を読んだり、学んだり、他の者に聖書について教えたりした[552]。その中には、ハーフィックホルストの妻やアンナ・ミリンクのような女性も含まれていた[553]。

210

市参事会の使者は10月6日の領邦議会で、市内が分裂し、多くの民衆を抑えておけない、彼らは市参事会に激しく抗議し、命の危険をかけてロートマンの教えを守っていると述べている。そして、学識者の助けによって誤った教えを取り除き、神の言葉に合致した者に置き換えるために、ミュンスター司教の支援を求めた[554]。この使者の発言や全ギルド会議の仲裁により、市内には少なからずロートマンの支持者がいることが分かる。

1.2.6　大聖堂説教師をめぐる市参事会と司教の対立

市参事会は市内での福音派分裂に悩まされる一方、再びミュンスター司教からの強い政治的圧力に晒されることとなった。ミュンスター司教は1533年秋以降、領内での宗教改革運動拡大を阻止するために、強硬手段を用いるようになった。先ず9月7日に司教の命令で、デュルメン市の福音派説教師と何人かの市民が逮捕投獄された[555]。ザッセンブルクの役人は、ヴァーレンドルフの市民数名を逮捕した[556]。アーレン市とベックム市でも福音派説教師が罷免された[557]。さらに9月29日、司教は各教区に手紙を送り、聖餐と洗礼について旧来のやり方を保つよう命じた[558]。また10月6日の領邦議会で、司教はヴァーレンドルフ市に対し、自分を侮辱し洗礼や聖餐の秘跡を否定した説教師を都市から追放するよう求めた[559]。このように司教は実力行使により諸都市で広がっていた宗教改革運動を鎮圧していった。そのためミュンスター市参事会は、市内ではロートマン派、市外では司教という敵に同時に対抗しなければならない極めて厳しい状況に置かれていた。

しかしこのような状況下でも、市参事会は市内のカトリック説教師を排除し、市内でのルター派宗教改革の貫徹を試みた。市参事会は10月6日の領邦議会で司教からハインリヒ・ムンペルトに大聖堂での説教を許すよう求められたが、10月15日にこの要求を拒否した[560]。そのため司教は10月19日に、宗教協定に基づき市参事会の管轄下に置かれたのは教区教会のみで、大聖堂での聖職者の行為に介入するのは不当であると主張し、大聖堂でのムンペルトの説教再開を求めた[561]。

10月21日に市参事会は、司教に対しこう返答した。協定の中には司教座聖堂参事会員達が、宗教のことで煩わされることなく生きることが許される以上のことは見つからないので司教の要求は正当性がなく、宗教を異にし分裂と激昂を引き起こすであろうムンペルトに説教をさせておくわけにはいかないと[562]。

10月28日に司教は再度ミュンスター市に、ムンペルトに説教させるよう求める手紙を送ったが、市参事会は反対に彼を市外に追放した[563]。市参事会は司教に送った12月3日の手紙で、ムンペルトの追放は「より大きな争いの種となることを避け、さらなる騒動や蜂起を予防するためにやったことであり、全市参事会員の合意によって推進されたことである」と自らの行為を正当化した[564]。

ムンペルトをめぐる交渉で市参事会は、教区教会だけでなく大聖堂の説教師に対する管理も自らの権限に入ると見なしている。このことは教会問題に対し常に受動的な態度をとり続けた1525年の騒擾や1532年の宗教改革運動の時とは異なり、市参事会が主体的に市内教会や聖職者に対する司教の干渉を排除し、市内でのルター主義宗教改革を貫徹させようとしていたことを示している。またこの交渉は、市内での宗派分裂の深刻化と司教からの圧力の増大が同時に進行するなど、ミュンスター市参事会を取りまく状況が急激に悪化した時期に行われたが、市参事会は司教に一切譲歩する様子を見せなかった。このように1532年7月以降の宗教改革運動の際と同様に、司教による実力行使は市参事会の譲歩を引き出すことができなかった。また市参事会は、ムンペルトの説教禁止や追放は市内の分裂や不和を避けるためであると主張していたが、ここから市内での分裂や不和を避けることが、市参事会のルター派体制確立の主要な目的であったことが分かる。

1.3　市内での三宗派対立の激化
1.3.1　『二つのサクラメントに関する信仰告白』
　市参事会がムンペルトをめぐって司教と厳しい交渉を続けている最中

の10月22日、ロートマンは『二つのサクラメントに関する信仰告白』を起草し、他のロートマン派説教師と連名で11月8日に出版した。そしてこの中で、幼児洗礼批判と象徴主義的聖餐論を再び主張した[565]。

ロートマンは、この著作の中で、洗礼と聖餐という二つのサクラメントを教会共同体を形成し、維持するための基盤だと位置づけている。

彼によれば、先ず個々人は教会に属するための準備として神の言葉を聞かなければならない。福音の言葉を聞き確固とした信仰を持つことで、人は神の子どもに数えられるようになる[566]。

こうして福音の言葉を聞き、信仰を持った敬虔な者が洗礼を受けることによってキリストの共同体が形作られる。信仰を持ち、その信仰を口で告白することによって、信仰者は一つの聖なる教会へと受け入れられる[567]。そして洗礼を受けた者は、全ての罪を洗い流し、自らをキリストに身を委ね生きる義務を負う[568]。信仰を伴わない幼児への洗礼は、キリストが命じた本来の洗礼ではなく、全ての穢れや堕落の源泉である[569]。

洗礼によって信仰者が聖なる教会を形作ると、このキリストの共同体は聖餐によって維持される。主の晩餐で信徒達が共にキリストの記念のために食べそして飲み、互いに信仰と愛を告白することによって、キリストの共同体を守るのである[570]。

ロートマンは、聖なる教会はキリストを信じる者の共同体であり、信仰と愛の聖性の中で神の名を讃美せず、隣人に心から十分に奉仕しない者は誰も属してはらないと考えた[571]。また、彼によれば、聖餐式に不信仰者が参加することは許されなかった[572]。

既に述べたように、ロートマンは1532年の『信仰告白』の時点で、教会を正しい信仰生活を送る聖人のみによって作られる聖人の共同体だと見なしていた。『二つのサクラメントに関する信仰告白』では、この傾向がより顕著となり、敬虔でない者を教会から排除するという主張に至った。つまり、分離主義的傾向が強まった。ただし、ヴァルツフートやニコルスブルクで、世俗権力と協力して全住民から成る再洗礼派教会を作ろうとしたバルタザル・フープマイアー（Balthasar Habmaier）の例を見れば

明らかなように、幼児洗礼批判が必ずしも分離主義的な教会観と結びつくわけではない[573]。そのため、ロートマンの洗礼・聖餐観の変化も、直ちに彼が都市共同体の住民全員を含む教会を作ることを諦めたことを意味するとは限らない。しかし、ロートマン達は市参事会との争いを経験することによって、現実的に都市共同体全体を聖化することは困難だと考えるようになり、分離主義の方向へと傾いていったことは確かであろう。つまり、彼らの分離主義的志向の強化は、単に彼らの教会共同体理念だけに由来するというよりは、ミュンスター市内では分離主義的なかたちでしか本来の洗礼に基づくキリストの共同体を創ることができないという現実的制約に由来していたと思われる。

1.3.2. 三宗派の武装対立

　ロートマンは約束を反故にし、二つのサクラメントに関する説教を再開した。コルヴィヌスやケルゼンブロークによれば、ロートマン派の反乱を恐れたために、市参事会はロートマン派説教師を逮捕する等の処罰をできなかった[574]。そのため、市参事会は11月2日にルター派のトン・ノルデが司牧する聖マルティニ教会を除く市内の全ての教会を閉鎖し、ロートマンの説教を禁止した[575]。この措置によって、ロートマン派説教師は市内で合法的に説教を行うことが完全に不可能になった。

　さらに市参事会は、11月3日にロートマンをはじめとする説教師を民衆の反乱なしに市外に追放するため、長老とギルド長と協議した。しかし、この協議は日暮れまで続いたが、結局説教師達の追放については何も決まらなかった[576]。

　そのため、市参事会は翌日11月4日に、ロートマン派対策への支援を求めるべくカトリックの都市貴族と富裕な名望家達をマルクト広場に召集した。そこで彼らが協議を行った結果、ほぼ全員がロートマン派説教師を市内から追放すべきだと叫ぶなど、両者が協力するという合意が成立した。その後都市貴族や他の市民は自分達の名前を公言し、書面に記録し、援助が必要ならば武装して支援することを約束した[577]。市参事会は、11月5日に使者をミュンスター司教と司教座聖堂参事会員の下へ派

遣し、ロートマン派説教師に安全通行証を発行するよう求めた。聖堂参事会員の下へ派遣されたのは、旧市参事会員の何人かであった[578]。司教が司教区の役人に説教師達の安全保護を命じたのは 11 月 10 日のことであった[579]。

11 月 5 日には、市参事会、長老、ギルド長、都市貴族と名望家が、説教師の追放により再洗礼派の脅威から都市を解放し、平和を回復するためにマルクト広場に集まった[580]。その際マルクト広場に集まったカトリック市民が、ロートマン派説教師を追放しようと武器を持って集まってきた。ロートマンが伝えるには、カトリック支持者はロートマン派の住民に「鼻をそぎ耳を切落して二頭の犬の間に吊してしまえ！」と叫んだという[581]。『懺悔の書』によれば、カトリックはロートマン派を簡単に打ち殺せるほどずっと数が多かった[582]。また、司教座聖堂参事会員とその奉公人、下級聖職者達は、武器を持ってカトリック市民を援助した[583]。

しかし、説教師達の追放に関する前日の決定が繰り返されるとすぐに、アーレンから来たある市民が、それに続きマルクト広場に集まっていたカトリック支持者が次のように叫びだした。ロートマン派説教師やその教えに感染した者だけでなく、助言と援助により彼らを市内に招いた者や彼らを支援したことがある者、つまり市内の宗教改革運動でロートマン達を助けていたルター派も追放すべきだと[584]。

そのため市長ティルベックは、彼らに対し怒りを露わにし、善良で無実の者達に襲いかかろうという彼らの気まぐれは鎮圧されねばならないと叫んだ[585]。それを聞いた多くのロートマン派が、カトリックに対し「涜神者たちよ、お前たちの企ては今日は上手く行かないぞ。お前たちが取り決めたように、お前たちが我々を殺すことも、街から追い出すことも出来ないはずだ。何故なら我々には、勢力も武器もあるからだ。」と叫び、市参事会と共に武器を持ってカトリックに対抗しようとした。しかし、市参事会はロートマン派の支援の申し出を拒絶した[586]。

この後各派は分かれ、カトリック支持者はマルクト広場から退出したが、ロートマン派は武器を持って再び集まり、聖ランベルティ教会の墓

地に立て籠もった。他方市参事会員達は市庁舎に立て籠もった[587]。劣勢だったロートマン派は、市外から助けを呼んだ。両派は夜警を立て、武器を持ったまま一晩対峙し続けたが、翌日11月6日の未明に、市参事会と民衆から選ばれた名望家たちの間で交渉が行われた。その際顧問ヴィークは、同じ市の市民であり、一つの体の各部分であり、同じ城壁の中に住み、同じ一つの宣誓によって結びつき、同じ法に従っている彼らが互いに殺し合うことは父祖の戒めや自然に反しているので、「自然と理性と妻子の安全と市の福利と、さらにまさしく一致の主たる神御自身が欲せられ命じられていることに、それぞれ思いを致してもらいたい」と述べ、争いをやめ和解するよう呼びかけた[588]。ヴィークのこの演説によって両派の衝突が避けられた。

　結局、市参事会は長老とギルド長と共に、幼児洗礼に反対する説教師が市内に滞在することを禁じるなど、市参事会に有利なかたちで協定が結ばれた[589]。しかし、ロートマンのみは説教を禁止されるだけで、市内に滞在することは許された[590]。ケルゼンブロークは、この時の協議の様子を以下のように描写している[591]。再び説教師の追放が協議されたとき、長老レデッカーが市参事会と顧問ヴィークに怒りを表し、ヴィークに多くの騒動や改革の責任を帰した。それに対しヴィークは「お前は家へ帰れ、そして財布を守ったらどうだ！」と返答したという[592]。二人の口論が続いたため、市長二人がとめた。反対者はいたものの、彼らは民衆に人気があるロートマン以外の説教師の追放を決めた[593]。

　ただし、ヴィークによれば、その後も、何人かの長老とギルド長が、ロートマンの説教を許すように求め続けていた[594]。

　この騒擾では、ルター派、カトリック、ロートマン派の三宗派の支持者が、武器を持って対峙することになったが、その際それまでの騒擾で度々組織的に行動してきたギルドは、全く組織的行動を行わなかった。全ギルド会議は、ロートマンたち説教師を市外に追放することに反対していたとは言え、基本的には市参事会と共にルター主義を守ろうとしていたので、ロートマン派を支援するはずはなかった。また、ケルゼンブ

216

ロークがこの騒擾に参加したロートマン派として名前を挙げているク
ニッパードルリンク、ルーシャーがギルド員だったことを考えると、ギ
ルドが市参事会を組織的に支援していたこともありえない。そのため、
武装したルター派、カトリック、ロートマン派は、それぞれが所属する
ギルドや市区に関係なく、自分が支持する宗派を守るために自発的に武
器を取った者だと思われる。このことは、この騒擾以前の全ギルド会議
の対応にも現れていたように、ギルドも支持宗派によって分裂しており、
宗教問題で一致団結し組織的に行動することができなくなっていたこと
を示している。

　そのため、この騒擾における三宗派の勢力は、それぞれの宗派の動員
力を反映していると考えられる。つまり、自らの意志で武器を取るほど
強くその宗派を支持していた男性の数を反映していると。三宗派の中で
最大勢力だったのは、騒擾で勝利したと言っても良い市参事会率いるル
ター派であったと思われる。市参事会がどのように動員をかけたのかは
不明であるが、市内では市参事会率いるルター派が最も大きな動員力を
持ったことは確かである。

　マルクト広場に集まったカトリック支持者が、『懺悔の書』の記述のよ
うに、実際にロートマン派を軍事的に圧倒するほどの人数だったかは不
明である。ロートマン派も自分達には十分な勢力や武器があると述べて
いたため、両派の勢力はある程度均衡していたとも考えられる。しかし、
カトリックがルター派と比べ圧倒的に少数派であったことは、1532年以
降の市内の宗教改革の進展の仕方を見れば明らかである。さらに、カト
リック支持者は主に都市貴族や名望家、旧市参事会員などの上層市民か
ら構成されていたため、マルクト広場に集まった人数はそれほど多くは
なかったと思われる。

　マルクト広場に集まったロートマン派も、カトリックが彼らに対抗で
きると思っていたこと、彼らがルター派に対抗するには人数が足りない
と思い市外に支援を求めていることを考えると、やはり少数であったと
はずである。

以上のことを考慮すると、この騒擾に武器を持って参加したカトリックやロートマン派男性は少数であり、ロートマン派を一方的な降伏に追い込むほどの勢力は集められなかったルター派も、市内の男性の大部分を動員できたわけではなかったと考えられる。このことから、この騒擾に参加するほど各宗派を強く支持していた男性は、市内にいた全男性の極一部であり、大部分の男性は彼らの支持宗派にかかわらず武器を取り、マルクト広場に集まることはなかったと推測される[595]。

　ギルドや市区、あるいはゲマインハイトというそれまでの騒擾で大きな役割を果たしてきた組織がこの騒擾の動員に一切関わっていなかったことは、武装した三宗派の支持者が、必ずしも市民であったとは限らなかったことを示唆している。つまりこの騒擾には、市民権を持たない貧しい男性や若者も多数参加していた可能性がある。

　またこの騒擾から浮かび上がるのは、おそらくルター派支持者の中にも、ロートマンの追放に反対する者が少なからず含まれていたことである。この騒擾では市参事会に有利な和解が行われ、ロートマン派説教師が市外に追放されることになったが、結局ロートマンの追放を押し通すことはできなかった。市参事会やヴィークが、ロートマンを最も危険視しており、彼を最も追放したいと考えていたにもかかわらず、それができなかったのは、全ギルド会議が反対したためであり、ロートマンが依然として民衆に人気があると彼らが認識していたためであった。

　市内でのロートマン人気の高さは、この騒擾を含む全ギルド会議の態度によっても裏づけられる。全ギルド会議は、夏以降基本的には市参事会と共に市内のロートマン派の活動を抑えようとしていた。しかし、彼らは、9月と11月3日の二度にわたり、ロートマン派説教師の追放に反対した。また、11月6日の和解案でロートマンだけは市外への追放を免れたのは、市参事会員が民衆に人気があったロートマンの追放を恐れていただけでなく、全ギルド会議の意向も反映させたためだと考えられる。

　全ギルド会議が説教師追放に反対したのは、長老レデッカーが顧問ヴィークと敵対していたことや彼を含む幾人かの全ギルド会議メンバー

218

が個人的にロートマン派説教師を支持していたためでもあろう。しかし、全ギルド会議は、ロートマン派の長老やギルド長の意向に反して、一貫して市参事会と共にルター派体制を確立させようとしていたことから分かるように、ロートマン派成員の個人的な意向が、全ギルド会議全体の決定を左右できなかったことは確実である。制度的に全ギルド会議はギルド員の多数派の意向を無視することができないため、全ギルド会議が市参事会と共にロートマン派の活動を抑えようとすることも、ロートマン派説教師の市外追放に反対したことも、ギルド員の多数派の意向を反映したものだと考えられる。つまり、ギルド員の多数派は、基本的には市内のルター派教会とそれを支える市参事会を支持していたが、ロートマン派説教師達の活動を極度に制限することには反対していたと推測できる。

　以上のように、ギルド員の多数派はルター派であり、ロートマン派は少数派に過ぎなかった。にもかかわらず、ロートマンの追放に反対する者がギルド内部で多数派になったのは、ルター派の中にもロートマンの追放に反対する者が少なからずいたことを示している。ロートマン派自体はギルド内部で少数派だったとしても、彼らに同情的なルター派がロートマン追放に反対したため、ロートマンの追放に反対する者が多数派になったのであろう。つまり、宗派間の分裂が深刻になっているこの時期でも、ルター派ギルド員のかなりの者は、市内の宗教改革を支えてきたロートマンとその仲間の説教師に同情的ではあるが、彼らのサクラメントの教えには反対し、市内では市参事会が指導するルター主義的体制の確立を望んでいたと考えられる。市参事会がロートマン追放に躊躇していたことを考えると、おそらくこのような傾向はギルド員だけでなく、ルター派住民全体に当てはまるであろう。この推論は、上記の武装対立に参加した男性、つまり極めて強く自分の宗派を支持している男性の数がそれほど多くなかったという推測と整合的である。

　カトリックの中心を成したのは門閥市民や名望家、旧市参事会員であったので、彼らの中には33年3月まで市参事会員としてミュンスター

における福音主義体制確立に携わっていた者が含まれていた可能性が高い。つまり、前市参事会員は、職務として市内の福音主義に基づく改革を進めたが、個人としてはカトリックにとどまっていたことになる。ここから、市参事会員としての態度決定と個人の信仰は、必ずしも一致しなかったことが分かる。

　司教座聖堂参事会員とその奉公人、下級聖職者が、武器を持ってカトリック市民を援助しようとするなど、両者は協力関係にあった。また、カトリックはロートマン派の殺害を公言していた。そのため、カトリックを支持した門閥市民層は、他宗派の都市住民よりも聖職者身分により強い同胞意識を感じていたと思われる。

　この騒擾から、ルター派の市参事会は、宿敵であるカトリック市民と手を組むほど、ロートマンとその仲間の説教師を危険視していたことが分かる。しかし、市参事会は、結局ロートマン派に対する武力行使を行おうとしなかった。このことは、市参事会が1525年や32年のように軍事的に不利な時だけでなく、軍事的に有利な時でも、都市住民の武力衝突を避け、血を流すことなく都市の平和状態を回復させようとしていたことを示している。市内の平和維持は市参事会の義務であるので、市参事会員は一貫して彼らの義務に忠実であったことが分かる。

　この騒擾に参加したロートマン派としてケルゼンブロークが名前を挙げている4人のうち3人、すなわちヘルマン・クランペ（Herman Krampe）、クニッパードルリンク、フーベルト・ルーシャー（Hubert Ruescher）は選挙人経験者であり、クニッパードルリンクとルーシャーはこの年の選挙人であった[596]。長老レデッカーが市参事会やヴィークに対し敵対的な態度を取ったり、ヴィークが何人かの長老とギルド長がロートマンの説教を許すよう求めていたと述べているように、ギルドで指導的な地位にあった二流の名望家達の中にも、公然とロートマンを支持する者がいたことが分かる。

1.3.3　シュトラースブルクとミュンスター

　この時期に、ミュンスターで、メルヒオール・ホフマンに関する噂が

流れていた[597]。11月11日のシュトラースブルク市参事会の議事録によると、ヴィークはシュトラースブルクの市参事会員ヤコブ・シュトゥルム（Jacob Sturm）に向けた手紙で以下のことを伝えた。ミュンスターでは、シュトラースブルクでメルヒオール・ホフマンが勝利し、街中が彼の意見を支持しているという噂が広がっている。そのため、大きな不都合が生じるかも知れない。市参事会と説教師がそうでないことを手紙でミュンスターに伝えれば、民衆は静まるかもしれないと[598]。

　しかし、実際には、この議事録で市参事会が述べているように、ホフマンは6月11日にシュトラースブルクで開かれた教会会議の前後に間違った教えを説いたという理由で投獄されていた[599]。

　ヴィークからの手紙を受け、シュトラースブルク市参事会は、ホフマンに対する反駁書をミュンスターに送り、ルター派説教師ブリクティウス・トン・ノルデが低地ドイツ語に翻訳し、1533年中に出版した[600]。

　このヴィークの手紙は残っていないが、ここから、ミュンスターで11月初めまでに、ホフマンの名前と教えが知られていたことが分かる。ミュンスターでいかにホフマンに関する噂が伝えられたかは不明である。しかし、低地地方の都市ミッデルブルフのメルヒオール派指導者コルネリウス・ポルダーマン（Cornelius Poldermann）が、11月26日直前にシュトラースブルク市参事会に宛てた手紙で、低地地方と同様にミュンスターでも、彼らの教えが真実だと説教され、公然と信仰告白が書かれていると書いているように、ミュンスターの情報は低地地方にも伝わっていた[601]。

　また、フリースラントの都市レーウワルデンの再洗礼派オベ・フィリップス（Obbe Philips）が、後年シュトラースブルクでのホフマンの様子を描写する際に、彼が書いたことは当時毎日のようにシュトラースブルクのホフマンのところに行き来していたメルヒオール派達から口頭で聞いたことだと述べている。彼はさらに、彼らはホフマンから毎日手紙を受けとっていたとも書いている[602]。このことから、低地地方のメルヒオール派とシュトラースブルクのホフマンの間では、使者や手紙を通じた密

な交流があったことが分かる。シュトラースブルクのメルヒオール派とミュンスターのロートマン派の接触については史料的に確認できないが、低地地方のメルヒオール派とは既にこの年の夏には接触があった。ボルダーマンがミュンスターの状況について知っていたことを考えても、おそらくその後も低地地方のメルヒオール派とミュンスターのロートマン派の接触は続いており、低地地方経由でシュトラースブルクのホフマンに関する噂がミュンスターに伝えられた可能性が高い。

1.3.4　ヘッセンの説教師達によるルター派体制の確立

　11月初めの騒擾の直後の11月8日に、ヘッセン方伯によって派遣されたヨハン・レニンク（Johann Lening）とテオドール・ファブリキウス（Theodor Fabricius）という二人の説教師がミュンスターにやって来た[603]。彼らは　11月15日にロートマンと会談し[604]、その翌日教会でロートマン派の説教師達とは教えについて意見が一致した、洗礼についての意見の相違はあったがそれは些細なことだと説教した。ヴィークによれば、それに対し、ロートマンの支持者達は、教えが一致しているのなら何故説教師を追放するのかと市参事会に悪態をつき、サクラメントの問題は些細なことではなく、そのために喜んで死ぬと述べた[605]。しかし、翌日11月17日までにロートマン以外の説教師達が市外に立ち去り[606]、11月18日にはファブリキウスとレニンクが、新たな教会規則を起草した[607]。

　市参事会によれば、ファブリキウスの説教は民衆を信仰や従順へ突き動かし、ケルゼンブロークによれば、多くの人々を引き付け、ロートマン派から信徒を引き戻すほどに、市内で大きな影響力を持った[608]。ここから、ファブリキウスの説教がそれまで市内にいたルター派説教師よりも格段に優れており、説教の説得力でロートマンに対抗できるほどだったことが分かる。また、教会での説教の優劣が、人々の宗派決定に大きな影響を及ぼしていたことが推察される。

　コルヴィヌスによれば、ロートマンはルター主義的な聖餐に反対し続けていた。ある時にはパンを粉々にし、涜神的な言葉と共に床に投げ、「見よ、ここに肉と血があるが、もしこれが神ならば、それは地上から立ち

上がって聖壇の上に再び鎮座するであろう。これでキリストの血も肉もサクラメントの中には存在しないことがわかったであろう。」と言うことがあった[609]。これは、ルター派が唱える聖餐のパンと葡萄酒にキリストが現在するという教えに対する極めて扇情的な批判である。コルヴィヌスがルター派であったことを考えれば、これはロートマンを貶めようという意図で行った記述かも知れず鵜呑みにできない。しかし、市内でのルター派との争いが激しくなる中で行為が過激化していたことは可能性として考えられる。

　また、ロートマンは、支持者の家で私的に説教を行うことをやめようとしなかった。当初夜に行われていた集会は、参加者の人数が増え昼にも行われるようになっていた。説教の時間は銃の音で知らされ、集会にはロートマン派しか受け入れられなかった[610]。

　ロートマン派説教師は9月初めに説教を禁止されて以来、10月末から11月初めの短い期間を除いて、聖餐論や洗礼論を公に説教する機会を持っていなかった。そのため、9月までにロートマン派の支持者になっていなかった住民が彼らのサクラメント論に触れる機会は、日常生活の中でロートマン派の説教師や住民と直接話す時、あるいはロートマン派説教師の神学的著作を読む時など、かなり限定されていたはずである。さらに、ロートマン派の活動が市内で禁止されるなど市当局の取り締まりの対象になっていたことを考えると、ロートマン派支持者が9月初め以降大きく増加するとは考えにくい。むしろ、減少していたと考える方が自然である。そのため、ロートマン派の説教が支持者のみが参加できる秘密集会のみで行われるようになった11月には、ロートマン派支持者の増加は止まっており、支持者が固定化されていたと推測することができる。

　このように市内でのロートマン派説教師の活動は公式な領域では完全に行えなくなった。しかし、市参事会や顧問ヴィークは、ロートマンがこのミュンスターを去らない限り、市内に平和は訪れず、争いによって破滅すると手紙で述べているように[611]、依然としてロートマンを危険視

223

していた。そのため彼らは、その後もロートマンの活動を抑え、彼を追放し市内の宗派分裂を解消しようと試みた。

　市参事会はリプシュタットの説教師ヨハン・ヴェスターマン（Johann Westermann）を呼び寄せた。彼はミュンスターに到着すると、11月23日の午前中にユーバーヴァッサー教会で、午後にエギディ教会で説教を行った[612]。

　ロートマンの手によるパンフレットが様々な場所で見つかったため、11月27日に二人の市長、二人の陪席員、二人の建築監督官、さらに数人の取り巻きがロートマンの家を訪れ、家にある印刷機を没収した[613]。

　11月28日には二人の市長、顧問ヴィーク、市参事会員ランガーマンと都市裁判官ベルホルトが、内容を検証させるために修道士達に教会規則を渡した[614]。さらに、ファブリキウスが11月30日に聖ランベルティ教会で公開した教会規則は、市参事会、長老とギルド長、ゲマインハイトによって受容された[615]。ケルゼンブロークによれば、教会規則はほとんど全員の拍手によって承認されたという[616]。何人かの仲間を連れたロートマンは、教会で公然とファブリキウスを罵り、教会墓地でも彼を嘲笑した。そのため、周りの群衆がロートマンに押し寄せ、袋叩きにあいそうになり、ロートマンはその場を離れて難を逃れた[617]。市参事会、全ギルド会議、ゲマインハイト全てが教会規則を認めており、ロートマンのファブリキウスへの攻撃も反感を買うだけだったことから、この時期には、ロートマン派は市内でかなりの少数派になっていたことが分かる。

　翌日12月1日に、ファブリキウスは再び聖ランベルティ教会で、ロートマンを痛烈に批判する説教を行った[618]。12月初頭にはレニンクがヘッセンに戻っていったが、ファブリキウスはミュンスター市内に残り、司牧活動を続けた[619]。さらに、ヴィルトハイムは、市参事会の許しを得て12月6日に聖ルートゲリ教会の司牧を引き受けた[620]。

　以上のように、12月初頭までに、市内では市参事会、全ギルド会議、ゲマインハイトがルター主義に基づく教会規則を受け入れ、一時期閉鎖されていた教区教会も開かれ、ルター派説教師達による司牧が再開され

224

るなど、ルター派体制が確立された。他方ロートマン派は、公の場では一切の活動が禁じられ、パンフレットの配布による支持者拡大も不可能になり、教会でのルター派への攻撃も失敗に終わるなど、八方塞がりの状況に追い込まれていった。

1.3.5　鍛冶職人の逮捕をめぐる争い

　このような厳しい状況の中で、ロートマン派の行動が次第に過激化していった。12月8日に鍛冶屋の職人ヨハン・シュローダー（Johann Schroder）が聖ランベルティ教会の墓地で市参事会とファブリキウスを非難する説教を行い、自らの命を賭けてファブリキウスと論争することを約束した[621]。

　12月11日に市参事会は、11月30日のファブリキウスの説教妨害の罰としてロートマンの追放を決定し、彼の市内滞在許可と安全保護を取り消した。市参事会の使者がこれをロートマンに伝えると、彼は追放を恐れず、彼の敵より神に従うと返答した。この出来事がロートマン派住民に知らされると、彼らはロートマンの下へやって来た。そして、天の父はキリスト者の堅固さを試そうとしているが、苦境の時には彼らを助け、不信仰者の計画を打ち砕くだろう。そのため恐れることなく自身の職務を果たすべきである。自分達は息ある限り不信仰な者たちのあらゆる暴力からあなたを守り抜くことを約束すると、ロートマンを励ました[622]。

　ケルゼンブロークによればこの約束を信頼して、ロートマンは12月14日日曜にクニッパードルリンクなど彼の支持者を伴い、聖セルヴァティ教会へ向かった。しかし教会は閉まっていたので、彼は教会墓地の菩提樹の下で非常に短い説教を行い、すぐに解散した[623]。

　同日12月14日にファブリキウスは、聖ランベルティ教会で福音主義的なやり方で聖餐式を執り行った。その時ファブリキウス以外にも、ヴェスターマン、ブリクシウス、ヴィルトハイム、グランドルプ、ランガーマン、ベルホルトらルター派の説教師や指導的市民が出席していた。しかし彼らはそのためロートマン派から様々な罵倒を受けた[624]。

　翌日12月15日に鍛冶職人ヨハン・シュローダーが再び公然と説教を

行うと、市参事会は前回と異なり彼を逮捕、投獄した[625]。しかし、翌16日、支持宗派にかかわらず全ての鍛冶屋ギルド員の大群が市参事会に押し寄せ、彼らの仲間を釈放するよう切願した。それに対し市参事会は、シュローダーは扇動的かつ反乱的でお上を誹謗する者なので、死罪に値するとこれを拒否した。すると、鍛冶屋達は、彼は神の霊によって駆り立てられ、良きことを教え、悪しきことを批判しただけなので、扇動や反乱、誹謗の罪を犯していないと反論した。それに対し市参事会は、以下のように返答した。都市の中で職業は区分されるべきであり、もし区分されるべき職業が混交するならば平和を保つことはできない。逮捕された男は説教をするためではなく、鉄を鍛えるために召命されている。彼は異常な説教により街中を混乱させ、お上に逆らうよう人々を扇動し、方伯から派遣され、お上により公的な権威を受け取っているファブリキウスを侮り、自分で理解していないことに有罪判定を下し、自分の妄想にすり替え、人々に異常なことを勧め、分裂させようとした。そのため残りの者たちが平和に暮らせるように、時々見せしめのために反乱が罰されるべきである[626]。

　これに鍛冶屋達は以下のように返答した。彼は生来の悪人ではない。彼は美徳と信仰に駆り立てられて、悪を非難し、真理を広めようという熱意から信仰と福音に一致していることを説いた。彼はただ平和を願い、不適当な慣習を非難しただけである。もし善を行ったり、有益な警告により市民の救いを求めることが恥辱の名に値するというのでなければ、彼は盗み、反逆、強盗、追い剥ぎなど死罪に値することを行っていない。お上の許可なしに良きことを行うことが許されないほど、キリスト者の自由は狭くない。そのため、私達はこの無実の仲間を断じて見殺しにはしないと[627]。

　鍛冶屋達の騒動が激しくなったので、市参事会はこの問題の解決を翌日まで延期しようと提案したが、鍛冶屋達は既に十分論議したとさらに解放を要求した。市参事会が翌日彼を釈放すると約束すると、鍛冶屋達は市参事会の命令で彼を釈放しなければ、明日ではなくすぐに監獄の門

を壊し、彼を解放すると叫んだ。そのため、身の危険を感じた市参事会
員達は、復讐断念を誓約させた後シュローダーを釈放させた。彼が釈放
されると、鍛冶屋ギルド員達に酒場に連れられ、彼らはそこで夜通し飲
み明かした[628]。

　倉塚は、職人逮捕に鍛冶屋達が強く抗議し彼の釈放を求めた理由を、
市参事会が全ギルド会議の逮捕同意権を侵害したからだと推測してい
る[629]。1525年5月に修道院襲撃の首謀者が逮捕された時と同様に、今回
も市参事会は、全ギルド会議の逮捕同意権を侵害したためギルド員によ
る抗議を受け、逮捕者を釈放せざるを得なかったと思われる。

　ただし、鍛冶屋ギルド員と市参事会の論争で中心的な争点となってい
たのは、逮捕同意権ではなく、万人祭司主義の是非であった。市参事会は、
シュローダーの説教内容が反乱的で扇動的だったことだけではなく、鍛
冶職人である彼が自らの職分を超え、説教師の職分を侵犯したことを、
都市の平和を乱すものとして危険視していた。それに対し、鍛冶屋達は、
シュローダーが説教をした動機が純粋に宗教的で、都市の福利を増進さ
せようとするものであり、反乱的なものではなかったと擁護した。さら
に、お上の許可なしに行う説教が罪であるという考え方を否定し、彼が
無実であると主張した。つまり、市参事会が万人祭司主義を否定し、説
教師のみに信仰に関わる説教を行う権限を認めていたのに対し、鍛冶屋
達は説教師以外の者も説教を行うことが許されると万人祭司主義を擁護
していた。このことは、万人祭司主義を認め、市参事会の職分論を否定
する点では、ルター派とロートマン派ギルド員の間に意見の違いがな
かったことを示している。

　さらに、鍛冶屋ギルド員は、自分達の仲間を不当な逮捕から救う場合
には、支持宗派の違いを乗り越え一丸となって行動する堅い結束力を示
していた。『懺悔の書』では、「もしキリストが鍛冶屋ギルドにいたなら
ば　自らの意志で十字架に掛けられることはなかっただろう　彼のギル
ドの兄弟達が彼を苦境から救うことができただろう」という鍛冶屋ギル
ド員たちの言葉が紹介されているが[630]、彼らは自分達のギルドを成員が

相互に助け合う共同体だと見なしていた。そして、ルター派も職人解放に参加していたことから、彼らにとってギルド員同士の結びつきは、宗派による結びつきよりも強かったことが分かる。しかもこの件では職人をギルド員全員が助けていることから、その相互扶助は正規のギルドの成員である親方に限られるものではなく、補助的な成員である職人にも適用されていたことになる。

　他方、市参事会は、鍛冶屋ギルド員という少数の住民の実力行使に対抗できず、自分達の政策を貫徹することができなかった。このことは、市参事会は、全ギルド会議やゲマインハイトの支援を受け入れられない場合には、たとえ少数派であったとしても都市住民が一体となって行う政治的圧力に対抗する力を持っていなかったことを示している。

1.3.6　ロートマン派の行動のさらなる過激化

　12月21日、ロートマンは再び市参事会の命令を無視し聖セルヴァティ教会で説教を行い、多くのロートマン派がその説教を聞いた。他方、ケルゼンブロークによれば、ルター派は聖ランベルティ教会でファブリキウスによる聖餐式に参加し、カトリックはただ沈黙し嘆き悲しんでいた[631]。

　ファブリキウスをはじめとするルター派説教師は、ロートマン派に公開討論会を呼びかけた。市参事会は学識者や福音派諸侯の前で、聖書の言葉に基づき議論を行おうとしたが、ロートマンは討論会への参加を拒否した。そのため、討論会の開催は立ち消えになった[632]。

　12月28日にはルター派説教師ヴェスターマンがミュンスターでの仕事を終え、リプシュタットに帰る一方[633]、11月に追放されたロートマン派の説教師達が、ミュンスターに帰還してきた。1534年1月1日には、ロートマン派説教師ロルが聖エギディ教会に入り込み説教を行った。しかし、それを知った市参事会は使者を送り、説教が終わった後教会の鍵を閉じさせ説教できないようにした[634]。同日ロートマン派は、聖マルティニ教会でルター派説教師ブリクシウスを説教壇から引きずり降ろした[635]。このように、ロートマン派は公然と実力行使による説教妨害を行うように

なった。

そのため市参事会は、聖ランベルティ教会以外の全教会を閉鎖し、市内のルター派説教師の説教も中止させ、聖ランベルティ教会でのファブリキウスの説教のみを許した[636]。

1.3.7　ロートマン派女性による市参事会員への要求

1月4日の午後3時頃、何人かの女性がマルクト広場で市長達に以下のような要求を行った。「見知らぬ者で、余所者で、ヴェストファーレンの言葉を理解せず、余所の方言で何かを話し、軽率で、愚かで、悪霊に取り憑かれているおしゃべり男であるファブリキウスは、その職を解任されるべきだ。しかし、それに対し、賢明で、土地の言葉に通じ、非常に雄弁で、敬虔で、あらゆる学問に通じている男であるロートマンが、その職に任命されるべきだ。」[637]市長達は、ファブリキウスが論争で負けなければ解任できないし、ロートマンも論争で勝利しなければ受け入れることはできないと彼女たちの要求を拒否した。さらに彼らは、彼女達がこういった問題に口出しするのは女性らしい作法に適っておらず、このような問題は女性が関わるようなものではないので、家に帰るよう勧告した。そして、自分達がこの都市のことをなおざりにすることはないと保証した。しかし女性達は、その返答を聞くと怒りだし、こう言った。「あなた方は都市に役立つことをしようとしないので、市長などではない。あなた方は祖国をなおざりにしているので、祖国の父ではない。むしろ、あなた方は殺人者よりもなお酷い。身体だけでなく、魂から栄養をだまし取り、神の言葉の飢えと欠乏で魂を残酷にも殺しているので。」彼女達はそう言って去っていった[638]。

翌日1月5日、前日と同じ女性達が、ユーバーヴァッサー女子修道院の修道女6人と共に、市庁舎に集まっていた市参事会員に対し、再びロートマンを聖ランベルティ教会で受け入れるよう懇願した。しかしこれも、受け入れられなかった。彼女達は会議が終わり市庁舎から出てきた市長と市参事会員達に再びお願いをしたが、やはり聞き入れられることはなかった。そのため女性達は通りで市長達の後を追い、周囲の家から多く

の人が見物に集まってくるほど大声で酷い罵倒を行った。何人かが罵倒をやめさせようとしたが、彼女達は逆にこう言った。「お前達も初めは福音派だったじゃないか。そして運動をけしかけていたではないか！ところがどうだ、今は変わってしまい、教皇派にまた溶けこもうとして、ファブリキウスの手からヘッセンの神さんを喰い[639]、神の言葉を弾圧し、それが説かれることを許しもしないではないか。だが、もうすぐお前達はこの背神を悔やむことになる、報いの罰を受けることになるのだから。」彼女達はさらに罵倒を続け、路上に落ちている牛や豚や馬の糞を市長達に投げつけたが、彼らはこれに耐え続けた[640]。

　このように、二度にわたりロートマン派の女性が、市長と市参事会にロートマンの説教の許可を求める直訴を行った。ケルゼンブロークは、慣習によればマルクト広場では誰でも市長に話しかけることが許されていたと述べているので、都市住民が市長たちに直接要求を行うこと自体はミュンスターでは普通のことだと見なされていたことになる[641]。しかし、市長達は、意見を述べに来た女性達に、こういった問題に口を出すのは女性には相応しくないと述べていたので、今回のような女性による市長への直訴はかなり珍しい行為であったことが分かる。

　女性達は、単に慣習に従わない請願方法を採っただけでなく、請願を受け入れられなかったことに腹を立て、市長や市参事会員を追い掛け回し、罵倒し、家畜の糞を投げつけるなどの行為に出た。このように常軌を逸した行為を行ったことは、既にロートマン派の住民によって行われていた様々な実力行使と同様に、彼女達をはじめとするロートマン派の住民が、自分達の目的を達成するために都市の慣習に基づく手段を使う気がなくなっていたことを示している。

　また、女性達は、市長たるものは都市の公共の福利を守る義務があると述べた。そして、説教師の任命など宗教的な事柄も公共の福利に関わる問題であり、市長の管轄であると主張していた。その際、女性達は、正しい説教を聞くことは、自分たちの魂の救いに関わる問題であり、公共の福利にとって最も重要なことであると見なしていた。このような公

共の福利観は福音派住民一般に見られたものであり、ロートマン派女性達の考えはその他の福音派住民と共通していたことが分かる。

また、女性達はもうすぐ背信の徒は報いを受けると述べていたが、この後顕在化するようにロートマン派の間ではすでに終末期待が広がっていたので、もしかすると彼女達もまた、もうすぐこの世の終わりが訪れると考えていたのかもしれない。

1.4 再洗礼派共同体の成立と再洗礼派統治の始まり

1.4.1 再洗礼派共同体の成立

このように市参事会による市内統制が麻痺している中、オランダ再洗礼派の指導的預言者ヤン・マティス（Jan Mathys）によってオランダから派遣された二人の使徒バルトロメウス・ブークビンダー（Bartholomeus Boekbinder）とヴィレム・デ・カイパー（Willem de Kuiper）によって、1534年1月5日にミュンスターで成人洗礼が導入された。彼らは、ロートマン派説教師たちと他何人かに洗礼を行い、三日後にミュンスターを離れた[642]。ロートマンはクニッパードルリンクとその仲間を彼の家に呼び、密かに相互に洗礼を行った。ロートマンや仲間の説教師は当初ロートマンの家で密かに洗礼を行っていたが、洗礼を受ける者が増えてくると、やがて受洗を望む者たちを公然と洗礼するようになっていった[643]。エギディ女子修道院の修道女7名、ユーバーヴァッサー女子修道院の修道女のほとんども洗礼を受けた[644]。洗礼を受けた者の名前は記録され、洗礼者名簿が作られた[645]。1月13日にヤン・ファン・ライデンがミュンスターにやって来たとき、既に約1400人が洗礼を受けていた[646]。

夫に無断で洗礼を受けたり、説教に参加したりする妻達もいた。1月11日に市参事会員クリスチアン・ヴォルデマン（Christian Wordemann）の妻は、ロートマンから洗礼を受けたが、女中から妻の洗礼を知らされた夫によって、歩けなくなるほど打ち据えられた。また何人かの妻は、用事があると夫に偽って、密かに説教師達の家に行き、ワインを飲み、教えを受けていた。これを夫が知った場合、彼らは妻を殴って連れて帰る

だけでなく、妻とつき合うのをやめるよう説教師達を脅した[647]。

　このように市内で成人洗礼が始まることによって、ミュンスターでついに再洗礼派共同体が誕生した。再洗礼派共同体は、自分の自由意志に基づき洗礼を受けた者のみが成員になることができるという、個人の意志と決断によって構築される信仰共同体であった。

　この洗礼が、ロートマン達ミュンスターの説教師ではなく、オランダの預言者マティスの使徒によって実行されたことは、この時期までにミュンスターのロートマン派説教師がマティスの権威を認め、メルヒオール派の影響下に入っていたことを意味している。そしてこのことは、おそらくミュンスターのロートマン派が、この時までにメルヒオール派の終末期待をも受け入れていたことを示唆している。メルヒオール・ホフマンは1533年末に終末が訪れると見なしていた[648]。終末が、日前に迫った具体的な期日に設定されていたために、切迫した終末期待を持っていたことがメルヒオール派の特徴であった。この時にはすでにホフマンが設定した終末の期限は過ぎ去っていたが、ホフマンの後に低地地方のメルヒオール派の指導者となったヤン・マティスが、終末の期限を1534年の復活祭である4月5日に延期していた[649]。

　ミュンスターにいつ頃どのような経路でメルヒオール派の終末期待が伝えられ、受け入れられたかは不明である。しかし、1533年7月にヤン・ファン・ライデンがミュンスターを訪れ、11月初めにおそらく低地地方のメルヒオール派経由でシュトラースブルクのホフマンの噂がミュンスターで広まっていた。さらに、11月にミュンスターを追放されたロルが『二つのサクラメントに関する信仰告白』を持って低地地方へ赴き、アムステルダムでマティスたちと会っていた[650]。そのため、遅くとも1533年秋にはメルヒオール派とミュンスターの間の交流が密になってきたことは確実である。その過程でメルヒオール派の終末期待がミュンスターに伝えられ、特に直接メルヒオール派とやり取りをしていた説教師達に受け入れられていったのであろう。

　しかし、それまで成人洗礼の実行を控えていた説教師たちが、洗礼を

受け、その後自分たちで洗礼を実行するようになった契機は、ラウバッ
ハが指摘するように、マティスにより派遣された二人の使徒が告げた終
末期待にあると思われる[651]。この時に二人の使徒がミュンスターでどの
ようなことを伝えたかは不明である。しかし、ブークビンダーとデ・カ
イパーがフリースラントのレーウワルデンで洗礼を行う際に述べたこと
が、その時自ら洗礼を受けたオベ・フィリップスによって伝えられてい
るので、そこから内容を推測することができる。使徒達はレーウワルデ
ンの人々に、こう述べたという。ヤン・マティスが言い表せないような
しるし、奇跡、霊的な業をもって彼らのところに現れ、自分達は聖霊降
臨の際に使徒が持っていたのと同じほどの力と奇跡をもって派遣され
た。神がまもなく全ての虐殺者、暴君、背神の徒を地上から絶滅させる
ので、キリスト者の血が地上で流されることはなくなるはずである。彼
らは、これに反論する者は霊に抗い冒涜する者であると見なし、永遠の
劫罰で脅した[652]。使徒達がミュンスターで大きく異なることを語るとは
考えにくいので、ミュンスターでも、マティスの権威と背神の徒への罰
が目前に迫っていることを、永遠の劫罰で脅しながら説教したはずであ
る。

　マティスは、神が選ばれた民を呼び起こし、洗礼によって刻まれるタ
ウのしるしを持っていない者は神の罰と怒りを受けると考えていた[653]。
二人の使徒はこのことも語っていたであろう[654]。そのため、キルヒホフ
が指摘したように、終末が数ヶ月後に迫っており、洗礼によってタウの
しるしを刻まれなければ、背神の徒として神の罰を受けるという間近に
迫った終末期待こそが、ロートマン派が市内での洗礼実行に踏み切った
最大の理由であったと思われる[655]。

　ロートマン派の説教師は、信徒達に、この世の全てを放棄し、腐敗し
た身体の装飾を捨てるか、全てを売り払いその代金を共用のために提供
するか、説教師の家に持ってくるべきだと呼びかけた。というのは、自
らの財産を貧しい兄弟や説教師の生計のために費やす者以外は、盟約と
永遠の救いに与ることはできないからである[656]。それに応えて、ロート

マンのところに指輪や銀の鋲や金の留め金で飾られたベルト、その他の装飾品を持って行く妻達がいた。彼女達は夫によって脅され、それらを取り戻すように求められた[657]。またクニッパードルリンクの非常に富裕な義母であったクララ・ブラントは、印章のついた借金証書だけでなく、受け取っていた利子も返却した[658]。

　再洗礼派は数が増え、ロートマンの家だけでは彼らを収容できなくなったので、説教や時間を決めて洗礼を行うための家が教区毎に決められた[659]。この家々に入れるのは既に洗礼を受けた者か、確固とした証拠で自分は洗礼を受けたいということを門番に信じさせた者だけであった。もし証拠を示すしるしが露見した場合、別のしるしに置き換えられた[660]。

　再洗礼派は男女共に合い言葉を持ち、他の宗派の住民には父であれ母であれ話しかけることも、付き合うこともなくなった[661]。彼らは通りで会うと、握手とキスをし、「愛する兄弟よ、神の平和があなたの上にあるように」と言い、「アーメン」と返答した。お互いを見分けるためのしるしには、言葉以外のものもあった。女性たちは縁なし帽を被り、それが再洗礼派であるしるしになった[662]。このように再洗礼派は、自分たちを外見的にも他宗派の住民と区別し、彼らとは肉親であっても口を利かないなど、再洗礼派共同体の成員とそれ以外の住民を厳格に分けるようになった。

　再洗礼派共同体が誕生し、市内での宗派分裂がもはや解決不可能な段階へと突入したとき、市参事会や全ギルド会議は、市内の異分子である再洗礼派に対して打つ手を失った。

　1月11日に再洗礼派は、聖ルートゲリ教会でルター派説教師ヴィルトハイムを教会から追い出した[663]。

　他方、1月12日にロートマンは現在ミュンスター司教に安全通行証の発行を頼んでおり、それを得たらヘッセン方伯のところに行くつもりだと述べた手紙をヘッセン方伯に送っている[664]。倉塚が本気で行くつもりがあったかどうか疑っているように[665]、洗礼を始めた後にミュンスター

234

を離れると述べていることは不可解であるが、彼は結局ヘッセンに赴くことはなかった。

他方、ミュンスター司教からミュンスター市への圧力も強まっていた。司教は、1月に領内の福音派12人を処刑し、領内の再洗礼主義拡大を防ぐために、1月23日にロートマン派説教師と彼らを支援するミュンスターの全住民の安全、自由、公的な保護、安全通行証の剥奪、逮捕を命じる布告を全司教領で公布した[666]。

1月25日にロートマンは、午前8時から10時まで聖セルヴァティ教会で説教を行った。ケルゼンブロークによれば、既に洗礼を受けた者だけではなく、ルター派やカトリックの住民も説教に参加していたのを見た彼は、説教の終わりに、真珠は豚ではなく、洗礼者名簿に記名された選ばれた者のみに投げ与えられるべきであると述べた。その後彼は公の場で説教するのをやめ、何人かの市民の家で密かに説教を行うようになった[667]。このようにロートマンは、他宗派の住民を自分たちに引き入れようという気も既になくしていた。

1.4.2. 1534年1月末の騒擾と信仰自由令

ミュンスター司教からの圧力の増大によりミュンスターの住民は、お互い疑心暗鬼になっていた。1月29日の午後5時頃、市民と住民の一部が武器を持って市庁舎の前に集まった。そのため市長達は長老レデッカーに何が起こっているのか問いただした。レデッカーは、司教が騎士身分に結集するよう命じたという知らせを受けたため、市民と共に市を警備しているのだと返答した。そして市長に、悪いようにはしないので家に帰るよう薦めた。そのため市長達は、見張りを監視するようレデッカーに頼んで家に帰った[668]。

レデッカーは民衆と共に朝まで警備を行った。7隊に分かれていた市民は、朝の6時頃マルクト広場にやって来た。レデッカーは、全てのギルド長に、計量所の前に来るよう命じた。そこに集まった民衆は、レデッカーとギルド長にこう伝えた。市長とその仲間が司教座聖堂参事会員や都市貴族と共に司教に門を開き裏切ろうとしていたと。そのため、市参

235

事会員を市参事会会議室に召集し弁明させることを求め、そうするまで解散しようとしなかった。レデッカーは、一部のギルド長と共にユーバーヴァッサー教会の教会墓地にいた市長達のところに赴き、このことを伝えた。その後市長達は、市参事会を召集した。そして市参事会員が集まったとき、長老達はギルド長達と共に、前述のことを伝えた。市長達が謝罪し、弁明を行ったので、民衆は静まり家に帰っていった[669]。

　その後市参事会と長老、ギルド長が話し合い、1月30日に次のような協定を結んだ。「ミュンスター市の市民や住民の間に互いに猜疑心が生じているので、かかるものは完全に除去されるべきであり、今後互いに友愛を持って、友好的に生き、互いに相手を中傷、侮辱、非難したりせず、神が改められるまで、各人にそれぞれの信仰が許されなければならない」[670]。

　このように市参事会は、住民の分裂を避けるために市内での再洗礼派の信仰の自由を認めざるをえなかった。再洗礼派の信仰を市内で容認した場合、ミュンスター司教や帝国のみならず、ヘッセン方伯をはじめとする福音派諸侯をも敵に回すことになることは市参事会も当然認識していたはずである。そのため、再洗礼派を排除する力を失った市参事会は、三宗派の住民間の争いを避け、市内の平和を維持するために、対外的安全とルター派体制の維持を諦めねばならなかったと思われる。

　この騒擾の直後の2月1日に、ファブリキウスはヘッセン方伯に、自分は他のルター派説教師達と共に可能な限り耐え忍び仕事を行い、全力で再洗礼派に反対する説教や論争、行動をしてきたが、我々を支援すべき人々から極めてわずかな支援しか得られていないので、もう長い間踏みとどまれないだろうと述べている[671]。このように、市参事会や説教師達を含め市内のルター派は再洗礼派に対し打つ手を失っていた。

1.4.3.　再洗礼派による預言と悔い改めの呼びかけ

　2月に入ると、再洗礼派の間では終末期待に基づく預言が次々と行われるようになった。ケルゼンブロークによれば、2月6日にロートマンが仲間と共にユーバーヴァッサー女子修道院に入り、結婚を称える説教

をし、翌日の夜12時に修道院の塔と全体が崩れると予言した。そのため、修道女の大半は翌日7日の朝に、引き留めようとする女子修道院長達の説得を聞かずに、ロートマンや他の市民の家へほとんど全ての財産を運び出した[672]。グレシュベクによれば、再洗礼派の説教師や預言者達が、街中を説教して回り、各修道院の修道女に修道院が沈むから洗礼を受けるよう呼びかけた[673]。ロートマンの予言は人々の間で広まり、2月7日の真夜中に多くの者が修道院の崩壊を見にやって来た。しかし、修道院は崩壊しなかったため、彼らは家へ帰っていった[674]。

　このロートマンによる予言がきっかけとなったのか、2月8日に再洗礼派の間で予言と悔い改めの呼びかけが連鎖的に広まった[675]。午後2時頃、仕立屋ゲオルク・トン・ベルク（Georg tom Berg）の16歳の娘が、聖ランベルティ教会の近くにあるベルント・スヴェルテ（Bernd Swerte）の家の上階のアーチの下に座り、通りに集まった多数の群衆に向かって説教を行った。彼女は、今や罪人が罰され、敬虔な者が称揚され報われるときであり、3日後にこの街と世界が滅びると予言し、その合間に時折「災いあれミュンスターの者達よ！災いあれ瀆神者達よ！」と呼びかけた。この説教は数時間にも及んだ。幼い頃に実際にこの説教を聞いていたケルゼンブロークは、それを聞いていた聴衆は、驚くよりも心の底から戦慄し、この先災いが訪れるだろうと感じたと述べている[676]。

　彼女が予言している最中、スヴェルテの家からほど近いクニッパードルリンクの家に、ヨハン・クラインシュニーダー（Johan Kleinschnider）の妻がやって来て、奇跡が火曜の前に起こる、そしてキリストの兄弟達はもうすぐ救われるだろうと予言し、「悔い改めよ！主が世界を罰そうとしておられる」と呼びかけた[677]。

　彼女の予言にクニッパードルリンクとヤン・ファン・ライデンも感化され、午後3時頃に彼らは市内のほとんど全ての通りを走り回り、「悔い改めよ！」と叫び続け、人々にそれまでの生活を改めるよう呼びかけた。それを聞いた何人かのカトリック住民は、エルサレムの崩壊を予言する恐ろしい声を思い起こし、涙を流しながらこの街は破滅するだろうと

237

言った。しかし、通りのあちこちに二人の狂態を嘲笑う者たちがいた。ケルゼンブロークによれば、それに対し二人はこう述べた。「汝らに災いあれ。神の霊に突き動かされた者を嘲笑う者、悔い改めの呼びかけを受け入れぬ者、我々の盟約を侮る者に災いあれ。悔い改め、正気に戻れ、天の父の復讐を招くようなことをするな」と。彼らは、マルクト広場に戻ってくると、街中から集まってきた多数の人々がいる中、抱擁しキスをした[678]。

彼らの精神状態が落ち着いてくると、今度はゲオルク・トン・ベルクが次のように叫び始めた。「愛する兄弟達よ、顔を上げよ。私は雲の中で輝き、勝利の旗を右手に持った神を見た。悪にしがみつく涜神者たちに災いあれ。正気に戻れ。数千の天使に取り巻かれた天の父が高みであなた方を酷く脅かしているのが私には見える。涜神者たちに災いあれ。悔い改めよ。大いなる恐るべき主の日がやってきた。正気に戻れ。永遠の断罪という罰と終わりのない責め苦が、キリストがマリアから人の肉を受け取ったと信じる者に待ちかまえている。正気に戻れ。神は今や彼の広場を浄化し、もみ殻を消すことのできない炎で燃やすであろう。悔い改めよ、もし神の復讐を免れようとするならば、我々の盟約のしるしを受け入れよ」と[679]。彼はこの予言の最中、言葉の内容に応じて、空を見たり、転げ回るなどの身ぶりをしていた。聴衆は彼が見えると言ったものを空に見ることができなかったので、彼の狂乱は周りの若者たちの見せものになった。そのため彼は、クニッパードルリンクと共に彼の家に帰っていった[680]。

さらに、糸巻き作り工であったヨースト・カレ（Joest Kalle）は、街中を馬で走り回り、天が墜落すると告げ、彼が不思議なもの、数万の天使を見たと叫んだ[681]。またある女性は、街中の通りを走り回り、あらゆる者に正気に戻るよう叫び続けた。そのため彼女の声が枯れてしまうほどだった。彼女は帯に鈴を付け、その音で人々の注意を引いていた[682]。さらにツィンマーマン家の女性（Zymmermänsche）もまた、「悔い改めよ、シオンの王がこの世に到来し、エルサレムが再建される」と叫んだ[683]。

238

夜には、盲目の乞食が通りを走り回り、悔い改めを呼びかけた。彼は何度も、空は驚くべき恐ろしい顔を示したと叫び、多くの人々の注目を集めた。彼はケーニッヒ通りに来ると、今や天が落ちようとしていると叫び、倒れ込んだ[684]。

　以上のような連鎖的な預言は、突発的に起こったものだと思われる。この口火を切ったのは16才の少女であり、彼女の熱狂的預言が他の再洗礼派住民の預言を引きおこしていた。前年12月の鍛冶職人の説教や1月の女性たちの市長への直訴等、前年末以来、再洗礼派の個々人が説教師や指導層の意向とは無関係に個人的に行動する例が見られたが、これも個々の住民が自らの衝動に突き動かされて行ったものであった。女性達に触発されて指導的な預言者ヤン・ファン・ライデンと再洗礼派市民クニッパードルリンクも預言を始めているので、この時期のミュンスター再洗礼派では、指導層と一般信徒の間の影響関係が双方向的だったことが分かる。

　彼らは一様に、他宗派の住民に悔い改めを呼びかけていたが、それは終末が極めて間近に迫っていると思っていたためであった。ミュンスターで再洗礼派が終末期待を持っていたことを史料的に確認できるのはこの事件が初めてである。しかし、この強い終末期待にはメルヒオール派の影響が顕著に見られる。このことは、遅くとも市内で信仰洗礼が始まった1月5日までにはミュンスターにメルヒオール派の終末期待が伝えられており、ロートマン派住民は、終末が近いことを信じて洗礼を受けていたことの傍証になる。

　ただし、メルヒオール派の考えが、ミュンスターの再洗礼派にそのまま受け入れられたわけではなかった。メルヒオール派の指導者ヤン・マティスが終末の期日として設定したのは1534年の復活祭（4月5日）であったのに対し、トン・ベルクの娘は三日後の2月11日、クラインシュニーダーの妻は火曜つまり2月10日に世界が終わると予言していた。ロートマン派説教師やヤン・ファン・ライデンは、マティスが設定した終末の期日を受洗者たちに伝えていたはずである。しかし、それを聞いた者は終末

が間近であると言うことは信じたが、期日についてはそのまま受け入れたのではなく、遙かに切迫していると感じたのであろう。

このように再洗礼派たちの預言には極めて切迫した危機感が現れていたが、これは、彼らを取り巻いていた市内外の状況と関係があったと考えられる。ミュンスター司教の脅威が間近に迫っているという不安感と市内の他宗派の住民に対する不信感は、1月末の騒擾を引きおこした原因であったが、連鎖的預言がその直後に生じたことを考えると、その際に出された信仰自由令は再洗礼派たちの危機感を和らげることはなかったと思われる。

終末が目前に迫っているという再洗礼派の切迫感は、彼らに他宗派の住民に対し悔い改めを呼びかけなければならないと強く感じさせたのであろう。彼らはもうすぐこの世の終わりがやって来て、他宗派の住民は罪人として神によって罰せられると預言していた。その際彼らは、神や天使、恐ろしい顔など空に様々な像が浮かんでいたのを幻視していた。またシオンの王が到来し、エルサレムが建設されると預言した女性もいた。このことは、彼らが、自分たちの住んでいるミュンスターで、終末が極めて間近に迫っていることを、いかに生々しく実感していたかを示している。だからこそ彼らは、倉塚が指摘するように、他の住民が神の罰を受けないように、今すぐ悔い改めるよう呼びかけていたのだと思われる[685]。

彼らの預言からは、具体的な期日を伴う終末期待以外にも、メルヒオール派の考え方の影響が見て取れる。

トン・ベルクは、キリストがマリアから人の肉を受け取ると信じる者が、最後の審判で有罪判決を受けると述べているが、この単性論的なキリスト論はメルヒオール・ホフマンの教えである[686]。このことは再洗礼派の説教師やマティスの使徒が、ホフマンの教えを市内で説教し、再洗礼派信徒がそれを受け入れていたことを示している。

さらに、新しいエルサレムを具体的な実在の都市に設定するという考え方も、元々ロートマンの考えにはなかったものなので、メルヒオール

240

派からミュンスターに伝えられたと思われる。ホフマンによれば、「霊的なエルサレム」はシュトラースブルクであった[687]。メルヒオール派の新たな指導者になったヤン・マティスが依然としてシュトラースブルクを新しいエルサレムだと考えていたのか、アムステルダムまたはミュンスターだと見なすようになっていたのかは不明である。キルヒホフは、マティスがミュンスターの使者から1月30日の信仰自由令についての報告を受け、ミュンスターが新しいエルサレムだと思うようになり、それが2月8日までにミュンスターに伝えられていた可能性があると指摘している[688]。ただし、キルヒホフの推定は史料的根拠に欠けており、かつ時間的にかなり厳しいため、それ以前にマティスの使徒や説教師によってメルヒオール派の新しいエルサレム観が人々に伝えられており、住民自身がミュンスターを新しいエルサレムだと見なすようになった可能性もある。

　再洗礼派の悔い改めの呼びかけは、まだ洗礼を受けていない他宗派の住民に向けられたものであった。彼らは既に他宗派の住民とのコミュニケーションを避けるなど分離主義的な傾向を見せていたが、この呼びかけは、彼らが他宗派住民に働きかける気がなくなったのではなく、逆に何とかして彼らを改宗させたいと考えていたことを示している。

　以上のように、ミュンスター再洗礼派の間では必ずしも行動や考えが統一されていたわけではなく、個々の信徒は説教師や預言者の説教を受け入れつつも、自分なりに解釈し直し、独自の言動を取っていた。さらに、再洗礼派の指導層と一般信徒の影響関係も双方的であり、女性を含めた一般信徒の自発的な言動が再洗礼派共同体内部で大きな影響力を持つことがありえたことも明らかになった。

　この連鎖的預言に対し、他宗派の住民は驚き戦慄したり、嘲笑うという否定的な反応を示していた。いずれにせよ、彼らは再洗礼派たちの行動を異様なものだと見なしていた。そのため、この連鎖的預言は、宗派の違う住民相互の不信感を大幅に高めたと思われる。

1.4.4. 1534年2月9～10日宗派間の武装対立

　2月9日の午前8時に、武装した市民が市庁舎前に集まり、叫びながらやって来た長老レデッカーが市参事会にこう伝えた。ドルトムントから来たある市民が、3000人の傭兵が野原に集まり都市を見張っていると、市民達に伝えたと。そのため、市長達がその男を市庁舎に呼び、傭兵についてたずねた。その間に市民たちは市門へ向かい閉鎖した[689]。

　市庁舎前にはますます多くの市民が集まってきた。その時クニッパードルリンクが、「父よ！」「汝ら悔い改めよ！」「お願いだ！」と叫びだした。それに続いて全民衆も、それを求めた[690]。この時市庁舎前のマルクト広場に集まっていた者は、クニッパードルリンクに唱和していたため、彼らのほとんどは再洗礼派だったと思われる[691]。ケルゼンブロークによれば、マルクト広場に集まった武装した再洗礼派の数は500人以上であった[692]。クニッパードルリンクはその後も絶え間なく叫び続けた。市参事会は、市参事会会議室を離れた。市民たちはマルクト広場と市庁舎前に集まったままであった。市長達は何人かの市参事会員と共にユーバーヴァッサー教会の教会墓地に向かい、ルター派達もそれに続いた[693]。

　市参事会員の何人かは、役人を通じてルター派とカトリックの市民をユーバーヴァッサー教会の墓地に召集した。ケルゼンブロークによれば、その結果市参事会側は、人数でも武器でも再洗礼派側を上回った[694]。

　再洗礼派は、マルクト広場全体を占拠し、防御を固め、大砲を設置した。反対に市参事会側も、教会墓地に通じる通りに大砲を設置し、大聖堂広場と教会墓地の間に掛かっている橋を跳ね上げた。市参事会側は、リープフラウエン門を襲撃・奪還し、市参事会員ヨハン・パリックとその息子、ユーバーヴァッサー教会の説教師フィンネとシュトラーレン、さらに他数人を捕虜にし、彼らをユーバーヴァッサー教会の塔に閉じこめた[695]。さらにユーデフェルト門も、市参事会側に占拠された。それ以外の市門は、再洗礼派側が占拠していた[696]。

　市内での緊張が高まる中、ケルゼンブロークによれば市参事会に疑いを持った市民達が、市参事会に無断で使者を派遣しミュンスター司教に

助けを求めた[697]。また、エギディ教会の教会墓地付近で、大砲をめぐっ
て再洗礼派と市参事会側の間で小競り合いが起きた[698]。市参事会側が現
状について議論を行ったとき、争いを終わらせ、新しい反乱を恐れるこ
とがないように、再洗礼派を攻撃することについては全員が賛成した。
その後、いかに大きな損害なしにこれを達成するかについての議論が行
われ、よりわずかな血しか流さず勝利を得られると思われる方法が多く
の者に認められた。しかし、その実行のためにはより多くの軍勢が必要
だと思われたので、夜になると何人かの市民が、援軍を求めるために派
遣された。彼らはヴォルベックの代官の権威に基づき、彼の従者に付き
添われ村々に赴き、銅器で音を鳴らし農民達に助けを求めた[699]。

　日が暮れ始めた頃から、市参事会側と再洗礼派側の使者達は、何度も
交渉を行った。そして夜になり再洗礼派側が、自分達は平和を望んでい
るだけであり、もし自分達の血を望むものがいれば奪うに任せると述べ
た。彼らはさらに、マルクトの民衆の間では、ある門が開かれ司教とそ
の役人に使者が送られたという噂が立っているが、それがマルクトにい
る者だけでなく、彼らとその子供に何をもたらすかを良く考えてほしい
と伝えた。市長達は何人かの仲間と話し合うと、自分達は彼らの血を望
まず、平和を望んでいると返答した[700]。

　市参事会側と再洗礼派側の夜警は、敵味方を区別するためにそれぞれ
合い言葉を作った。さらに市参事会側は、言葉なしで判別できるように、
武器に藁で出来た冠をつけていた。そして、再洗礼派と間違われて襲撃
されないように、再洗礼を受けていない者の家にも、同様に藁の冠をか
けるよう命じた。そのため、再洗礼派は通りを走りながら、真の神を等
閑にし、藁の神を信じ、助けを求めていると嘲笑して回った[701]。

　対峙した双方は、それぞれ内部で仲間を励まし合った。ケルゼンブロー
クによれば、市参事会側では、ファブリキウスが、励ましの言葉を投げ
かけると同時に、できる限り親族と市民の血を流さないことを懇願した。
彼はさらに、勝利の後に全ての市民反乱の元凶である教皇主義者の復活
を許さないよう注意を呼びかけた[702]。

再洗礼派側では、ロートマンやヤン・ファン・ライデン達が、神は瀆神者の襲撃から自分たちを守ってくれるはずなので、我々が勝利するだろうと励ましの言葉をかけた[703]。また、多くの再洗礼派女性がフィッシャーマルクトにあるパン屋の会館に集まり、マルクト広場にいる兄弟に敵に対抗する力を与えてくれるよう天の父に祈った。何人かの女性は他の者から離れ、通りの敷石の上を飛び跳ね、手をふりまわし、時折手を叩き、頭をふり、空を眺め、天の軍勢と数え切れない天使と共に天の雲に陣取り、今にも地上に降りようとしている天の父を見たと恐ろしい声で叫んだ。その後彼女達は集まりに戻り、ルターがドイツ語に訳した賛美歌を歌った。また、女性達のように錯乱する男たちもいた。武装した男達も、マルクト広場で絶え間なく賛美歌を歌い続けた[704]。

真夜中12時頃、ヴォルベックの代官と従者がミュンスターにやってきた。市門の前で、市長ユーデフェルトが、司教は市の特権と宗教協定を守るつもりかと尋ね、代官が司教は再洗礼派を罰したいだけだと返答したため、彼らは市内へ迎え入れられた。その後何人かの司教座聖堂参事会員と騎士たちもやってきた[705]。

クニッパードルリンクは、夜明け頃に市内のあらゆる通りを走り回り、「悔い改めよ！」と叫んだ。そして彼は、朝の7時頃にユーバーヴァッサー教会の教会墓地にもやってきて、「悔い改めよ！」と叫んだので捕縛され、説教師達や25人の再洗礼派と同じ塔に投獄された[706]。

朝8時頃には、ケルゼンブロークによれば、数え切れないほどの武装した農民達が、ミュンスターにやってきた。代官と司教座聖堂参事会員達は、何度も市長達に支援を申し出たが、市長ティルベックは、市に平和を取り戻すために外部の援助は必要としておらず、この件は血を流さず、酷い騒動を起こさずに解決できると返答した[707]。

再洗礼派は、市参事会側に再び使者を派遣した。その際彼らは以下のような弁明を行った。「我々が武器を握ったのは、同胞の市民に対してではなく、外部の敵と戦う時のための訓練であった。我々は司教の包囲を恐れていたので、穀物調達のため時折農村へ出撃することを考えてい

244

た。しかし、ユーバーヴァッサー側（訳注：市参事会側）の者達にこれを阻止された。ユーバーヴァッサー側が反乱と分裂を引き起こし、平和と信仰に疑いを抱いたので、我々は最初に武器を握った。いずれにせよ、我々は、司教や騎士のような敵を市内に入れることが何を引き起こすかを考慮するようお願いした。どのような自由や法、特権が残るであろうか。もし一度自由が失われたら、二度と回復することはないであろう。我々は自分の首で全てを支払うことはできるが、あなた方はあなた方の子孫を都市の崩壊によって永遠の奴隷状態に落とさず、彼らに自由を残すべきである。あなた方は、血と自由を代償にした平和が真の平和でも有益でもないことを理解するべきである。そのため、我々は支払うものがより少ない和解を心から薦めたい」[708]。

　この後行われた市参事会側の協議で市長ティルベックは、司教を市内に入れた場合、彼は都市の自由と特権を傷つけ、市民を殺し、彼らの財産を差し押さえ、拘留で脅かすなどして市民の特権を侵害し、彼らを福音主義から離反させようとするであろうと主張した。さらに彼は「私は市民が互いに血を流しあうこと、父が息子を、息子が父を、兄弟が、血や婚姻で結ばれた者たちが相互に傷つけ殺しあうことなど考えもしないし是認もしない」と述べ、外部諸勢力の助力を得ないで、市内の不和を静め調和を回復すべきであると提唱した[709]。

　最初は多くの者がこの市長の意見を不快に思ったが、もう一人の市長ユーデフェルトもこれに同意したため、ケルゼンブロークによれば、彼らの権威の大きさ故に誰も反対しなくなった[710]。そのため彼らは、「ユーバーヴァッサー側は、適切な条件で結ばれることが可能ならば、キリスト教的和解を嫌うことはない」と返答した[711]。両派は武器を置き、4人ずつ人質を出し、みんな家に帰り相互に猜疑心を持たないようにすることで合意した。そして、両派は各4人ずつ人質を選び、その8人は大聖堂広場に集まった。その後捕虜が解放され、市参事会員ヨハン・フォン・デフェンターと靴屋のヘルマン・トア・ナーテン（Herman tor Nathen）が市門を閉じ、鍵をキッベンブロークの家に持って行った[712]。

245

ヴォルベックの代官、司教座聖堂参事会員、騎士、農民達が市外に締め出され、騎士達と共にミュンスターに向かっていたミュンスター司教は、激怒しながら引き返していった[713]。

　交渉が行われている間、マルクト広場にいた再洗礼派は、空に三つの太陽が同時に現れるのを見た。また、炎のような雲が街の周りと上空を取り巻いたため、再洗礼派達は大聖堂や家々が燃えていると思った。ロートマンは後に、市参事会側がこの奇跡に驚いたため、和平を結ぶ気になったと述べている[714]。ヤコブ・フォン・オッセンブルク（Jacob von Ossenbrug）によれば、奇跡のしるしとして炎、煙、血が空に現れ、マルクト広場にいた再洗礼派はこれを喜んだが、他の者達は驚いていた。彼はこれを神の救いのしるしだと理解していた[715]。グレシュベクによれば、再洗礼派はこの炎のような雲を神のしるしだと見なし、もし農民や騎士が市から出ていかなければ、この火で焼かれていただろうと考えた[716]。ロートマンによれば、マルクトにいた再洗礼派は、喜びで跳びはね、7歳の子供に至るまで皆預言を行った[717]。

　ケルゼンブロークによれば、この時喜びの余り恍惚的な行動を取った者の多くは、女性であった。彼によれば、再洗礼派がマルクト広場を去った後、女性の大群が男達に壊されたバリケードの中に入り、マルクト広場を駆け回ったり、飛び跳ねたり、地面にうつぶせになったり、手を叩いたり、転がったり、叫んだり、泡を吹いたり、胸を叩いて嘆きを誇示したり、涙を流したり、笑ったりした。彼女達は皆、父に呼びかけた。ある者達は他宗派の住民の破滅、またある者達は救いを、ある者達は災いを、またある者達は慈悲と同情を、ある者達は盲目を、またある者達は開明を懇願した。彼女達は、数千の天使に取り巻かれた父なる神や血の雨、天から降ってきた青や黒の炎、炎の上にいる白い馬に乗った剣を持った男を見たと言っていた。彼女達は、他宗派の者に、汝ら涜神者達よ、今は悔い改めの時代であり、神がお前達を滅亡で脅かしているので、正気を取り戻すよう呼びかけた。そして、全ての女性達がいっしょに飛び跳ね、繋いだ手を高く伸ばしながら「おお父よ！おお父よ！おお偉大な

シオンの王よ！あなたの民をいたわって下さい！」と叫んでいだ[718]。

　翌日2月11日の午後1時に市参事会と長老、ギルド長が、市参事会会議室で協議を行い、捕虜を解放した後、相互に疑うのをやめ、友好的に生活し、信仰に関しては個々人に任せるという1月30日の信仰の自由に関する協定を再び結んだ。そして彼らは、これを家々をまわって伝えさせた[719]。

　このように、市内の住民が、市参事会側と再洗礼派側に二分され、一触即発の危機的な状況へと陥った騒擾は、市内での信仰の自由の再確認という結末を迎えた。

　今回の武装対立が起こった原因は、再洗礼派側が「不信仰者達は我々を殺そうとしていた」と述べ、幼い頃に自らこの騒擾を経験していたケルゼンブロークが「再洗礼派は我々を殺そうとしていた」と書いているように、市内の異なった宗派の住民が極度の相互不信に陥り、他宗派の住民が自分達を攻撃しようとしていると恐れていたためであった。再洗礼派が既に明確に分離主義的な態度を取ったり、預言を繰り返していたことを考えれば、ルター派やカトリックが再洗礼派に対し極度の不信感を抱いていたのは当然であろう。

　特に2月8日の連鎖的な預言は、他宗派の住民に嘲笑されるだけでなく、恐れられてもいた。世界の終わりの預言や悔い改めの呼びかけや、街中叫びながら走り回るなどの異常な行動を取る者が立て続けに出てくることは、再洗礼派以外の住民に、再洗礼派は何をするか分からないという恐怖心、さらに再洗礼派とはまともな意志疎通ができないという不信感を植えつけたであろう。騒擾が起こったのは、まさにその翌日の2月9日であった。このように、一連の預言によってルター派・カトリックが再洗礼派に対する不信感を著しく高めたことが、市内で噂が生じたときに、再洗礼派と他二宗派の住民が分かれ、対峙するに到った誘因であったと考えられる。

　この騒擾では、再洗礼派、市参事会派両派とも、相手を軍事的に制圧し攻撃する用意があった。にもかかわらず、再洗礼派側と市参事会側の

交渉では、双方共に平和を望む、都市の自由や公共の福利に配慮していると主張していた。しかし再洗礼派は、既に洗礼を受けず、悔い改めを行っていない他宗派の住民を瀆神者だと見なしており、彼らに同胞意識を持っていたかどうかは不明である。また、彼らは間近にこの世の終わりがやってくると信じていたので、都市の公共の福利という世俗的な規範をどの程度保っていたかは疑わしい。にもかかわらず、彼らは、市参事会側との交渉では、まさに都市の自由や特権といった公共の福利を守るよう考慮してほしいと述べながら、市参事会側と調停を行おうとしていた。このことは、市参事会側も再洗礼派側も、実際に彼らが都市の公共の福利や市民の利益に配慮しようとしていたかにかかわらず、交渉による合意形成の際には、自分達は公共の福利を守ろうとしているという姿勢を見せなければならないと認識していたことを示している。すなわち、公共の福利への配慮は、公式な領域での交渉においては皆が従わねばならない規範であり、それに反する言明は相手に認められないことを認識していたため、双方その規範に従わざるを得なかったのであろう。

このように、ミュンスターの住民は皆、公式な領域では公共の福利に配慮しない者の意見は、他の者によって受け容れられないことを了解していたと考えられる。だからこそ、個々人がそれぞれに自らの主張に対する他者の反応を予想しながら、自らの主張を自制していたのであろう。公共の福利という規範は、人々の予期を通して、公式な領域での人々の主張によって形作られる様々な形式的合意、さらにそれらの形式的合意に基づいて実行される様々な政策をも規定していたのだと思われる。

今回の騒擾に参加した再洗礼派は、ケルゼンブロークによれば500人を超えていた。この数字が正しいかどうかは不明だが、ケルゼンブロークは幼少の頃ではあるが実際にこの騒擾を経験しているため、ある程度は信頼できる。そのため、少なくとも数百人の再洗礼派男性が武器を持って市参事会側勢力と対峙したことは確実であると考えられる。次節で見るように市内にいた再洗礼派男性の人数は、400~500人だと推測されるため、再洗礼派男性のほとんどがこの騒擾に参加したと考えられる。そ

5 1533-34年の宗派分裂と再洗礼派運動

して、市参事会側はこれだけの数を上回る勢力を集めていたので、この騒擾で実際に武器を握った男性の総数は、両派を合わせると少なくとも1000人を超えていたであろう。すると、市内の成人男性のかなりの部分が武器を取って両派に分かれたことになる。このように、今回の武装対立未遂は、1534年11月の騒擾とは異なり、都市の多くの成人男性を巻き込んだ、大規模かつ深刻な危機であった。

この騒擾にはほとんどの再洗礼派男性が参加していたが、次節で詳しく見るように再洗礼派男性のかなりの部分は家を持たない貧しい男性であった。そのため、この騒擾には、ギルド員や市民だけではなく、多数の貧しい男性や若者も武器を持って参加していたことになる。

再洗礼派女性もまた、自らマルクト広場に向かい、預言や神への祈りを行い、男性再洗礼派を鼓舞していた。彼女達は、男性を励ますために自分から戦いに巻き込まれる可能性のある危険な場所に赴いていた。このような態度は、ユーバーヴァッサー教会の教会墓地に赴くことなく、おそらく自分の家に留まり続けていたルター派やカトリックの女性とは対照的であった。

この騒擾では、個々人が、自らの所属する組織や家族の意向に関係なく、自らの支持する宗派に分かれて行動していた。市参事会員もユーバーヴァッサー側と再洗礼派側に分かれていたし、全ギルド会議やギルドも組織的に行動することなく、個々の成員が自らの意志で自らの支持する宗派のために武器を握っていた。また、ヤコブ・フォン・オッセンブルクが「そこで起こった反乱で、父と息子、母と子が互いに分かれ、一人一人が自分の理解に従い、あちこちで走りまわっていた。」と述べていたように、家族も支持する宗派によって分裂した[720]。このようにこの騒擾では、諸集団、家族・親族関係といった都市の住民を相互に結びつけていた基本的な紐帯が機能しなくなり、個々人がそれぞれの意志で態度決定を行っていた。

ただし、1月30日と同様に、今回の騒擾でも、信仰の自由に関する協定を結んだのは、市参事会と全ギルド会議であった。このことは、たと

え組織としての一体性を保てなくなっていたとしても、公式な領域で形式的合意を結ぶ際には、都市の統治制度に基づき市参事会と全ギルド会議が協定締結の当事者になる必要があり、その慣習はこのような厳しい宗派分裂が起きている際にも保たれていたことを示している。

　市門をめぐる争いで捕らえられた再洗礼派には、市参事会員が含まれていた。ケルゼンブロークによれば「善良な者たち全員は、再洗礼主義が市参事会に入り込んでおり、自分は清廉潔白だという振りをしていたにもかかわらず、市参事会員身分の多くの者が間違いなく再洗礼派側に転じたと疑わざるを得なくなったことに驚かされた」という[721]。この時捕らえられたことが史料で確認できる市参事会員はヨハン・パリック一人だけであった。しかし、再洗礼派に転じた市参事会員は他にもいたため[722]、この時点で既に再洗礼派側についた市参事会員が他にもいた可能性はある。またヴィークが前年11月の手紙でロートマン派に内通している市参事会員がいると述べているが[723]、再洗礼派市参事会員達は、この時までは公然と再洗礼派に与するような行動を取っていなかったと思われる。

　市参事会は、都市を存亡の危機に晒していた再洗礼派の勢力を削ぐために、本来は敵対する勢力であるカトリック市民やミュンスター司教の代官に助けを求めるなどあらゆる手段を取った。しかし、彼らは司教に強い不信感を抱いていたため、司教と共同で再洗礼派に対抗しようとはしなかった。

　また、市参事会は再洗礼派に対し軍事的優位にある時でも、再洗礼派を攻撃することはなかった。市参事会がロートマン派に対する軍事攻撃に踏み切れなかったのは、彼らの主張によれば司教による都市の自由と利益の侵害を避けるためであり、市民同士が争い血を流すことに強い抵抗感を感じていたからであった。ここから市参事会は、司教への強い不信感故に司教と共闘して再洗礼派に対抗するという選択を最初から考慮していなかったこと、たとえ都市を危機に陥れる再洗礼派に対してであっても、市民に攻撃を加えることに抵抗感があったこと、司教による

250

都市の自由と特権の侵害、市民同士の争いを避けるために、司教や帝国との戦いを覚悟してまで再洗礼派と和解し司教に対抗することを選択したことが分かる。

このように市参事会は、1月30日に協定を結んだ時と同様に、司教や諸侯との全面戦争を避けたり、ルター派単独による統治体制を維持することよりも、都市の自由と利益、市民の身体の安全、市内平和を守ることをより重視して決断を下していた。

1.4.5. 住民の逃亡と再洗礼派統治のはじまり

市民の日記によれば、和解後民衆の間で、市参事会が長老とギルド長と共に洗礼を受けない者は夜までに市を出て行くか、殺されるかどちらかだと協議したという噂が広がった。これを恐れて、多くの住民が市外に逃亡し始めた[724]。2人の市長は再洗礼派との和解後2月16日に出した司教への手紙で、自分達は市参事会員と学識者と共に再洗礼派と可能な限り戦ったのであり、反乱や分裂を実行する側ではなく、阻止する側だったと主張し、司教に慈悲を求めた[725]。司教によってこれが拒絶されると、彼らは2月20日の手紙で再度司教に対し無実を主張し、司教の代官や指揮官から攻撃されないようミュンスター司教領の安全通行証を求めた[726]。この手紙から、再洗礼派との和解を決断した2人の市長は再洗礼派と共に司教と戦争を行う気はなく、市外に逃亡しようとしていたことが分かる。結局24人の市参事会員のうち市長ユーデフェルトを含む16人は再洗礼派に与することなく市外に逃亡した[727]。

多くの住民は、ミュンスター市が司教にすぐに占領されると思っていた。グレシュベクやケルゼンブロークが伝えるところによると、2月27日の成人洗礼強制の際に市外に流出した者も市内に残った者も、再洗礼派支配は数日で終わると思っていた[728]。この市参事会員の逃亡は、彼らの大半が多くの市民と同様に司教や諸侯との戦争でミュンスター市が勝てるとは思っていなかったこと、再洗礼派との和解は彼ら個人の利益とは一致しておらず、自己や家族の命や財産の保護等自らの利益を優先させた場合、市参事会員職を放棄し市外に逃亡する必要があったことを示

251

している。ここから、市参事会が再洗礼派と和解したのは、市参事会員個人の利益を守るためでも司教や諸侯に軍事的に対抗する目算があったからではないたことが分かる。

　こうして、再洗礼派以外の住民が次々と市外に流出する中、2月23日に行われた市参事会員選挙で、クニッパードルリンクとキッベンブロックを市長に冠した再洗礼派市参事会が成立した[729]。こうして再洗礼派は、名実共にミュンスター市の統治権を握ることになった。そして、彼らは2月27日に、まだ信仰洗礼を受けていない者に洗礼を強制し、それを拒む者を市外に追放した[730]。これにより、彼らはミュンスターという地上の都市で、真の洗礼を受けた聖人から成る純粋な救済共同体を現実に作り上げることになった。ミュンスター司教は、再洗礼派に支配されるようになったミュンスターを奪還するために、騎士身分を動員し多数の傭兵を雇いミュンスター市を包囲した[731]。こうして、ミュンスター再洗礼派とミュンスター司教の長きにわたる戦いが始まった。

2　再洗礼派の社会階層

2.1　分析方法

　以下、再洗礼派になったミュンスター住民の社会階層を検討する。具体的には自発的に洗礼を受けた再洗礼派が当時の成人人口に占める割合、男女の違い、財産階層分布を分析する。これについてはキルヒホフが分析を行っているが、本書2.2.2.2で見たように多くの問題がある。そのため本書では、彼の分析に全面的な再検討を加える。

　これらの分析を行うことは原理的な困難を伴う。何故なら、これらの分析に必要な数値を把握することが、史料不足のために困難あるいは不可能だからである。

　再洗礼派の人口構成を把握できる史料は、かなり恵まれている。次節で詳細に検討するように、再洗礼派の審問記録や諸侯の手紙などによって、かなりの程度正確に把握ができるためである。しかし、それらの史

料から把握できる数値には比較的信頼性の低いものも含まれているし、史料からは把握できない数値も存在する。そのため、当時の再洗礼派の人数を正確に把握できるわけではなく、ある程度の誤差を見込む必要がある。

しかし、より本質的な困難は、再洗礼派の社会階層を評価する際に生じる。再洗礼派が当時のミュンスターの成人人口に占めた比率、男女による再洗礼派支持の比率の違い、彼らが所属していた社会階層を明らかにするためには、再洗礼派統治が始まる前のミュンスターの人口構成や全ギルド会議、ギルド員、市民の人数や名前、さらには彼らの財産階層分布を把握する必要がある。しかし、再洗礼派統治開始前の時期のミュンスターに関しては、これらを把握するための史料がほとんど残っておらず、正確に把握することは不可能である。

史料の欠如のために評価に必要な数値が把握できない場合、先行研究では以下の二つの方法で補われてきた。一つ目は、ミュンスターの記録が載っている他の時期の数値を参考にすることである[732]。しかし、人口構成や財産階層は、同じ都市でも時期によって変動がある。さらに、ミュンスターである程度正確に都市全体の人口構成が推定できるのは1591年と、再洗礼派統治から半世紀以上経ってからである。ミュンスターの場合、再洗礼派統治の終了後に市内の人口が激減しており、住民も大幅に入れ替わっている。そのため、ミュンスター再洗礼派統治後の数値を、そのまま統治前に当てはめて推測することは適切ではない。

二つ目は、ミュンスターと同規模の他の都市の財産階層を参考にすることである[733]。ただしこの方法にも、本書2.2.2.2で検討したように方法上の問題がある。

以上のように、これら二つの方法には大きな問題があり、これらを用いて史料不足を補うことは、厳密に言えば不適切である。そのため、史料が存在しない以上、ミュンスター再洗礼派の人口構成や財産階層のような属性を明らかにすることは原理的に不可能だと考えざるをえない。

しかし、ミュンスターと似た地域の中心となっていた中規模都市の人

口や財産階層を見ると、極端な数値を採ることはなく変動幅は一定の範囲に収まる[734]。再洗礼派統治が始まる1534年2月以前のミュンスターは、都市が急成長を遂げたり、戦争などの人口や経済状態の変動が激しくなるような特殊な状況下になかったため、ミュンスターの人口や財産階層もまた、極端な外れ値を取ることはないであろうと想定することができる。そのため、後世や他都市の数値は、そのままミュンスター再洗礼派統治前の数値の推測、あるいはミュンスター再洗礼派の人口構成や財産階層を厳密に評価するためには利用できないが、極端な外れ値を排除するためには利用できる。

　本書では以上のような考え方に則って、後世のミュンスターや他都市の人口構成や財産階層を、再洗礼派統治前のミュンスターのそれを推測するために利用する。その際推定する値は、特定の一つの数字ではなく、外れ値を取り除いたある程度広い範囲で表すことになる。

2.2　再洗礼派の社会階層

2.2.1　自発的に洗礼を受けた地元成人

　ミュンスターで成人洗礼が始まって間もない時期に何人が再洗礼派になったかは、オランダから来た使徒ヤン・ファン・ライデンの審問記録での証言によって確認ができる。彼によれば、洗礼が始まった1月5日から彼がミュンスターに来た1月13日までの洗礼者数は約1400人であった[735]。

　当時のミュンスター市の全人口は不明であるが、7000人から1万人の間であった可能性が高い[736]。そのうち、成人人口は4600人から7500人程度であったと推定されるので、成人洗礼導入直後に洗礼を受けたのは、当時のミュンスターの全成人人口の18.6~30%程度だと算出される[737]。

　自発的に洗礼を受けたミュンスターの再洗礼派成人男性の数は以下のように算定される。1534年3月27日のオランダ執政ハンガリーのマリアの手紙によれば、ミュンスター包囲が始まって間もない1534年3月には、ミュンスター市内に武装した男性が約800から900人いた[738]。この

数字の中には、洗礼を強制された成人男性約300人と、市外から流入してきた市外の成人男性が含まれている[739]。この時点での市外からの流入者数は、100人程度だったと推測されるので、ミュンスター市内に残っていた地元成人男性数は700から800人、自発的に洗礼を受けた地元成人男性数は400から500人程だったことになる[740]。この数字から、当時の全成人男性人口のうち10.7~24.2%が自発的に再洗礼派になったと推定される[741]。

　自発的に洗礼を受けたミュンスター出身の再洗礼派成人女性は、900~1000人以上であった[742]。当時の全成人女性のうち、21.8~43.5%が自発的に再洗礼派になったことになる[743]。これにより、ミュンスターで自発的に洗礼を受けた成人女性の数は成人男性の約2倍であり、ミュンスターの全再洗礼派の7割前後を女性が占めており、再洗礼派になる比率も約2倍であったと推定される。このことから、ミュンスターでの再洗礼派運動は、圧倒的に女性によって支持された運動であったことが分かる。

2.2.2　再洗礼派統治期の市内人口

　1534年2月にミュンスターが再洗礼派によって統治されるようになってから、多くの住民が市外に流出し、反対に低地地方や下ライン地方など市外から大量の住民が流入してきた[744]。市内の住民数について触れている複数の審問記録の証言によれば1534年10月の総人口は8000~9000人であった[745]。武装可能な成人男性の数は1534年4月20日には約1500人、1534年10月には約1600人[746]、老人や少年を合わせた全成人男性数は約2000人であった[747]。1534年3月には市内に約800~900人の戦闘可能な成人男性しかいなかったことを考えると、4月20日までに市外から急激に人口が流入し、その後ほとんど増加しなかったことが分かる。流入した者は、主にフリースラントやオランダ等の低地地方や下ライン地方一帯からやって来た[748]。7月から10月の間にも多少の人口変動はあった。都市を包囲していた傭兵の一部が再洗礼派側に寝返ったためである。1534年6月7日のクレーフェ公の戦争顧問の手紙では、市内に入った傭兵は

200人を超えないと報告されている[749]。また、ミュンスター司教との包囲戦や市で起こった蜂起の鎮圧によっても死者が出た[750]。そのため、傭兵を除いた3月以降市外からミュンスターに移住してきた成人男性の総数は、500~600人を上回っていたと推定される[751]。それ以前に100人程度の成人男性が市外から流入していたので、2月以降に市外から流入した成人男性数は、600~700人以上だったと考えられる。

　1534年10月に市内に居住していた成人女性の数は、審問記録などの報告によればおそらく約5000人であった[752]。市内には自発的に洗礼を受けた再洗礼派女性以外に、洗礼を強制された女性も多数残っていた[753]。その数はおそらく1000~2000人程度だったと思われる[754]。そのため、市内に残っていた地元の成人女性の数は、2000~3000人だったと推定される。ここから、地元女性と同程度の2000~3000人の成人女性が市外から流入したことになる[755]。

2.2.3　女性と子供

　再洗礼派統治期のミュンスター市内には、おそらく極めて少数の子供しかいなかった。各種の史料の報告を比較検討すると、1534年10月の子供の数は、おそらく1000人強、最大でも2000人程度にとどまっていたと推定される[756]。当時8000~9000人がミュンスター市内にとどまっていたと思われるので、当時の子供の比率はおそらく市内の全人口の約11～12.5%、どんなに多く見積もっても25%に過ぎなかったことになる。通常の人口比では、全人口に占める子供の比率は25~50%程度だったので、当時のミュンスターでは子供の比率が極端に小さかったことになる。

　市内で成人人口に比して著しく子供の数が少なかったことは、以下の二つのことを示唆している。一つ目は、再洗礼派統治期に、多くの家族が離散したことである。『懺悔の書』が「息子は父に、姉妹は兄弟に、妻は夫に、娘は母に敵対する。」「各々が自分の意志を持っていた」と述べているように[757]、ミュンスター市内では家族の成員各々が別の宗派を信奉したため、多くの家族が離散した。既に述べたように再洗礼派は男女比が1：2で、400~600人程度女性が多かった。再洗礼派女性のどの程度が

既婚者であったかは不明であるが、この男女差は、夫の意志に反し再洗礼派になり、夫と子供を捨てた既婚女性も少なからず存在していたことを示唆している。

また、市内には、洗礼を強制された非再洗礼派の成人女性が多数残っていた。非再洗礼派の成人男性は300人程度しか市内に残らなかったので、彼女たちの夫のほとんどは市外に逃れたことになるが、その際に妻を市内に残し、子供のみを連れていった者が多かったと思われる。

また、オランダやフリースラントなど市外からミュンスターにやって来た再洗礼派男性の中には、妻や子を捨ててやって来た者がいた[758]。他方、市外から流入した再洗礼派成人女性は、再洗礼派成人男性の4倍以上の数に上り[759]、故郷で結婚していた女性の再洗礼派の大半は、家族を捨ててやって来たことになる。

このように、一方では自分で意志決定し行動できる成人が、個人として再洗礼派になり、多くの家族が離散したため、他方では非再洗礼派女性の多くが家族の財産を守るなどの理由で、夫や子供と別れ単独で市内に残ったために、市内に子供が少なかったのだと考えられる。このことは、既婚の再洗礼派女性の多くは、夫や子供といった家族よりも、自分の信仰、すなわち魂の救済をより重要視して態度決定を行ったことを示している。

二つ目は、独身の若者の男女、独居女性等の独身女性といった社会的に周辺的な地位にあった人々が、再洗礼派のかなりの部分を占めていたことである。この後見るように、ミュンスターの地元男性の過半数は家を持たない貧困層に属していた。この中には、徒弟や職人が数多く含まれていたと思われる。徒弟や職人の大半は若者でなおかつ独身であったはずなので、彼らのほとんどは子供を持っていなかったはずである[760]。

また、市内に滞在していた女性数約5000人に対して、子供の数が余りにも少ないため、既婚女性が子供を捨てただけではなく、ミュンスターの再洗礼派女性においても、市外から流入してきた再洗礼派女性においても、元々子供がいなかった女性がかなりの部分を占めていた可能性が

高い。彼女達は主に、女中などの未婚の若い女性、独身の独居女性から成ると思われる[761]。彼女達のような独身の若い女中、独居女性は、近世都市社会の貧困層の典型であったので[762]、結婚というかたちで都市の社会に組み込まれることがなかった貧しい女性達が、特に強く再洗礼主義に引き付けられたことが推測できる。

2.2.4　門閥市民層

しかし、市民層に属する成人男性の中でも、再洗礼派になる比率に大きな違いがあった。著しく少なかったのは門閥市民層に属する住民である。再洗礼派統治期に市内に残った都市貴族の家門は2つのみである[763]。そのうちの1つティルベック家のヘルマンは、既に見たとおり市長としてロートマン派の活動を抑えようと尽力しながら、司教との対立故に市内に残らざるを得なかった者である。そのため、実質的に都市貴族から再洗礼派になったのは、ケルケリンク家だけだと言える[764]。1532年までに市参事会員になっていた一流の名望家のうち再洗礼派統治期のミュンスターに残ったのは、2名のみである[765]。以上のように、市参事会員格の門閥家門は、ほとんど再洗礼派にならなかったことが分かる。

2.2.5　二流の名望家層

二流の名望家層に属する市民がどの程度自発的に洗礼を受けたかを評価するために、いくつかの指標を用いることができる。

1532年7月に結成された36人委員会に選ばれた市民は、福音派ギルドメンバーの代表であり、長老とギルド長と共に都市の宗教改革運動で指導的な地位にあった。1532年のルター派リストからは、36人中29人が把握できる。彼らのうち16人（55.2%）が再洗礼派になっている[766]。このうち市参事会員経験者はモダーゾーン一人だけで、ほとんどが二流の名望家であった[767]。さらに、キルヒホフが作成したルター派リストに名前が挙がっている者92人のうち53人（57.6%）が再洗礼派になっていた。彼らのうち男性は85人であり、そのうち46人（54.1%）が再洗礼派になっている。女性7人は全員再洗礼派になっている[768]。

ミュンスターで宗教改革が公認された後に行われ、それまで市参事会

5　1533-34年の宗派分裂と再洗礼派運動

員経験がなかった二流の名望家達が多数選出された1533年3月以降の市
参事会員24人のうち8人（33.3%）が再洗礼派になっている[769]。これらの
市参事会員を選んだ1533年度の選挙人では、10人のうち9人（90%）が再
洗礼派になっている[770]。

　ここから明らかになるのは、1532年以降の宗教改革運動で指導的な役
割を果たしていた二流の名望家層は、成人男性全般よりも再洗礼派にな
る比率が著しく高かったことである。前述のように全成人男性のうち自
発的に再洗礼派になったのは10.7~24.2%だと推定されるため、彼らと比
べて再洗礼派になる比率が数倍にも上っていたことになる。

　ただし、長老やギルド長のリストなど二流の名望家層を把握するため
の史料が不十分であるために[771]、これが市内の二流の名望家層全般が、
再洗礼主義を信奉する傾向が強かったことを示しているかどうかは不明
である。むしろ、このことは以下の理由から、社会階層全体の傾向とい
うよりも、市内の宗教改革に積極的に参加した者が再洗礼派になる傾向
が強かったことを示していると考えられる。

　1533年春以降市内の福音派は、ルター派とロートマン派に分裂した。
ルター派は都市の外交的危険を避けること、ロートマン派は正しい教え
や儀式をより重視する傾向があった。つまり、ロートマン派は、福音派
の中でも妥協なく宗教改革を進めようとする志向の強い者達であった。
そして、まさしく上で挙げた36人委員会の成員、ルター派リストに名前
が挙がっていた者、1533年に選ばれた市参事会員や選挙人は、宗教改革
を自ら積極的に推進していった者達であった。市内には宗教問題に無関
心であった者、あるいは宗教改革を支持していたとしても積極的に運動
に参加しようと思わない者も多かったであろう。また、市内にはカトリッ
ク支持者も居住していた。そのため、必ずしも宗教改革に積極的に参加
した者ばかりではない市内の成人男性一般よりも、積極的に参加してい
た福音派の中心人物の再洗礼派率が高かったことは、むしろ当然だと言
える。

　このような傾向を考えると、1533年の長老やギルド長も同様にその半

259

数あるいは過半数がロートマン派・再洗礼派であった可能性も考えられる。彼らの名簿は存在しないために、彼らのうち何人が再洗礼派になったかを確かめることはできない。しかし、1533年の市参事会員や選挙人が指導的な福音派によって占められていたことを考えれば、ギルド長にも同様の傾向が見られ、多くの者が再洗礼派になった可能性は高い。いずれにせよ、何人かの長老とギルド長がロートマンの説教を許すよう求めていたとヴィークが述べていたように、長老のレデッカーをはじめとして、全ギルド会議のメンバーの中に複数のロートマン派がいたことは確実である。

　ただし、これらの再洗礼派になった二流の名望家全員が、再洗礼主義を信奉したわけではなかった。市長ティルベックが市内に留まり洗礼を受けたのは、彼がミュンスター司教から狙われており、市外に逃亡できなかったことが原因であった。また、新市参事会員ヨハン・ファン・デフェンターも、1534年2月の市内対立の際には市参事会側に立っていた[772]。おそらく、他にも自らの財産や命、家族を守るため、あるいは都市を司教の手から守るために市内に残った者もいたと思われる。

　しかし、以上のことを考慮しても、市内の宗教改革運動に指導的な立場で参加した二流の名望家層が、市内の成人男性一般よりも再洗礼派になる比率が高かったことは確実である。

2.2.6　市民とアインヴォーナー

　再洗礼派統治期以前の市民登録簿も再洗礼派リストも残っていないため、市民のどの程度が再洗礼派になったかを正確に把握することは不可能である[773]。同様に、再洗礼派統治期以前の租税記録も残っていないため、アインヴォーナーの数も名前も把握できず、彼らのうち自発的に洗礼を受けた者がどの程度いたかも不明である。

　ミュンスター再洗礼派の社会階層を推定するために利用できる史料は、本書2.4で見たように1536年に作成された再洗礼派の没収財産リストのみである。しかし、本書2.2.2.2で見たように、このリストを用いて行われたキルヒホフの分析方法や解釈には重大な誤りが複数含まれてお

り、ミュンスター再洗礼派の財産階層分布は標準的な分布と大きく変わらないという彼の分析結果はもはや維持できない。そのため、以下では家屋所有率という観点から、再洗礼派の財産階層について検討を加える。

　1535年にミュンスターが占領された後、再洗礼派統治期に市内に残っていたミュンスター住民の不動産がミュンスター司教によって没収された。この没収財産リストには、525の家屋が記載されている。キルヒホフは16世紀のミュンスターの家屋数は約1800であり、没収された家屋はその約30%だと推定している[774]。

　没収された不動産を所有していた再洗礼派の数は、男女合わせて430人であった[775]。家や土地などの不動産を持っていた男性の数は291人であった[776]。市内には財産を所有していた未亡人もしくは未亡人だと推測される女性が47人いたが、夫婦でミュンスターに残り、夫が死亡したため女性名義で財産が没収された者が含まれていたと思われる[777]。そのため、最大で市内に残った男性のうち338人が不動産所有者であった可能性がある。市内に残っていた男性は700~800人ほどだったと思われるので、彼らのうち不動産を所有していた男性は市内に残った成人男性の36.4~41.6%（未亡人を含めた場合42.3~48.3%）、所有していなかったの男性は58.4~63.6%（未亡人を含めた場合51.7~57.7%）だと推定される。

　この数字をどう評価するかは、当時のミュンスターの家屋所持者と借地人の比率が不明であるため困難である。キルヒホフは、没収された525の家屋には、104の所有者の副次的な家屋、さらは159の小住宅も含まれ、これらの家屋のうち約100が貸家であったと推定した。彼はさらに再洗礼派の没収財産の比率に基づき、都市全体では約300の貸家があり、約1300人が借家人として居住していたと推定している[778]。しかし、再洗礼派の家屋における貸家の比率が都市全体に当てはまるかどうか、一世帯あたりの人数も不明なので信頼性は低い。仮にキルヒホフの推定に基づき算定した場合、都市全体の貸家率は約16.7%になる。

　ミュンスター再洗礼派の家屋所有率を評価するために、先ず他の都市の借家人率を概観する。1440年と1453年のドレスデンではフス戦争の

261

時期には納税者の39％が間借り人だったが、通常時1440年や1453年には20〜22％に下がった。また、ゲルリッツでは1426年に38.9％、1472年には47.7％が間借りしていた[779]。1522年のロストックでは納税者の57％が、1403年のブレスラウでは36.3％以上が借家人であった[780]。1487年ケルンの聖コルンバ教区では、885の家屋のうち所有者が住んでいるのは161だけで、661の家屋（74.7％）は賃貸しされていた[781]。

　他方ディルマイアーは、中南部ドイツ諸都市の借家人について概観している。1495年フランクフルト・アム・マインでは最下位の評価額の納税者5.77％が借家人であった。シャフハウゼンの納税者に占める借家人の割合は、1401年の3.76％から1502年の29.36％まで幅があった。1502年の数が通常の数値だと考えられている[782]。エスリンゲンでも最下位の課税額と評価された者が借家人であり、1384年には納税者の23％を占めていた[783]。

　以上の諸都市の例を見てみると、全納税者に占める借家人の比率は最も低い1401年シャフハウゼンの3.76％から1522年ロストックの57％、あるいはケルンの聖コルンバ教区の貸家率74.7％まで非常に大きな開きがある。全体的に北・東ドイツでは間借り人の比率が高く、南ドイツでは低い。また同じ都市でも年によってかなりの変動があることが分かる。

　これら諸都市の借家人率を考慮に入れると、ミュンスター市内に残っていた成人男性の社会階層は下層に偏っていた可能性が高い。諸都市の納税者に占める借家人率の中で最も高いロストックが57％であり、上で見たミュンスターに残った成人男性の家屋を所有していなかった者の比率（51.2〜63.7％）と同程度であった。このことは、市内に残った成人男性の借家人率は、もし再洗礼派統治前のミュンスターの借家人率がケルンのコルンバ教区のような外れ値に近いような極端なものでなかったのなら、通常より高かったであろうことを示している。

　以下の二つの理由から、ミュンスターの再洗礼派男性の借家人率は、他の諸都市の借家人率よりも高かったと考えられる。

　第一に、上では、租税記録に記載された納税者全般から算出された諸

262

都市と男性のみを対象に算出したミュンスターの借家人率を比較したためである。諸都市の借家人率は租税記録に記載される納税者全般を対象にして算出されているので、女性も含まれているはずである。ミュンスターの場合には、市内の地元住民の男女比が極端に女性に偏っており、そのまま市内成人における借家人率を算出すると極端に低い比率になるので、男性のみを対象として算出し、男女を対象とした諸都市と比較を行った。女性は全体的に貧しく、借家人の比率も男性より高いだろうから、他の都市の借家人の比率を男性だけで計算した場合、上で見た比率より下がるはずである。そのため条件を同じにした場合、ミュンスターに残った成人男性の借家人の比率は、他の諸都市の借家人率よりも明確に高くなる可能性が高い。

　第二に、市内に残ったミュンスター成人男性の借家率には、自発的に洗礼を受けた者だけでなく、再洗礼主義を信奉していない男性も含まれているためである。家屋敷や生計の手段を市外に持っていた富裕な市民層、特に土地領主化しつつあった門閥市民層は、市外に逃亡することが最も容易だったと思われる[784]。また、親方の家や貸部屋に住んでいた下層民は、元々仕事を求めて頻繁に移動していたし、守るべき家や土地を持たないために市外に逃亡する際の困難が少なかったであろう。ニュルンベルクでは、戦争が始まると職人や徒弟が即座に市外に逃亡しており[785]、ミュンスターでも同様の傾向が見られた可能性がある。しかし、市外に家や生計の手段を持っていなかった中層の家持ち市民にとって、住居であり財産であり工房という生産手段でもある家屋を残して市外に逃亡することは、上層市民や下層民と比べてより困難であったと考えられる。

　そのため、ミュンスター再洗礼派統治が始まり、市内に残る者全員への洗礼が強制された後も市内に残った300人の男性の中にも、財産を守るために市内に残った者が多数いたと推測される。再洗礼派は動産の市外への持ち出しも許さなかったため、その財産が必ずしも不動産であるとは限らないが、守るべき財産を持つ者の多くは、ある程度の資産つま

り不動産を所有していたと考える方が自然である。そのため、不動産を没収された男性の中には市内に残るためにやむを得ず洗礼を受けた者がかなり含まれており、自発的に洗礼を受けた再洗礼派の借家人率は、上記の数値よりもより一層高かったと思われる。

　家屋を所有していない借家人は、ほとんどの場合納税者の中でも最も貧しい下層の住民であった。そのため貸家人率の検討からは、ミュンスターに残った成人男性、その中でも自発的に洗礼を受けた再洗礼派男性は、家を持たない貧しい借家人であった比率が高かった、つまり下層に偏っていた可能性が高いと結論づけられる。

3　市内諸勢力の主張と行動、運動の全体像

　以上の事件史的経過に基づき、市内諸勢力の主張と行動、運動参加者の属性、動機、合意形成について分析を加える。

3.1　市内諸勢力の主張と行動

3.1.1　市参事会の主張と行動

　宗教協定が成立した後の1533年3月の市参事会員選挙では、福音派市民が市参事会員職を占め、福音派市参事会が成立した。市参事会は、様々な宗教改革を率先して行い、住民による聖像破壊やカトリックの礼拝への嫌がらせなどを黙認するなど、市内でカトリックを排除し、福音派教会を確立させようとした。

　市参事会は、ロートマン派説教師が幼児洗礼批判を説教し始めると、その政治的危険性を憂慮して彼らの説教を禁止しようとした。しかし、市参事会による説教禁止命令が説教師達によって無視されたので、市参事会は8月に二つのサクラメントをめぐる討論会を開催した。このことは、宗教協定により市内の教会管理に関する権限を得た市参事会が、それ以前とは異なり教義問題にも積極的に関与するようになったことを示している。ただし、その目的は教義そのものというより、都市の平和や

市内でのルター派体制確立にあったと考えられる。

　その後も市参事会は、ロートマン派の説教の禁止を命令し、それを無視されると市外追放を命令した。しかし、これらの命令は、説教師によって無視されるか、ロートマン派説教師の市外追放をやめるよう求める請願によって、十分な効力を持たなかった。

　他方、市参事会は、市内の宗派分裂だけでなく、大聖堂の説教師ムンペルトの説教職罷免をめぐる問題で、ミュンスター司教と厳しい交渉を行わなければならなかった。この交渉の中で、市参事会は、ムンペルトの説教禁止や追放は市内の分裂や不和を避けるためであると主張していたが、ここから、市内での分裂や不和を避けることが、市参事会のルター派体制確立の主要な目的であったことが分かる。

　市参事会は、11月にはカトリックと共闘してまで、ロートマン派説教師を市外に追放しようとした。そして彼らは、三宗派住民の武装対立の後、ロートマンを除く説教師を市外に追放し、ヘッセンから来た説教師ファブリキウスを中心に市内でルター派体制を確立し、市内でのロートマン派の活動を全面禁止することに成功した。

　しかし、市参事会は、全ギルド会議の同意を得ずにロートマン派の鍛冶職人を逮捕した際、鍛冶屋ギルド員の脅しによって彼を解放せざるを得なかった。このことは、全ギルド会議が逮捕同意権を持っていたため、市内での騒擾を沈静化させる際に、市参事会が逮捕という手段を用いることが難しかったことを示している。

　さらに、これを契機にギルドが市参事会に不信感を抱くようになり、市内での権威を失った市参事会は、ロートマン派の実力行使を阻止することができなくなった。

　また、1533年11月から1534年2月にかけて生じた三度に渡る住民同士の武力衝突未遂で、市参事会は軍事的に優位な場合でもロートマン派・再洗礼派の住民を攻撃せず、彼らと和解した。1534年2月の騒擾では、市参事会も市民も、ミュンスター司教や帝国と戦争を行い勝てるとは思っていなかったにもかかわらず、司教と手を組み再洗礼派に対抗する

より彼らとの和解を選んだ。市参事会は和解の際に一貫して市民同士の争いを避けねばならないと主張していた。このことから、彼らがロートマン派・再洗礼派と和解を行ったのは、彼らが主張していたように、市民同士の争いを避け、都市や市民の利益と特権を守るためであったことが分かる。

　以上のことから市参事会の主張と行動について、二つの特徴が確認できる。一つ目は、市参事会が、以前とは異なり宗教問題に積極的に関与するようになったことである。これは、司教との宗教協定の結果、市参事会が市内の宗教に関する広範な管理権を手に入れため、彼らが宗教問題を自らが処理すべき案件だと見なすようになったためであると思われる。二つ目は、にもかかわらず、政策決定の基本方針は、それ以前と共通していたことである。宗教の教義の正当性よりも、市内の平和や秩序の維持、都市住民の身の安全を優先していたことは、1525年の騒擾と1532年の宗教改革運動でも変わりなかった。このことは、市参事会の構成員の社会階層や支持宗派、さらには宗教問題に関する市参事会の権限が変化したにもかかわらず、市参事会の政策決定の基本方針はそれ以前と一貫していたことを示している。

3.1.2　全ギルド会議の主張と行動

　宗派分裂期を通じて、全ギルド会議は、基本的にルター派市参事会と共に、市内のルター派体制を確立させようとしていた。8月の討論会で彼らはルター派側に立っていたので、遅くとも1533年の夏には、市参事会と共に市内でのロートマン派の活動を抑え、ルター派体制を確立させようとしていたことになる。彼らがロートマン派説教師ではなくルター派市参事会を支持したのは、他のルター派同様、ロートマン達のサクラメント論の政治的な危険性を恐れたからであったと考えられる。全ギルド会議は市参事会とゲマインハイトと共に、11月30日のルター派教会規則を受け入れているため、その後も基本的にルター主義を支持していたことは確実である。

　しかし他方で、彼らは、9月にロートマン派市民から要求されて、ロー

トマン派説教師の追放取り消しを市参事会に伝えたり、11月3日にロートマン派説教師を市外追放するために市参事会に協力することを拒否したり、11月6日のルター派とロートマン派の和解でロートマンの市外追放を阻止するなど、市参事会によるロートマン派説教師、特にロートマンの市外追放には反対していた。

このことは彼らが、ロートマン派住民の要求を市参事会に伝えることによって、全住民の代表としてその要求を市参事会に伝えるという役割を果たしていたこと、そして全てのギルドの代表として、ロートマンの市外追放に反対しているギルド員の多数派の意見を市参事会に受け入れさせたことを示している。

ただし、1532年の宗教改革運動の初期に、長老とギルド長は、一部の福音派市民やギルド員の要求をただ市参事会に仲介していただけなのに対し、今回は市参事会にロートマン派の要求を受け入れさせている。そのため、長老とギルド長の中にロートマン派が含まれていたことが、彼らが市参事会に対しロートマン派の要求を受け入れさせるような強い調子の交渉を行った一つの理由になるかもしれない。

ただし、長老やギルド長の私的な信仰が、彼らの政策を大きく左右していたとは考えられない。11月の騒擾が終わった後も二人の長老とギルド長の何人かは私的に市参事会にロートマンの説教を許すよう求めていた。しかし、当然のことながら、この請願は効力を持たなかった。長老レデッカーは私的にロートマン派説教師を支援し、市参事会との交渉で市参事会とヴィークを批判し、後に再洗礼派になっているため、個人的にはロートマンを支持していたと思われる[786]。しかし、彼を含めたロートマン派の長老やギルド長は、公式な領域では個人的に支持していたロートマン派の活動を抑えるための討論会に参加したり、市内のルター派教会確立のために教会規則を受け入れていた。このことは、ロートマン派の長老やギルド長は、非公式な領域では私的に顧問や市参事会にロートマンの説教再開を懇願していたが、公式な領域では長老、ギルド長としての役割を果たすべく、市内でのルター派教会確立のために市参

事会に協力していたことを示している。

　以上のことから、長老やギルド長は、市参事会と共に市内のルター派
教会を確立させようとする時であれ、市参事会にロートマン派説教師の
追放撤回を頼むときであれ、彼ら個人の支持宗派を利するためでなく、
全てのギルド、あるいは都市住民の意見を代表し、市参事会に伝えると
いう、彼らの役割に則って態度決定を行っていたと考えられる。

3.1.3　ゲマインハイトの主張と行動

　1525年の騒擾や1532年の宗教改革では、ギルドや福音派住民が、ゲマ
インハイト名義で長老とギルド長を通じて市参事会に要求を行っていた
が、宗派分裂期にはこのような動きは見られなかった。ゲマインハイト
構成員である市民の多数派は、市参事会が支持するルター主義を支持し
ていたので、宗教問題で市参事会に要求を行う必要はなかった。

　他方、市民の間で少数派であったロートマン派は、ロートマン派説教
師による司牧活動が正常に行われている限りは、表立って行動しなかっ
た。またロートマン派市民は、市参事会がロートマン派説教師の活動を
制限するようになってからも、ゲマインハイト名義を使うのではなく、
私的に長老とギルド長に請願を行い、彼らを通じて市参事会に要求を
行った。ただし、このような請願も、史料上確認できるのは、9月のロー
トマン派説教師追放が市参事会から命じられたときだけであった。この
ようにロートマン派も、ゲマインハイト名義で市参事会に要求を行うこ
とはなかった。カトリック住民も同様である。

　宗派分裂期を通じて、史料上ゲマインハイトが公式な領域での形式的
合意に関わっていたことが確認されるのは、11月30日にルター派の教
会規則を、市参事会、長老とギルド長と並んで、全ゲマインハイトが受
容した時だけである。

　このように宗派分裂期を通じて、ゲマインハイトは、都市の公式な領
域での交渉や形式的決定には、ほとんど関わっていなかった。これは、
この時期市民が宗派毎に分裂していたため、全市民を包括するゲマイン
ハイトという概念が、理念的にも実質的にも機能しなくなっていたため

だと思われる。

3.1.4　ギルドの主張と行動

　ロートマン派説教師たちが幼児洗礼批判を始めてから、市内の福音派住民はルター派とロートマン派に分裂したが、ギルド員も同様に両宗派に分裂した。既に夏前までには、ギルド員の多数派は、ルター派であったと思われる。

　ギルド員の間でルター派が多数派になったのは、彼らがサクラメントに関する教義の正当性よりも、それらの教義が持つ政治的危険性を重要視しながら、支持宗派を決めていたからであったと推測される。

　ギルドの代表である長老とギルド長が、8月の討論会で市参事会を支援し、11月30日にルター主義的教会規則を受け入れていることから、ギルド員の多数派が1533年の夏から12月にかけて、ロートマン派の活動を抑え、市内のルター派教会を支援しようとしていたことは確実である。

　にもかかわらず、長老とギルド長は、度々市参事会によるロートマンの市外追放の試みを阻止していた。彼らの行動は全てのギルドの代表としてギルド員の意見を反映していると思われるため、ギルド員の多数派はルター派でありながら、他方ではロートマン派に対する厳しい弾圧には反対していたことになる。このことは、ルター派ギルド員の中には、ロートマン派のサクラメントに関する教えに反対し、市内のルター派教会を確立することを望んでいたが、ロートマン派説教師、特にロートマンの市内での活動を完全に禁止したり、彼らを市外に追放することは行き過ぎだと見なす、ロートマン派に同情的なルター派が少なくなかったことを示している。

　ルター派のギルド員は、市内での宗派分裂が深刻化した後でも、ロートマン派のギルド員と共闘することがあった。12月15日に鍛冶屋ギルドの職人シュローダーが全ギルド会議の同意なしに市参事会に逮捕された時には、1525年の騒擾の時と同様に、宗派に関係なく全ての鍛冶屋ギルド員が集まり、市参事会に彼を釈放するよう強要した。このことは、少なくともルター派の鍛冶屋ギルド員にとっては、宗派の違いよりも、

ギルドの特権を守ることの方が重要であったことを示している。また、彼らは、自分たちのギルドを、宗派の違いに関係なく相互に助け合う共同体だと見なしていたと思われる。

　この時ギルド員は、説教師の職分を侵犯したことを理由にシュローダーを反乱者だと見なした市参事会に対し、彼は信仰に駆り立てられて説教をしたのであり、罪を犯したわけではないと擁護した。万人祭司主義を認め市参事会の職分論を否定する点では、ルター派とロートマン派の間に意見の違いがなかったことになる。

　1534年1月29日に、司教が騎士身分に結集するよう命じたという噂が流れたときに、長老レデッカーとギルド長達が市民を編成し、見張りを行っていた。この時はギルドが組織的に動き、ギルド員は、ギルドに所属していない市民さらにアインヴォーナー男性と共に警備に当たったのであろう。おそらくこの時も、宗派に関わりなくギルド員は都市の警備に当たっていたと思われる。また、噂を聞いた市民達が市参事会ではなく、先ず長老に報告をしているので、彼らが市参事会に対し不信感を持っていたことがうかがえる。

　この時、民衆がレデッカーとギルド長達に、市長とその仲間が司教座聖堂参事会員や都市貴族と共に司教に門を開き、裏切ろうとしていると伝えていた。実際には市長達はそのようなことを行っていなかった。ここから、民衆の間で、カトリックの司教座聖堂参事会や都市貴族だけでなく、ルター派の市参事会に対する不信感も広がっていたことが分かる。

　1月末の騒擾では、都市の防衛のために組織的に行動することができたギルドだが、2月9日以降の騒擾では組織的に行動することなく、市参事会側と再洗礼派側の二つの集団に分裂し相争う事態となった。

　以上のことから、ギルドの多数派は、ロートマン派説教師にある程度同情的な穏健なルター派であり、彼らはギルドの特権を守るためならばロートマン派と共闘することも辞さなかったこと、宗派の違いよりもギルドの一体性を重視していたこと、市参事会がギルドの特権を侵した後は彼らに不信感を抱くようになったこと、2月9日以降の騒擾ではギル

ドの一体性も破壊されたことが明らかになった。

3.1.5　市区・教区民の主張と行動

　市内で宗教改革が公認され、福音派市参事会が成立すると、市内では様々な改革が行われた。その際教区が果たした役割は以下の通りである。先ず、教区教会の説教師を選挙で選んだのは教区民であった。また、ユーバーヴァッサー教区では、教区民がユーバーヴァッサー女子修道院に説教師の生活支援を求めたり、ロートマンにユーバーヴァッサー教会で説教させていた。また、市内の四つの教区教会では聖像破壊が行われた。

　聖ランベルティ教区では、ロートマン派説教師シュタプラーデを説教師に選任したり、ロートマンを説教師として解任するなど、教区民が自分達の教区教会の説教師を選んでいた。しかし、それ以外のロートマン派説教師が司牧する教区教会でも、ルター派説教師が司牧する教区教会でも、教区民が教区教会の説教師を自分達が支持する宗派の説教師に変えるよう求めることは表だってはなかった。そのため、大半の教区教会の教区民は、自分が支持する宗派の説教師が司牧している他の教区教会に通うか、自分が支持しない宗派の説教師が司牧していても、自分の住んでいる教区の教会に通い続けていたと推測される。つまり、教区民の多くにとって、自分の住む教区教会でどちらの宗派の説教師が司牧しているかは、説教師罷免と選任の際に教区内で争いが起こる危険性と比べれば、重要な問題ではなかったと考えられる。

　宗教改革期を通じて繰り返し福音派説教師に説教を行わせるよう要求を行っていたユーバーヴァッサー教区のルター派教区民も、自身の教区ではロートマン派説教師が司牧していたにもかかわらず、ルター派説教師に変えるよう市参事会に要求することはなかった。

　また、ロートマン派説教師とマールブルクの神学者の間の論争の中心的主題であった、教区共同体に説教師選任権を認めるかどうかという問題は、市内では論争にならなかった。

　以上のことを考慮すると、聖ランベルティ教区の教区民以外は、自分が住む教区教会で、自分が支持する宗派の説教師を司牧させることにも、

教区による説教師選任権という教区による教会自治にも大きな関心を示さなかったなかったと考えられる。そして、それ故に宗派分裂が進むと、住民の信仰活動は、教区ではなく宗派を単位に行われるようになっていったのだと思われる。

3.1.6　門閥市民の主張と行動

　宗派分裂期に、門閥市民のほとんどは、カトリック信仰を保ち続けていた。前章で見たようにルター派になった者もわずかだったし、再洗礼派になった者もほとんどいなかった。これは、史料でカトリック信徒は、都市貴族や名望家だと述べられていることと整合している。

　彼らは、1533年の市参事会員選挙で、それまで彼らが独占してきた市参事会員職を二流の名望家を中心とした福音派市民に奪われた。そして、市参事会によって市内でのカトリック聖職者による司牧が制限されていくという厳しい状況に置かれることになった。しかし彼らは、1532年の宗教改革の時と同様に、しばらくは市参事会に公然と抗議したり、ルター派市民と争うことはなかった。ただし、4月14日に一部の福音派住民が聖ルートゲリ教会で聖像破壊を行ったときに、彼らに強く抗議したカトリック市民もいたため、彼らが非公式な領域で抗議や口論を行っていた可能性はある。いずれにせよ、彼らは基本的には1532年の時と同様に、市内のルター派住民や市参事会との争いを避け、危害を加えられないように静かに身を潜めていた。

　他方で、彼らは密かに市内でのカトリック復権を狙っていた。1533年11月の武力衝突未遂で、市参事会がカトリック市民に助けを求めた際に、彼らは武器を持って集まり、ロートマン派だけでなくルター派も市外に追放しろと叫んでいた。このことから、彼らは、他宗派の住民との争いを避けるために静かに身を潜めつつ、市内でのカトリック信仰の復活の機会を狙っていたことが分かる。

　彼らは、1533年11月の武力衝突未遂で、司教座聖堂参事会員や下級聖職者と共闘しようとしていたし、ロートマン派の殺害を公言していた。さらに、1534年2月の武装衝突未遂の際には、市長をはじめとするルター

派の住民に不信感を抱き、彼らに内緒でミュンスター司教に助けを求める手紙を出していた。ここから彼らは、同じ都市の他宗派の住民よりも、カトリックの聖職者、司教や領邦諸身分を信頼し、都市共同体よりもむしろ領邦により強い帰属意識を持っていたとも考えられる。彼らは、騎士身分を模倣し土地領主化しつつあるなど、都市共同体の成員から領邦・貴族身分へと移行しようとしていたが[787]、彼らのこのような志向は、司教や聖職者、領邦諸身分に対する彼らの友好的な態度と一致している。

　カトリック支持者の中心を成したのは門閥市民や名望家、旧市参事会員であったので、彼らの中には1533年3月まで市参事会員としてミュンスターにおける福音主義体制確立のために尽力した者が含まれていた可能性が高い。彼らはカトリック信仰を保っていたので、市参事会員としての態度決定と個人の信仰は、必ずしも一致していなかったことになる。

3.1.7　二流の名望家の主張と行動

　それまで市参事会員格の門閥市民層によって独占されていた市参事会員職は、1533年3月の選挙で福音派の二流の名望家層によって占められるようになった。こうして都市の二つの統治機関である市参事会と全ギルド会議は二流の名望家によって担われることになった。

　門閥市民とは異なり、二流の名望家の多くは福音主義を支持していたが、1533年春以降は他の福音派住民と同様に、ルター派とロートマン派に分裂した。その際、二流の名望家層全般が、ルター派とロートマン派のどちらを支持する傾向が強かったかは不明である。しかし、1532年7月にルター派だと把握されていた者や1533年の市参事会員や選挙人といった初期からの宗教改革運動の指導層は、市内の成人男性一般と比べると、著しく再洗礼派になる比率が高かった。それは、宗教改革運動の指導層には元々宗教改革運動を妥協なく進めていこうという者が多かったことを示していると解釈できる。

　二流の名望家層は、宗派分裂期にも、引き続き市内で宗教改革の制度化を進める際に中心的役割を果たしていた。ただし彼らは、1532年7月までのように非公式な領域において私的に活動を行うのではなく、市参

事会員や全ギルド会議の成員として公式な領域で活動を行っていた。

　宗派分裂期には、市参事会も全ギルド会議もルター派宗教改革を推進しようとしていた。上で見たように、市参事会員にも長老やギルド長の中にもロートマン支持者は少なからずいたが、彼らは統治機関の一員としてロートマン派の活動を抑えようという施策に従っていた。このことは、カトリックの門閥市民が1532年7月以降市内の宗教改革を進めていたのと同様、ロートマン派の市参事会員や全ギルド会員も、自分の私的な信条に合致しなかったとしても、自らが所属する組織の決定に従っていたことを示している。

3.1.8　市民の主張と行動

　1533年2月に、ミュンスター市と司教の間に宗教協定が結ばれると、市内でのロートマンの権威はますます高まった。福音派住民は、自身が開いた祝宴、ロートマンの結婚式で、ロートマンに対し尊敬と敬愛の念を示した。市内で福音派市参事会が成立し、様々な宗教改革を行う際、市民達は教区教会での聖像破壊に参加するなど、個人的に宗教改革の実行に参加していた。

　しかしこのような福音派市民の一体性は、ロートマンが市内で幼児洗礼批判を始めた1533年春以降崩れ去り、彼らはルター派とロートマン派に分裂した。市民層では、ルター派が多数派であり、ロートマン派は少数派であった。

　彼らの多くがルター主義を支持したのは、ロートマン達が説く象徴主義的聖餐論と幼児洗礼批判が引き起こす政治的危険を避けようとしたためだと考えられる。

　しかし、ルター派市民は、必ずしも常に市参事会の教会政策に賛同していたわけではなかった。市民のかなりの部分を占めるギルド員の多数派は、ロートマン派説教師、特にロートマンの市外追放に反対していた。おそらく、同様の傾向は、ギルドに属さない市民にも当てはまっていたであろう。

　ルター派市民が、ロートマン派説教師に対する過度の弾圧以外は、市

274

参事会の教会政策に大きな不満を持っていなかったことは、彼らがルター派市参事会成立後には、長老やギルド長を通じて要求を行わなかったことから確実である。そしてこのことは、11月にゲマインハイトが、ルター派教会規則を受け入れたことからも裏付けられる。しかし、ルター派市民と市参事会の協力関係は、12月15日に、市参事会が全ギルド会議の同意を得ず、ロートマン派の鍛冶職人を逮捕した時に崩壊したと思われる。その後ロートマン派住民の度重なる実力行使を黙って見ていたこと、1月末の騒擾で警備にあたった市民が市参事会に対し不信感を示していたことを考えると、この逮捕でルター派市民の市参事会に対する信頼感が失われ、市参事会に協力しようとしなくなったのだと推測される。このことは、ルター派市民達が、自宗派の利益を守ることよりも、逮捕同意権のような住民の特権を守ることをより重視していたことを示唆している。

　もちろん市民の間には、少なからずロートマン派やカトリックもいた。このように市民は、三つの宗派に分裂したが、これは個々の市民の個人的な判断によるものであった。

3.1.9　アインヴォーナー男性の主張と行動

　宗派分裂期のアインヴォーナー男性の宗派選択に関して、史料からわかることは少ない。ただし、再洗礼派の没収不動産リストに掲載されている住民を見ると、不動産を持たない者が過半数を占めていた。彼らの多くはアインヴォーナー層であったと思われるため、他の社会階層の成人男性と比べアインヴォーナー層は再洗礼主義を支持する傾向が強かった可能性が高い。

　この時期のロートマン派の活動の大半は公式な領域ではなく、非公式な領域で行われていたためその実態はほとんど分からないが、ロートマン派成人男性のかなりの部分を占めていたアインヴォーナー男性も、個人宅での集会に参加したり、説教師を様々なかたちで支援するなどの活動に参加していたのは確実である。

　1533年秋から翌年2月にかけての住民間の武装対立、33年12月のロー

トマン派による様々な実力行使には、アインヴォーナー男性の多くが参加していたはずである。ロートマン派・再洗礼派成人男性に占める比率の高さを考えれば、アインヴォーナー男性は自宗派防衛にとって不可欠であり、彼らを動員できたからこそ、ロートマン派・再洗礼派は多数派のルター派にある程度対抗でき、即座に武力制圧されずに済んだと思われる。

　アインヴォーナー男性個人が個人的に行った示威行動も、史料の中でいくつか確認できた。鍛冶職人シュローダーはルター派の市参事会や説教師を批判する辻説教を行った。彼の逮捕が契機となって市内での市参事会の権威は失墜し、ロートマン派の実力行使を止めることができなくなったため、彼の行動は結果的に市内での活動を制限され苦境に陥っていたロートマン派を救うものであった。1534年2月8日にも、家屋を持たないゲオルク・トン・ベルクやヨースト・カレ、盲目の乞食が、不思議な像を幻視したり、間近な神の罰と悔い改めを告げる預言を行い、市内の緊張を高めた。

　このようにロートマン派のアインヴォーナー男性達は、非公式な領域で様々な活動を行っており、彼らの行動はロートマン派・再洗礼派が市内でルター派市参事会からの圧力に耐えるために不可欠だったと評価できる。

　アインヴォーナー男性が行った主張からは、独自性は確認できなかった。シュローダーの辻説教や2月の預言の主張も、他のロートマン派・再洗礼派信徒と違いはなかった。

　彼らは他の社会階層の男性と比べ、再洗礼主義を支持する傾向が強かった。彼らは都市の政治から排除されていたため、市民ほどは政治にリアリティを感じられず、外交的危険性を低く評価する傾向を持っていたと思われる。そのため、外交的危険を避けるよりも、自らの魂の救済のために、神学的により説得力があるロートマン派説教師の教えを支持する傾向にあったのであろう。

3.1.10　女性の主張と行動

　女性のうち自発的に成人洗礼を受け再洗礼派になった者は21.8~43.5%だと算定されるので、ルター派とカトリック女性は、全女性の56.5~78.2%ということになる。カトリックは少数であったので、市内の女性の多数派はルター派であったと思われる。しかし、女性が自発的に洗礼を受けた比率は男性の約二倍であり、女性は男性と比べて圧倒的に再洗礼主義を信奉する傾向が強かった。また、女性の中でも、子供を持たない独身の若い女性や独居女性は、その傾向がより強かったと考えられる。

　ロートマン派女性は、非公式な領域で様々な活動を行っていた。1533年の8月10日に市参事会員が説教師の説教を妨害したときには、聴衆のうち女性達が真っ先に彼に抗議し取り囲んだ。また、ロートマン派女性の中には、自分で聖書を読んだり、学んだり、他の者に聖書について教える者たちもいた。

　1533年の11月以降市参事会によってロートマン派説教師が市外に追放され、ロートマンの説教も禁止されると、1534年1月4日と5日の二回、何人かのロートマン派女性が市長や市参事会員に、ファブリキウスを解任し、ロートマンに聖ランベルティ教会で説教をさせるよう求めた。1月5日の直訴には、ユーバーヴァッサー女子修道院の修道女達も参加していた。彼女達は市長と市参事会員に要求を拒否されると、路上で彼らを追いかけ回し罵詈雑言を浴びせ、路上に落ちている家畜の糞を彼らに投げつけた。女性による市長や市参事会への直訴も異例のことであり、彼らに罵詈雑言を浴びせかけることは常識外れのことであった。

　この二つの事件で女性達が述べたことから、彼女たちの共通した考え方が浮かび上がってくる。一つ目は、ロートマン派女性は、説教や宗教を公共の福利の枠組みで理解していたことである。8月10日に女性達は、説教を市民の利益になるものだと述べているし、1月4日には、ロートマンの説教を住民が聞けるようにすることは都市に役立つことであり、説教を聞かせないことは魂を殺すことだと述べていた。

　二つ目は、彼女達が、市参事会や市長は公共の福利を守るべきであり、

もし守らない場合は解任されるべきだと見なしていたことである。8月
10日に女性達は、市参事会員が市民の利益となる説教の邪魔をすること
は犯罪であり、この犯罪を無視するなら今の市参事会は解散し、福音の
自由を増大させる者に取り替えるべきだと述べていた。また、1月4日
に女性達は、ロートマンに説教をさせない市長は、都市に役立つことを
しないので祖国の父ではないと、市長の適性を否定していた。

　三つ目は、彼女達が、自分達こそが福音派だと見なしていたことであ
る。8月10日に女性達は、説教の邪魔をする犯罪者を見逃す者は、福音
の自由を迫害する者だと述べていた。また、1月5日に女性達は、市長と
市参事会員に、彼らも以前は福音派だったが、今では教皇派に溶け込も
うとしていると揶揄していた。

　以上のように彼女たちの公共の福利観や自己認識は共通していた。こ
のことは、これらの考えが、ロートマン派女性の一般的な考え方だった
という可能性を示唆している。

　また、11月16日にファブリキウスが自分とロートマンの間には、洗礼
について些細な意見の相違があっただけだと言うと、ロートマン派達は、
サクラメントの問題は些細なことではなく、そのためなら喜んで死ぬと
言っていた。この時その場にいたロートマン派には女性も混じっていた
はずなので、彼女達も含めたロートマン派は、サクラメントに関する教
えの正当性を非常に重大な問題だと認識していたこと、命を賭けても教
えを守るという極めて強い姿勢を見せていたことが分かる。

　以上の考え方は、いずれも1532年に福音派市民たちがまとめた要求に
盛り込まれている考え方と共通している。そのため、ミュンスターでは、
女性と男性の間、さらには福音派とロートマン派の間で、公共の福利や
宗教に関する基本的な考え方、姿勢が共通していたことが分かる。

　1月5日に市内で成人洗礼が始まり、再洗礼派共同体が誕生すると、多
くの女性が自発的に洗礼を受けた。彼女達の中には、夫に無断で洗礼を
受けたり、説教に参加して殴られる者もいた。また、説教師の呼びかけ
に応え、夫に内緒で指輪などの高価な装飾品を説教師のところに持って

行ったり、借金証書や既に受け取っていた利子を返したのは、女性達で
あった。また、再洗礼派女性は、自分達の合い言葉を持ち、他の宗派の
者とはたとえ肉親でもつき合おうとはしなくなった。このように再洗礼
派女性たちは、夫の意志とは無関係に、自分の意志で洗礼を受けたり、
説教を聞いたり、財産を提供したりしていた。

　再洗礼派女性は、盛んに預言を行い、幻視をして、恍惚的な行為を行っ
た。1534年2月7日には、再洗礼派の間で連鎖的に預言を行う者たちが
現れたが、そのきっかけを作ったのは16歳の少女であった。また、クニッ
パードルリンクやヤン・ファン・ライデンが悔い改めを呼びかけ市内を
走り回るきっかけを作ったのも女性であった。彼女達はもうすぐこの世
は終わり、不信仰者は罰せられるので、悔い改めよと他宗派の住民に呼
びかけていた。

　さらに女性達は、2月9日から10日にかけて市内で起こった再洗礼派
と他二宗派の武装衝突未遂では、男性達を励ますためにマルクト広場近
辺に集まって神に祈ったり、預言を行ったり、様々な幻像を見たり、踊っ
たり跳ねたりしていた。

　この一連の預言は、概ね世界の終わりが間近であること、その際に瀆
神者が罰せられること、罰を免れるためには悔い改めが必要であるとい
う点では共通していた。しかし、ある者は他宗派の住民の破滅を、別の
者は彼らの救いを祈るなど、他宗派の住民に対する姿勢には違いがあっ
た。

　他方ルター派女性やカトリック女性が宗派分裂期にどのような行動を
取っていたかは不明である。しかし、1534年2月9日から10日にかけて
の武装衝突未遂で、再洗礼派女性達が、再洗礼派男性を励ましたり、神
に祈るために自分の家を離れマルクト広場近辺に集まっていたのに対
し、ルター派女性とカトリック女性は家で身を守っていた。ここから、
彼女達は再洗礼派女性と比べると、自宗派に貢献しようと言う気持ちは
弱かったと思われる。

3.2　運動の全体像

3.2.1　運動参加者の属性

　宗派分裂の時期に、カトリック、ルター派、ロートマン派・再洗礼派住民の属性には、著しい相違があった。カトリックになる傾向が強かったのは、門閥市民層であった。門閥市民層以外では、おそらく全ての階層でルター派が多数派を占めていたと思われる。ただし、他の階層の住民と比べ、相対的に再洗礼派になりやすかった属性もあった。つまり、不動産を持たない貧困成人男性、女性、その中でも子供を持たない女性である。そのため、再洗礼派支持との相関関係が推定できる属性は、それぞれ下層という財産階層、女性という性別、子供を持たないという家族環境になる。

　これらの属性と密接に関係する属性も含め、都市住民の宗派選択がどのような属性と相関関係にあったかをまとめたのが表3である。

表3　1533年秋以降の運動参加者の属性

教会共同体	性別	政治的社会階層	財産階層	統治機関	ギルド	都市共同体	結婚	子供	年齢層
カトリック派	男性	都市貴族	上層	ゲマインハイト	非所属	所属	既婚	あり	壮年
		一流の名望家							
ルター派		二流の名望家		市参事会	所属				
				全ギルド会議					
		市民	中層	ゲマインハイト					
再洗礼派	女性	アインヴォーナー	下層	非所属	非所属		未婚	なし	若年
		市民階級	全階層				既婚	あり	壮年
		アインヴォーナー	下層				未婚	なし	若年

　貧困成人男性、女性、未婚の成人女性に共通する属性は、都市共同体に所属していることだけである。しかし、都市共同体の住民は宗派毎に分裂しているので、都市共同体の所属によっては、彼らが再洗礼派になっ

た理由を説明できない。彼らが他に共有している属性はないので、再洗礼派支持と直接相関関係が成り立つ属性は存在しないと考えられる。

しかし、貧困成人男性、女性、子供を持たない成人女性は、あらゆる統治機関に所属していないという属性を共有していた。また、貧困成人男性と子供を持たない成人女性は、財産階層の下層に属し、未婚であり、子供を持たず、若者であるという属性を共有していた。そのため、これらの属性は共通要因である統治機関への非所属という属性と再洗礼派支持の相関の度合いをより強めた要因だった可能性がある。また、男性と女性では女性の方が再洗礼派を支持する比率が高かったので、女性という性別も統治機関への非所属という共通要因をより強めた属性だったかもしれない。これらの諸属性のうちのどの属性が、より強く再洗礼派支持と相関していたかは不明である。ただし、非市民層や貧困男性の中には、若者ではない者も多く含まれていたはずなので、男性に関しては、若者という年齢層と再洗礼派支持の相関の度合いは、女性ほど強くなかったと思われる。

女性の中でも、既婚で子持ちの女性は、未婚で子供を持たない女性よりも顕著に再洗礼派を支持する比率が低かった可能性が高い。彼女達の多くは、市民権を持ち、ゲマインハイトなどの統治機関に所属し、ギルドに所属し、中上層の財産階層に属していた夫を持っていた。そして、配偶者を通じて都市共同体の様々な社会的資源の恩恵を受けることが可能であった。そのため、未婚女性よりも、市民階層の規範、つまりゲノッセンシャフト的精神や共同体主義を内面化する度合いが強かったはずである。このように、統治機関から排除されていた女性でも、市民を夫に持つ女性が都市の正規の成員に準ずるような立場にあったのに対し、配偶者を持たない女性は、都市の市民共同体や統治制度から完全に排除されていたという顕著な立場の違いがあった。

また、市民権をほぼ独占していた男性と原則として市民権を持っていなかった女性では、女性の方が再洗礼派になる比率が顕著に高かった。さらに市民権保持者が大半を占める財産階層の中上層成人男性と、市民

権保持者の比率が低かったと思われる下層民では、下層民の方が再洗礼派になる比率が顕著に高かった。そのため、財産階層の下層、未婚であること、子供を持たないこと、若者であること、女性であることは、個々の属性がそれぞれ再洗礼派支持と相関していたと考える以外に、これらの諸属性は統治機関への非所属という共通要因と直接的に相関しており、再洗礼派支持とは媒介関係にあったと解釈することも可能である。

さらに、統治機関への非所属、女性、財産階層の下層、未婚、子供なしという属性は、それぞれ市民権、市民共同体への所属、財産、結婚と子供という都市社会の主要な社会的資源から排除されているという共通点を持っている。そのため、これらの諸属性が直接相関しているのは、都市の社会的資源からの排除であり、再洗礼派支持とは媒介関係にあると解釈することも可能である。つまり、都市の社会的資源からの排除が、再洗礼派支持と相関する共通要因だった可能性がある。

ここから、都市の正規の成員である市民層、つまり経済的には中上層に属する成人男性やその妻はルター主義を支持しやすく、都市の正規の成員ではなかった若かったり貧しいアインヴォーナー層や若かったり貧しい女性が再洗礼派になりやすかったという傾向が見えてくる。

ルター派と再洗礼派の財産階層の違いは、再洗礼派統治が始まった後の史料によって判明した。しかし、宗派分裂は再洗礼派共同体が成立する以前から深刻化していたので、このような住民間の態度決定の分裂は、既に1533年中に生じていたと思われる。しかし、宗派分裂期の史料の記述からはルター派とロートマン派の属性の違いは確認できなかった。(表4)

表4　史料の記述から見た1533秋以降の運動参加者の属性

教会共同体		性別	政治的社会階層		財産階層	統治機関	ギルド	都市共同体	結婚	子供	年齢層
カトリック派		男性	都市貴族		上層	ゲマインハイト	非所属		既婚	あり	壮年・老年
			一流の名望家					所属			
ルター派	ロートマン派		二流の名望家	二流の名望家		市参事会					
						全ギルド会議		所属			
			市民	市民	中層	ゲマインハイト					
			アインヴォーナー	アインヴォーナー	下層		非所属		未婚	なし	若年
		女性	全階層	全階層	全階層	非所属			既婚	あり	壮年・老年
			アインヴォーナー	アインヴォーナー	下層				未婚	なし	若年

　このことは、史料によって把握可能な市民層の分析を、史料にほとんど登場しないアインヴォーナー層や女性に適用することは方法論的に不適切であることを示している。さらに、各社会階層や集団への所属や属性が、どの程度都市住民の態度決定・宗派選択と相関関係があったかは、運動参加者を統計的に把握できるような特殊な史料状況がなければ評価できないことも明らかになった。

　以上の分析結果から、ミュンスター再洗礼派運動における都市住民の態度決定は、財産や市民権などの社会的資源の所持、所属する政治的社会階層や統治機関によって大きく異なっていたと結論づけられる。

3.2.2　運動参加者の動機

3.2.2.1　動機の共通性

　1533年2月にミュンスター市内での宗教改革を公認する宗教協定が結ばれ、3月に福音派市参事会が成立すると、市参事会、全ギルド会議、ゲマインハイト、教区が一体となり公式な領域で、さらには住民の大多数を占める福音派住民が非公式な領域で、それぞれ宗教改革を実行しようとした。彼らは宗教改革を進めるだけでなく市内でのカトリックの活動も阻害していた。これは、前年から彼らが主張していたように、市内の

宗教は一つであるべきという理念に基づき、カトリックを排除して福音主義教会を市内唯一の教会として制度化しようとしていたことを示している。このように、この時期の福音派住民は、市内での宗教改革貫徹を求めており、実際にそのために行動していた。

　ロートマン派説教師が幼児洗礼批判の説教を始めてから、市内の福音派はロートマン派とルター派に分裂し始めたが、この分裂は彼らの基本的な目的が違っていたことを必ずしも意味しない。ロートマン達説教師は、市参事会、全ギルド会議、教区共同体が一体となって市内の宗教や風紀、教育に責任を負うこと、さらには人々にキリスト教徒として正しい信仰実践と日常生活での行動を求めることを盛り込んだ教会規則等を起草していた。これは当初からロートマンの神学に見られた、聖人による聖化された共同体を創ろうという傾向に合致したものであった。これらは市参事会や全ギルド会議によって公認されたものであり、ルター派からも支持されていた。シリンクや倉塚は、市参事会がお上的に上からの宗教改革を行おうとしたことに反発した民衆が共同体主義的宗教改革を行おうというロートマン達を支持したと見なしたが[788]、市内では都市共同体の教会関連の権限は一貫して主要な争点になっておらず、教区共同体による教会管理も求められていなかった。元々聖人の共同体を創ろうというロートマンの基本姿勢は既に1532年時点で明確に現れており、福音派全体に支持されていた。そのため、宗教改革の基本的な方向性や教会と共同体の関係についての基本的な考え方は、ルター派とロートマン派の間で大きな違いはなかったと考えられる。

3.2.2.2　新たな争点

　1533年春以降ロートマン派説教師が幼児洗礼批判を説教し始め、彼らの象徴主義的聖餐論と共に問題視されるようになったことで、ミュンスターの福音派は分裂することになった。

　この二つのサクラメントをめぐる争いには、二つの重要な争点があった。一つは神学的側面である。1533年8月の討論会で議論されたように、ロートマン達が説くサクラメント論が、神学的に正当なものであるかど

うかが重要な争点になった。

二つ目は、政治的側面である。ロートマン達の幼児洗礼批判は帝国でカトリックと福音派双方によって危険視され取り締まられていた論であり、象徴主義的聖餐論はルター派から異端視されていた論であった。そのため、これらの論は、カトリックの皇帝やミュンスター司教だけでなく、ミュンスター宗教改革の後ろ盾となっていたヘッセン方伯達ルター派諸侯も敵に回し、市内の宗教改革のみならず都市そのものの政治的地位を危うくする危険な神学的主張であった。

このようにロートマン派説教師が二つのサクラメントについて説き始めると、これが市内の宗教改革を進めていく際の新たな争点となった。そして、この二つの争点に対する評価の違いによって、市内の福音派住民は、ルター派とロートマン派に分裂していくことになった。

このことは、基本的な動機や志向が共通していても、新たな争点が提示されると、それまで潜在していて見えなかった都市住民の間の分裂線が顕在化し、それまでの合意が崩れる可能性があることを示している。

3.2.2.3　二つのサクラメントについての評価の違い

この新たな争点について、神学的正当性を政治的危険性より重視していたのがロートマン派であった。彼らは、二つのサクラメントが持つ政治的危険性を認識した後も、依然としてこの論を主張するロートマン派の説教師を支持し続けた。

彼らがロートマンを支持し続けたのは、ロートマンのサクラメントに関する教えが正しく、彼らの魂の救済に必要だと見なしていたためであった。そのため、彼らが求めていたのは、第一に市内で正しいサクラメントに関する教えが説教され、それに応じたサクラメントが実行されることであったと思われる。1533年11月にロートマン派の信徒がファブリキウスに対し「サクラメントの問題は些細なことではなく、そのために喜んで死ぬ」と述べたように、彼らにとって二つのサクラメントは政治的危険を冒してまで追求すべき、極めて重要なものであった。

他方、ルター派は、神学的正当性よりも政治的危険性を重視し、二つ

のサクラメントに関するロートマン派説教師の説教をやめさせようとした。市参事会は、はじめはロートマン達のサクラメント論に疑問を持っておらず、その後も彼らの教えの神学的正当性に有効な批判を加えることができなかった。にもかかわらず、ロートマン派説教師に説教禁止や追放を命じていたことに見られるように、彼らはこの問題を神学的正当性に関わるものではなく、政治的問題として対処しようとしていた。

　ルター派のギルド員もまた、このような評価の仕方を市参事会と共有していたと考えられるが、両者には違いもあった。ギルド員は、一方ではロートマン派の二つのサクラメントに関する教えを市内で説教することを禁じ、政治的危険性を排除し、ルター派体制を確立しようとする市参事会の政策を支持していた。しかし他方で、ロートマンの市外追放等市参事会によるロートマン派説教師への過度の活動制限には反対するなど、ロートマン派説教師に対しある程度同情的な態度を取っていた。ファブリキウスが来るまで彼らの多くがロートマン達の説教の全面禁止やロートマンの追放に反対していたのは、彼らのサクラメント論の正当性を市内のルター派説教師が反駁できない状況で、その活動を完全に禁止することに抵抗感があったからなのかもしれない。

　しかし、11月にヘッセンから説教師ファブリキウスがやってくると、ギルド員を含むルター派住民の態度には変化が見られた。彼の到着の後、11月30日には市参事会、全ギルド会議、ゲマインハイトが教会規則を受け入れ、12月11日には市参事会がロートマンの追放を決定するなど、市内で急速にルター派体制が整備された。11月初めまでと異なり、12月にロートマンの追放に反対する要求が市参事会に向けられなかったのは、おそらくファブリキウスの説教によって、ロートマンの説教の神学的な優位性が崩れ、ルター派ギルド員の間でロートマンの教えが正しいという意識が弱まったためだと考えられる。

　このことから、ルター派の多くの住民にとって、神学的正当性は無視できない問題であり、説教の神学的な説得力が、宗教問題に対する住民の態度決定に大きな影響を与えていたと思われる。

3.2.2.4 評価の違いを生んだ要因

それでは、二つのサクラメントをめぐる問題に対する評価の違いは、何に起因していたのであろうか。

評価を分けた要因の一つは、宗教改革を妥協なしに実現しようという熱意だと思われる。ロートマン派は、特に成人男性の間ではかなりの少数派であった。彼らは政治的危険性よりも神学的正当性を重視して態度決定を行っていたため、市内の福音派の中でも、宗教改革を妥協なく実行しようという宗教的情熱が高い者だったはずである。このことは、1532年のルター派リストに名前が挙がっている、つまり初期から活発に活動していた福音派が再洗礼派になる比率が、住民一般よりも大幅に高かったことによって裏づけられる。宗教改革に参加した者の元々の動機は、正しい教えと儀式の実現により魂の救済を得ることであったので、市内の福音派の中でも特に熱意を持って運動に参加していた者の多くが、正しい教えと儀式の実現のためにロートマン派説教師を支持し続けるのは自然なことである。

これと同じ傾向は女性にも見られた。2月の武装対立の際にルター派やカトリックの女性が家に留まっていたのに対し、再洗礼派女性は身の危険を顧みず広場に出て、再洗礼派の勝利のために助力しようとするなど、強い献身的態度を見せていた。

他方、全住民の間ではルター派が多数派を占めていた。このことは、特に活発に運動に参加したわけではない、相対的に熱意が低い福音派住民の間では、政治的危険性を顧みずロートマンを支持した者が少なかったことを示していると解釈できる。

また、元々市内での宗教改革を支持した福音派の中には、1525年の騒擾と同様に、市内の聖職者の様々な特権を剥奪することを目的にしていた者も含まれていたと思われる。彼らの目的は既にある程度達成されていたし、市内でカトリック聖職者排除を進める市参事会の姿勢は、彼らの目的にも合致していた。そのため、彼らにとって相対的に重要ではない神学的主張や儀式のために、自分達の目的達成に必要なルター派体制

を危険に晒す気にはならなかったであろう。

　ただし、以下の理由から、熱意の有無という個人的志向だけだけでなく、都市内部の政治的役割に基づく政治的危険性の評価の違いも、サクラメント問題に対する評価を決める重要な要因となっていたと思われる。

　先ず、社会階層によってロートマン派・再洗礼派になる比率は異なっていたが、このことは宗教的情熱という個人的要因だけでなく、何らかの社会的要因が宗派選択に関係していたことを示している。

　ロートマン派・再洗礼派になる傾向が強かったのは、男性よりも女性、男性の中でも不動産を持つ中上層の男性よりも家を持たない下層の男性、女性の中でも子持ちの既婚女性よりも子供のいない独り身の女性であった。つまり、都市の社会的資源から排除されていればいるほど、ロートマン派・再洗礼派になる傾向が強かった。このことから、都市の社会的資源から排除されている度合いの高い住民ほど、都市の政治的危険性を避けることを軽視し、正しい神学的な教えが市内で説かれることを重視していたと考えることができる。

　都市の社会的資源からの排除は、既存の都市共同体と利益共有の度合いが低かったことの指標だと解釈できる。このことから、以下の仮説を導くことが出来る。都市共同体との利益共有度が低いアインヴォーナー男性や女性のような住民にとって、都市共同体の利益や損害は自らの利益や損害と直結しているとは感じられなかった。そのため、彼らは都市を市外の諸勢力からの危険に晒すことに抵抗感を持たず、自らの魂の救済をより重視して個人主義的に態度決定を行った。そして、市内で最も説得力のある説教を行うロートマンを支持し続けた。また、彼らの共同体への帰属意識の弱さが、都市の既存の人的紐帯を解体して、個人の決断によって新たに作られる再洗礼派共同体と親和的だったために、彼らは再洗礼主義を受け入れやすかった。

　他方、市民権所有者を多く含むであろう家持ちの成人男性達は、再洗礼派になる比率が低かった。これは彼らが都市共同体の正規の成員であ

るため、都市共同体の利益や損害と自身の利益や損害が直結していると感じており、そのために、都市共同体を市外の諸勢力の脅威に晒すことを避けようとしたためだと思われる。

ただし、ルター派の間でも、市参事会と全ギルド会議、さらにギルド員や市民では、宗派分裂期に取った行動が異なっていた。

市参事会は、ロートマン派・再洗礼派の活動を抑えようという志向が最も強く、神学的な正当性には関心を持たず、市内の平和と秩序、そして自由と特権を守ろうという志向が強かった。これは、市参事会は都市のお上として、都市の平和と調和、自由と特権を守る義務を課せられていたからだと思われる。

全ギルド会議は、一方では市参事会に協力してロートマン派説教師の二つのサクラメントに関する説教を禁止しようとしていたが、他方でロートマン派説教師、特にロートマンの追放には反対していた。これは、彼らがギルドやゲマインハイトの要求を市参事会に伝え、支援するという彼らの役割を果たしていたためであった。

ギルド員あるいは市民の多数派は、やはり一方では市参事会に協力してロートマン派説教師の二つのサクラメントに関する説教を禁止しようとしていたが、他方でロートマン派説教師、特にロートマンの追放には反対していた。これは、彼らが、市参事会と比べると、政治的危険性を軽視し、神学の正当性をより重視する傾向にあったからだと解釈できる。

このように実際に都市の政治、特に外交に関わる度合いが高ければ高いほど、二つのサクラメントの政治的危険性も高く見積もり、神学的正当性を軽視する傾向が見られた。そのため、市内でもっと深く外交に携わる市参事会が、最も強くロートマン派説教師に反対し、市内で最も外交とは無縁だった貧しい男性や女性が、ロートマン達を支持する傾向が強かったのであろう。

以上のようにロートマン派とルター派の間で争点となっていた神学的正当性と政治的危険性に対する評価の仕方の違いは、宗教改革を妥協なしに実現しようという熱意、政治的危険性の評価という二つの要因に

よって規定されていたと考えられる。

3.2.2.5　ロートマン派・再洗礼派の動機

3.2.2.5.1　正しい神の言葉の説教を聞くこと

　では、ロートマン派・再洗礼派の動機とはどのようなものであっただろうか。

　ロートマン派説教師が幼児洗礼批判を始め、福音派がルター派とロートマン派に分裂してから、ロートマン派住民は表立った行動はしていなかった。市参事会と交渉を行ったり、嘆願をしたり、討論会に出る等の交渉や行動をしていたのは説教師達であった。ロートマン派住民は、1533年9月にロートマン派説教師の追放取り消しを、長老とギルド長を通じて市参事会に要望した以外は、目立った行動を見せていない。また、彼らは、1532年の宗教改革運動で福音派市民が繰り返し行ったように、ゲマインハイト名義で他宗派の説教師を自宗派の説教師に置き換えることを嘆願したこともなかった。

　以上のロートマン派・再洗礼派の要求や行動を見ると、市内で限られた教区教会のみでも構わないので、自分達が支持する説教師の教えを聞き儀式に与ることが、ロートマン達の説教が制限された後の彼らの第一の達成目標であったと思われる。当然彼らは、元々彼らが持っていた聖なる共同体意識に基づき、市内を自分達の教えに基づく教会で統一したいと考えていたであろう。しかし、市内での自分達の勢力を考え、1532年に行ったような都市全体の改革要求はさし当たり控え、要求を自派の説教師の説教許可に限定していたのだと思われる。

3.2.2.5.2　都市制度の枠からの逸脱─新しいエルサレムと終末期待

3.2.2.5.2.1　都市制度の枠からの逸脱

　自分たちが正しいと思う説教を聞き、儀式に与ることは魂の救済に必要不可欠であると見なし切望すること自体は、1532年に市内で宗教改革運動が本格化してから一貫して福音派の間で支配的であった。その意味では、ロートマン派・再洗礼派の目的自体は変化していない。

　ただし、彼らが目的達成のために取った手段は、市参事会のロートマ

ン派説教師に対する弾圧が強まる1533年11月以降大きく変化せざるを
えなくなった。11月の武力衝突未遂の後、ロートマンを除いた全てのロー
トマン派説教師が市外に追放され、ロートマン自身も説教を禁止される
など、ロートマン派は、公にロートマン派説教師の司牧を受けることが
できなくなった。その際彼らは、二つの方法でこの状況に対応した。一
つ目は、教区教会ではなく、ロートマン派住民の個人宅で、ロートマン
が内密に説教を行うことであった。もう一つは、実力行使で要求を押し
通すことであった。11月28日にルター派教会規則が公開された際には、
ロートマンと数人の支持者が聖ランベルティ教会を訪れ、ルター派説教
師ファブリキウスを嘲笑したが、ルター派信徒によって教会を追い出さ
れ、彼らの試みは失敗に終わった。

　市内でのロートマン派の活動が不可能になり、市参事会が12月11日
にロートマンの市外追放を命令すると、ロートマン派住民たちは、実力
行使によって教区教会でロートマン派説教師が説教できるようにし、ル
ター派説教師の説教や儀式の邪魔をするようになった。

　彼らがこのような実力行使を行わなければならなかったのは、市参事
会による政治的圧力よって追い詰められた彼らが、ロートマンの司牧活
動を維持するために取ることができる手段が、他になかったためである。
正しい神の言葉の説教と正しいサクラメントを受けることができないこ
とは、彼らにとっては、自らの魂の救いが危機にさらされていることで
あった。市内での活動が完全に非合法化され、ほとんどの説教師が追放
され、残るロートマンも追放されようという追い詰められた状況の中で、
ロートマンの司牧を存続させるために彼らに残された手段は、既存の都
市の制度や慣習の枠を踏み越えることだけであった。そして彼らは、意
識の上でも、実践においてもこれを踏み越えたのである。

3.2.2.5.2.2　聖人の共同体の設立

　市内で都市制度に基づいたかたちでの宗教改革実現が不可能になった
ことにより、ロートマン派説教師と住民は、それまで越えなかった一線
をついに踏み越える決意をした。つまり、彼らは成人洗礼を実行するこ

とにより、市内で都市の公認教会から独立した自分達の教会を作り始めた。この教会は、都市制度から独立して作られていたが故に、既存の教会や都市の慣習や制度による制約を考慮に入れていない、彼らの宗教的理念をそのまま現実化したものとなった。つまり彼らは、自由意志に基づき信仰洗礼を受けた者のみから成る聖人の共同体を作り、それに相応しい信仰生活を送ろうと試みるようになった。

　成人洗礼によって成立した新たな信仰共同体はさし当たり都市住民全体を包括することを想定していない分離主義的なものであった。しかし1534年1月の市内での政治的状況では、彼らが自分達の教えに従い公認教会を作ることは不可能だったので、この分離主義が彼らの共同体理念をそのまま反映したものだったとは限らない。スイスや南ドイツ、モラヴィアの再洗礼派の中にも初期には全住民を包括する教会を作ろうという動きがあったことに見られるように、再洗礼主義と分離主義は必ずしも結びつくわけではなかった[789]。しかし、聖俗の権力から異端や反乱者だと見なされ迫害を受けた再洗礼派には、自らの信仰を守ろうとする限り、分離主義的教会を作る以外の選択肢はなかった。これは、ミュンスターでも同様であった。

　ロートマン派説教師は、非再洗礼派住民への説教をやめるなど分離主義的傾向が強かった。しかし、説教師達、ヤン・ファン・ライデンのような預言者、クニッパードルリンクのような指導的再洗礼派市民、さらには一般信徒も、他の住民に対し悔い改めを呼びかけ、回心させようとしていた。2月10日にマルクト広場に集まっていた女性達にも、他宗派の住民の破滅を願う者も、慈悲を願う者もいた。このように、再洗礼派の他宗派の住民に対する態度は、一貫も一致もしていなかった。また、1534年2月に再洗礼派が市参事会員選挙で勝利し都市の統治権を握るようになると、分離主義的態度は捨てられ、彼らは市内に残る住民全てに洗礼を強制し、聖人の共同体を都市全体に広げていった[790]。

　このように再洗礼派は、程度の違いはあれども一時期は分離主義的な姿勢を見せていたが、これは自分達の信仰を都市で公認してもらうこと

が不可能となった政治的状況に強いられたためであった。彼らは基本的には、1532年の宗教改革でも見られた、都市全体を包括する一つの教会を理想とする考えを保ち続けていたと思われる。そのため、政治的状況が彼らに有利になり、その実現が可能になると、信仰自由令を反故にし、自分達の教会を全住民を包括する一つの公認教会にしたのであろう。

このようにロートマン派・再洗礼派は、都市共同体と教会共同体を一致したものだとする共同体主義的な「聖なる共同体」観を1532年の宗教改革以来持ち続けていたと思われる。にもかかわらず、彼らの共同体観には大きな変化があった。それは、ミュンスターを純粋な救済共同体、つまり終末における「新しいエルサレム」だと考えるようになったことである。ミュンスターを新しいエルサレムだとする考え方は、おそらくメルヒオール派の影響によってミュンスター再洗礼派の間で広まった。ルッターバッハによれば、他の都市と同様にミュンスターでも、司教も市民も天上のエルサレムを理想として、市壁内に教会や修道院を配置することで都市を聖なる空間に作り上げようとしていた[791]。そのため、ミュンスターを新しいエルサレムと同一視するという見方は、都市の住民にとって受け入れやすいものであったろう。そして、再洗礼派は、このような「聖なる共同体」としての都市というイメージを引き継ぎつつ、その世俗的側面を極限までそぎ落とし、純然な救済共同体として想像するに至ったと言える。

ミュンスター再洗礼派の「新しいエルサレム」は、伝統的な「聖なる共同体」としての都市とは、その構成員が大きく異なっていた。伝統的な「聖なる共同体」に属するのは、その都市に住む市民もしくは住民全てであった。しかし、「新しいエルサレム」の構成員は、悔い改め、信仰洗礼を受けた正しいキリスト教徒だけであった。再洗礼派は、自分達をキリスト教徒、他宗派の住民を涜神者だとはっきり分けて考えていた。そして、たとえミュンスター市内に住んでいても、もしその者が洗礼を受けていなければ、「新しいエルサレム」の住民として相応しくないと見なされた。だからこそ、彼らに悔い改めが呼びかけられた。反対に、たとえミュ

ンスターの市民権をもっていなくても、信仰を持ち洗礼を受ける者ならば、市外から来たよそ者であっても「新しいエルサレム」の住民として相応しかった。こうしてミュンスターでは、都市や教区の住民・隣人であること、ギルドやゲマインハイトといった集団を通した結びつき、親子・夫婦・親族の関係といった既存の人的紐帯が一度解体され、新たに再編されて「聖なる共同体」が作り直された。そのため再洗礼派の「聖なる共同体」は、都市の伝統的な「聖なる共同体」とは根本的に異なるものであった。

　ここにおいて、ミュンスター再洗礼派とルター派の都市共同体観の違いが明白になる。両者はどちらもミュンスターという都市を「聖なる共同体」だと見なしていたが、再洗礼派が世俗的側面よりも教会的側面を著しく重視していたのに対し、ルター派は再洗礼派と比べると相対的に世俗的側面を重視していた。そして、再洗礼派が「聖なる共同体」を既存の都市共同体と一度切り離してしまっていたのに対し、ルター派は既存の都市共同体こそ「聖なる共同体」だという伝統的な共同体観を保ち続けていた。そして、その共同体観の違いが、ミュンスターの住民を引き裂いたのであった。

3.2.2.5.2.3　終末期待

　ロートマン派が成人洗礼を受け入れ、ミュンスターを新しいエルサレムだと見なすようになったのは、低地地方から来たメルヒオール派との関係が1533年秋以降次第に深まっていたためであった。

　ミュンスターのロートマン派がメルヒオール派から受け継いだ思想の中で、彼らに最も大きな影響を及ぼしたのが終末期待であった。ロートマン派は元々強い終末期待を持っていなかった。しかし、1533年に終末が訪れるというホフマンの予言は、彼の後メルヒオール派の指導者となった預言者ヤン・マティスによって1534年の復活祭に延期され、ミュンスターの再洗礼派の間でも信じられるようになった。

　キルヒホフによれば、自分達はこの世の終わりの日々に生きているという考えは中世以来知識人から民衆にまでにも広く浸透しており、元々

都市住民にとって馴染みがないものではなかった[792]。ルターをはじめとする宗教改革者の多くも終末は目前に迫っていると信じており、強い終末期待そのものは再洗礼派だけでなく、ルター派の間でも広く見られた[793]。そのため、ミュンスターのロートマン派にとって、元々終末期待は受け入れにくいものではなかったであろう。

ただし、この時期広まっていた終末期待は、間近ではあっても、いつ終末が来るかを明確に指し示すものではなかった。しかし、ミュンスターにはメルヒオール派の具体的な期日を指定した終末期待が流入したために、彼らの終末期待は著しく切迫したものになった。彼らにとって、終末は漠然とした近い将来に起こるものではなく、目前に迫った特定の日時に起こるものであった。このように終末に期日が設定されたことによって、ミュンスターの再洗礼派は神の怒りとその罰を真剣に恐れるようになったために、洗礼を受けた選民による共同体を作ろうと洗礼に踏み切ったのだと思われる。

このメルヒオール派との関係の深まり、そして終末期待の浸透は、ロートマン派が市内で市参事会によって追い詰められ、既存の制度や慣習から逸脱していく時期に進行した。おそらく、両者は無関係ではない。こうして彼らは、魂の救済という当初から一貫した目的を実現させるために、聖俗両方の既存の制度的・認知的枠組みを遙かに踏み越えたのであった。

3.2.2.6　ルター派の動機

市内で宗教改革を貫徹することを目的としている点では、ルター派もロートマン派と変わりがなかった。しかし、市内での宗教改革の制度化を実際に行っていたルター派は、少数派であるロートマン派とはその実現のために想定していた手段が異なっていた。

ルター派市参事会は、福音派説教師任命、福音主義的学校の創設、教会規則、規律規則、学校規則の公布等を通して市内で宗教改革を制度化しようとしていた。他方では、市内でのカトリック勢力の復興を阻止し、カトリックの礼拝や説教を排除しようとしていた。

彼らがロートマン派説教師の説教を禁止し、それが失敗に終わると市
外追放しようとしたのも、市内の宗教改革の制度化を守るためであった。
皇帝やミュンスター司教からの介入を防ぎ、ヘッセン方伯など市外のル
ター派諸勢力からの支援を受け続けることなしに市内の宗教改革の維持
は困難であった。そのため、市参事会はあらゆる手段を用いて、ロート
マン派の活動を抑えようとした。敵対している市内のカトリック、さら
には司教の代官に支援を求めるほど、その努力は真剣なものであった。

このような敵対する宗派の活動を排除し、市内の宗教を福音主義に基
づく教会で統一し制度化しようという傾向は前年から見られたものであ
り、ルター派の動機は基本的に変わっていなかったと考えられる。

3.2.2.7　規範との結びつき

1532年の宗教改革運動では、福音派の主張や行動の基盤に反教権主義
が見られたが、これはその後も変わりがなかった。相互に争っていたル
ター派とロートマン派の間にも、カトリックの聖職者や儀式を排除する
ことでは態度の違いはなかった。

ただし、ルター派は都市の宗教改革にとってカトリック以上にロート
マン派が危険だと見なし、必要なときにはカトリックと手を組むことも
辞さなかった。しかし、11月にカトリックに助けを求めた後でも、市参
事会とヴィークは市内でのカトリック説教師追放を強行し、市内でのカ
トリック勢力の復活に強い危機感を示していたように、これはルター派
の反教権主義そのものの変化ではなく、政治的な必要に駆られてのこと
であった。

1532年の宗教改革で福音派住民は、市参事会と住民は双務的な関係を
結んでおり、市参事会は公共の福利増進という自らの義務を果たすため
に、都市住民の魂の救済を保証する宗教改革を実行せよと主張していた。
1532年にこれを主張していたのは、ゲマインハイトやギルド、全ギルド
会議といった市民達であった。しかし、1534年1月にロートマン派の女
性達が、市参事会員に向けて行った要求でも、これと同様の論理が用い
られていた。

296

女性達が、ロートマン派説教師の説教を聞くことが重要であると考えたのは、それが都市の公共の福利に資すると考えていたためであった。女性達も、市内で正しい教えが説かれることは、市民の利益になり、魂の救いに関わることだと見なしていた。

このことは、ミュンスターでは社会階層、男女の違いにかかわらず、お上と臣下は双務的関係にあり、宗教的事柄を市参事会が責任を負う事柄だと見なす公共の福利観が共有されていたことを示している。そして、1532年に行われたようなギルドやゲマインハイトを通じて行われる請願だけでなく、個人が市参事会に向けた請願でも、このような公共の福利観が主張の根拠になっていた。

1534年2月の武装対立の交渉でも、再洗礼派の代表は公共の福利への配慮を市参事会側に求めていた。このように、ミュンスターでは都市住民全員が公共の福利に配慮しなければならないという規範を共有していたために、公式な領域で交渉を行うときには、誰もが公共の福利を配慮するという姿勢を示さねばならなかった。

3.2.2.8 神学的傾向

1533年3月の福音派市参事会確立以降、ミュンスターでは宗教改革の制度化が進められたが、間もなく二つのサクラメントをめぐる争いが起こり、信仰告白制定などの教義の体系化・制度化は進まなかった。そのため、ルター派の間では、何が正しい教義かについては不明瞭なままであった。

他方、この時期ロートマン派説教師は、個別教義をめまぐるしく変化させていった。先ず前年までは主張されていなかった幼児洗礼への批判と既に前年から説かれていた象徴主義的聖餐論の明確化が行われた。1533年9月には実際に幼児洗礼が拒否され、翌年1月には成人洗礼が実行された。洗礼が実行されると、装飾品の放棄など萌芽的なかたちで財産共有が説かれるようになった。さらに、次第にメルヒオール派のキリスト論や終末論もロートマン派の間で受け入れられた。

このように、ロートマン派の間では、多数の個別教義が根本的な変化

を遂げていった。にもかかわらず、彼らはこれらの教義の変化を正しい
ものとして受け入れ続けた。教義が変化しても、ロートマンが神の言葉
を正しく伝えていると信頼し、それを正しいものとして受け入れるとい
う傾向は、1532年の聖餐論の変化に対する福音派住民の反応と共通して
いる。このことは、市内で教義の変化が受け入れられる際、説教師の説
教の説得力が重要であったことを示している。その際、カトリックの伝
統的教義やルター派の『アウクスブルク信仰告白』から大きく離れてい
ても受け入れられていた。

　聖餐論や洗礼論に対する反応を見ると、住民のほとんどはルター派の
聖餐論や洗礼論についての知識を余り持っていなかった。また、ルター
やメランヒトン、ヘッセンの神学者からの警告が市内で影響を持たな
かったように、福音派住民は、市外のルター派神学者よりもロートマン
達身近な説教師の教えを信頼していた。市外の顧問ヴィークによって指
摘されるまで幼児洗礼批判の政治的危険性に気がつかなかったように、
教義の持つ政治的意味もまた理解されていなかった。

　このようにカトリック的伝統が否定され、市外のルター派からの影響
も受けず、市内でまだどのような教えが正しいかが不明瞭な状況下では、
説教師が聖書に基づいた説得力のある説教を行えば、その教えは住民に
正しいものとして受け入れられた。そして、実際にロートマンの聖餐論
も洗礼論も、一度は市内の福音派全員に受け入れられ、ロートマン派の
住民の間ではそれ以外の様々な教えが受け入れられ続けた。

　ただし、ロートマン派の住民は、単に教えをそのまま受け入れるだけ
ではなかった。彼らの中に、自ら積極的に正しい教えを学び、自分なり
に理解しようとしていた者が含まれていたことは、自ら聖書を読み、他
の信徒に教えを説いていた者がいたことから明らかである。

　また、1534年2月8日に起こった連鎖的預言はゲオルク・トン・ベルク
の娘から発生したものであり、その中で彼女はマティスが予言した1534
年の復活祭ではなく3日後に世界が終わると予言していた。2月9日か
ら10日にかけての武装対立でも、多くの者がそれぞれ予言を行い自らが

見た幻影について述べていた。彼らは、サクラメント論のような難解な神学的主題について自ら公の場で議論することはなかったが、終末論についてはそれぞれに理解・解釈し、公の場で預言を行っていた。

このように二つのサクラメントに関する教義を皮切りに次第に神学的に分裂していったルター派とロートマン派・再洗礼派であったが、前章で見たような福音主義に関する基本姿勢は依然として共有されていた。1533年12月のシュローダー逮捕をめぐるやり取りで、ルター派とロートマン派の鍛冶屋ギルド員達は、説教は説教師の職分であり他の者には許されないとした市参事会に対し、信仰心に基づき説教を行うことは説教師以外でも許されると主張していた。このことは、万人祭司主義を認める点では、ルター派とロートマン派の間に依然として意見の相違がなかったことを示している。

3.2.2.9　カトリックや無関心な者

市内でカトリックにとどまる傾向が強かったのは、門閥市民達であった。彼らは自分の身に危険が及ばないように身を潜めつつ、再びカトリック体制を復活させようと機会をうかがっていた。彼らは他の住民とは異なり、同じ都市の他宗派の住民よりも市内の聖職者たちやミュンスター司教、領邦諸身分を信用しており、彼らと協力関係を結んでいた。

市内では、1533年春以降福音派が分裂し、秋以降は三宗派分裂が顕在していくなど、宗派間の争いが市内で重要な問題になっていた。しかし、教区民の多くが自分の教区の説教師に大きな関心を持っていなかったらしいこと、1533年11月の武装対立に参加した男性がそれほど多数でなかったことを考えると、都市住民の多くは宗派間の争いに積極的に参加しようとしていなかったようである。しかし、1534年2月の武装対立では多くの男性が武器を持ったように、市内の状況がより緊迫すると、元々は宗派同士の争いに無関心だった者も、支持宗派を明確化し争いに加わらざるを得なくなったと思われる。その際無関心層のほとんどは、強い宗教的献身が求められる再洗礼派ではなくルター派に荷担したと推測される。

299

3.2.3 合意形成

1533年2月の宗教協定で、ミュンスター市内で宗教改革が公認された後、ミュンスターの社会運動は以下のように進展していった。

3.2.3.1 市民と市参事会の合意内容の制度化

第一段階では、福音派市参事会の成立によって、市内で福音派体制が確立された。1533年3月の市参事会員選挙で市参事会が福音派によって占められるようになると、市参事会、ギルド、ゲマインハイトが全て福音主義支持で完全に一致することになった。この後、市参事会が主導的な役割を果たし、公式な領域で宗教改革が導入されていった。他方では福音派住民が個人的に、非公式な領域で宗教改革を進めようとする動きもあった。このように、この時期のミュンスターでは、都市の公式な領域で、つまり都市の諸機関の間で宗教改革を行うという形式的合意が成立していたのと同時に、都市の非公式な領域で、つまり住民の間で宗教改革を進めるという実質的合意が成り立っていたと考えることができる。

非公式な領域での実質的合意が成り立つためには、カトリックの住民が、市内でのカトリックの活動の制限や妨害に対し、表だった抗議を行わないことが重要であった。市内には、カトリックの住民もおり、市内の諸機関が福音主義支持で一致した後もカトリックの信仰を保ち、大聖堂でのミサ等に参加していた。彼らの数は福音派よりも少数だったが、それでもその後も市参事会が市内のカトリック勢力を危険視していたことを考えると、無視できない勢力を保っていたと思われる。しかし、彼らは、カトリックの信仰活動が市内で次第に制限されていっても、福音派市民が行ったように、ゲマインハイト名義で抗議を行ったり、実力でこれに抵抗することはほとんどなかった。そのため、市内の全ての住民が福音主義の支持で合意をしていたわけではなくても、事実上宗教改革を進める際に市内での障害がないという、住民間の実質的合意が成り立っている状況が生まれた。

3.2.3.2　住民間の実質的合意の危機

　しかし1533年4月以降、市内の非公式な領域で成り立っていた住民間の実質的合意が次第に崩れていき、市内がルター派、ロートマン派、カトリックの三宗派の支持者によって分裂していった。

3.2.3.2.1　新しい争点の提示と分裂線の顕在化

　ロートマンと仲間の説教師達が幼児洗礼批判を説き始めたことが、ミュンスターの宗教改革の大きな転機となった。ただし、福音派住民は、最初はロートマン達が説き始めた新たな教義を受け入れていた。しかし、顧問ヴィークによってその教えの政治的危険性が伝えられると、市参事会、全ギルド会議、そして大部分の福音派住民が、ロートマン達を支持することをやめ、彼らの危険なサクラメントの教えを市内で説教できないように彼らの活動を制限しようとした。

　福音派が体制派のルター派とロートマン派に分裂し、対立する状況が市内でできあがったが、この両者の分裂線は、前節5.3.2.2.4で見たとおり教義の神学的正当性と政治的危険性の評価の仕方によって引かれていた。そして、その評価の仕方は、前者は個人的志向、後者は社会階層の違いによって規定されていた。このような評価の違いは、ロートマン達のサクラメント論が問題視される前には住民間で争点になっておらず、それ故福音派住民の間には一体性があった。

　ここから、市内の住民間には個人的志向や社会的地位、所属する社会階層や共同体に基づく分裂線が多数存在していたにもかかわらず、普段は問題にならないことが分かる。しかし、状況の変化により新たな争点が提示されると、それに対し個々の住民が異なる態度を取ることによって、潜在していた分裂線が顕在化する可能性は常にあった。そして、ロートマン達のサクラメント論は、それを顕在化させる契機となった。

3.2.3.2.2　交渉の形式

　ロートマン派は遅くとも1533年8月初めまでには、市内で少数派になっていたと思われるが、同じ少数派だったカトリックとは異なり、市内での実質的合意を崩壊させた。というのは、ロートマン派は、カトリック

301

とは異なり、都市の公式な領域で結ばれた形式的合意に従うことを拒否したためである。8月から9月にかけて市参事会は再三ロートマン派説教師に説教禁止や市外追放などの命令を出したが、彼らはこれに従おうとしなかった。

　その際重要なのは、この命令をめぐる交渉は、市参事会、さらに場合によっては全ギルド会議とロートマン派説教師の間で行われていたことである。1532年の宗教改革期には、市内での宗教改革を巡る交渉は、市参事会と全ギルド会議、さらにゲマインハイトの間で行われていた。1532年の宗教改革でも、福音派説教師が市参事会に直接要求を行うことはあったが、市参事会はこれを相手にせず、あくまで長老とギルド長を通じてゲマインハイト名義の要求を交渉の対象としていた。非公式な領域では、福音派説教師と福音派住民の間で密接な協力関係があり、説教師達の意見がゲマインハイト名義の要求に様々なかたちで反映されていたにせよ、公式な領域で市参事会と交渉を行う際の要求はゲマインハイト名義でまとめられ、全ギルド会議によって交渉が行われた。つまり、宗教改革運動では公式な領域での交渉を、説教師ではなく福音派住民が行っていた。

　他方、ロートマン派住民は、ロートマン派説教師に対する説教禁止が繰り返し出されても、ゲマインハイト名義で市参事会に説教禁止の解除を要求することはなかった。彼らが市参事会に働きかけをしていたとしても、それは非公式な領域における個人的な行為としてであり、大きな影響力を持ち得なかった。このように1532年の宗教改革運動での福音派住民とは異なり、公式な領域での交渉は、ロートマン派住民ではなく説教師達が行っていた。

　ロートマン派住民は、9月にロートマン派説教師の説教禁止と市外追放が命じられた際には、長老とギルド長を通じて説教師の追放取消しを市参事会に求め、全てのロートマン派説教師の追放取消しと二つのサクラメントを除くロートマンの説教許可という譲歩を勝ち取っている。しかし、このようにロートマン派説教師による司牧活動が大幅に制限され

ても、彼らは個人宅でロートマンの説教を聞くなど、市参事会の命令に
真っ向から逆らう姿勢を見せることはなかった。

3.2.3.2.3　実質的合意を欠いた形式的合意の有効性

　この時期、市参事会と全ギルド会議の間では、ルター派体制を確立さ
せ、政治的に危険なロートマン派説教師のサクラメントに関する説教を
禁止することでは形式的合意が成り立っていた。しかし、都市の二つの
統治機関の形式的合意は、都市住民の間のルター派体制確立に関する実
質的合意を回復させることはできなかった。また、両統治機関は、彼ら
が結んだ形式的合意を市内で実行することもできなかった。このことは、
たとえ都市の統治機関が公式な領域で形式的合意を結んだとしても、予
め都市住民の間でその合意内容を認めるという実質的合意が成り立って
いない場合、その合意内容を実行することができなかったことを示して
いる。

3.2.3.3　住民間の実質的合意の崩壊

3.2.3.3.1　三宗派分裂の顕在化

　11月以降はそれまで市内に潜在していたルター派、ロートマン派、カ
トリックの支持者間の対立が、一気に顕在化するようになった。

　ロートマンが再び二つのサクラメントに関する説教を再開したため、
11月2日に市参事会は聖マルティニ教会以外の教区教会を全て閉鎖し、
ロートマンの説教を禁止した。さらに市参事会は、ロートマン派説教師
を市外に追放するために全ギルド会議に協力を求めたが、これを拒否さ
れた。そのため、彼らはカトリック市民に助けを求め、ロートマン派説
教師を追放するための形式的合意を結んだ。しかし、武装したカトリッ
ク市民がロートマン派だけでなく、ルター派も市外に追い出そうとした
ため、ロートマン派も、ルター派も武器を取り、三宗派が武装して対峙
する結果となった。

　このようにこの騒擾では、それまで潜在していた三宗派の住民の間の
分裂が目に見える形で顕在化した。ここから、カトリックにせよ、ロー
トマン派にせよ、いくら市参事会の政策に従い、静かにしていたとして

も、状況が求めれば自分達の宗派のために武器を持ち、他宗派の住民に対抗する用意があることが明らかになった。

この騒擾では、ギルドやゲマインハイトといった都市の制度に基づいた組織はいずれも機能せず、武装して集まった者たちは、組織に関係なく自分の宗派を守ろうとした男達であった。このことは、既にギルドやゲマインハイト内部では宗教問題に関する実質的合意が崩壊しており、その成員が組織的に行動を行うことが不可能になっていたことを示している。

3.2.3.3.2 中間的勢力の影響力

この騒擾は、最大勢力であるルター派が勝利するかたちで幕を閉じたが、にもかかわらず市参事会が全ギルド会議と形式的合意を結ぶ際に、ロートマンの市内滞在を認めざるを得なかった。それは、ギルド員の多数派はロートマンの追放に反対しており、長老とギルド長が執拗に市参事会に要求したためだと考えられる。このことは、基本的には市参事会の教会政策を支持しているルター派ギルド員の中に、ロートマンの追放は行き過ぎだと考える者が少なからずいたことを示している。また、ギルド員の間に成り立っていたロートマン追放に反対するという実質的合意が、長老とギルド長を通じて、市参事会と全ギルド会議の公式な領域での形式的合意を規定していたことが分かる。

このように市内のルター派の間では、市参事会のように妥協なしにロートマン派の活動を禁止しようという立場から、ある程度ロートマン達に対し理解を示し彼らに対する厳格な措置に反対する立場まで、様々な態度の違いが見られた。そして後者のような、ロートマン寄りのルター派という中間的な立場の者がルター派のかなりの割合を占めており大きな影響力を持っていたことが、市参事会の政策実行を妨げロートマン派の存続を助けていた。

3.2.3.3.3 実質的合意を欠いた形式的合意の有効性

11月30日に、ルター派教会規則が市参事会、長老とギルド長、ゲマインハイトによって受け入れられ、公式な領域でルター派教会を認める形

式的合意が結ばれた。しかし、ロートマン派がこの合意に従う気がないために、この都市の統治機関三つによって結ばれた形式的合意はほとんど実効性を持たなかった。このことは、たとえ都市の統治機関が、公式な領域で形式的合意を結んだとしても、都市住民の間で実質的合意が成り立っていない場合には、その合意内容の実行は難しかったことを示している。また、市内の住民の多数派はルター派でありこの形式的合意を支持していたが、にもかかわらず都市住民の間で実質的合意が結ばれていたとは言えない状況にあった。このことから、たとえ都市住民の多数派の間で実質的合意が結ばれていたとしても、少数派の住民がその合意に反対する態度を明確にしている限りは、住民間の対立は収まらず、住民全体での実質的合意が成り立つことはないことが分かる。

3.2.3.3.4　制度の枠内での宗教改革実現の諦めと急進化

　他方、ロートマンは市内滞在は許されても、公の場で説教を行えず、それ以外のロートマン派説教師は市外に追放された。これによりロートマン派住民は、公の場で自分が支持する説教師の説教を聞けなくなった。そのため彼らは、これ以降実力行使によって、ロートマンが説教をできるような状況を取り戻そうとし始めた。その際彼らは、もはや長老やギルド長を通じて市参事会に要求を提示するという、都市の伝統的な請願方法を取ることはなかった。彼らは、市参事会の命令を無視してロートマン派説教師に教区教会で説教をさせたり、ルター派の礼拝式や説教を妨害するなど、実力行使によって彼らの目的を果たした。すなわちロートマン派は、もはや公式な領域で彼らの要求を市参事会に認めさせるということを諦め、非公式な領域で自分達の実力によって要求を押し通すようになった。

3.2.3.3.5　個人による示威的行為の影響力

　12月に市参事会は、市参事会やルター派説教師ファブリキウスを罵倒するロートマン派の鍛冶職人シュローダーを逮捕した。しかし、全ギルド会議の同意を得ないこの逮捕は、鍛冶屋ギルド員の憤激を引き起こし、市参事会は彼らに強要され、即刻職人を解放せざるを得なかった。これ

を契機として、ギルドが市参事会に不信感を感じるようになり、もはや彼らの協力も望めなくなった。そして、市参事会は、公式な領域での形式的合意に基づく命令を無視され、違反行為を行ったロートマン派住民の逮捕という手段も使えなくなったため、事実上ロートマン派の実力行使を止める手段を失った。このことは、市参事会は、たとえロートマン派のような少数派であっても、彼らが自発的に命令に従わない限り、命令を強要する手段を持っていなかったことを示している。

　その後、市参事会とファブリキウスは、ロートマンとの討論会の開催に、市内での宗派分裂を解決する最後の希望を求めたが、結局ロートマンによって開催を拒否されたため、もはや打つ手を完全に失った。

　シュローダーの一件まで、市参事会は市内でのロートマン派の活動をかなりの程度抑え込み、ルター派にとって有利な状況を作っていた。しかし、シュローダーの逮捕により状況は一変し、ロートマン派の活動を制御できなくなってしまった。このことは、緊迫した流動的な状況では、個人が行った小さな行為が、状況を大きく変化させる契機になることがあることを示している。

　このような個人による示威行動が、大きな影響力を及ぼしたのは、この示威行動が結果として一時的にであれ、市内における争点を変えたことによると思われる。説教師でもない単なる職人であるシュローダーの説教自体が、市内で大きな影響力を持ったとは考えにくい。しかし、市参事会が彼を逮捕したことによって、彼が所属する鍛冶屋ギルドは、宗派の違いを超えて市参事会に抗議することになった。つまり、市内で二つのサクラメントの教えに対する態度の違いが争点になっていた状況が、市参事会による都市住民の特権侵犯が争点になる状況へと変わった。そして、ルター派とロートマン派の間で引かれていた分裂線が、一時的に市参事会とギルド・都市住民の間に引き直されることになった。これにより、元々ロートマン派に対する対処の仕方で意見の相違があった市参事会とルター派ギルド員の一体性が損なわれ、市参事会がロートマン派の示威行動を止めることがより一層困難になった。このことは、それ

306

が個人による小規模な示威行動であっても、それは新たな争点を提示することによって、住民の態度を変え、勢力図を塗り替える可能性があったことを示している。

3.2.3.3.6 アインヴォーナー男性や女性の影響力

ロートマン派は、1534年11月以降、市内でロートマン派説教師の公での活動が不可能になった後、活動の場を非公式な領域に求めるようになった。都市の公式な領域で市参事会に要求を行えるのはギルド員あるいは市民だけであり、市区や教区での形式的決定に参加できたのも市民だけだったので、アインヴォーナー男性や女性は、公式な領域での活動には参加できなかった。しかし、非公式な領域での活動では、市民権を持っているかどうかは問題とならなかった。そのためロートマンの活動が完全に非公式な領域に移行すると、それまで長老やギルド長、ギルドやゲマインハイトの陰に隠れていた者たち、すなわち女性と若者が表舞台に現れてきた。彼らは、公の場でロートマンを支持し市参事会を批判する説教を行ったり、市長や市参事会員に直談判したり、予言を行ったり、他宗派の住民に悔い改めを呼びかけたりしていた。このような彼らの公然とした言明や行為が市参事会の統制力を麻痺させ、再洗礼派内の結束を固め、士気を高揚させ、他宗派の住民の再洗礼派への恐れと不信感を煽っていった。その意味では、これら女性や若者の言動が、市内の宗派間の関係に与えた影響は決定的であった。

3.2.3.4 市内における実質的合意の回復

市内での宗派分裂を解決する手段が失われると、市参事会が妥協するかたちで、市内での実質的合意が回復される結果となった。

1534年1月5日に市内で成人洗礼が始まると、市内に再洗礼派共同体が誕生した。市内では再洗礼派住民が、他宗派の住民との関係を絶ち、自分たちだけで行動するようになる一方、市外ではミュンスター司教によるミュンスターの攻撃が現実的になる状況の中で、住民達は疑心暗鬼に陥った。そのため、間違った噂をきっかけに、1月末と2月の初めに騒擾が生じた。2月の騒擾では、住民が市参事会側と再洗礼派側に分かれ、

一触即発の事態となった。市参事会側は、ミュンスター司教の代官と農民軍の力を借りることで再洗礼派側を軍事的に制圧することが可能であった。しかし、市長が、住民同士の争いに乗じて司教がミュンスターを占領することを恐れたため、また住民間の流血の事態を避けようとしたため、結局再洗礼派と和平を結ぶ結果となった。こうして、市参事会と長老、ギルド長が、市内での信仰の自由を認める形式的合意を結ぶことで、何とか住民間の争いは避けられた。

　しかし、この形式的合意の成立が、住民間の実質的合意の回復を意味していたわけではなく、多くの住民は司教との戦争を恐れ、都市を捨て市外に逃亡した。そして、再洗礼派以外の多くの住民が逃亡し、市内に残った住民が再洗礼主義を支持するか、彼らに従うより都市に残る方法がないと考えたことによって、市内では再洗礼派による市参事会が成立した。こうして再洗礼派体制が確立され、成人洗礼が市内に残る全成人に強要されることによって、市内での宗派分裂は克服され、1533年春以来約1年ぶりに再び市内で統治機関による公式な領域での形式的合意と、住民間での実質的合意が回復された。

3.2.3.5　少数派が市内での実質的合意形成に成功した要因

　ロートマン派・再洗礼派は、少数派であったにもかかわらず、最終的にミュンスターで公認され、市参事会で多数派になり再洗礼主義に基づく宗教改革を市内で実行することに成功した。しかも彼らは、1525年の騒擾や1532年の宗教改革運動で見られたような、伝統的な蜂起の形式を取ることなくこれを達成した。それはいかに可能だったのであろうか。逆に言えば、何故市参事会、全ギルド会議、ゲマインハイト全ての形式的合意に基づいて活動していたルター派は、少数派のロートマン派・再洗礼派に対抗して、ルター主義的宗教改革を貫徹することができなかったのであろうか。

3.2.3.5.1　強い献身

　ロートマン派・再洗礼派が、最終的に自分たちの要求を制度化することが可能になった最大の要因は、彼らがロートマン派説教師に対し強い

献身を示し続けたことにあると思われる。彼らは市内で少数派であるためにギルドを通して市参事会に要求受け入れを強要するという手法も使えず、市参事会による圧力によって次第に説教師の活動が制限されるという厳しい状況に追いやられた。そのような状況の中でも、支持者達は非公式な領域で説教師の説教を聞き、彼らを支え続けていた。そして、必要があれば、武器を握り他宗派住民に対抗し、実力行使によって説教師に説教の機会を作っていた。説教師を支持し続けた住民の強い献身があったからこそ、彼らは市参事会や市外諸勢力からの政治的圧力に屈することなく、最終的な政治的勝利を実現できた。

3.2.3.5.2　市参事会の統治能力

　市参事会の命令に住民が従ったのは、彼らが市参事会をお上だと認め、その命令への服従を自らの義務として受け入れていたためであった。そのため、もし住民が市参事会の命令を公共の福利に適わないものだと見なした場合、住民はその命令に従わず、市参事会はその政策を市内で実行できない可能性が常にあった。市参事会は、自前の警察や軍隊を持たなかったので、自らの政策を単独で強制できるような力を持っていなかった。さらに都市の平和や市民の安全を守るという責務を負っていたため、たとえ軍事力を行使できる状況にあっても、住民に暴力を振るい命令を強制するという手段を取ることが難しかった。逮捕という取り締まり方法も、実行には全ギルド会議の同意が必要だったので使うための制約が厳しかった。そのため、市参事会の命令を公然と無視するロートマン派のような集団が出てきた場合、彼らが取れる手段はかなり限られており、十分に有効な対策を実行できなかった。その結果、市参事会は、市内の平和と秩序を保ち、ミュンスター司教の脅威から都市の自由と特権を守るために、再洗礼派の信仰を公認せざるを得なかった。

3.2.3.5.3　全ギルド会議・ギルド内部の分裂

　しかし、市参事会によるロートマンの説教禁止や追放命令が十分な効力を上げなかったのは、ルター派内部に市参事会の措置に反対する者が多数存在していたからでもあった。ロートマン派が強い宗教的情熱を持

ち、献身的態度を示す者によって構成される集団であったのに対し、ル
ター派は宗教的情熱の度合いもロートマン派説教師に対する見方にもか
なりのばらつきがある集団であった。

ギルド員の多数派はルター派であり、市参事会のルター派的宗教改革
を支持していた。しかし、ギルド内部には、ロートマン派も、ロートマ
ンにある程度好意的な態度を示すルター派も含まれていた。そのため、
全ギルド会議やギルドは、ロートマン派に対する市参事会の措置を緩和
するよう度々請願することになった。このギルド内部の分裂が、全ギル
ド会議やギルドがルター派体制確立のために厳然とした措置を取ること
を不可能にし、市参事会によるロートマン追放を阻止し、ロートマン派
の活動存続を可能にした重要な条件であった。

3.2.3.5.4　外交的状況

市参事会と全ギルド会議が、再洗礼派と合意を結び、信仰自由令を出
さねばならなかったのは、1534年に入ると都市を取り巻く外交的状況が
極度に緊迫してきたからでもあった。市内の再洗礼派を排除することを
目的として、ミュンスター司教は領邦内での再洗礼派取り締まりを始め
ており、ミュンスター市にも軍事侵攻する危険性があった。このような
状況が、住民を疑心暗鬼に陥れ、二度にわたり一触即発の状況を引きお
こした。ミュンスター司教の脅威に対し、都市住民が一体となり対抗す
る必要を市参事会やルター派住民も感じたために、再洗礼派の信仰を公
認する信仰自由令が出された。このように司教によるミュンスターへの
政治的圧力の高まりは、結果的に市内での再洗礼派公認を促した。

3.2.3.5.5　住民の逃亡

1534年2月11日に市内での信仰自由が公認された後も、ミュンスター
で再洗礼派が少数派であることには変わらなかった。その彼らが、2月
23日の市参事会員選挙で勝利できたのは、市内の再洗礼派やミュンス
ター司教の軍隊を恐れたカトリックやルター派住民の多くが、市外に逃
亡したからに他ならなかった。市内に残った他宗派の住民も少なからず
いたが、再洗礼派に抵抗する姿勢は見せなかった。宗教改革運動に対す

るカトリック住民と同様に、市内に残った非再洗礼派住民がその後再洗礼派に対し表立って対抗姿勢を見せなかったために、市内では再洗礼主義に基づく宗教改革を進めるという実質的合意が成り立った。

3.2.3.5.6　偶然性

　ロートマン派・再洗礼派は、1533年4月以降何度も重大な危機に直面していた。1533年11月の武装対立での市参事会側の勝利後、さらに12月のルター派宗教改革制度化の時期には、ロートマンが市外に追放されてもおかしくない状況にあった。1534年2月の武装対立でも市参事会側は、再洗礼派を実力で鎮圧することが可能な状況にあった。結果として、ロートマンは追放されず、再洗礼派と市参事会側は和解を行ったが、1533年11月と1534年2月の武装対立では、市参事会が軍事的優位を利用してロートマン派・再洗礼派勢力を軍事的に鎮圧することは可能であったし、実際2月には市長ティルベックが再洗礼派との和解に傾かなければ、再洗礼派はそのまま鎮圧されていたであろう。また、1533年12月のロートマン追放の命令は、もし直後に起こったシュローダーの一件で市参事会の権威が失墜していなければ、実行されていた可能性が高かった。

　1533年秋以降のような極めて緊迫した流動的な状況下では、個人のわずかな判断や行動で状況が大きく変化するのであり、ロートマン派・再洗礼派が極度に危機的な状況を何度も乗り越えられたのは、彼らに有利な偶然が重なったためであったとも言える。彼らの勝利は、いつ砕けるか分からない薄氷を渡りきったかのような、敗北と紙一重のものであった。

【注】

466　MGQ6, S. 389.

467　MGQ6, S. 389.

468　MGQ6, S. 391.

469　C2, S. 311; KIR, S. 65f.; 倉塚5, 2-5頁。

470　前年のルター派リストに名前が挙がっていないのは、ゴスヴィン・アーフェルハーゲン

（Goswin Averhagen）、ヨハン・フラスカンプ－グルーター（Johann Flaskamp-Gruter）、ハインリヒ・フリダッハ、ヒンリク・ヨナス（Hinrick Jonas）、ヨハン・パリック、ヨハン・ヴィンデモラーの6人である。KIR, S. 57-60, 65. ただし前章で検討したように、フリダッハは福音派であったと思われる。パリックは1534年2月の武装対立で再洗礼派側に立っているため、この時も福音派であると思われる。WZ51, S. 102. ヨハン・ヴェンデモラーについて、キルヒホフは、この市参事会員と7月1日にギルド集会で演説し、市民委員会の成員に選ばれたギルド員とは別人だと見なしている。8月の騒動で市参事会員ヴィンデモラーがメルヒオール派に敵対的だったのに対し、ギルド員ヴィンデモラーは、後に再洗礼派になったためである。KIR, S. 263. しかし、フリダッハとパリック以外の4人もカトリックであったとは確認できず、福音派である可能性は否定できない。そのため、カトリックは、24人中0から4人であり、市参事会員席はほぼ福音派によって占められていたと言って良い。

471 KIR, S. 65. 36人委員会の成員であったのは、ゲルト・キッペンブロック（Gert Kibbenbrock）、ルッペルト・レンティンク、ペーター・メンジンク（Peter Mensinck）、ヒンリク・ローデ（Hinrick Rode）の4人であった。

472 KIR, S. 65.

473 KIR, S. 57-60, 64. ルター派リストに名前が挙がっていない者も、ルトゲル・トム・リンク（Ludger tom Ring）を除き、後に再洗礼派になっているためこの時点でも福音派であったと思われる。トム・リンクはこの後ロートマン派に敵対した画家であり、ルター派であった。Hsia, Society and Religion, p. 157.

474 KIR, S. 64. 36人委員会の成員であったのは、ベルント・グランドルプ（Bernd Glandorp）、クニッパードルリンク、スーダルトの3人であった。

475 KIR, S. 65.

476 ミュンスター市の顧問を勤めていたヨハン・フォン・デア・ヴィークは、3月23日のブレーメン市の市参事会への手紙の中で、ミュンスターでは市参事会とゲマインハイト（rat unde gemehnheyt）は協調していると述べている。Wyck, S. 42.

477 MGQ6, S. 385-388; SMTG1, S. 126-129; 倉塚5、5-7頁。この綱要のドイツ語オリジナルは失われており、ケルゼンブロークによるラテン語版再録のみが伝えられている。MGQ6, S. 385, A.1. 綱要には署名がないが、クルーゲや倉塚が主張するように、市参事会員選挙後、福音派市参事会が都市の指導的説教師であったロートマンあるいは彼を中心とした説教師達に起草させたと考えるのが自然であろう。Dietrich Kluge, Kirchenordnung und Sittenzucht in Münster (1533), in: Jahrbuch für Westfälische Kirchengeschichte 67, 1974, S. 221; 倉塚5、57頁、註3。

478 MGQ6, S. 385f.; 倉塚5、6頁。

479 MGQ6, S. 386; 倉塚5、6頁。

480 倉塚5、8-9頁。

481 MGQ6, S. 387; 倉塚5、7頁。

482 MGQ6, S. 387f.; 倉塚 5、7頁。

483 MGQ6, S. 386; 倉塚 5、6頁。

484 MGQ6, S. 385ff.; 倉塚 5、6-7頁。

485 MGQ6, S. 387f.; 倉塚 5、7頁。

486 MGQ6, S. 393.

487 Schulze, S. 159; MGQ6, S. 400.

488 MGQ6, S. 400.

489 MGQ6, S. 400f.

490 MGQ6, S. 401f.

491 MGQ6, S. 402.

492 MGQ6, S. 402.

493 MGQ6, S. 402; Schulze, S. 159.

494 MGQ6, S. 403.

495 MGQ6, S. 403.

496 MGQ6, S. 403.

497 Schulze, S. 159; MGQ6, S. 403.

498 MGQ6, S. 403.

499 MGQ6, S. 404.

500 MGQ6, S. 404.

501 MGQ6, S. 404.

502 SMTG2, S. 219.

503 SMTG2, S. 216.

504 MGQ6, S. 404.

505 MGQ6, S. 404.

506 MGQ6, S. 404.

507 MGQ6, S. 405.

508 MGQ6, S. 405.

509 MGQ6, S. 406.

510 MGQ6, S. 405f.

511 C2, S. 149, A4; MGQ6, S. 388, A1. この教会規則と信仰告白の草案は現在残っていない。SMTG1, S. 127f. しかし、この教会規則に象徴主義的聖餐論と幼児洗礼批判が含まれていたことは、この教会規則に対するマールブルクの神学者の鑑定結果に対するロートマンたちの反論によって分かる。SMTG1, S. 129-138.

512 C2, S. 143. A. 2; 倉塚 6、25-27頁。

513 Kl2, S. 43.

514 C2, S. 363; 倉塚 6、28頁。

515 C2, S. 363.

516 SMTG3, S. 229; MGQ6, S. 422. シュタプラーデは、下ライン地方の都市メールス（Moers）出身の説教師。C2, S. 345f.

517 SMTG1, S. 129. マールブルクの神学者による鑑定書は残っていないが、7月24日に起草されたロートマンたちによる再反論によって、その鑑定内容が推定できる。SMTG1, S. 130-138.

518 SMTG1, S. 96, 130-138.

519 SMTG1, S. 130-138.

520 MGQ6, S. 423.

521 C2, S. 320-327; 倉塚5、48-56頁。この「規律規則」に日付は入っていないが、クルーゲは、市参事会とロートマンが公的に決裂し、公布の必要も実行可能性もなくなった8月7日と8日に開かれた公開討論会の前に公布されたと見なしている。Kluge, S. 228, A. 46.

522 Kluge, S. 228-230.

523 倉塚6、49-50頁。

524 C2, 326; 倉塚5、54頁。

525 C2, S. 326-327; 倉塚5、54-55頁。

526 C2, S. 327; 倉塚5、55頁。

527 Kl1, S. 62; MGQ6, S. 412.

528 メルヒオール派については以下の文献を参照のこと。Klaus Deppermann, Melchior Hoffman. Soziale Unruhen und apokalyptische Visionen im Zeitalter der Reformation, Göttingen 1979; Ralf Klötzer, The Melchiorites and Münster, in: John D. Roth and James M. Stayer (eds.), A Companion to Anabaptism and Spiritualism, 1521-1700, Leiden/Boston, 2007, pp. 217-256; S. Zijlstra, Om de ware gemeente en de oude gronden. Geschiedenis van de dopersen in de Nederlanden 1531-1675, Leeuwarden, 2000; 倉塚平「ミュンスター再洗礼派王国論（1）」『政経論叢』明治大学政治経済研究所紀要56巻5/6号、1988年、1-119頁。

529 Obbe Philipps, Bekentenisse Obbe Philipsz, in: Samuel Cramer (ed.), Bibliotheca Reformatoria Neerlandica. Geschriften uit den tijd der Hervorming in de Nederlanden, 's-Gravenhage, 1910, pp. 122f.; オベ・フィリップス著、倉塚平訳「告白」倉塚平他編訳『宗教改革急進派』、393頁。

530 倉塚平「ミュンスター再洗礼派王国論」、22-23, 67-69頁 ; Philipps, Bekentenisse, pp. 125, 128; オベ・フィリップス『告白』、396, 400頁。

531 Guido Marnef, Belgian and Dutch Post-war Historiography on the Protestant and Catholic Reformation in the Netherlands, in: Archiv für Reformationsgeschichte 100, 2009, S. 276-283.

532 Gary K. Waite, The Anabaptist Movement in Amsterdam and the Netherlands, 1531-1535. An Initial Investigation into its Genesis and Social Dynamics, in: The Sixteenth Century Journal 18, 1987, pp. 254-255.

533 SMTG1, 94-119; Donald J. Ziegler (ed.), Münster Colloquy (1533), in: Great Debates of the Reformation, New York, 1969, pp. 109-141.

534 SMTG1, S. 95f.; 倉塚6、54頁。倉塚によれば、ヴィークが行っている再洗礼派批判の文

言は、1529年のシュパイヤー帝国議会の最終決定の引用であった。倉塚6、56頁。ヴィー
クが述べた「皇帝の法（Kayserlichen Constitution）」は1532年に出された「カール5世刑事
裁判令（カロリナ Constitutio Carolina Criminalis）」のことである。キルヒホフによれば、
カロリナに再洗礼についての言及はないが、裏切り者、放火犯、反乱者に対する量刑は
再洗礼派の裁判でも利用されていた。Karl-Heinz Kirchhoff, Exekutivorgane und Rechts-
praxis der Täuferverfolgung im Münsterland 1533-1546, in: Westfälische Forschungen 16, 1963,
S.161f.

535 Wyck, S. 37; 倉塚4、92頁。

536 SMTG1, S. 109; 倉塚6、63頁。

537 SMTG1, S. 119; 倉塚6、63-68頁。

538 Schilling, Aufstandsbewegung, S. 222f.; 倉塚平「ミュンスターの宗教改革」、286-287頁。

539 MGQ6, S. 427. ケルゼンブロークは彼の名前を挙げず、「再洗礼主義を信じるあるオラン
ダ人（quidam Hollandus anabaptismo addictus）」と呼んでいる。彼は、クレツァーが指摘す
るように、オランダのグラーフェ出身で聖エギディ教会の説教師を務めていたヘンリク・
ロルであると思われる。KL2, S. 50, A. 188.

540 MGQ6, S. 427.

541 MGQ6, S. 428. この事件はケルゼンブロークによってのみ伝えられている。

542 MGQ6, S. 428.

543 MGQ6, S. 428, A. 3. デトマーは、9月17日に市参事会に提出されたロートマン派説教師
の抗議書にシュタプラーデの署名がないことから、彼はこの時期ミュンスター市内にい
なかったと見なしている。しかし、10月22日付けで出された『二つのサクラメントに関
する信仰告白』には、シュタプラーデの署名もあるため、彼がミュンスターを離れた期間
は短かったと推測している。

544 MGQ6, S. 428-431. クロプリスは、1529年から32年末までヴァッセンベルクの説教師を
務めていたが、その後ロルのいるミュンスターへやって来た。彼は『聖餐の秘密につい
ての鍵』を読み、ロルの影響を受けていた。C2, S. 344f.

545 C2, S. 365; MGQ6, S. 433, A. 1.

546 C2, S. 366.

547 ケルゼンブロークによれば、長老とギルド長に懇願を行ったのはロートマン派の説教師
達である。MGQ6, S. 431. しかし、クレツァーは、ギルド指導者に独自の政策を取る権限
はなかったので、市民からの突き上げがあったと推測している。KL2, S. 51. この市民の
中心は、ギルド員だったはずである。

548 C2, S. 365; SMTG1, S. 45f.

549 C2, S. 365; SMTG1, S. 45.

550 この時期の正確な説教師の配置は不明であるが、基本的には1532年8月10日に就任した
説教師が、1533年3月17日の説教師選挙でも再任されたはずなので、この時点の説教師
の配置を推測することができる。聖ランベルティ教会では、1532年8月から33年春まで

はロートマン一人、春以降9月まではシュタプラーデと二人、シュタプラーデが解任された後ロートマンが解任されるまでは再びロートマン一人と、長い間ロートマン派説教師が司牧していた。エギディ教会では、1532年8月10日から1533年3月まではロルとグランドルプ二人が説教師であった。しかし、3月にルター派のグランドルプが福音派学校の校長になったため、その後はロートマン派説教師のロル一人が司牧していた。MGQ6, S. 400. ユーバーヴァッサー教会の説教師は1532年8月10日から11月3日まではシュトラーレン一人、それ以降はディオニシウス・フィンネと二人であった。つまり、ロートマン派説教師二人が司牧していた。MGQ5, S. 280. セルヴァティ教会には1533年10月頃まで福音派説教師が不在であり、その後はルター派説教師ディートリヒが就任したが、1533年10月にロートマンがセルヴァティ教会の説教師として活動することを許されたことを考えると、彼が説教師として活動できた期間は短かったと思われる。C2, S. 341f. ロートマンが解任された後の聖ランベルティ教会、ペーター・ヴィルトハイムが司牧する聖ルートゲリ教会、ブリクティウス・トン・ノルデが司牧する聖マルティニ教会は、ルター派の教区教会であった。

551　SMTG3, S. 229; MGQ6, S. 441, A5.

552　SMTG2, S. 136, 190, 191f.

553　SMTG2, S. 190.

554　MGQ6, S. 433.

555　MGQ6, S. 418; Karl-Heinz Kirchhoff, Die Täufer im Münsterland. Vorbereitung und Verfolgung des Täufertums im Stift Münster 1533-1550, in: Westfälische Zeitschrift 113, 1963, S. 11.

556　MGQ6, S. 411; C2, S. 197; 倉塚7、236頁。

557　倉塚7、236-238頁; Kirchhoff, Die Täufer in Münsterland, S. 13.

558　MGQ6, S. 432.

559　Kirchhoff, Die Täufer im Münsterland, S. 13.

560　N2, S. 216f.

561　N2, S. 218.

562　N2, S. 219f.

563　MGQ6, S. 439.

564　N2, S. 227-229; 倉塚7, 274頁。

565　SMTG1, S. 138-195. 署名したのは、ロートマン、ロル、クロプリス、フィンネ、シュタプラーデ、シュトラーレンの6人である。SMTG1, S. 140.

566　SMTG1, S. 191f.

567　SMTG1, S. 192f.

568　SMTG1, S. 150.

569　SMTG1, S. 158-165.

570　SMTG1, S. 193.

571　SMTG1, S. 192.

5 1533-34年の宗派分裂と再洗礼派運動

572 SMTG1, S. 193.

573 Stayer, Anabaptists and the Sword, pp. 141-145. フープマイアーは、インゴルシュタット大学で神学の博士号を取った神学者であった。彼は次第に幼児洗礼を批判するようになり、農民戦争の時期に南ドイツの都市ヴァルツフートで、再洗礼主義に基づく宗教改革を行おうとした。ヴァルツフートがオーストリア軍に占領された後は、モラヴィアの都市ニコルスブルクへ赴き、当地で再び再洗礼主義宗教改革を実行しようとした。しかし、彼はオーストリアによって逮捕され、1528年3月10日にヴィーンで火刑に処せられた。Snyder, Swiss Anabaptism, pp. 45-81; 出村彰『再洗礼派』102-115頁。

574 SMTG3, S. 231; MGQ6, S. 443.

575 SMTG3, S. 231; MGQ6, S. 443.

576 MGQ6, S. 443.

577 MGQ6, S. 443ff., 444, A1; SMTG2, S. 142f.

578 MGQ6, S. 444; SMTG2, S. 142f.

579 MGQ6, S. 444.

580 MGQ6, S. 445.

581 SMTG1, S. 207; 倉塚7、244-245頁。

582 SMTG2, S. 142f.; MGQ6, S. 446.

583 SMTG2, S. 143; MGQ6, S. 446.

584 MGQ6, S. 445; C2, S. 364.

585 MGQ6, S. 445.

586 ケルゼンブロークは、ロートマン派は市参事会に向けてこの言葉を叫んだと書いているが、ヴィークは、ロートマン派は市参事会が反対したにもかかわらず市参事会側に立とうとしたと述べている。そのため、倉塚が指摘するように、この言葉はカトリック支持者に向けられていたと考えるのが妥当である。MGQ6, S. 445; C2, S. 364; 倉塚7、246頁。

587 SMTG2, S. 143; MGQ6, S. 446.

588 MGQ6, S. 446; 倉塚7、247頁。

589 C2, S. 359; MGQ6, S. 446.

590 MGQ6, S. 447.

591 MGQ6, S. 470f. ケルゼンブロークは、この協議は1534年1月8日に行われ、1月15日に説教師たちが追放されたと書いている。しかし、キルヒホフが指摘するように、1534年1月には説教師追放は行われていないため、この部分のケルゼンブロークの記述は1533年11月の出来事の描写だと思われる。Kirchhoff, Gab es, S. 8ff. 倉塚は、ケルゼンブロークの記述は11月3日の市参事会と全ギルド会議の交渉決裂を描いていると見なした。倉塚7、242頁。しかし、市参事会員がロートマン以外の説教師の追放を決定している描写から、この場面は11月3日ではなく、11月6日の市参事会員と全ギルド会議の交渉を描いていると考えるのが妥当である。

592 レデッカーは、1532年12月のテルクテ襲撃の際に、財布を盗んだという噂が流れていた

ので、ヴィークはそれを当てこすっている。MGQ6, S. 470, A. 2.

593 MGQ6, S. 470f.; 倉塚7、242頁。

594 C2, S. 372.

595 シャーは、男女問わず大半の人々は、日々の生活に追われており、宗教運動に積極的に関与する者は少なかったのではないかと指摘している。Hsia, Münster and the Anabaptists, p. 58. 彼の指摘のように、この騒擾に参加しない男性は、支持宗派にかかわらず多数いたと思われる。

596 MGQ6, S. 445; KIR, S. 58, 64, 227. ケルゼンブロークは3人以外に、アルベルト・ヴェーデンホーフェ（Albert Wedemhove）の名前を挙げている。彼も後に再洗礼派になっている。KIR, S. 258.

597 倉塚7、255-259; Robert Stupperich, Strassburg und Münster in ihren Beziehungen 1531-1534, in: Revue D'Histoire et de Philosophie Religieuses 54, 1974, S. 69-77; De Bakker et. al., pp. 257f., A. 64.

598 Manfred Krebs und Hans Georg Rott (bearbeitet), Quellen zur Geschichte der Täufer, 8. Bd., Elsaß, 2. Teil. Stadt Straßburg 1533-1535, Heidelberg 1960, S. 204; 倉塚7、255頁。

599 Krebs u. a. (bearbeitet), Quellen zur Geschichte der Täufer, S. 204; 倉塚7、256頁。

600 C2, S. 356f. 倉塚は、1533年の12月に入ってから出版されただろうと推測している。倉塚7、256頁。

601 Krebs u. a. (bearbeitet), Quellen zur Geschichte der Täufer, S. 213.

602 Philipps, Bekentenisse Obbe Philipsz, S. 124; オベ・フィリップス『告白』、395頁。

603 C2, S. 359.

604 C2, S. 359.

605 C2, S. 371.

606 C2, S. 373; MGQ6, S. 447, A.2.

607 C2, S. 369; MGQ6, S. 453, A1.

608 C2, S. 362, 368; MGQ6, S. 452.

609 SMTG3, S. 232; 倉塚4、80頁。倉塚は、この部分の記述を1532年晩秋の出来事として描いているが、コルヴィヌスは1533年11月のファブリキウスによる教会規則承認の後に置いている。この出来事が起こった時期は史料で明示されていないが、記述の位置、さらにはロートマンの初期のミュンスターでの説教より後の出来事であると記述されていることを考えると、1532年晩秋よりも後の時期に起こったと考えられる。

610 MGQ6, S. 448.

611 C2, S. 369.

612 MGQ6, S. 453. ヴェスターマンについては以下を参照。C2, S. 348.

613 MGQ6, S. 454.

614 MGQ6, S. 454.

615 N2, S. 226; SMTG3, S. 231; MGQ6, S. 458f.

616　MGQ6, S. 459.

617　MGQ6, S. 458f.

618　MGQ6, S. 459f.

619　MGQ6, S. 452, A2.

620　MGQ6, S. 460.

621　MGQ6, S. 460. これ以降の事件については、ケルゼンブロークによってのみ伝わっている。

622　MGQ6, S. 461.

623　MGQ6, S. 461.

624　MGQ6, S. 461.

625　以下の鍛冶職人逮捕を巡るやりとりは、ケルゼンブロークによってのみ伝えられており、市参事会員や鍛冶屋の言動も彼の記述に依拠している。MGQ6, S. 461-463; 倉塚8、39-44頁。

626　MGQ6, S. 462; 倉塚8、40頁。

627　MGQ6, S. 463; 倉塚8、42頁。

628　MGQ6, S. 463; 倉塚8、42-43頁。

629　倉塚8、39頁。

630　SMTG2, S. 207; 倉塚8、43-44頁。

631　MGQ6, S. 463.

632　SMTG3, S. 232; MGQ6, S. 465f. 討論会の準備が何時、いかに行われたかは、史料によって食い違いがある。MGQ6, S. 465, A. 2. ケルゼンブロークは、1月4日にファブリキウスが呼びかけたと述べている。MGQ6, S. 645. それに対し、コルヴィヌスは、ヴィルトハイムが教会を追い出された1月11日の後に呼びかけたと書いている。SMTG3, S. 232. しかし、コルヴィヌスは、呼びかけたルター派説教師としてファブリキウス、トン・ノルデ、ヴィルトハイム、ヴェスターマン、グランドルプの名前を挙げている。これが正しいとするとヴェスターマンが帰った12月28日の前に呼びかけが行われたことになる。この時期の状況を考えると、鍛冶職人シュローダーの件で権威を失墜させた市参事会とルター派説教師が、苦肉の策として12月後半に討論会を呼びかけたのではないかと推測される。

　　　ケルゼンブロークは、ロートマンは、カトリックもルター派も推論や聖書による証明によって意見を変えることはないだろうし、皆が自分に敵意を持っているため、もし真実を示しても自分に有利な裁定は下らないだろうから、人間の裁判官ではなく、神に裁定を委ねると述べて討論会を拒否したと記述している。MGQ6, S. 466. それに対し、ハーメルマンは、仲裁裁判官がルター派説教師のファブリキウスとヴェスターマンになると聞いたためだとしている。SMTG1, S. 118, A. 29.

633　MGQ6, S. 464.

634　MGQ6, S. 464.

635 MGQ6, S. 464.

636 MGQ6, S. 465.

637 MGQ6, S. 466; 倉塚8、47頁。

638 MGQ6, S. 467; 倉塚8、47頁。

639 聖餐式のパンにキリストの身体が現在しているというルター派の聖餐論を皮肉っている
　　 表現。ヘッセンから来たファブリキウスから、キリストつまり神が現在しているという
　　 パンを拝領していることを揶揄している。

640 MGQ6, S. 468; 倉塚8、48頁。

641 MGQ6, S. 466.

642 クニッパードルリンクは1536年1月20日の審問で、2人の使徒が、ロートマン、ロル、シュ
　　 タブラーデ、ヒンリク・ヴァイマン（Hinricum Wyman）、ヒンリク・ゴッホ（Hinricum
　　 Goch）、シュトラーレン、他多数に洗礼を行い、その後ミュンスターからシェッピンゲン
　　 とフリースラントに去って行ったと証言している。MGQ2, S. 403. Vgl. Kl1, S. 83; A. F.
　　 Mellink, De Wederdopers in de noordelijke Nederlanden 1531-1544, Groningen, 1953, p. 22. ヒ
　　 ンリク・ゴッホ、通称ヘンリク・ファン・マーレン（Henrick van Mahren）は、ヴァーレン
　　 ドルフからミュンスターに来ていた説教師である。 Kirchhoff, Die Täufer im Münsterland,
　　 S. 18, 24.

643 MGQ2, S. 12; N1, S. 123.

644 MGQ6, S. 472; Schulze, S. 164.

645 MGQ6, S. 476; MGQ2, S. 218. この名簿は残念ながら残っていない。

646 Kl1, S. 64.

647 MGQ6, S. 471f.

648 Kirchhoff, Das Phänomen, S. 368; Deppermann, S. 253f.

649 キルヒホフは、マティスが復活祭を終末の期日に指定したことは史料的に直接証明でき
　　 ないが、ミュンスターから下ライン地方へ派遣された使徒ヤコブ・フォン・オッセンブ
　　 ルクが、世界は復活祭までに残酷に罰されると証言していることから、この期日の設定
　　 をマティスに帰している。Karl-Heinz Kirchhoff, Berechnungen zur Endzeit im Münster-
　　 ischen Täufertum 1533-1540, in: Jahrbuch für Westfälische Kirchengeschichte 95, 2000, S. 33;
　　 N1, S. 157. ホフマンが終末の期日だと見なしたのは1533年11月か12月であり、この時
　　 点では既に過ぎていた。そのため、マティスはホフマンが終末の期限とした1533年の終
　　 わりに3ヶ月半を足して、1534年4月5日の復活祭に期限を延ばしたというのが、キルヒ
　　 ホフの推測である。Kirchhoff, Das Phänomen, S. 371.

650 De Bakker u. a., pp. 139f.; Samme Zijlstra, Nicolaas Meyndertsz. van Blesdijk. Een bijdrage tot
　　 de geschiedenis van het Davidjorisme, Groningen, 1983, pp. 154f.

651 Klötzer-Laubach, Kontroverse Fragen, S. 54-58.

652 Philipps, Bekentenisse Obbe Philipsz, in: Cramer (ed.), Bibliotheca Reformatoria Neerlandica, p.
　　 129; Obbe Philips, Bekenntnisse von Obbe Philips (vor 1565), in: Fast (Hg.), Der linke Flügel

5 1533-34年の宗派分裂と再洗礼派運動

der Reformation, S. 329f.; オベ・フィリップス「告白」、401-402頁。

653 MGQ2, S. 405. ラウバッハによれば、タウのしるしとはエゼキエル書9章4節、黙示録7章3節、14章1節に出てくる、神の罰を免れる信仰者の額に刻印されるしるしである。ウルガータではこのしるしは「Tau」と表されている。 Laubach, Reformation und Täuferherrschaft, S. 175.

654 タウのしるしについては、ミュンスターの再洗礼派指導者の一人ベルント・クレヒティンクが、審問で証言しているため、この考えが、ミュンスター市内で伝わっていたことは確実である。MGQ2, S. 405.

655 Kirchhoff, Die Endzeiterwartung, S. 24-28.

656 MGQ6, S. 471.

657 MGQ6, S. 472.

658 MGQ6, S. 451; KIR, S. 111. ケルゼンブロークは、この記述を1533年11月頃の記述に差しはさんでいるが、実際には成人洗礼が始まった1534年1月に起こったと思われる。

659 MGQ6, S. 476. ケルゼンブロークは、1月25日以降の出来事として記述しているが、再洗礼派の数は1月13日の時点で1400人まで増えており、それ以降急激に増えていないため、これは成人洗礼が始まった直後の出来事だと考えられる。また、ケルゼンブロークは最初説教や洗礼が行われたのは「一つの家」と述べているが、前述のように最初に洗礼が行われていたのはロートマンの家なので、この一つの家はロートマンの家を指す。

660 MGQ6, S. 476.

661 MGQ2, S. 12, 217f.

662 MGQ6, S. 476; MGQ2, S. 12f.; 惨劇、25頁。

663 MGQ6, S. 464f.

664 SMTG1, S. 50.

665 倉塚8、60-61頁。デ・バッカーらは、ロートマンが自身で討論会を呼びかけていたため、ヘッセンに行くことが市内のルター派に資すると分かっていても、受け入れざるを得なかったのではないかと推測している。De Bakker u. a., p. 144.

666 MGQ6, S. 474f., 533.

667 MGQ6, S. 476.

668 ある市民の手による記録がこの出来事を伝えている。WZ51, S. 97f.; 倉塚8、75頁。

669 WZ51, 98f.

670 WZ51, S. 98f.; 倉塚8、78頁。

671 Behr2, S. 98; Ludwig Keller, Geschichte der Wiedertäufer und ihres Reichs zu Münster. Nebst ungedruckten Urkunden, Münster 1880, S. 304f.; 倉塚8、61-62頁。

672 MGQ6, S. 481f.『懺悔の書』では、ケルゼンブロークと異なり、ロートマンは、8日か14日以内に修道院が消え去ると予言したと述べられている。SMTG2, S. 176. どちらが正しいかは不明であるが、明確な日にちを提示しているケルゼンブロークの記述の方が信憑性は高いと思われる。

321

673　MGQ2, S. 13f.

674　MGQ6, S. 482f.;MGQ2, S. 13f.

675　この連載的予言については、以下を参照。Kirchhoff, Die Endzeiterwartung, S.29ff.; 倉塚8、80-84頁。

676　ケルゼンブロークの目撃証言による。MGQ5, S. 124; MGQ6, S. 484. ゲオルク・トン・ベルクとベルント・スヴェルテについては、以下を参照。KIR, S. 102, 246f.

677　ヤコブ・フォン・オッセンブルクとヤン・ファン・ライデンの審問記録による。N1, S. 165; Kl1, S. 65.

678　MGQ6, S. 484f.; Kl1, S. 65. Vgl. 倉塚8、81頁。

679　ケルゼンブロークによる。MGQ6, S. 485; 倉塚8、82頁。

680　MGQ6, S. 485f.

681　MGQ6, S. 486.

682　MGQ6, S. 486. カレについては、以下を参照。KIR, S. 161.

683　N1, S. 155; MGQ6, S. 486f.

684　MGQ6, S. 486.

675　倉塚8、83頁。

686　ホフマンは、キリストの母マリアはアダムから原罪を引き継いでいるため、もしキリストがマリアの性質を引き継いでいたなら、救い主になれないと見なしていた。そのためキリストは、自身の体を天から携えてきており、あたかも水が管を通るかのようにマリアを通り抜けたと考えた。Deppermann, S. 186-191, 199-202.

687　Deppermann, S. 227; Philipps, Bekentenisse Obbe Philipsz, S. 126f.; オベ・フィリップス『告白』、399頁。

688　Kirchhoff, Die Endzeiterwartung, S. 28f.

689　ある市民の日記による。WZ52, S. 101.

690　WZ51, S. 101f.、倉塚8、84-85頁。

691　後にロートマンも、自分達がルター派より先にマルクト広場に集まったと書いている。SMTG1, S. 280.

692　MGQ6, S. 487.

693　WZ51, S. 102.

694　MGQ6, S. 487f.

695　WZ51, S. 103. 市民の日記には、捕虜にされた者として、パン屋のヨハン・コニンク（Johann Konnynck）、ユーバーヴァッサー教会の墓堀人ヒンリク（Hinrick）、ヨハン・エルンスト・シュタインビッカー（Johan Ernst Steynbicker）の名前も挙がっている。コニンクについては、以下を参照。KIR, S. 354.

696　MGQ6, S. 490; SMTG1, S. 280.

697　MGQ6, S. 490; WZ, S. 102.

698　MGQ6, S. 491f.

699 MGQ6, S. 492f.

700 市民の日記がこの様子を伝えている。WZ51, S. 102f.

701 MGQ6, 493; MGQ2, S. 17.

702 MGQ6, S. 494.

703 MGQ6, S. 494.

704 ケルゼンブロークによる。MGQ6, 494f.

705 WZ51, S. 103f.

706 WZ51, S. 104; MGQ6, S. 495.

707 MGQ6, S. 495f.

708 ケルゼンブロークによる。MGQ6, S. 496f.

709 ケルゼンブロークによる。MGQ6, S. 497f.

710 MGQ6, S. 498.

711 MGQ6, S. 498.

712 WZ51, S. 104f. トア・ナーテンについては以下を参照。KIR, S. 198.

713 MGQ6, S. 499; MGQ2, S. 16f.

714 SMTG1, S. 281.

715 N1, S. 165.

716 MGQ2, S. 17.

717 SMTG1, S. 281. ロートマンは、不信仰者達は、「彼らは酔っぱらっている、葡萄酒をたく
さん飲んでいる」と再洗礼派を嘲ったと述べている。しかし、これが使徒言行録2章13
節の引用なので、事実というよりは、自分達を聖霊に満たされた使徒達と重ね合わせる
という、彼らの自己認識を示していると考えた方が妥当である。

718 MGQ6, S. 499-502.

719 WZ51, S. 105f.

720 N1, S. 154.

721 MGQ6, S. 490.

722 KIR, S. 65.

723 C2, S. 363.

724 WZ51, S. 105; 倉塚8、93-94頁。

725 MGQ6, S. 507. この手紙はケルゼンブロークのみが伝えている。

726 MGQ6, S. 508. この手紙はケルゼンブロークのみが伝えている。

727 MGQ6, S. 517; KIR, S. 65ff.

728 MGQ2, S. 20; MGQ6, S. 537, 539.

729 MGQ6, S. 519f.; MGQ2, S. 18; KIR, S. 66-68.

730 MGQ2, S. 19ff.

731 Karl-Heinz Kirchhoff, Die Belagerung und Eroberung Münsters 1534/35. Militärische Maßna-
men und politische Verhandlungen des Fürstbischofs Franz von Waldeck, in: Westfälische

Zeitschrift 112, 1962, S. 78ff.

732　キルヒホフは、1539年のエギディ市区の租税記録を用いている。KIR, S. 39f. Lethmate, S. 21f. では市区の子供の数の推定に、後世の数字が利用されている。

733　キルヒホフは1525年のヒルデスハイムの租税記録を比較対象として用いている。KIR, S. 39f.

734　ヒルデスハイムの納税者数は、1504年：1534人、1525年：1752人、1552年：1491人、1572年：1916人 (Uthmann, S. 33)、15世紀前半のエスリンゲンの納税者数は、1403年の1845人が最大で、1437年の1422人が最小である (Bernhard Kirchgässner, Probleme quantitativer Erfassung städtischer Unterschicht im Spätmittelalter, besonders in den Reichsstädten Konstanz und Esslingen, in: Erich Maschke und Jürgen Sydow (Hg.), Gesellschaftliche Unterschichten in den südwestdeutschen Städten, Stuttgart 1967, S. 83)。いずれの都市でも、納税者数は半世紀以上の間で最大30%程度しか変動していない。諸都市の財産階層分布の安定性については以下を参照。Erik Fügedi, Steuerlisten, Vemögen und soziale Gruppen in mittelalterlichen Städten, in: Ingrid Bátori (Hg.), Städtische Gesellschaft und Reformation, Stuttgart 1980, S. 77f.

735　MGQ2, S. 417; Kl1, S. 64, A. 162. この時期洗礼者は名簿に記録されており、洗礼者数は再洗礼派指導者によって正確に把握されていた。残念ながらこの名簿は現在残っていないが、ロートマン達と共にミュンスター再洗礼派の中で指導的な役割を果たしていたヤン・ファン・ライデンは、当然この名簿を見る機会があったはずなので、この数字は信頼できる。

736　1534年当時のミュンスターの人口については全く不明であり、再洗礼派統治期以前の人口を把握することも不可能である。Jakobi, S. 493f. ミュンスターである程度正確に市内の人口が把握できるようになるのは、ようやく16世紀末になってのことである。レトマーテは、各市区の租税記録を用いて、ミュンスターの人口を再構成し、1591年のミュンスターの人口を10613人と推定した。Lethmate, S. 34. この研究でも、ルートゲリ市区に関しては世帯主以外不明である。さらに、全ての市区で12歳以下の子供、聖職者や修道士とその使用人の人数が不明であるなど、史料の欠如に起因する問題点が残っている。しかし、彼の算出した数字は実際の人口からそれほど大きく逸れてはいないと考えられる。この数字が、どの程度1530年代に当てはまるかは不明であるが、レトマーテ自身は、この数字は中世の人口とそれほど変わっていないと見なしている。Lethmate, S. 4. 他方キルヒホフは、市内の住居約1800にレトマーテの算出した一世帯当たりの構成員の平均人数である4.25人を乗算して当時の住民数を7000~8000人と算出している。KIR, S. 24. しかし、世帯数と住居数は一致しないこと、レトマーテの算出した一世帯当たりの平均人数が正確でないこと、また時代によって一世帯当たりの構成員数は変わることから、キルヒホフによる推定値はかなり不正確である。そのため、1530年代ミュンスターの人口は、キルヒホフが算出した最低値から、レトマーテが算出した最高値まで、7000~10000人程度の幅を見る必要がある。この変動幅は、註734で見たような他都市の人口の最大変動幅とも合致しており、当時のミュンスター人口がこの範囲から外れてい

る可能性はかなり低いと考えられる。

737 当時のミュンスターの成人人口を算出するためには、全住民数から子供の数を引かなければならない。ここでの子供とは、納税義務がなく租税記録に登場しない12歳以下の都市住民のことを指す。しかし、ミュンスターに限らず16世紀の子供の人口を示す史料は存在しないため、全人口に占める子供の割合を算出することは、この時代では不可能である。

前近代の都市における子供の比率を推定する際に使われる方法には、大きく分けて二つある。一つ目は、後の時代の全人口に対する子供の比率を16世紀に当てはめることである。レトマーテは、1591年ミュンスターの12歳以下の子供の数を推定する際に、1658/59年のエギディ市区の個人リストにおける世帯主と子供の比率を用いている。世帯主336人に対し子供が599人で、一世帯当たりの子供の数は1.78人、全人口に占める子供の比率は37%と算出される。Lethmate, S. 21f, 34.

二つ目は、平均寿命から子供の数を算出することである。シューラーは、イングランドを対象にした研究の結果を参考に平均寿命を32~39才の間だと仮定し、15世紀末のフライブルクにおける15歳以下の子供の人口の比率を39~48%だと算定した。Peter-Johannes Schuler, Die Bevölkerungsstruktur der Stadt Freiburg im Breisgau im Spätmittelalter. Möglichkeiten und Grenzen einer quantitativen Quellenanalyse, in: Wilfried Ehbrecht (Hg.), Voraussetzungen und Methoden geschichtlicher Städteforschung, Köln 1979, S. 157f.

また、17世紀以降の子供の人口研究から、子供の人口比率は時代や都市によってかなりのばらつきがあることが分かっている。ディットによれば、ヴェストファーレンとラインラントで17世紀後半以降の聖体拝領への参加を許されなかった12歳以下の子供の比率は、24~50%とかなりの幅がある。最も古い1662-85年のミュンスター司教領の史料では、子供の比率の平均は36%である。Hildegard Ditt, Ältere Bevölkerungs- und Sozialstatistische Quellen in Westfalen. Methoden der Auswertung, in: Ehbrecht (Hg.), Voraussetzungen und Methoden geschichtlicher Städteforschung, S. 114f. そのため、1530年代ミュンスターの子供の比率も、25~50%程度の幅で推定する必要がある。その結果、ミュンスターの子供人口は1750~5000人、成人人口は3500~7500人と算定される。ここから、1534年1月13日の時点では、ミュンスターの全成人人口に対する再洗礼派の比率は約18.6~40%であったと推定される。

しかし、前章で見たとおりロートマン派は市内でかなりの少数派であった。市内にはカトリックも残っていたことを考えると、もしロートマン派が全成人人口の40%を占めていたとすると、ルター派とほぼ同等の勢力を持っていたことになり、ロートマン派が少数派であったという史料の記述と整合性が取れない。そのためロートマン派の比率は18.6~30%程度であったと考える方が妥当である。ここから、当時の全成人人口も4600~7500人だったと推測される。

738 Universiteitsbibliotheek Amsterdam: HS XXVIIA-27a, p. 1. オランダ執政ハンガリーのマリアの手によるこの手紙は、アムステルダム大学図書館のアドリアーン・ブラック氏

(Adriaan Plak)によれば19世紀に複写されたものである。この史料のオリジナルはキュー
ラーの註によればブリュッセル国立文書館にあるとのことだが、著者が調査を行ったと
ころオリジナルの存在を確認することはできなかった。そのため現在消息は不明である。
Vgl. W. J. Kühler, Geschiedenis der nederlandsche Doopsgezinden in de zestiende Eeuw, Haar-
lem, 1932, p. 87, A2. なお、この手紙の読解の際、当時ミュンスター大学の学友であった
マリア・フリーサ（Maria Vrysa）氏の支援を受けた。心より感謝したい。

739　洗礼を強制された者の数は、グレシュベクの証言による。MGQ2, S. 24.

740　ミュンスター出身の再洗礼派成人男性数は以下のように算定できる。（3月にミュンス
ターにいた男性数：800~900）－（洗礼を強制された地元男性数：300）－（3月までの流入
男性数：最低57人）＝（400?~543人）

市外から流入した成人男性数は不明である。キルヒホフの論文から、ミュンスターラン
トの各地から、名前が判明しているものだけでも57人の成人男性がこの時点でミュンス
ターに移住していたことが分かる。Kirchhoff, Die Täufer im Münsterland, S. 23-26. ミュン
スターラントから移住してきた名前が不明な成人男性、さらにまだ少数だったと思われ
るが、フリースラントやオランダから移住してきた者を含めると、実際には57人よりか
なり多い数が既に流入していたと考えるのが妥当である。これらの流入者の数を正確に
把握することは不可能であるが、以下の理由からそれほど多数ではなかったと推測され
る。

先ず、名前が判明している者の多くは、故郷を離れた後家屋を没収された家持ちの市民
であった。Kirchhoff, Die Täufer im Münsterland, S. 23-26. ミュンスターラントからの流入
者もミュンスター再洗礼派のように、家を持たない貧困住民に偏っていたかは不明であ
るが、貧困男性が過半数を占めていたと仮定すると、少なくとも100人以上の成人男性
がミュンスターに流入していたと推測できる。

他方、グレシュベクによれば、ヴァーレンドルフ出身者は聖ヨハネ修道院に、コースフェ
ルト出身者はドイツ騎士修道会のゲオルクスコメンデに、シェッピンゲンやギルデハウ
スさらに他の土地から来た者はフランシスコ会修道院に滞在していた。MGQ2, S. 165;
Kirchhoff, Die Täufer im Münsterland, S. 23-26. これらの修道院の収容人数は不明である
が、レトマーテの推定によれば1591年のこれら三つの修道院の居住者数は53人である。
Lethmate, S. 30f. この推定居住者数は不正確であること、この人数がこれらの修道院の居
住可能人数の上限ではなかったであろうことを考慮に入れても、この数字は、ミュンス
ターラントからの流入者数はそれほど多くなかったことを示唆している。

また、ミュンスターでも低地地方でも再洗礼派では、女性の比率が圧倒的に多かったの
で、ミュンスターラントからの流入者でも同様であったことが推測される。彼らの男女
比がミュンスターと同様に（男：女）＝（3：7）程度だったと仮定すると、（男：女）＝（100
人以上：230人以上）、流入者の合計は330人以上になる。しかし、下限の推定値である
330人の時点で、1591年の修道院の推定居住者数の約6倍で、修道院の収容能力を既に大
きく越えていると思われる。そのため、成人男性数は推定値の下限である100人程度で

あったと算定することが妥当であろう。100人が流入していたと仮定した場合、3月時点でのミュンスター出身の再洗礼派成人男性の数は、約400~500人だと算定される。

741 全成人男性に占める再洗礼派男性の比率を算出するために、先ず再洗礼派統治直前の成人男性の数を算出する必要がある。既に検討したとおり当時の全成人人口は、約4600~7500人であると推測される。次に男女比であるが、旧来は一般に都市人口における女性過剰の傾向が主張されていたが、現在では必ずしも女性過剰の傾向が見られるとは限らないと考えられている。Kurt Wesoly, Der weibliche Bevölkerungsanteil in spätmittelalterlichen und frühneuzeitlichen Städten und die Bestätigung von Frauen im zünftigen Handwerk (insbesondere am Mittel- und Oberrhein), in: Zeitschrift für die Geschichte des Oberrheins 128, 1980, S. 83. しかし、1591年のミュンスターでは、子供を含めた場合、男性1000人に対し女性が1196人と、女性が約二割多かったと推定されている。Lethmate, S. 46. そのため、1530年代のミュンスターの男女比も、（男：女）＝（50：50）から（45：55%）程度の幅で捉える必要がある。以上の推測から、当時のミュンスターの成人男性数は、（4600~7500人）×（0.45~0.5）＝（2070~3750人）であったと算定される。そのため、全成人男性人口に占める再洗礼派の比率は10.7%~24.2%程度だったことになる。

742 ミュンスター再洗礼派成人女性：（1月13日までの洗礼者数1400人）−（3月半ばでの再洗礼派成人男性数400~500）＋（1月13日以降洗礼を受けた成人女性数：不明）＝900~1000人以上。

743 全成人に占める女性の比率が50~55%だったとすると、全成人女性数は（4600~7500人）×（0.5~0.55）＝（2300~4125人）と推定される。ここから、全成人女性に占める自発的に再洗礼派になった女性の比率は、21.8~43.5%と算出される。

744 ミュンスター住民の市外への流出については以下を参照。WZ51, S. 105; SMTG2, S. 218, Vers 3145; MGQ2, S. 1, 4f., 19ff. ミュンスター司教は1534年3月1日の手紙で、数千人がミュンスターから追いやられたと述べている。MGQ6, S. 541, A. 3.

745 再洗礼派統治期の市内の総人口については、1534年秋以降かなりの数の報告がある。1534年10月13日に市外に派遣され、逮捕された使徒達の審問記録から、当時の市内人口が分かる。オスナブリュックに派遣された使徒によれば、当時の全人口は女性と子供を合わせ8000人は越えなかった。Hermann Rump (Hg.), Flugschrift, Newe zeitung, von den Wider teuffern zu Münster, in: Zeitschrift für vaterländische Geschichte und Alterthumskunde 27, 1867, S. 260. ヴェルンヘル・シャイファルト（Wernher Scheiffart）の証言によると、男女、子供合わせ8000~9000人が市内にいた。MGQ2. S. 293. やはり10月13日に派遣された逮捕された説教師フィンネの審問記録では市内に全部で約5000~6000人（MGQ2, S. 277）、ヨハン・ボーントルプ（Johann Boentorp）の審問記録では、男女合わせて6000~7000人（Rump (Hg.), Flugschrift, S. 265）、説教師クロプリスの審問記録では男女合わせて約6000人（N1, S. 125）だと報告されている。1535年5月23日前にミュンスターから逃亡した者の証言では、市内にはまだ8500人が残っていた。MGQ2, S. 341.
以上のように証言で挙がった人数は8000~9000人と5000~6000人という二つに分かれて

いる。しかし、以下の理由で8000~9000人である可能性が高い。一つは、後述のように同時期に市内残っていた女性の数は約5000~6000人いたので、市内の全人口が5000~6000人のはずはないこと。もう一つは、フィンネとクロプリスという二人の説教師の証言の数値が信頼できないことである。この二人は説教師という指導的な立場にあった人物であり、その意味では市内人口を最も正確に把握しているはずである。にもかかわらず、フィンネは武装可能男性を2000人（MGQ2, S. 277）、クロプリスは1800人（N1, S. 125）としている。しかし、後述するように他の証言ではほぼ一致して1600人だと述べられており、両者の挙げた数とはかなりの開きがある。両者が挙げている数は一致していないため、おそらく彼らは意図的に不正確な数字を証言したと思われる。ボーントルプの証言も、男女に子供の数が含まれていない可能性があるので、子供の数を加えると他の証言の数とほぼ一致する。そのため、それ以外の証言のほとんどで一致して挙げられている、約8000~9000人が実際の市内総人口であった可能性が高い。

746　戦争に参加できる成人男性の人数については、多数報告されている。フリースラントの代官ゲオルク・シェンク・フォン・タウテンブルク（Georg Schenck von Tautenburg）は1534年4月23日の手紙で、4月20日に彼がミュンスターを訪れた時にミュンスターを離れた市民から、市内には約1500人の戦闘可能な男性がいると聞いたと述べている。Algemeen Rijksarchif Brussel: Audience 94, fol. 283r.

　　　グレシュベクは1534年10月13日の聖餐式に戦闘可能な男性1500人がいたと述べている。MGQ2, S. 107. 10月13日にミュンスターから派遣され逮捕された再洗礼派の審問記録では、シャイファルトが1400人（MGQ2. S. 293）、ベルント・フォッケ（Berndt Focke）が約1500人（Landesarchiv Nordrhein-Westfalen Abteilung Westfalen: Fürstbistum Münster, Landesarchiv (FML): Bd. 4c, Nr. 314v）を挙げている。ヘルマン・レーゲヴォルト（Hermann Regewort）は、聖餐式の席でヤン・ファン・ライデンから1600人だと聞いた（N1, S. 32f.）。ヨハン・ベックマン（Johan Beckmann）（N1, S. 37）、シュトラーレン（N1, S. 59）、トニース・フォン・プリューメン（Thonys von Prümen）（FML. Bd. 4b, Nr. 221）が約1600人、クロプリス（N1, S. 125）が1800人、フィンネ（MGQ2, S. 277）が約2000人だと述べている。その後1535年2月14日の審問でチリス・ライトゲン（Zillis Leitgen）は、市内にはまだ約1000~1100人の戦闘可能男性がいると述べている。（N1, S. 143）ハインリヒ・グラエス（Heinrich Graess）は1535年2月14日の審問で、市内には約1300人の男性がいると述べている。（N1, S. 148）飢餓のために市外に住民が流出していた1535年5月23日のブラウンシュヴァイク公フィリップの手紙には、ミュンスターの捕虜による老いも若きも合わせて約1300人かそれ以上の戦闘可能な男性がいるという証言が紹介されている。（MGQ2, S. 341）以上の証言で挙げられた人数にはある程度のばらつきがあるが、1534年10月の時点の戦闘可能な成人男性は、多くの証言で数字が一致しており、ブラウンシュヴァイク公の手紙の報告と整合性がある約1600人であった可能性が最も高い。

747　グレシュベクは1534年10月13日の聖餐式に老人や若者含め2000人の男性がいたと述べている。MGQ2, S. 107. この数字は、1534年10月13日に市外に派遣されたレーゲヴォル

トの戦闘可能な男性1600人の他に、若者と老人400人がいたという証言（N1. S. 32f.）、ヨハン・ベックマンの戦闘可能男性約1600人、老人と病人含め2000人の男性がいたという証言（N1. S. 37）と一致しており、信頼性が高い。

748　Rembert, S. 370-378; MGQ2, S. 11f.; MGQ6, S. 443.

749　MGQ2, S. 252.

750　包囲戦で多数の死亡者が出たことはグレシュベクが報告している。MGQ2. S. 52-54, 57, 59. 1535年6月25日の審問でヤン・ファン・ライデンは、1534年5月25日に行われた包囲軍による最初の突撃で、約50人の男性が命を失ったと証言している。Kll, S. 74. 彼は1534年7月に起こった一夫多妻制に反対する蜂起が鎮圧された後は、約48人が処刑されたと述べている。Kll, S. 70.

751　3月以降の流入成人男性数は、（1534年10月の全成人男性数1600人）−（1534年3月時点での成人男性数 800~900人）−（流入傭兵数約200 人）＋（1534年10月までの地元成人男性と流入傭兵の死亡者数：不明）−（1534年10月までの流入成人男性の死亡者数：不明）＝（500~600人以上）

752　グレシュベクによれば、1534年10月には老人も若者も含め約8000~9000人の女性がいた。MGQ2, S. 107. 1534年10月13日に市外に派遣された使徒の審問記録で、ヨハン・ベックマンは市内の女性は約5000人（N1. S. 37）、シュトラーレンも約5000人（N1. S. 59）だと証言している。1534年12月に市外に出たハインリヒ・グラエスは市内に子供を除いて約6000人の女性がいたと述べている。N1, S. 148. ブラウンシュヴァイク公の手紙によれば、1535年5月には市内に子供を除き4500人の女性がいた。MGQ2, S. 341. グラエスが挙げた人数は前二者とは1000人違っているが、グラエスは戦闘可能男性の数を1300人と述べているので、おそらく正確な数を把握していたわけではないと思われる。そのため、二者の報告で一致しており、ブラウンシュヴァイク公の手紙の報告と整合性がある約5000人という人数が最も信頼性が高い。

753　MGQ2, S. 62.

754　グレシュベクによれば、市内に残り洗礼を強制された女性（die frowen luede）の数は、約2000人であった。MGQ2, S. 27. しかし、この数字に、再洗礼派女性の数を加えると、少なくとも3000人近くの成人女性が市内に残っていたことになる。当時の成人女性数は2300~4125人程度だったと思われるので、グレシュベクの報告をそのまま受け取ると、ほとんどの成人女性が市内に残っていたことになる。しかし、史料では女性が市外に追放されたという記述や市外に流出した住民の数が数千人だったという記述もあり、追放された女性数がわずかだったとは考えにくい。MGQ2, S. 4; MGQ6, S. 541, A. 3. そのため、グレシュベクが挙げている数字は、実際の数字よりもかなり過大である可能性が高い。しかし、グレシュベクの述べていた数字が実際の2倍だったとしても1000人であり、1534年10月には市外から流入した者も含め市内に5000~6000人の女性がいたことを考えると、いずれにせよ、かなり多数の非再洗礼派女性が市内に残っていたことは確かである。これほど市内に残る女性が多かったのは、市外に追放された者の多くは数日で街

に戻ってこれると思っており、家や財産、子供を守るために妻を市内に残したからであった。MGQ2, S. 20, 62.

755 市外からミュンスターに流入した成人女性数：（全成人女性：約5000人）−（地元成人女性：2000~3000人）＝（流入成人女性：2000~3000人）

756 当時の市内の子供の数については、三つしか報告がない。一つ目は、1534年10月13日に聖餐式に出席した子供の数に関するグレシュベクの報告である。彼は自力で歩けない幼児を含め1000~1200人の小さな子供（klenen kinder）がいたと述べている。MGQ2, S. 107. しかし、子供の基準が不明であるし、同じ箇所で言及されている女性の数が非常に不正確であることから記述の信頼性は低い。

二つ目は、1534年12月の審問でのチリス・ライトゲンによる報告である。彼は、彼が市外に派遣された10月当時700人の生徒（schoeler）がいたと述べている。N1, S. 143. 学校に通っていた子供の年齢は不明であるが、幼児は学校には通えなかったはずなので、子供の数は700人よりかなり多かったことは確実であり、グレシュベクの記述と矛盾しない。

三つ目は、1535年5月始めに飢餓のために市外に逃れ、司教側の傭兵に保護された女性と若者の証言である。彼らによれば、王たちによる調査によって2歳以下の幼い子供（die jung kinder）は市内に1007人いたことが明らかになったという。MGQ2, S. 325. この数字を見ると、当時の子供の数はグレシュベクの報告した数を遙かに越えていたことになる。しかし、この数字を評価する際考慮すべきなのは、市内では一夫多妻制によって新生児が次々に産まれていたことである。MGQ2, S. 157f. 一夫多妻制が導入されたのが7月頃なので、女性達は約40週後の4月頃から急激に子供を産み始めたと思われる。そのため、2歳以下の幼児の数は、グレシュベクが報告した前年10月から大幅に増えていたはずであり、やはりグレシュベクの報告とは矛盾しない。

残念ながら、通常租税記録で成人と子供を分ける基準となる12才以下の子供の正確な数は不明である。しかし、審問記録で挙げられている1534年10月時点での全住民が8000~9000人、老人や少年を合わせた男性数が約2000人、女性の数が約5000人であったことを考えると、子供の数はグレシュベクが述べているように約1000~1200人、最大で2000人程度だったと思われる。上記の男性数には武器を持てない若者も含まれているが、彼らの一部はもしかすると12歳以下の子供であった可能性はある。同様に上記の女性数に12歳以下の少女が含まれていた可能性も否定できない。そのため子供の数も1000~1200人より若干多かった可能性はある。しかし、その数はそれほど多くなく、いずれにせよ子供の数が通常の人口比と比べて、著しく少なかったことは確実である。

757 SMTG2, S. 149.

758 MGQ2, S. 38.

759 市外からミュンスターに流入した成人女性の数が2000~3000人だったのに対し、流入成人男性数は500~600人以上と約4分の1にとどまっていた。

760 1658-59年のミュンスターのエギディ市区の記録によれば、少数の例外を除き、男性の奉

公人は20才、女性の奉公人は25才以下であった。Lethmate, S. 60. この数字が16世紀前半に当てはまるかどうかは不明だが、奉公人の大部分が若者であったことに違いはなかったと思われる。

761　ただし、グレシュベクの「ミュンスターでは余り多くの megde を見かけなかった」という記述は、若い女性が多かったという著者の推測と矛盾している。MGQ2, S. 99. この megde は、その前の部分の die iunge frowen と同じ若い女性という意味で使われていると思われる。しかし、前述の通りミュンスターの地元成人女性のかなりの部分が市内に残っていたことを考えると、当時の市内で若い女性が特別少なかったとは考えがたい。グレシュベクは、多くの箇所で frowen と megde　を区別していた。MGQ2, S. 12, 19, 27, 41, 42, 62, 63, 64, 79. つまり、彼は megde を既婚女性に対する未婚女性を指すために使っていた。前述の箇所の megde を若い女性一般ではなく未婚女性と解釈すれば、既に結婚強制が行われていた当時、未婚女性は極めて例外的だったはずなので、市内に megde が少なかったとしてもおかしくはないことになる。ただし、結婚が強制されていた当時、どの程度未婚の若い女性がいたかは不明である。結婚強制は妊娠可能な女性にのみ当てはまったが、前近代の初潮の年齢は現代よりかなり遅かったため、10代後半の少女なら結婚を強制されなかったとしてもおかしくはない。Wunder, S. 43f. ただし、明らかに幼すぎる幼女が強姦された例が多々あったため、初潮を迎えていなくても、ほとんどの少女は結婚を強制され、未婚のままの若い女性は例外的だったと思われる。MGQ2, S. 72, 295; MGQ6, S. 628, A1. そのため、グレシュベクの記述を整合的に解釈するためには、megde は結婚強制を免れた少数の若い女性だったと解釈するより他ない。

762　1523年のシュトラースブルクでも、困窮者のうち男性が31%、女性が69%と大幅に女性が多かった。困窮者の中で夫婦が占めるのは45%と半分以下であり、特に女性は79%と大半が独り身であった。独り身の女性は60%が独身、40%が未亡人と、そもそも結婚できなかった者が多かった。このように、独身者、未亡人・男やもめや子供を持たない夫婦に窮乏者が多かった。Thomas Fischer, Städtische Armut und Armenfürsorge im 15. und 16. Jahrhundert. Sozialgeschichtliche Untersuchungen am Beispiel der Städte Basel, Freiburg i. Br. und Straßburg, Göttingen 1979, S. 128f., 134ff. 男性よりも女性の方が貧困者に占める割合が高いことは、バーゼル、フランクフルト・アム・マイン、シュトラースブルク、フライブルク・イン・ブライスガウ、ルツェルンでも見られた。Fischer, S. 128; Erich Maschke, Die Unterschichten der mittelalterlichen Städte Deutschlands, in: Maschke u. a. (Hg.), Gesellschaftliche Unterschichten, S. 65; ヴィルフラム・フィッシャー著、高橋秀行訳『貧者の社会経済学—中世以降のヨーロッパに現れた「社会問題」の諸相とその解決の試み—』晃洋書房、1993年、28-31頁。このことはミュンスターにも当てはまっていた。1539年のエギディ市区の租税記録を見ると、独身女性の約3/4は最低額の2シリンクの納税額だと評価されている。彼女たちの職業は主に、奉公人（megth）、織工（weversche）、お針子（wytnegersche）、紡ぎ女（Spynnersche）であり、ミュンスターでも独身女性の大半が低賃金の補助的な労働に携わっていたことが分かる。Stadtarchiv Münster, Ratsarchiv, AVIII Nr.

259 Schatzungsregister (Aegidii-Leischaft), Nr. 1, 1539.

763 ミュンスターの都市貴族の家門のうち、ケルケリンク（Kerckerinck）家のクリスチアン
（Christian）と妻カタリーナ（Katharina）、90才になる高齢の母エンゲレ（Engele）と長男ベ
ルント（Bernd）、ティルベック家の市長ヘルマン・ティルベックが再洗礼派統治期に市
内に残っていた。KIR, S. 163-166, 250-252.

764 市内に残ったケルケリンク家の4人のうち、エンゲレは病気で高齢であり1535年1月に
長男のベルントと共にミュンスターを逃亡しているので、必ずしも再洗礼主義を信奉し
ていたわけではないとも考えられる。KIR, S. 165.

765 1529~30年に市参事会員を務めたヘルマン・ビシュピンク1530~31年に務めたルトゲル・
トン・ブリンクの二人である。KIR, S. 57, 104, 112.

766 KIR, S. 56-62.

767 KIR, S. 59.

768 KIR, S. 56-62.

769 KIR, S. 65ff. 再洗礼派になったのは、キルヒホフのリストで、Nr. 125, 234, 330, 496, 506,
577, 700, 768.

770 KIR, S. 64ff.; 倉塚8、108頁。再洗礼派になったのはキルヒホフリストで、Nr. 217, 232,
335, 465, 534, 594, 668, 671.

771 再洗礼派統治以前の時期については、長老については1515~31年、ギルド長の中の
HausherrとScheffer については1500~1531年までの名前が把握できる。Krumbholtz in 2, S.
36-40; 倉塚1、56頁。それ以外の大半のギルド長の名前は不明である。

772 KIR, S. 121f.; WZ51, S. 105.

773 保存されている再洗礼派統治以前の市民登録簿は断片的にしか伝わっておらず、市民の
数を網羅的に把握することは不可能である。Aders, S. 29-96.

774 KIR, S. 26f.

775 KIR, S. 37.

776 KIR, S. 93-266の人名リストより著者が算出。

777 キルヒホフによれば財産所有者のうち未亡人が80人いた。KIR, S. 22. ただし、この80人
の中には、再洗礼派統治開始以前に夫を亡くした未亡人が含まれている。彼女達の財産
は再洗礼派統治以前から夫ではなく自分の所有物なので、再洗礼派統治の間の時期に夫
の死亡によって妻の手に渡った可能性があるのは、彼女達を除いた47人の未亡人の財産
のみということになる。この47人は、KIR, S. 93-266. の人名リストに基づき著者が自身
で算出した。
他方、不動産所有成人男性291人の中には、成人洗礼を強制された者も含まれている。
判別できるだけでも、27人は再洗礼派ではなかったと推測される。そのため、自発的に
再洗礼派になった不動産所有成人男性数は、これよりかなり少なかったはずである。し
かし、その数の正確な把握は不可能である。

778 KIR, S. 25.

779 Maschke, S. 21f.

780 Hermann Paasche, Die städtische Bevölkerung früherer Jahrhunderte. Nach urkundlichen Materialien aus dem Raths-Archive der Stadt Rostock, in: Jahrbücher für Nationalökonomie und Statistik N. F. 5, 1882, S. 366; Bedřich Mendl, Breslau zu Beginn des 15. Jahrhunderts. Eine statistische Studie nach dem Steuerbuche von 1403, in: Zeitschrift des Vereins für Geschichte und Alterthum Schlesiens 63, 1929, S.177.

781 それ以外に、居住者がいない家屋や用途が不明の家屋等も存在していた。Joseph Greving, Wohnungs- und Besitzverhältnisse der einzelnen Bevölkerungsklassen im Kölner Kirchspiel St. Kolumba vom 13 bis 16. Jahrhundert, in: Annalen des historischen Vereins für den Niederrhein insbesondere die alte Erzdiözese Köln 78, 1904, S. 31.

782 Ulf Dirlmeier, Untersuchungen zu Einkommensverhältnissen und Lebenshaltungskosten in oberdeutschen Städten des Spätmittelalters (Mitte 14. bis Anfang 16. Jahrhundert), Heidelberg 1978, S. 240, A. 12.

783 Bernhard Kirchgässner, Wirtschaft und Bevölkerung der Reichsstadt Eßlingen im Spätmittelalter. Nach den Steuerbüchern 1360-1460, Eßlingen 1964, S. 157.

784 多くの都市で、宗教改革運動の際に都市支配層が市外に逃亡した。Moeller, Rechsstadt und Reformation, S. 25; メラー、43頁。ミュンスターでも1453年の騒擾、1532年の宗教改革運動で都市支配層が逃亡している。Ehbrecht, Rat, Gilden und Gemeinde, S. 136; 倉塚1、12頁。

785 Wesoly, S. 76f.

786 レデッカーについては以下を参照。KIR, S. 216; SMTG2, S. 154ff.

787 Krumbholtz, S. 28; MGQ5, S. 109; 倉塚1、61頁。

788 本書5.1.2.3. を参照。

789 スイスや南ドイツ、モラヴィアについては、C. Arnold Snyder, Swiss Anabaptism: The Beginnings, 1523-1525, in : Roth et. al. (eds.), A Companion to Anabaptism and Spiritualism, pp. 45-81; Stayer, Anabaptists and the Sword, pp. 91-131; Ders., Swiss-South German Anabaptism, in : Roth et. al. (eds.), A Companion to Anabaptism and Spiritualism, pp. 83-117; 踊共二「再洗礼派運動と農民戦争」、89-101頁。低地地方では、ミュンスター再洗礼派の敗北後、分離主義的なメノー派が再洗礼派の中心となった。Stayer, Anabaptists and the Sword, pp. 309-328; Piet Visser, Mennonite and Doopsgezinden in the Netherlands, 1535-1700, in : Roth et. al. (eds.), A Companion to Anabaptism and Spiritualism, pp. 301-309; 倉塚平『異端と殉教』127-167頁。メノーの国家観については以下を参照。村上みか「メノ・シモンズにおける「国家と教会」－宗教改革期における政教分離思想の萌芽－」『人文学と神学』8、2015年、1-15頁。

790 MGQ2, S. 19ff.

791 Lutterbach, Der Weg in das Täuferreich von Münster, S. 30f.

792 Kirchhoff, Die Endzeiterwartung, S. 20ff.; Kirchhoff, Phänomen, S. 363ff.

793 Robin Barnes, Images of Hope and Despair: Western Apocalypticism ca. 1500-1800, in: Bernard J. McGinn, John J. Collins and Stephen J. Stein (eds.), The Continuum History of Apocalyticism, New York/London, 2003, pp. 327-331; Ders., Eschatology, Apocalypticism, and the Antichrist, in: David M. Whitford (ed.), T&T Clark Companion to Reformation Theology, London/New Delhi/New York/Sydney, 2012, pp. 233-255; ジャン・ドリュモー著、永見文雄・西澤文昭訳『恐怖心の歴史』新評論、1997年、404-409頁。

6 ミュンスターにおける社会運動の全体像
～通時的分析～

1 市内諸勢力の主張と行動

1.1 市参事会の主張と行動

　教会問題をめぐる交渉で市参事会が行った主張から以下のことが明らかになった。

　市参事会はミュンスター司教や市民との交渉過程で、一貫して自らの行為の正当性を主張していた。司教に対しては法や特権、宗教協定などを引き合いに出して自らや市民の主張や行動を正当化し、司教の特権を侵害しておらず皇帝勅令や宗教協定に反していないと抗弁していた。他方市民に対しても、一貫して自分達は都市のお上として市内平和、都市や市民の特権や利益といった都市の公共の福利に配慮していると主張していた。このことは彼らが、自分達に課せられていた都市の「お上」としての役割と司教の「臣下」という役割に付随した全ての義務を果たさねばならないと自認していたことを意味している。

　ただし市参事会は、1525年の騒擾や1532年の宗教改革をめぐる交渉でも、司教に対し自分達だけでなく、たとえ彼ら自身は正当だと見なしていなくても市民の要求や行動を擁護していた。反対に彼らは1532年10月以降や1533年10月以降、彼らが正当だと見なしていない司教の要求や行動を市民に対し擁護することはなかった。さらに、教会問題をめぐる交渉で、市民蜂起を避け市内平和を守るために司教、聖職者、領邦諸身分の特権を侵害する措置を取ることは正当だと主張していた。

　以上のように市参事会は、一貫して彼らに課せられた役割に則り要求や行動を行っていると主張していた。しかし実際には、司教や聖職者の特権や利益を侵害するような市民の要求や行動を正当だと主張するなど、司教の臣下としての役割よりも、都市のお上としての役割に則った

335

主張をしていた。ここから市参事会は、もし司教や聖職者、市民の間で板挟みになった時には、都市のお上として市内平和を維持するために、司教や聖職者の利益や特権を侵害することはやむを得ず、正当だと主張していたと結論づけられる。

　次に、市参事会の主張に見られる特徴が彼らの行動と整合性があったかを検証する。そのため、市参事会が市民要求を受け入れ実行したり、都市の公共の福利を守るための措置を取ることを都市のお上としての役割を実行したことの指標、ミュンスター司教の命令を受け入れ実行することを司教の臣下としての役割を実行したことの指標と見なし、市参事会が各時期にこの二つの役割のどちらを果たしていたかを見ていく。

　市参事会が都市のお上としての役割を果たしていたのは、1525年5-6月の修道院の工具や収入証書の没収と箇条書受け入れ、1532年2月の福音派説教師任命追認、1532年7月以降の市内での宗教改革導入、1533年4月以降のロートマン派弾圧や1533年10-12月の大聖堂説教師の説教禁止と追放、1534年1月と2月の再洗礼派との和解であった。他方、市参事会が司教の臣下としての役割を果たしていたのは、1525年7月以降の没収財産返却と箇条書撤回、1532年6月の市内での宗教改革撤回の時であった。

　市参事会が、都市のお上としての役割を果たす際、司教の命令に逆らってこれを行うことがあった。他方、市参事会が司教の命令に従った時には、市民から強い政治的圧力を加えられていたわけではなかった。以上のことから、市参事会は明確に司教の臣下としての役割よりも、都市のお上としての役割を優先して教会政策を行っており、彼らの主張と態度決定には整合性があると結論づけられる。ただし、市参事会は市民から強い政治的圧力がなかった時には司教の臣下としての役割も果たしており、その役割を無視していたわけではない。このことも、都市のお上としての役割と司教の臣下という役割に付随した全ての義務を果たさねばならないという彼らの役割認識と整合的である。

　次にこのような市参事会の態度決定が、政治的力関係、市参事会員の

利害や信仰、市参事会の役割の三要因によっていかに規定されていたかを検討する。

市参事会が司教の臣下としての役割よりも都市のお上としての役割を果たそうとしていた一因は、市参事会が司教よりも市民に対抗することが難しいという政治的力関係にあると考えられる。市参事会が司教からの圧力に屈せず対抗することができたのは、1532年10月以降の即座の戦争準備に見られるように市参事会や市民が司教に軍事的に対抗できると認識していたからであろう。ミュンスター市はミュンスター司教領最大の都市であり、多くの市民と豊かな財力、堅固な防御施設を持っていた。

反対に、市参事会が市民からの要求を一貫して受け入れざるを得なかった重要な要因は、市参事会が持つ市民蜂起を鎮圧する手段や力が乏しかったことにあると考えられる。市参事会は、都市住民の逮捕の際に全ギルド会議の同意を得なければならなかったので、ギルド員の意に反する逮捕を行うことが制度上できなかった。もし市参事会がこの逮捕同意権を無視し独自の判断で都市住民を逮捕した場合、1525年5月や1533年12月に見られたようにギルド員による蜂起が生じ、市参事会は逮捕者の釈放を強制された。そのため市参事会は、市民の多くが支持する運動を逮捕によって沈静化させることはできなかった。また都市の主な軍事力は市民自身であったので、市民の大部分が支持する騒擾を軍事力によって鎮圧することもできなかった。さらに市参事会は市民同士の争いを避けようという傾向が非常に強かったため、再洗礼派との争いに見られたように、市参事会に対抗する市民が少数派であっても、市民を軍事的に制圧するという手段を取ることが難しかった。

そのため市参事会は、市民蜂起を沈静化させるために全ギルド会議や市民との交渉という手段を強いられることが多かった。しかし市参事会は全ギルド会議が同意しない決定を実行する権限を持たなかったので、交渉においても市民と彼らを代表する全ギルド会議の意向に逆らうことが難しかった。それに対し市民は蜂起という強制手段を持っていたので、

市参事会は市民との交渉で不利な立場に置かれており、繰り返し彼らに譲歩を強いられたのだと思われる。このことは、市参事会が司教の命令に従ったのが、1525年の7月以降や1532年6月までという市民蜂起の危険性が低かった時期だけであることによって裏付けられる。

このように市参事会の態度決定は全ギルド会議との二極的統治構造というミュンスター独自の制度によって制約されていたため、市民からの圧力に対抗することが難しく、市民の利益を考慮しながら態度決定を行う必要があったのだと思われる。

他方、市参事会員の個人的な利害や信仰が、市参事会の教会政策に大きな影響を与えた例は見られなかった。1532年の宗教改革運動では、成員の大半がカトリックであった市参事会は、市内で宗教改革を行い司教に軍事攻撃を行った。カトリックの門閥市民は、市参事会員職に就いていなかった1533年秋以降、市民の身体的安全や市内の平和維持を顧みず、市民の多数派よりも聖職者や司教と協力しようとするなど、彼らが市参事会員として政策実行に携わっていた時とは異なる主張や行動をとっていた。また宗派分裂期の市参事会員の中にはロートマン派も含まれていた。彼らは陰でロートマン派に便宜を図っていたが、公的には市参事会の一員としてルター派宗教改革の制度化に携わっていた。以上のように、市民個人が市参事会員として政策実行に携わっていた時とそうでない時ではその主張や行動の原理が大きく異なっていたため、彼らの利害や信仰が市参事会の教会政策に大きな影響を与えていたとは考えられない。

市参事会員個人が自らの利害や信仰に反する市参事会の決定を許容できない場合には、1532年7月や1534年2月の例に見られるように、市参事会員職を放棄するより他なかった。しかし、このような市参事会員職の放棄は極めて危機的な状況でのみ起こった例外的な行為であり、大半の市参事会員は、自らの利害や信仰に反する主張や決定を行わねばならない時でも、自らの職務を放棄することなく市参事会員としての役割を果たしていた。以上の検討から、市参事会員の個人的な利害や信仰は、市参事会の教会政策に大きな影響を与えていなかったと結論づけられ

る。

　最後にミュンスター市参事会は、司教の臣下と都市のお上という二重の役割を果たそうとしていたが、これは彼らが誠実宣誓によって、この二重の役割を義務づけられていたからだと思われる。しかし実際には、司教の臣下としての役割よりも、都市のお上としての義務である都市の公共の福利の保護を優先していた。

　田中俊之が指摘するように[794]、お上と臣下の双務的誠実関係に基づき公共の福利に配慮することは、市当局のみならず全てのお上の支配の正当性を支える根拠であった。お上がこの義務を果たさない場合には臣下もまた服従の義務を果たそうとせず、抵抗権を行使する可能性があったため、お上は公共の福利に配慮する必要があった。

　しかし双務的誠実関係は、領邦君主と都市の間よりも、市当局と市民の間でより強かった。都市のお上である市参事会と臣下である市民の双務的誠実関係に基づき、合意形成を重視した統治が行われていたことは、近世都市の統治構造の特徴であった[795]。ミュンスターでも市参事会は市民利益に配慮しながら政策決定を行っており、他都市でも見られる市民との合意に基づく支配が行われていたと見なすことができる。一連の交渉で繰り返し述べられていたように、市参事会は自らと市民は法と宣誓によって結びつけられた同じ身体の部分であり、市参事会が都市のお上として都市の公共の福利に配慮する代わりに、市民は臣下として市参事会に服従する義務を果たさねばならないと認識し、実際に公共の福利に配慮していた。

　また、シリンクによれば北ドイツ諸都市の宗教改革で市当局と領邦君主が組んで市民に対抗するのは例外的であり、大半の都市では市当局と市民が共同で領邦君主に対抗していた[796]。ミュンスター市参事会も市民と協力し司教に軍事攻撃を行う一方、司教と協力し市民を攻撃することはなかった。このように他の諸都市と同様にミュンスターでも、領邦君主と都市よりも市当局と市民の間の双務的誠実関係の方が強かった。

　ただし、宗教改革導入の際に自らの君主に軍事攻撃を行った都市は

339

ミュンスターだけであったので、ミュンスターにおける市参事会と市民の間の関係は、他の諸都市よりもより緊密であったと思われる。そのため、ミュンスター独自の制度である二極的統治構造が、市民に対抗しにくい政治的力関係を作り出し、市参事会が都市のお上として都市の公共の福利を擁護しようとする志向を強めていたと考えられる。

また、市参事会が都市のお上としての義務の履行を優先していたのは、ミュンスターでは市参事会員に選ばれた市民が職務を怠った場合、公共の福利を憎む者として罰金だけでなく1年の市外追放に処せられていたことに見られるように[797]、理念的には市参事会員として職務を果たすことは市民の義務であったからだと思われる。特に本書で扱った騒擾や宗教改革は、市内平和、都市や市民の特権・利益のような都市の公共の福利に関わる重大な案件であったので、市参事会の政策決定が、市参事会員の個人的利害や信仰よりも、公共の福利を守るという役割によって規定される傾向が強まったのであろう。

市参事会の教会問題に対する態度決定が彼らの役割によって規定されていたことは、教会管理に関する権限を持たなかった時期には教会問題への関与に消極的だった市参事会が、1533年2月の宗教協定で市内の教区教会に対する広範な管理権を得ると、一転して主体的に教会問題に介入するようになったことによって裏付けられる。

ただし、ルター派市参事会が市内でルター派体制を確立しようとしていたのは、彼らの主張によれば市外諸勢力からの脅威や市内での争いといった都市の公共の福利に対する脅威を取り除くためであった。彼らは実際に1534年1月と2月の再洗礼派との和解では市民同士の争いを避けるために、市内でのルター派体制確立を断念し市内での再洗礼派の信仰を認めていた。市参事会は1533年2月以前も一貫して教会問題を市内の平和維持や市民の利益や特権等の都市の公共の福利に付随する問題として扱っていたため、彼らが最も重視していた義務は教会管理に関する権限が変化した前後でも変わらなかったことが分かる。

1533年2月の宗教協定の前後で市内教会に関する市参事会の権限が変

化したにもかかわらず、彼らの教会政策の基本方針が一貫していたことは、1533年2月の前後で変化することがなかった誠実宣誓に基づく市参事会と市民の双務的誠実関係が、彼らの教会政策の基本方針を規定していたことを裏づけている。

このように市参事会は、二極的統治構造による市民に対抗しにくい政治的力関係によって制約されながら、その時々の政治的状況に応じて、都市のお上としての役割を果たすべく、都市の公共の福利を守るために教会政策を行っていたと結論づけられる。

1.2　全ギルド会議の主張と行動

ミュンスターでの一連の社会運動で、長老とギルド長が取っていた態度は、以下の通りであった。1525年の騒擾では、彼らはゲマインハイトあるいはギルドの請願に基づき、市参事会に箇条書を受け入れさせた。1532年の宗教改革では、6月まではゲマインハイトや手工業者名義の請願を市参事会に伝えるだけであったが、7月1日に全ギルド員を召集し福音主義を守るために市民委員会を作った後は、市民委員会の要求受け入れを市参事会に強要し市内で宗教改革を行わせた。1533年以降の宗派分裂期には、一方ではルター派市参事会に協力し市内でロートマン派説教師のサクラメントの教えを禁止しようとしたが、他方ではロートマン派説教師、特にロートマンの追放に反対するロートマン派住民やギルド員の要求受け入れを、市参事会に強要していた。

一連の社会運動で全ギルド会議は、一貫してギルドやゲマインハイト、ロートマン派住民など、都市住民の要求を市参事会に伝えていた。しかし、長老とギルド長が、市参事会に彼らの要求を伝え交渉する際に、単に手紙を手渡し要求を仲介するだけの場合と、強い調子で市参事会に要求受け入れを迫る場合があった。このような彼らの態度の違いは、1532年7月前までの福音派住民の請願のようにその要求が一部の住民によってまとめられたものであるか、ギルドが組織的に行った形式的合意に基づいたまとめられたものであるかによって決定されていたと思われる。

341

1533年にロートマンを支持していた長老やギルド長達は、個人的に顧問ヴィークや市参事会にロートマンに説教をさせるよう求めていたにもかかわらず、公式な領域では、ロートマン派説教師の説教禁止や市内でのルター派体制の確立のために市参事会と協力していた。このことは、長老やギルド長は、公式な領域では自らの私的な信仰ではなく、市参事会に対しゲマインハイトの要求を代表し支援するという、彼らの役割に基づいて態度決定を行っていたことを示している。

　そのため、全ギルド会議が、ミュンスターでの一連の社会運動で行った行動や要求は、彼らが代表すべき義務を負っているゲマインハイトあるいはギルドの要求を、市参事会に対し代表し、支援することを目的としていたと結論づけられる。

　彼らは、ゲマインハイトやギルドの要求を、市参事会に伝え、彼らと交渉し、公式な領域での形式的合意内容に盛り込ませるという、ゲマインハイトやギルドと市参事会を繋ぐ極めて重要な役割を果たしていた。市参事会が、基本的に長老とギルド長を通して伝えられる要求以外は正当な要求だと認めず、実際にほとんど受け入れようとしなかったことを考えれば、都市住民の要求を公式な領域での議論の議題に設定し、市参事会に受け入れさせるためには、全ギルド会議の仲介が不可欠だったと言える。そのため、全ギルド会議が一連の社会運動で果たした役割は、一貫して極めて大きいものであったと評価できる。

1.3　ゲマインハイトの主張と行動

　ミュンスターでの一連の社会運動で、ゲマインハイトが取っていた態度は、以下の通りである。1525年の騒擾では、箇条書を起草し、市参事会に受け入れを強要したり、ニージンク女子修道院と共同生活兄弟団の工具や収入記録の接収を実行する代表を選ぶ母体となっていた。1532年の宗教改革では、長老とギルド長を通じて、市参事会に宗教改革を行うよう請願を行っていた。1533年の宗派分裂期には、11月に市参事会と全ギルド会議と共に、ルター主義に基づく教会規則を公認していた。

342

6 ミュンスターにおける社会運動の全体像 〜通時的分析〜

　しかし、1525年の騒擾でも1532年の宗教改革でも、ゲマインハイト名義で行われた要求は、実際には一部の市民やギルドによってまとめられたものであったと思われる。そのため、ゲマインハイトは、一部の市民やギルドが公式な領域で市参事会や全ギルド会議に対し要求を行う場合や、ギルドや全ギルド会議が市参事会に要求を行う場合に使う名義だったと考えることができる。

　また、当時の人々が、ギルドや市民委員会、市区民のことをゲマインハイトと呼んでいることから、この用語は必ずしも全市民の共同体を意味するのではなく、場合によって都市内部の様々な集団を指すためにも使われていたことが分かる。

　しかし、一部の住民やギルドなどの要求がゲマインハイト名義で行われ、公式な領域で形式的合意が結ばれる際に、市参事会、全ギルド会議と並んで、合意形成の主体としてゲマインハイトの名前が挙がることは、都市の制度上公式な領域で行われる要求、そして公式な領域で結ばれる形式的合意の主体はゲマインハイト名義で行うという理念が、都市住民に共有されていたことを示している。

1.4　ギルドの主張と行動

　ミュンスターでの一連の社会運動で、ギルド員が取っていた態度は、以下の通りであった。1525年の騒擾では、ほとんど全てのギルド員が一体となって、一方では市参事会に聖職者の生業禁止を求め、他方では長老とギルド長を通じて市参事会に箇条書の受け入れを求め、両方の要求受け入れを強要した。また、彼らの要求が受け入れられた後、共同生活兄弟団とニージンク女子修道院の工具と収入記録の没収に、ギルドの代表が2人ずつ参加した。1532年の宗教改革では、小売商ギルドがロートマンを市内で匿いミュンスターの宗教改革運動を本格化させた。また、長老とギルド長、福音派ギルド員の代表である市民委員会の成員が一体となって、市参事会に市内での宗教改革の実行を強要した。その際彼らは、市内の宗教改革を守るために、領邦諸身分に軍事的攻撃を仕掛けた。

343

1533年以降の宗派分裂期には、彼らの多数派はルター派として市参事会の宗教政策を支持する一方、ロートマン派説教師の追放には反対した。また、1533年12月に市参事会が、全ギルド会議に無断で鍛冶屋ギルドの職人を逮捕した時、鍛冶屋ギルド員は宗派に関係なく憤激し、市参事会に彼の釈放を強要した。その後ギルド員は市参事会に不信感を抱くようになった。彼らは、1534年1月には都市を守るために組織的に警備を行ったが、2月の騒擾では市参事会側と再洗礼派側に分裂した。

　1525年の騒擾に参加したギルド員の動機は、以下のようなものであったと思われる。市参事会に対しギルドが行っていた要求は、第一に都市がニージンク女子修道院と共同生活兄弟団の財産管理を行い、彼らが商工業に携われないように、織機を破壊するか撤去することであった。また、ギルドが市参事会に提出した箇条書の主要な要求は、市内の聖職者に対する都市の自治権拡大、市民の経済的利益や特権に関する要求であった。以上のことを考えると、ギルド員が要求していたのは、都市が聖職者の財産を管理し、聖職者による生業を禁止し、市民の経済的利益を守ることであった。彼らはギルドが一体となって、この要求を市参事会に受け入れさせているので、彼らの要求は行動を伴ったものだったと言える。

　1532年に宗教改革を行おうとしたギルド代表である市民委員会の動機は、都市全体を宗教的に福音主義で統一することであった。カトリックの教えや儀式は不純で彼らの魂を害すものなので、カトリックの説教師を福音派説教師に置き換え、純粋な神の言葉を市内で広め、キリストによって定められたやり方でサクラメントを行なわせるよう市参事会に求めていた。この要求を実現するために、市参事会に対し要求を受け入れなければ蜂起すると脅して強要し、ミュンスター司教から宗教改革を守るために領邦諸身分を襲撃するなど、自らの危険を顧みない行動を取っていたので、彼らの主張には行動が伴っていた。

　1533年以降の宗派分裂期にルター派であったギルド員の動機は、彼らの行動を見ると、ロートマン達が説く象徴主義的聖餐論と幼児洗礼批判

344

が引き起こす政治的危険性を避け、市内でルター派教会を確立させることであったと思われる。ただし、ギルド員の多数派は、市参事会のロートマン派説教師、特にロートマンの市外追放に反対していたし、市参事会が鍛冶職人を逮捕した時は、宗派にかかわらず鍛冶屋ギルド員が彼の釈放を市参事会に強要するなど、常に市参事会に協力していたわけではなかった。

　ゲマインハイトの要求や行動の多くが、実質的にはギルドの要求や行動であったことに見られるように、一連の社会運動で中心的な活動を行っていたのはギルドであった。ギルドは常に組織的に行動していたが、彼らは同様に意思決定も組織的に行っていたように思われる。ゲマインハイト、つまり全市民が集まり討議する機会は乏しかったし、市区民や教区民の決定も市区や教区にかかわる案件に限定されており、都市全体に関する問題に関するものではなかった。そのため、多くの市民が組織的に議論し意思決定を行う場は、事実上ギルドしかなかった。そのため、一連の社会運動で市民が組織的に請願したり行動する際には、ギルドがその母体となっていたのだと思われる。

　そして、ギルドには、長老とギルド長を通じて彼らの要求受け入れを市参事会に強要し、ギルド内部での形式的合意内容を都市の公式な領域での形式的合意にすることが可能であった。長老やギルド長を通じた市参事会への要求は、ギルド員以外でも可能であったが、ギルドによる要求は他の住民の要求よりも市参事会に受け入れられやすかった。というのは、長老やギルド長自身がギルドの一員でありギルド内部での議論に参加していたので、ギルド内部での議論や形式的決定には彼らの意志も反映されていたためである。さらに、長老とギルド長は、各ギルドの決定を無視することができないため、ギルドによる形式的決定を市参事会に伝える際に、積極的な姿勢を取る必要があったためでもある。実際に、1532年の宗教改革で長老とギルド長は、一部の福音派市民の要求は市参事会に伝えるだけであったのに対し、市民委員会の要求受け入れの交渉を行う時には、市参事会に強い調子で要求の受け入れを迫っていた。

ギルド内部の議論や意思決定には、当然ギルド員しか参加できなかったはずであるが、1532年の市民委員会の要求が福音派住民の要求とほぼ一致していたことからうかがえるように、実際にはギルドによる決定は、ギルド員以外の要求も反映することがあった。ギルド員は、非公式な領域ではギルド員以外の住民とも関係を持ち、彼らとの議論や合意の内容を、ギルド内部で議論を行う際に提案することがあったと思われる。そのため、ギルド員を通じて、ギルド員以外の住民の意見や要求がギルド内部で議論され、それがギルド内部での形式的合意の内容に盛り込まれ、長老とギルド長を通じて、市参事会へ伝えられ、都市の公式な領域での形式的合意になる可能性が常に開かれていたと考えられる。そして実際に、1525年の騒擾、1532年の宗教改革運動、そして1533年以降の宗派分裂期でも、そのような例が見られた。

以上のように、ギルドは、ギルド員だけでなく、都市のあらゆる社会階層に属する人々の意見や要求を集約し、ギルドの代表である長老とギルド長を通じて市参事会に伝え、都市の公式な領域で実現させるための媒介役を果たしていた。このようにギルドは、都市の合意形成システムにおいて中核的な役割を果たしており、一連の社会運動でギルドが果たした役割は決定的に重要であったと評価できる。

1.5 市区・教区民の主張と行動

ミュンスターでの一連の社会運動で、市区・教区民達が取っていた態度は、以下の通りであった。1525年の騒擾では、市区民が市参事会員と共に箇条書を完成させた市民委員会の成員を選出していた。1532年の宗教改革ではユーバーヴァッサー市区・教区の代表者が、5月20日、8月1日、11月3日の三度にわたり、ユーバーヴァッサー女子修道院長に、カトリックの説教師を福音派説教師に代えるよう請願した。そして11月3日にこれが拒否されると、実力行使によってカトリックの説教師を追い出し福音派説教師に代えた。また、説教師を養うために教会で寄付を募り、教区の福音派住民から食糧等の生活物資を集めた。福音派市参事会

が成立した後は、各教区民が教区教会の説教師を選び、ユーバーヴァッサー教区民が女子修道院長に説教師の生活支援を求め、四つの教区教会で聖像破壊が行われた。宗派分裂期にはランベルティ教区の教区民が、ロートマン派説教師の任命、後には罷免を行っていた。

1525年の騒擾で市区民は市民委員会の選出母体となり、各市区の代表が市区の住民の意見を聞いて箇条書に反映させていたが、このことは市内で全ての市民の意志を集約する際に、市区の代表が自分の市区民の意見をまとめ、その後集まり議論する場合があったことを示している。

1532年の宗教改革では、ユーバーヴァッサー市区民あるいは教区民のみが、ユーバーヴァッサー女子修道院長に、福音派説教師の任命、福音主義的儀式の導入、説教師の生計支援を求めていたが、他の市区・教区では同様の動きは見られなかった。これは、ユーバーヴァッサー教区でのみ、福音派説教師の任命や儀式の改変が拒否され続けていたためであった。そのため、自分の教区で福音派説教師の活動が阻害されている場合のみ、教区を単位として組織的な要求が行われたことになる。

宗派分裂期には、唯一ランベルティ教区民のみが、自分たちの教区教会の説教師を代えていた。他の教区では、ルター派説教師が司牧する教区のロートマン派の教区民も、ロートマン派説教師が司牧するルター派の教区民も、自分の住んでいる教区教会の説教師を自分が支持する宗派の説教師に代えようとしていなかった。また、ロートマン派説教師とマールブルクの神学者たちの間の論争の中心的主題であった、教区による説教師選任権を認めるかどうかという問題は、市内では論争にもならなかった。

宗教改革でも宗派分裂期にも、市区や教区の説教師選任については市内でほとんど議論されず、大半の教区では教区を単位とした組織的な要求や実力行使が行われなかった。以上のことを考慮すると、多くの市民は、教区による説教師選任や教会自治には大きな関心を払っていなかったと考えられる。

1.6 門閥市民の主張と行動

　ミュンスターでの一連の社会運動で、門閥市民達が取っていた態度は以下の通りであった。1525年の騒擾には、彼らはほとんど参加していなかったと思われる。ただし、彼らの中で現職の市参事会員であった者は、市内の平和を保つためにゲマインハイトの要求を受け入れたり、ミュンスター司教と交渉を行っていた。1532年の宗教改革では、彼らのほとんどはカトリックにとどまり、市内で信仰が次第に制限されても、表立って抗議を行わず身を潜めていた。しかし、一部の門閥市民は市外に逃亡した。また、現職の市参事会員であった者は、市内の平和を守るために宗教改革を実行し、司教と交渉を行っていた。1533年以降の宗派分裂期にも、門閥市民の態度や行動は基本的には変わっていなかった。ただし、彼らは1533年11月に市参事会と全ギルド会議の合意が崩れると、武器を取りロートマン派とルター派を市外に追い出そうとした。また、1534年2月に市内で住民同士の武力衝突が起こりそうになったときには、ミュンスター司教に助けを求めていた。

　彼らは一連の社会運動には一貫してほとんど参加していなかった。1533年11月の騒擾を除き、彼らは集団でカトリック信仰の妨害に抗議を行うことはなく黙って身を潜めていた。そのため彼らは、カトリック信仰を維持しつつ、自分や家族、財産に危険が及ばないことを目指していたのだと思われる。

　また、彼らは、他の都市住民とは異なり、反教権主義的態度を示さず、聖職者やミュンスター司教、領邦諸身分を、同じ都市の住民よりも信頼し、彼らと協力関係を築いていた。

　このような彼らの態度は、市内での彼らの地位や役割に合致していると思われる。彼ら、特に都市貴族は、既に騎士身分を模倣し、土地領主化しつつあった。このように彼らの生業や生活自体が騎士身分に近づいていたし、実際に彼らと親しくつき合っていたことは、1532年冬の領邦諸身分の会議に、都市貴族も参加していたことから見て取ることができる。

彼らは一連の社会運動では、ほとんど表だった動きを見せず、静かに身を潜めていたが、このことは、市内の社会運動の進展にも大きな影響を及ぼしていた。同じ少数派であるロートマン派の活動を市参事会が結局抑えきれなかったことから分かるように、たとえ少数派であっても、堅い結束を保ち、市参事会の命令を無視したり、実力行使で要求を押し通そうという集団がある場合、市参事会は彼らの活動を抑える術を持たなかった。もし門閥市民を中心とするカトリック支持者達が、宗教改革の最中や宗派分裂期に市参事会に執拗にカトリック復活の要求を行ったり、実力行使で宗教改革を阻止していれば、市内での宗教改革導入は遙かに困難になっていただろうし、住民同士の争いはさらに激しくなっていたはずである。そのような可能性を考慮するならば、門閥市民が沈黙を続けたことは、一連の社会運動による市内秩序の混乱を最小限に抑え、住民間の実質的合意を形成することに大きく貢献していたと考えられる。

1.7　二流の名望家の主張と行動

ミュンスターでの一連の社会運動で、二流の名望家達が取っていた態度は、以下の通りであった。1525年の騒擾では、彼らは全ギルド会議の成員としてギルドの要求を市参事会に強要していた。また、市外の福音派と連絡を取りながら騒擾の準備をし、福音派の助任司祭と共に箇条書を起草した福音派市民も二流の名望家だったと思われる。1532年の宗教改革では、初期からロートマンを支援し、ミュンスターの宗教改革を本格化させた福音派住民の多くは二流の名望家であった。彼らは実力行使によって福音派説教師を教区教会の説教師にしたり、ユーバーヴァッサー教区で女子修道院長に要求を行う際に、指導的な役割を果たしていた。また、全ギルド会議の一員や市区や教区の代表として、市民の要求を代表していた。宗派分裂期には、彼らは他の福音派住民と同様に、ルター派とロートマン派に分裂した。

彼らの行動を通時的に見た場合、以下の傾向が見られた。第一に、彼

らは、市外で起こった動きを市内に導入するという媒介者の役割を果たしていた。ミュンスターの社会運動は、市外の状況に影響を受けて始まっていた。例えば1525年の都市騒擾はフランクフルト・アム・マイン以北で起こった一連の都市騒擾、1532年の宗教改革運動は北ドイツやヴェストファーレン諸都市で起こった宗教改革運動から影響を受けて始まっている。その際、市外の状況を知り、それに呼応してミュンスター市内で社会運動の準備を行っていたのが、二流の名望家層に属する市民であった。1525年の騒擾では市外の福音派と連絡し合い、フランクフルトの苦情書を参照していたし、宗教改革ではロートマンにヴィッテンベルク訪問を提案し、市参事会にヘッセン方伯やシュマルカルデン同盟といった福音派勢力への助力やヴィークを顧問として雇うことを提案していた。

　第二に、彼らは一連の社会運動で、一貫して指導的な役割を果たしていた。彼らは1525年の騒擾でも1532年の宗教改革でもその社会的地位を利用して、非公式な領域での実質的合意の内容を、ギルドでの形式的合意にするための媒介を果たしていた。さらに、個人としても実力行使や交渉に参加し、その際に中心的役割を果たしていた。

　第三に、彼らは、ギルドで結ばれた形式的合意を、市参事会に受け入れさせることで制度化する役割を果たしていた。1525年の騒擾でも、1532年の宗教改革運動でも、市参事会と交渉したのは長老やギルド長に就いていた二流の名望家達であった。

　彼らの主張については、次で見る市民と共通している点が多い。二流の名望家達は、意識の上でも人間関係や経済的関係でも、領邦との関係が強かった門閥市民とは異なり、司教や聖職者身分に敵対的で、その影響を都市から排除し都市の自治権や利益を増やそうという傾向が強かった。このような反司教、反教権主義、共同体主義は、門閥市民以外の全ての階層の住民にも見られたが、二流の名望家層が他の社会階層の住民と異なっていたのは、都市内部での役割についての自己認識であった。既に述べたように、彼らは一貫して市内の社会運動で指導的な役割を果たしていたが、これは非公式な領域における活動においても、公式な領

350

域における活動においても当てはまる。彼らは長老やギルド長、1533年
3月以降は市参事会員としての役割を果たすだけでなく、市区やゲマイ
ンハイトを代表する際にも、さらには非公式な領域での私的な活動の際
にも、住民の間で中心的役割を果たしていた。つまり、彼らが社会運動
における様々な活動において中心的役割を果たしたのは、必ずしも彼ら
が都市制度上の役職に就いていた時だけでなく、一個人として活動して
いたときでも同じであった。このことは、彼らの社会的地位が、制度上
の役割だけではなく、周囲の住民から指導的役割を果たすべき存在だと
見なされていたことにも起因していたことを示している。

　社会運動を自らの意図に沿って進めていくために、彼らはこのような
市内での社会的地位を利用することができた。他方で、彼らが市参事会
員や長老やギルド長といった都市制度上の役職に就いたときには、自ら
の信条や利益に反する決定や行動を強いられることがあった。その意味
で、彼らが市内で指導的な地位に就いていたことは、社会運動で自身の
影響力を広げる機会を作る一方、自身の目的の追求を制約するという二
重の意味を持っていた。

1.8　市民の主張と行動

　ミュンスターでの一連の社会運動で、市民たちが取っていた態度は、
以下の通りであった。1525年の騒擾では、ギルドに所属する市民たちは
ギルドの一員として市参事会に要求受け入れを強要し、全ての市民は箇
条書起草に携わる代表の選任、さらには修道院の工具や収入記録の没収
を行う代表の選任に関わった。1532年の宗教改革では市民の多数派は
福音主義を支持していた。彼らは、一方ではロートマンを無理矢理説教
師に任命するなどの実力行使によって、他方では長老とギルド長を通し
てゲマインハイト名義の嘆願を市参事会に行うことによって、市内で宗
教改革を行おうとした。その際彼らは、市内の宗教改革をミュンスター
司教に認めさせるために、領邦諸身分を襲撃していた。1533年の宗派分
裂期には、市民の多数派はルター派であった。一般市民層は、アイン

ヴォーナー男性や女性と比べ、ルター主義を支持し再洗礼主義を支持しない傾向が強かったと推測される。

1525年の騒擾に参加した市民達の動機は、都市が聖職者の財産を管理し、聖職者による生業を禁止し、市民の経済的利益を守ることであった。1532年の宗教改革に参加した市民の動機は、市内の宗教を福音主義で統一することであった。1533年以降の宗派分裂期にルター派であった市民の動機は、ロートマンたちが説くサクラメント論が引きおこす政治的危機を避け、市内でルター派教会を確立することであったと思われる。

市民達のそれぞれの時期の動機が、どの程度強いものであったかを、彼らの行動から評価すると以下のようになる。1525年の騒擾では、彼らは一方では市参事会に対し高圧的な態度を示していたが、他方では市外の農民戦争や都市騒擾が鎮圧されると、自分達の要求を力ずくで押し通すという姿勢を止め、市参事会がミュンスター司教との交渉で譲歩をしてもそれを黙認していた。それは、彼らも市参事会と同様に、司教からの処罰、あるいは戦争を恐れていたからだと思われる。

1532年の宗教改革では、福音派市民は市参事会を蜂起で脅すことによって要求を受け入れさせるなど、1525年の騒擾同様の強硬な態度を示していた。しかし、彼らは1525年の騒擾の時と異なり、市外の支援者がほとんど見つからない状況でも終始司教と争う姿勢を示し、実際に攻撃を加えていた。

1533年以降の宗派分裂期のルター派市民は、基本的には市参事会を支持しつつも、ロートマン派説教師、特にロートマンの市外追放には反対するなど、ロートマン派説教師に対して同情的であった。彼らは、一方では市内でルター主義を守るためには武器を持って、他宗派の住民に対し自宗派を守ろうという強い姿勢を見せることもあったが、他方では、市参事会が全ギルド会議の同意を得ないで職人を逮捕した後は、ロートマン派の住民が実力行使に出てもそれに対抗せず野放しにしていた。

市民達は、1525年の騒擾の時は司教と戦う姿勢を見せなかったのに対し、1532年の宗教改革では司教を積極的に攻撃していた。外交条件が異

なるので単純に比較は出来ないが、このことは、彼らが聖職者の経済活動を制限し都市の管理下に置くことよりも、市内で宗教改革を遂行し、それを守ることをより重視していたとも解釈できる。

　また、市民たちは1532年の宗教改革では市内の宗教を福音主義に統一するために極めて強硬な姿勢を見せていたのに対し、1533年以降の宗派分裂期には、ロートマン派に対し同情的な態度を見せていた。このことから、彼らは、都市の政治的危険性を避けることよりも、市内で正しい教えが説かれることを重視していたとの解釈ができる。

　その行動を見ると、市民たちは、市内で宗教改革を行い守ること、つまり市内で正しい教えが説かれることを最も強く望んでいたと評価できる。しかし、ルター派市民達は、1533年の宗派分裂期には、神学的な教えの正当性よりも政治的危険性を避けることを重視していたと評価することも可能である。そのため、この二つの推論は相互に矛盾しているようにも見えるが、以下のように整合的に理解することができる。

　先ず、市民達が求めた「正しい教え」とは、何よりも先ず反教権主義的なものだと考えられていたことである。彼らは、1525年の騒擾でも、1532年の宗教改革でも、1533年以降の宗派分裂期にも、極めて強い反教権主義を一貫して示していた。彼らが福音派の教えを市内で広めなければならないと考えたのは、カトリックの教えが誤っており、住民の魂を破滅させるものだと見なしていたためであった。そのため、彼らにとって、福音の教えを市内で広めることは、市内でカトリックの教えを根絶することと表裏の関係にあった。実際に、1533年以降ルター市参事会は市内のカトリックの活動を全面的に禁止しようとしており、市民達はこの政策を支持していた。

　1532年7月に市内で宗教改革が公認され、福音派市参事会によって全ての教区教会に福音派説教師が任命された後は、カトリックの教えが市内のほとんどの教会で説かれなくなった。これによって、彼らの反教権主義的な要求はほぼ実現したと言える。そのため、ロートマンの二つのサクラメントの教えが、彼らの耳にはルター派のサクラメントの教えよ

りも説得力があるように感じられたとしても、彼らは、ようやく得られた市内でのカトリックの排除、そして市内の福音派体制を危機に陥れる教えを支持する気にはなれなかったのではないかと思われる。

　また、市民達は、正しい教えとそうでない教えを、一貫した態度に基づき判定していたわけではなかった。その際、彼らが受け入れる教えには、かなりの幅があった。1532年の宗教改革運動でゲマインハイトが市参事会に繰り返し向けた要求で、彼らは個々の具体的な教義についてはほとんど言及せず、ただロートマンの教えは正しいと確信しているので、何が正しいかはロートマンに聞くように主張していた。また、ロートマン達が象徴主義的聖餐論を市内で説教し始めたときには、市民を含め全ての福音派住民がこれを正しいものと受け入れていた。これは幼児洗礼批判でも同様であった。説教師が説得力のある説教を行えば、彼らはそれを正しい教えとして信じた。このように、彼らの多くは、正しい教えに対して確固たる態度を取っていたわけではなく、説教師の説教の内容や説得力によって、信じる教えを変えていた。このような市民が受け入れ可能な解釈の幅が広かったため、「正しい教え」が、ロートマン派的なものだと信じられることも、ルター派的なものだと信じられることも可能だったのであろう。

　さらに、史料からは明確に確認できないが、福音派市民の間には、正しい福音の説教よりも、1525年の騒擾と同様に聖職者の経済的・法的特権を剥奪することにより強い関心を持っていた者がいたと想定できる。彼らにとって、ロートマン派のサクラメント論は、ようやく市内で実現した聖職者の特権剥奪を危険に晒す受け入れがたいものであったはずである。

　一連の社会運動で、市民達が果たした役割は決定的に重要であった。1525年の騒擾で、長老とギルド長を通じて市参事会に要求を受け入れさせたギルド員は皆市民であったし、その後彼らの要求を実行する際に、市区やゲマインハイトの代表を選んだのも市民であった。1532年の宗教改革では、実力行使する場合でも、ゲマインハイト名義で市参事会に

請願を行う場合でも、軍事攻撃を行う場合でも、中心的な役割を果たしたのは市民達であった。1533年以降の宗派分裂期でも、市参事会とロートマン派の力関係は、市民の多数派の姿勢によって大きく左右された。

市民達は、ギルド、ゲマインハイト、市区や教区といった都市の公式な領域の組織の一員であったので、非公式な領域において住民間で議論される要求を、ゲマインハイト名義で長老とギルド長を通じて、市参事会に伝え、公式な領域での交渉の議題にすることができた。そのため彼らは、市民以外の住民も参加していたであろう非公式な領域での私的な議論で作られた実質的合意を公式な領域で要求し、交渉の対象とし、形式的合意によって受け入れさせる、非公式な領域と公式な領域を繋ぐ機能を果たしていたと言える。また彼らは、それらの要求が公式な領域での形式的合意で受け入れられた場合、ギルドやゲマインハイト、市区や教区のメンバーとして、その要求内容を実行する役割を担っていた。このように都市の社会運動において、市民達は、公式な領域の活動でも非公式な領域の活動でも、中心的な役割を果たしていたと評価することができる。

1.9 アインヴォーナー男性の主張と行動

ミュンスターでの一連の社会運動で、アインヴォーナー男性たちが取っていた態度は以下の通りであった。1525年の騒擾では、職人や学生のような若者達が修道院でスープを食べたり、聖職者を嘲笑するなどの反教権主義的行動を取っていた。また、二度にわたりニージンク女子修道院の食糧や財産を略奪しようとした者もいた。1532年の宗教改革運動では、アインヴォーナー男性の多数派は福音主義を支持しており、カトリックに留まった者は少数であったと思われる。1533年春以降の宗派分裂期では、ルター派とロートマン派・再洗礼派のどちらが多かったかは不明であるが、カトリックが最も少なかったのは確かだろう。また、アインヴォーナー男性は家持ちの中上層の市民と比べてロートマン・再洗礼主義を信奉する傾向が強かった可能性が高い。

355

1525年の騒擾では、若者達は聖職者を嘲笑すること、一部の貧民は、修道院の食糧や財産を略奪し腹一杯食べ、経済的困窮を和らげることが目的だったと思われる。

　1532年の宗教改革運動に参加した者の動機は不明であるが、おそらく多くの者は他の福音派と同様に、市内で誤った教えが取り除かれ、正しい神の教えが説かれる儀式が行われることによって、魂が救われる宗教的状況を作ることを目的としていたのであろう。

　1533年の宗派分裂期には、ロートマン派に関しては、ロートマン派説教師の説教禁止や市外追放に抗議し、彼らに説教を行わせるために市参事会の命令を無視して説教師に説教をさせたり、ルター派説教師の説教や礼拝式を邪魔するなど実力行使も辞さなかった。また彼らは、1533年11月と1534年2月の二度にわたり武器を取って他宗派の支持者と対峙するなど、身の危険を顧みず自分の宗派を守ろうとした。特に1534年2月の武装対立では、再洗礼派のアインヴォーナー男性のほとんどが防衛に参加したと思われる。

　他方ルター派のアインヴォーナー男性の中にも、1533年11月や1534年1月や2月の騒擾で武器を取って、ルター主義あるいは都市の防衛のために戦おうとした者がいたと思われる。ただし、その数がどの程度かは不明である。

　彼らの行動や要求を通時的に見た場合、以下の二つの傾向が浮かび上がる。

　一つ目は、強い反教権主義的傾向を持っていたことである。1525年の騒擾での若者の聖職者への嘲笑、修道院襲撃未遂、1532年の宗教改革、1533年以降の宗派分裂期に、彼らは一貫して反教権主義的な傾向を見せていた。この傾向は、宗派分裂期のルター派とロートマン派・再洗礼派にも共通するものであり、門閥市民を除く大半の都市住民に共有されていたものであった。このように彼らは、市民や女性と同様に、カトリックの教会、聖職者、教え、儀式を嫌悪していた。

　二つ目は、彼らが市内での騒擾や市外からの脅威などの政治的危険を

避けようとはしていなかったことである。1525年の騒擾の口火を切ったのは若者の反教権主義的な示威行為であったし、多くのアインヴォーナー男性が修道院を襲撃しようとして市内を騒然とさせていた。また、彼らはギルド員が引き起こした市庁舎前の騒擾にも参加していたと思われる。宗教改革運動でも、様々な実力行使や路上での騒ぎなどに参加していたであろう。宗派分裂期には、彼らの多くは、ミュンスター司教や皇帝からの脅威を顧みず、正しい神学的な教えが市内で説かれることを望み、ロートマン派説教師を支持した。その最中で彼らは、武器を握って他宗派の住民と対峙したり、実力で説教師に説教を行わせたり、ルター派の説教を邪魔したり、路上で説教したり預言をしたりするなど、市内を騒然とさせる様々な活動を行った。

市内での騒擾や市外からの脅威を避けようとしないという彼らの志向は、市内での彼らの立場や役割に合致していると思われる。彼らは、都市の政治から完全に排除され、何の政治的な役割や義務も課せられていなかったので、市内で平和や調和を守るという意識を強くは持たなかったであろう。また、彼らは都市共同体の正規の成員でないため、都市共同体の利益や損害が自分の利益や損害と直結しているとも感じていなかったであろう。そのため、彼らは自分の目的を達成するために、都市内部で騒擾や争いが起こること、あるいは都市が市外からの脅威にさらされることに抵抗感を持たなかったと考えられる。また彼らは、ゲマインハイト名義で長老とギルド長を通じて市参事会に要求を行うことはできなかったので、自分の目的を果たすためには、必然的に非公式な領域での集合行動や、実力行使をするしかなかった。

ただし、彼らは、騒擾や実力行使などに参加するだけでなく、非公式な領域で行われる様々な活動に参加していたはずである。1532年の宗教改革でも、1533年以降の宗派分裂期にも、自宗派の勢力拡大は非公式な領域で進められていたし、内部での議論も信仰活動も非公式な領域で行われた。公式な領域で活動するためには、市民権を持ち、ギルドやゲマインハイト、市区や教区などでの議論や形式的合意に参加する必要が

あったが、非公式な領域で行われる活動には、市民でもアインヴォーナー男性でも参加することができた。非公式な領域での活動は、史料にはほとんど記録されていないために、史料の中で確認できるアインヴォーナー達の活動は、騒擾など多くの住民の注目を浴びるような表立った出来事ばかりになる。しかし、彼らの活動の大半は、非公式な領域で行われる多くの人の目に触れることはない日常的なものであった。その意味で、史料に現れる目立った行為ばかりに注目することは、彼らの活動の総体や志向を大きく見誤らせるものになる危険性がある。

　いずれにせよ、史料から確認できるわずかな事例からだけでも、アインヴォーナー男性が、一連の社会運動で無視できない役割を果たしていたことが確認できる。1525年の騒擾では、最初のニージンク女子修道院への襲撃未遂が、その後のギルド主体の大規模な騒擾の引き金になっていた。この襲撃未遂での逮捕がなければ、ギルドが要求を行う時期や方法が大きく異なっていた可能性があるため、この襲撃未遂が1525年の騒擾の進行の仕方を間接的に決定づけたと考えられる。1532年の宗教改革運動では、ギルド員あるいは市民の多くが、公式な領域でも非公式な領域でも活発に活動していたので、アインヴォーナー男性が果たした役割が大きいとは思われない。しかし、1533年の宗派分裂期では、アインヴォーナー男性が、人数にしてわずか400~500人、市内男性の1~2割程度という少数派であったロートマン派・再洗礼派男性のおそらく過半数を占めていたので、彼らが実力行使や自宗派の防衛に参加していなければ、ロートマン派・再洗礼派は他宗派に対抗できなかったはずである。

　また、1533年12月に鍛冶職人シュローダーが行った辻説教は、間接的に市内で極度に追いつめられていたロートマン派を市参事会の脅威から救い、市内で自由な活動を行うことを可能にした。

　このように、アインヴォーナー男性たちが一連の社会運動で行った様々な行為は、少なくとも1525年の騒擾と1533年以降の宗派分裂期には、運動の進展に決定的な影響を及ぼしていたと評価できる。実際には彼らは、史料には残っていないより多くの活動に従事していたと推測できる

358

ため、彼らの活動が一連の社会運動の進展にとって不可欠だったと評価することは妥当であろう。

1.10　女性の主張と行動

　ミュンスターでの一連の社会運動で、女性達が取っていた態度は、以下の通りであった。1525年の騒擾に参加したのは、修道院の食糧を略奪しようという貧しい女性達だけであった。宗教改革運動では、女性の多数派は福音主義を支持しており、カトリックに留まった女性は少数派であったと思われる。1533年春以降の宗派分裂期では、ルター派が最も多く、その次に多かったのはロートマン派・再洗礼派であり、カトリックが最も少なかったと推定される。ただし、女性が再洗礼派になる比率は、男性の約二倍と著しく高く、女性は男性と比べてロートマン・再洗礼主義を信奉する傾向が強かった。また女性の中でも、おそらく子供を持たない女性、つまり独身の若い女中や独居女性達が、再洗礼派になる傾向が特に強かった。

　女性達がこれらの社会運動で行ったと史料上確認できるのは以下の通りである。

　1525年の騒擾では、一部の貧しい女性が、二度にわたりニージンク女子修道院の食糧や財産を略奪しようとした。ただし彼女達は、計画が露見し、市の役人に制止されるだけで略奪をやめていた。それ以外の女性は、おそらくこの騒擾に参加することはなく、事態を遠巻きに眺めていたと思われる、

　宗教改革運動では、多くの女性は、ロートマンが市外の教会で説教をしている頃から彼の説教を聞きに行っていたこと、教区の福音派女性が、ユーバーヴァッサー教会の福音派説教師の生計を助けるために、教区の福音派から食糧や生活物資の寄付を募ったことが確認された。他方、この時期カトリック女性が、フランシスコ会士を支援するため喜捨を募り、福音派市民によって修道士が侮辱されたときは、侮辱した者を袋叩きにしていた。

宗派分裂期には、史料から、ルター派女性やカトリック女性の活動を知ることはできない。他方、ロートマン派・再洗礼派女性は、非公式な領域で様々な活動を行っていたことが確認できる。ロートマン派女性は、説教師の説教を市参事会員が邪魔した際に彼を取り囲み追い出したり、自分で聖書を読んで他の者に教えたり、市長や市参事会員にロートマンに説教させるよう直訴し、それを断られると彼らを追いかけ回し罵倒し、家畜の糞を投げつけたりしていた。また、市内で成人洗礼が始まった後は、自発的に洗礼を受けたり、説教を聞きにいったり、高価な装飾品を共用のために提供したり、路上で預言を行い、悔い改めを呼びかけ、幻視をし、踊り跳ねる女性がいた。

　彼女達の行動を通時的に見た場合に、幾つかの傾向が浮かび上がる。一つ目は、支持宗派にかかわらず、女性達は説教を聞くための条件を整えるために積極的に行動していたことである。宗教改革期に史料に現れた福音派女性、カトリック女性は、いずれも自分たちが支持する説教師の生計を助けるために食糧や貨幣を寄進していた。また、再洗礼派女性も、貧しい兄弟や説教師のために高価な装飾品を説教師に提供していた。また、宗教改革期のカトリック女性も宗派分裂期のロートマン派女性も、自分が聞いていた説教を邪魔されたときには、男性の参加者よりも早く真っ先に立ち上がり、暴力や言葉による脅しで説教の邪魔をやめさせていた。また、ロートマン派女性達は、ロートマンの説教が市内で禁止され聞けなくなったときに、彼に説教をさせるよう市長と市参事会に直訴していた。以上のように女性達は、支持宗派にかかわらず、自分が支持する説教師の説教を聞くために、様々な活動を行っていた。このことは、少なくとも一部の女性達は、自分が支持する説教師の説教を聞くことを非常に重視していたことを示している。

　二つ目は、ロートマン派・再洗礼派女性は、自分で神学的な教えについて読み、考え、語ろうとしていたことである。女性の中には、説教を聞くだけでなく、自分で聖書を読み聖書について他の者に教えを説く者もいた。また、1533年2月6日の連鎖的な預言を始めたのは女性達であっ

たし、2月9日と10日の武装衝突未遂でも、マルクト広場付近に集まった多くの女性が様々な預言を行っていた。このことから、女性達は、率直に万人祭司主義的な信仰実践を行い、自ら考え語っていたことが分かる。

　三つ目は、ロートマン派・再洗礼派女性は、強い個人主義的な傾向を示していたことである。成人洗礼が市内で導入された後、夫に黙って洗礼を受けたり、説教を聞きにいったり、高価な装飾品を説教師のところに持って行く女性たちがいた。ミュンスターで再洗礼派による統治が始まった後、夫や子供と別れて一人でミュンスターに残る女性が数多くいた。また、再洗礼派は男女問わず、仲間以外の者とは父母とすら挨拶を交わそうとしなくなるなど、自身の人間関係を家族・親族ではなく、宗派に基づいて再編成していた。

　史料に残っている女性達の活動は非常に乏しく、残っている記述もその多くは少数の女性の行動を散発的に取り上げたものであるので、上記の傾向がどの程度女性一般に適用できるかは不明であるが、女性の行動の傾向を考慮するための一つの目安にはなるであろう。

　福音派女性、ロートマン派・再洗礼派女性達の主張からは、二つの傾向を見て取ることができた。一つ目は、女性達が、説教や宗教を公共の福利の枠組みで理解していたことである。二つ目は、市参事会や市長は公共の福利を守るべきであり、もし守らない場合には彼らは解任されるべきだと見なしていたことである。

　このように、女性達の主張から浮かび上がる傾向は、ゲマインハイトの主張とかなりの程度共通していた。史料によって要求が分かるのは限られた女性だけであり、これらの傾向がどの程度一般化できるかは不明だが、このことは都市の住民の公共の福利観が、かなりの程度共通していた可能性を示唆している。

　ただし、ゲマインハイトと女性の公共の福利観に共通する部分があったとしても、両者のそれはあらゆる面で一致していたわけではないとも考えられる。それは、男性市民たちと女性では、宗派選択の仕方が大き

く異なっていたことから推測される。

　宗派分裂期に、男性市民はルター主義を支持する傾向が強かったのに対して、女性は再洗礼主義を支持する傾向が強かった。この時の争点はロートマン派のサクラメント論の正当性とその政治的危険性をどのように評価するかにあったので、女性達は男性市民たちよりも、二つのサクラメントの教えの政治的危険性を軽視し、教えの正当性を重視する傾向が強かったと考えられる。

　このような女性達の志向は、彼女達が市内において置かれていた立場や役割に合致していると思われる。先ず女性は、市内の公式な領域で何ら政治的な役割を与えられていなかった。彼女達は都市の内政にも、外交にも、市参事会員の選任にも、市区や教区での諸々の決定にも参加することはできなかった。そのため、公式な領域で都市の政治に関わっていた男性市民と比べると、政治的問題を自分が関わる問題として認識していなかったと思われる。政治から排除されていた女性の生活世界では、自分が関わる機会がない政治の問題よりも、自分の生活や魂の救いと密接な関わりがある宗教の問題の方が、遙かに大きな割合を占めていたことは想像に難くない。そのため女性たちにとっては自分の魂の救い、あるいは都市の公共の福利を増進する宗教の問題、具体的には正しい教えが説教されることが最も重要であり、その教えが説教される際に生じるであろう政治的危険性は、自分とは関わりが薄いものとして軽視されたのだろう。

　このことは、女性の中でも特に子供を持たない若い女性が、再洗礼主義を支持する傾向が強かったことによって裏付けられる。子供を持っている女性、つまり男性と結婚している女性の多くは、市民権を持っている男性の妻として、ギルドや都市共同体の一員として間接的に政治を含む都市の公式な領域に繋がっていたが、子供を持たない女性の大部分を占めていたであろう未婚女性は、都市の公式な領域からほぼ完全に排除されていた。そのため、既婚女性の方が未婚女性よりも都市共同体により強い帰属意識を持ち、都市を脅かす政治的な危険性を自分と関わりが

362

ある重大な問題だと感じる傾向が強かったと思われる。

1525年の騒擾で貧しい女性達は修道院の食糧を略奪しようとするなど、経済的苦境から逃れようとする行動を取っていた。貧しい女性の典型は、まさに再洗礼派になる傾向が最も強かった女中などの未婚女性達であった。そのため、彼女達の中には、再洗礼派共同体の一員になることによって彼らの相互扶助の網の目に入り、経済的苦境を逃れたいと思った者もいたであろう。

女性が、都市の公式な領域で活動する役割を与えられていなかったことは、彼女たちが社会運動で果たした役割を正確に評価することが難しいことにも直接関係している。既に見てきたように、女性達が一連の社会運動で行った活動は、その全てが非公式な領域で行われたものであった。しかし、比較的史料での記述が多い男性名望家や市民でさえ、彼らが非公式な領域でどのような活動を行っていたかはほとんど史料から読みとることができない。それは史料に記述が残るのは、公式な領域で誰にでも見えるかたちで行われた活動や交渉、あるいは市内の住民を驚かせるような目立つ出来事ばかりだからである。そのため、女性達が専ら従事していた非公式な領域での様々な活動は史料にはほとんど残らず、それがどのようなものだったのかを知ることはできない。このように、女性達が社会運動でどのような活動を行い、運動が進展する際にどのような役割を果たし、どのような影響を及ぼしたのかを正確に把握し、評価することは不可能である。

しかし、辛うじて史料に残った断片的な記述からでも、女性達が非公式な領域で活発に活動を行い、自分が支持する宗派に貢献していたことは分かる。史料で残る例以外でも、説教師の生活支援をしたり、他宗派の住民からの嫌がらせを撃退したり、他の者に教えを説いたりするなどの活動を行っていた女性もいたであろう。非公式な領域でより多様な活動を行っていた女性もいたはずである。宗教をめぐって対立が起こっている難しい状況で、女性達の様々な支援が、説教師が日常的に司牧活動を行う際に大きな助けになったことは確実である。

しかし、ロートマン派が、都市の伝統的な政治的慣習に則り要求を行うことを止めた1533年12月以降、女性達は次々と宗派対立の表舞台に現れるようになっていった。市長や市参事会員を罵倒し、追いかけ回し、もうすぐこの世は終わるから悔い改めよと預言を行い、市内を騒然とさせたことは、ルター派やカトリック住民の再洗礼派に対する恐れや不信感を決定的に高めたと思われる。まさにこの三宗派の支持者同士の不信感と恐れが、市内での信仰の自由が公式な領域で認められる契機となった1月末と2月初めの二度にわたる騒擾の原因であったことを考えれば、彼女達の行動は、ミュンスター宗教改革運動の進展の仕方に決定的な影響を及ぼしたとも言える。1533年12月以降のような都市の伝統的な紛争解決の手段が機能不全を起こし、異なった宗派の住民同士が相争うことになりかねないような極度に緊迫した状況では、小さな出来事が思いも寄らぬ大きな結果を生むことがあった。そして、女性達はその時期に極めて活発に活動していた。そのことを考慮しても、少なくとも再洗礼派運動に関しては、女性たちの活動は社会運動の進展に少なからず影響を及ぼしていたと評価できる。

2. 運動の全体像

2.1 運動参加者の属性

　一連の社会運動における、ミュンスター住民の属性と運動への態度の関係には、以下のような特徴が見られた。

　第一に、都市住民の都市社会運動に対する態度は、門閥市民とそれ以外の政治的社会階層に属する住民の間で、明確な違いが見られた。門閥市民達は、一連の都市社会運動で一貫して運動に対して否定的な態度を取っていた。そのため、一連の社会運動は門閥市民層を除く政治的社会階層によって担われたものであったと結論づけられる。

　第二に、門閥市民層以外の住民の間でも、都市の社会的資源の所持、所属する政治的社会階層や統治機関によって、社会運動に対する態度が

異なる可能性があることが明らかになった。1532-33年の宗教改革運動
では、門閥市民以外の社会階層に属する住民の多数派は共通して改革を
支持しており、社会階層による態度決定の違いは見られなかった。

　しかし、1533年4月以降は、市内の福音派はルター派とロートマン派
に分裂した。この両派を支持する住民の社会階層には違いが見られた。
門閥市民以外の全ての社会階層に属する住民の間でルター派が多数派
だったと思われるが、ゲマインハイトの一員である市民層がルター派を
支持する傾向が強かったのに対し、ゲマインハイトや都市の社会的資源
から排除されていたアインヴォーナー層や女性はロートマン派を支持す
る傾向が強かった。さらに、1525年の騒擾でも、ゲマインハイトの一員
であるギルド員と貧しいアインヴォーナーや女性の行動は異なってい
た。このように門閥市民層以外の住民は、社会運動で共闘することもあ
れば、異なった態度を取ることもあった。

　以上の結果から、一連の社会運動に対する住民の態度決定を最も強く
規定していたのが、所属する政治的社会階層だったことが明らかになっ
た。住民全体では門閥市民層に属するかどうかで態度が大きく異なり、
門閥市民以外の住民の間では都市共同体の正規の成員である市民とそこ
から排除されていた住民では態度が異なっていた。

　このように、都市社会運動に対する態度は、都市住民の政治的地位に
よって異なっていた。このことは、都市の支配階層以外の住民を「平民」
や「民衆」として一体だと見なすことはできないことを示している。異
なった社会階層に属している都市住民が社会運動に対して取る態度決定
の特徴はそれぞれに異なっているため、その違いを考慮しながら都市宗
教改革運動参加者の動機や運動進展のメカニズムを分析することが必要
になる。

2.2　運動参加者の動機

　社会運動に対する態度が異なっていた各集団や社会階層が、どのよう
な動機に基づいて一連の社会運動で態度決定を行ったかを通時的に検討

する。

2.2.1　志向の複数性

　近世の都市は、政治的・経済的に多様な住民から成る社会であった。そのため、都市住民は必ずしも志向や規範や利益を共有していたわけではなかった。このような住民間の様々な相違点は、一連の社会運動への態度の違いによってしばしば顕在化した。

　行動原理の違いが最も明白だったのは、市内の諸々の集団であった。市参事会、全ギルド会議、ゲマインハイト、ギルド、市区・教区という諸集団は、都市の制度上それぞれに役割を持っており、これらの集団による組織的行動は、それぞれの制度上の役割を果たすべく行われたものであった。

　市参事会は、全ての社会運動において、一貫して都市のお上としての義務を果たすために、市内の平和や都市の特権・利益といった都市の公共の福利を守ろうとしていた。

　全ギルド会議は、一貫して彼らが代表すべき義務を負っているゲマインハイトあるいはギルドの要求を、市参事会に対し代表し、支援していた。

　ゲマインハイトは、都市の制度上公式な領域で行われる要求、そして公式な領域で結ばれる形式的合意の主体として、都市住民の意見を集約し公式な領域で実行させるために利用されていた。

　ギルドは、ギルド員の要求や意見を集約し、彼らの利益を守り、彼らの組織的行動を可能としていた。

　市区・教区は、市区民の意見を集約し都市全体に関わる議論に反映させ、教区の説教師の選任や罷免、生計支援など教区の司牧活動に一定の役割を果たしていた。

　このように、これら諸集団が一連の社会運動で取った多様な態度は、その時々の状況に応じて、各々の制度上の役割を果たそうとした結果であった。

　他方、市参事会や全ギルド会議の成員の間で、組織の成員としての立

場と私的な立場がしばしば一致していなかったことから分かるように、集団内でも常に意見の相違はあった。

　個々人は、それぞれ志向が異なっていた。ただし、一連の社会運動に対する住民の態度を検証すると、都市内部での政治的社会階層によって、ある程度の傾向の違いが見て取れた。

　都市住民の間で、最も顕著な態度の違いを見せていたのは、門閥市民層であった。彼らは、反教権主義的態度を示さず、ミュンスター司教や領邦諸身分を信頼し協力する点で、他の社会階層の住民とは大きく異なっていた。

　それ以外の住民は、強い反教権主義的志向を示していたこと、公共の福利の基本的枠組みを共有していた点で共通していた。他方、政治的危険性の評価の仕方は、市内の政治的立場によって異なっていた。市民層は、都市共同体の正規の成員として政治的問題を自分と関係するものだと感じていたようである。それに対し、アインヴォーナー男性や女性は、都市の公式な領域でのあらゆる政治的活動から排除されていたため、政治的問題は彼らにとって縁遠く感じられ、市内外の政治的危険性に切迫感を感じられない傾向にあったと考えられる。

　このような政治的危険性、特に市外諸勢力との争いが生じる危険性に関する評価と市内での政治的責任の重さが相関関係にあるという仮説は、社会階層だけでなく集団にも当てはまる。一連の社会運動で、市内外での争いを最も強く避けようとしていたのが平和維持に責任を負っていた市参事会であり、平和維持への責任が相対的に軽い全ギルド会議やゲマインハイトは市参事会と比べれば遙かにミュンスター司教に対し好戦的な態度を取り、目的達成のためには実力行使も辞さなかった。以上のことから、政治への責任の重さと政治的危険を回避しようとする傾向の程度が比例することは、当時のミュンスターでは一般的な傾向として成り立つと考えられる。

2.2.2 動機の共通性、階層性、複数性

　各社会運動は、多様な志向を持った個々人が共同で様々な集合行動をしながら進展していった。彼らが集合行動を行うことが可能だったのは、彼らの動機にある程度共通性があったためだと思われる。1525年の騒擾では、運動の参加者には反教権主義的感情が共通して見られた。1532年以降本格化した宗教改革運動では、都市住民つまり自分たちの魂の救済の保証を得ることが一貫した動機であった。

　しかし、基本的な動機は共通していたとしても、その実現のためには、多くの個別的問題を解決する必要があった。その意味で、一つの社会運動には、運動を支える主要な動機とその実現に関わる複数の下位の達成目標があった、つまり階層化された複数の動機があったと考えられる。1525年の騒擾は四つの集合行動から成り立っていたため、彼らの動機の共通性の度合いは弱く、聖職者への嫌がらせ・嘲笑、食糧や財産の略奪、福音主義を広めること、聖職者の特権の制限や都市の経済的利益拡大など、運動参加者の直接的動機は様々であった。1532年以降の宗教改革運動でも、運動の進展に従いその都度主要な達成目標や争点が変化していった。運動初期には市参事会による宗教改革の公認が目標だったが、それが達成されると市内での制度化や司教の政治的圧力に対抗し宗教改革を保つことに力点が移った。1533年4月以降は、二つのサクラメントの神学的正当性と政治的危険性へと争点が変化した。

　このように一つの社会運動は、複数の多様な問題と関係していた。その際、主要な動機は共通していても、下位の達成目標に対する態度が異なるために、それまでの協力関係が解消され、分裂・対立することも起こりえた。1533年4月以降の市内の福音派は、市内で宗教改革を実行し都市住民の魂の救済を保証するという動機自体は共有しながらも、二つのサクラメントに対する評価の違いによって、ルター派とロートマン派に分裂した。このことは、たとえ基本的な動機は共通していても、個別問題については意見が必ず一致するわけではないこと、集合行動を行う住民の範囲と分裂線は、個別問題に応じてその都度再構成されることを

示している。

　上で見た様々な動機は、運動参加者自身によって公に主張された言明や公然と行われた行動に基づき判明したものである。しかし当然ながら、実際にはこれらの集合行動に参加した者の中には、公式の声明とは異なる動機で参加した者もいたはずである。1525年の騒擾では、聖職者の経済活動制限を要求していた者たちの中にも、むしろ聖職者に対する嫌がらせをすることそのものを目的としていた者も含まれていたであろう。同様のことは宗教改革運動の参加者にも言える。宗教改革を支持していた者の中には、福音主義には余り関心を持っておらず、1525年の騒擾と同様に聖職者の特権を剥奪したいと思っていた者もいたであろう。ロートマン派の住民の中にも、魂の救済という宗教的動機よりも、共同体に帰属意識を持つことができるという社会的動機や生活支援への期待に動かされていた者も少なからずいたかもしれない。

　このような多様な要求と関わるからこそ、利害や志向の異なる多様な個人が実質的合意を形成し、共闘することが可能になる。個人によって複数の動機のうち何が重要かという評価は当然異なる。必ずしも全員が、公に表明された中心的要求を最も重要だと見なしているわけではなかったはずである。ある者にとって重要な要求が、別の者にとって副次的な要求である場合も多かったであろう。一つの動機は、他の様々な動機と結びつくからこそ、多様な動機や志向や利害を持つ個人が共同で目的達成のために集合行動を行うことができる。公に主張されない、より個々人の利益や志向に深く根ざした動機は、史料的に確認することが困難ではあるが、可能性としては考慮に入れておかねばならない。

　以上のように各社会運動、そしてその中で行われる様々な集合行動は、それぞれ必ずしも一致していない動機によって参加した住民たちによって実行されていたと考えられる。

2.2.3　動機と規範の結びつき

　都市住民が社会運動に対する態度を決定する際に、彼らの間で浸透していた支配的な規範が、重要な影響を及ぼしていた。ミュンスターにお

ける一連の社会運動では、特に反教権主義と公共の福利という二つの規範が、運動参加者の動機と密接に結びついていた。

2.2.3.1 反教権主義との結びつき

　一連の社会運動の参加者に最も広く共有されていた規範は、反教権主義であった。1525年の騒擾の四つの集合行動、宗教改革運動、宗派分裂期のルター派とロートマン派・再洗礼派の主張や行動は、いずれも強い反教権主義的傾向を示していた。これらの一連の社会運動は、門閥市民以外の全ての社会階層の多数派に支持されたものであったため、ミュンスターでは門閥市民以外の住民の多数派が反教権主義的傾向を持っていたことになる。このように住民の間で反教権主義が共有されていたことが、1525年の騒擾と後の宗教改革運動を引き起こし、多くの住民によって支持された感情的原動力になっていた。

　ただし、1525年の騒擾から宗教改革運動にかけての時期に、都市住民の反教権主義の内実は根本的な変化を遂げた。1525年には主に聖職者の経済的競合や特権に向けられていた批判は、宗教改革運動ではカトリック教会の救済機能、つまり教会の存在意義そのものへ向けられるようになった。おそらくこの変化は、1525年には市内でまだ浸透していなかった宗教改革思想が1530年代に入ると北ドイツ、そしてミュンスターに浸透したため起こったのであろう。そして、カトリックの救済機能を根本的に批判し、その無効を主張し、それに代替する新しい救済手段を提供する宗教改革の教えが、市内の反教権主義を根本的なものへと変化させたと考えられる。

2.2.3.2 公共の福利との結びつき

　反教権主義が一連の社会運動の感情的原動力になっていたとするならば、公共の福利は、感情的原動力になると同時に住民が公の場で行った主張を正当化する根拠を提供した。1525年の騒擾では聖職者の特権や経済的利益を制限しようという反教権主義的な主張や行動、宗教改革運動ではカトリックの聖職者と儀式を福音主義の説教師と儀式に置き換えようという主張や行動を正当化する根拠として、公共の福利が、運動参

加者達の言説で用いられていた。

　公共の福利という規範の基本的枠組みは、都市の統治機関である市参事会や全ギルド会議、さらには社会階層・男女を問わず全ての住民に共有されていた。

　公共の福利は、運動参加者達の主張の中で都市の様々な利益と結びつけられていた。一方では、法、特権、自由、平和、経済的繁栄などの世俗的要素と、他方では都市住民の魂の救済という宗教的側面と結びつけられた。ミュンスターの住民が、公共の福利に世俗的側面と宗教的側面両方を結びつけたのは、ミュンスターという都市を世俗的共同体であると同時に救済共同体でもあるという「聖なる共同体」だと見なしていたためであろう。

　ただし、公共の福利は様々な利益と関係する規範であった。そのため、公共の福利の中のどの利益を重視するかについて、集団や住民の間で考え方の違いが見られた。ミュンスター司教や領邦諸身分との外交交渉の際に、市参事会や門閥市民層が都市だけでなく領邦や諸身分の福利も考慮に入れていたのに対し、門閥市民以外の住民は、領邦の福利を等閑視し都市の利益のみを考慮していた。

　1532年の宗教革運動では、市参事会が都市の公共の福利に宗教的側面が含まれないと見なしていたのに対し、福音派住民はそれを公共の福利の最も重要な要素であり、市参事会が守るべく義務づけられた要素だと主張していた。1533年2月に宗教改革が司教によって公認された後は、市参事会も住民の魂の救済の保証を自らの義務だと見なすようになったが、教義そのものの正当性よりも平和や秩序維持を重視したことには変わりがなかった。また、ルター派住民と比べるとロートマン派住民は、公共の福利の世俗的側面よりも宗教的側面を重視する傾向にあった。最終的に彼らは、ミュンスターを新しいエルサレムという聖人による純粋な救済共同体だと見なすようになったが、このことは、彼らがいかに都市共同体の世俗的側面を軽視し、宗教的側面を重視するようになったかを示している。

このように公共の福利の基本的枠組み自体は共有されていても、その多様な要素の中の何を重視するかは個人や集団、社会階層によって様々であった。にもかかわらず、市内外の交渉では、全ての集団や住民が、公共の福利に適っていることを根拠に自身の主張を行っていた。

　しかし、都市住民全てが、一連の社会運動で、自分の利益ではなく都市の公共の福利を増進するために様々な活動を行っていたという仮定は非現実的である。実際に、自分の利益よりも都市全体の福利のために社会運動に参加していた住民もいたかもしれないが、少なからぬ住民は都市全体の利益よりも自身の個人的な利益のために活動していたと考える方がより現実的であろう。そのため、彼らの公共の福利を守ろうという理念は、必ずしも彼らが社会運動に参加した動機であったわけではなく、全ての住民が公共の福利という規範を内面化していたわけではなかったと思われる。

　にもかかわらず、あらゆる集団や住民が、公共の福利を根拠にして主張や要求を正当化していたのは、全ての者が、個人や集団の私的・個別的利益をそのまま主張することは許されないという規範を共有していたためであろう。つまり、実際には私的利益追求のために主張や要求を行っていたのだとしても、それを公共の福利に資するというかたちで正当化しなければ、他の者たちから正当性がないと見なされ、そもそも交渉自体が成立しないことを、全ての社会階層の住民が理解していたためであろう。だからこそ、市参事会であれ、ギルドであれ、女性であれ、再洗礼派であれ、皆自らの主張の根拠として公共の福利を持ち出す必要があったのだと思われる。

　しかし、公共の福利を根拠に主張や行動を行うことと私的利益の追求は、必ずしも矛盾しなかった。上で見たとおり、都市全体の利益に関わる要素は様々であったため、都市の集団や個人は、その中から彼らの利益になる要素を彼らの主張や要求を正当化するために用いることが可能であった。そして、そのために、公共の福利を理解する枠組みは共通していたにもかかわらず、各集団や個人は一連の社会運動で、それぞれの

6　ミュンスターにおける社会運動の全体像　〜通時的分析〜

動機や利益のために、公共の福利を利用して自己正当化することが可能
であったと考えられる。

2.2.4　神学的傾向

市内の宗教改革運動における支持者の主張を見ると、「聖書のみ」と万
人祭司主義が一貫して強調されていた。聖書の章句と合致しているかを
基準にして自ら説教師の教えの正しさを判断する、あるいは自ら神の言
葉を説教しようというのが、市内の福音派の主張に共通して見られた信
仰のあり方であった。単に受動的に聖職者の言うことを受け入れるので
はなく、自ら理解し、判断するという積極的な姿勢が、信仰のあるべき
かたちだと見なされていたことは、この時期の宗教改革全般に見られる
基本的な傾向であった。

実際に市内では、自ら聖書を読んだり、学んだり、他の者に教える福
音派住民もいた。シュローダーを解放した鍛冶屋ギルド員達の言明に
はっきりと現れていたように、こうした行為は福音派住民の間で信仰の
あるべきかたちだとされていた。

ただし、実際には福音派住民が何を正しい教えだと考えるかは、市内
の説教師の思想に左右されていた。彼らは、個別的な教義については自
らその正当性を主張するのではなく、一貫して市内の説教師の教えの正
しさを信頼しそれに依拠するという姿勢を見せていた。特にロートマン
派住民は、ロートマンが二つのサクラメントについての教えを変化させ
た時も、メルヒオール派のキリスト論や終末論を説くようになった時で
すら、彼の教えを信頼し受け入れていた。

このように福音派住民にとって個別の教義は、福音派説教師が説得力
を持って説教する限りにおいて、変化をしても受け入れ可能なもので
あった。個別教義の未確定性、可変性は、信仰告白等のかたちで教義が
制度化されていない宗教改革運動の初期段階における重要な特徴でも
あった。

福音派住民は、市内の説教師の教えを信頼する一方で、市外の神学者
の神学的教えに耳を傾けることはなかった。ロートマンの教えは、カト

373

リックのケルン大学神学部の学者達、帝国で最も権威ある福音派神学者であったルターとメランヒトン、さらにミュンスター宗教改革の後ろ盾となったヘッセン方伯配下のマールブルクの神学者達によって批判されたが、そのいずれもが市内で大きな影響力を持つことはなかった。他方、ヘッセンから派遣されたファブリキウスの説教は、ロートマン派住民の一部をルター派に取り戻すなど、ロートマン派説教師に神学的に対抗する際の大きな力となった。このことから、市内の福音派は実際に自分が聞いた説教に最も大きな説得力を感じていたこと、反対に自分が本人から直接聞いたわけではない神学的教えには説得力を感じなかったことが分かる。

　ロートマン派説教師の個別教義が変化していくことによって、市内では異なる二つの福音主義的教義体系が併存することになった。特にロートマン派が成人洗礼を開始し、メルヒオール派の教義の影響が顕著になると、その二つの教義体系の違いは極めて大きなものになっていった。

　このことは、教義体系が制度化されていない初期宗教改革運動では、個別教義が可変的であるが故に、教義体系もまた可変的で未確定であることを意味している。人々の魂の救済に関わる神学的要素は極めて多様であった。そして、初期宗教改革では、個々の教義がまだ確定していないのと同時に、救済において重要な教義は何かという評価、教義間の論理的整合性もまだ確立されていなかった。そのため、これらは説教師の個人的な志向によって大きく左右されたし、説教師の神学的発展によってさらに変化した。このようにミュンスターの宗教改革運動で見られた教義体系の未確定性、複数性もまた、初期宗教改革全般に当てはまる重要な特徴であると言える。

2.2.5　再編され続ける階層化された多様な動機と規範の結びつき

　以上の検討から、ミュンスターの一連の社会運動における運動参加者の動機の構造が明らかになった。

　都市内には志向の違う個々の住民がおり、彼らの志向は所属する集団や社会階層によってある程度の傾向を示していた。そのため、彼らが社

会運動に参加する動機もまた、完全に共通していたわけではなく多様性があった。これらの多様な動機は、都市住民の間で広く共有されていた規範と結びついていた。そのため、社会運動の参加者の動機は、何らかの単一の共通した動機に還元することはできない。さらに、社会運動が進展する過程では、状況の変化に応じて争点が変化していった。その結果、その都度社会運動参加者の動機と規範の結びつき方も再編された。

　以上のことから、ミュンスターにおける一連の社会運動の参加者の動機は、多様であり可変的だったことが明らかになった。

2.3　合意形成

　一連の社会運動の進展の仕方を合意形成という観点から通時的に俯瞰した場合、以下のような特徴が明らかになる。

2.3.1　合意形成、維持・崩壊

　一連の社会運動の進展の仕方を見ると、大別して合意形成の段階と合意維持の段階があった。

　合意形成の段階は、住民から出されたある要求を制度化していく段階である。合意形成は四つの段階を経て行われた。第一に、住民から何らかの要求が提示され、それに賛同した住民が非公式な領域で実質的合意を結ぶことから社会運動は始まる。第二に、実質的合意に加わった市民達を媒介にして、全ギルド会議、ギルド、ゲマインハイト、市区・教区といった諸集団内部で形式的合意が結ばれた。第三に、全ギルド会議を媒介として、市民と市参事会の間で形式的合意が結ばれた。これが、都市内部における特定案件の制度化のはじまりである。第四に、都市と君主つまりミュンスター市参事会とミュンスター司教が形式的合意を結んだ。これによって、都市内部で制度化が認められた案件が、領邦でも公認されることになった。

　しかし、一度これらの合意が成立すると、その後は各段階の合意をそれぞれ維持していく必要が生じる。合意が崩れることは、社会運動の継続もしくはその制度化が失敗することを意味していた。

一連の社会運動における合意形成とその維持・崩壊を概観すると以下のようになる。1525年の騒擾では、住民間の実質的合意、集団内部の形式的合意、市民と市参事会の形式的合意が成立し、都市と君主の形式的合意は成立せず、最終的に全ての合意が崩壊した。

　1532年以降の宗教改革運動では、住民間の実質的合意、集団内部の形式的合意、市民と市参事会の形式的合意、都市と君主の形式的合意が全て成立した。しかし、1533年4月以降のルター主義的宗教改革運動では住民間の実質的合意、集団内部の実質的合意が先ず維持できなくなり、最終的に市民と市参事会の形式的合意、都市と君主の形式的合意も崩壊した。

　1533年4月以降のロートマン派・再洗礼派による宗教改革運動では、少数派住民間の実質的合意のみ成立しており、最終的に住民全体の実質的合意、市民と市参事会の形式的合意が成立した。

　それでは、これらの合意が成立、維持、崩壊する条件とはどのようなものだったのであろうか。以下、これを概観する。

2.3.2　合意の成立の条件

2.3.2.1　住民間の合意成立の条件

　一連の社会運動において、最初期の段階で見られたのは、非公式な領域において住民の一部が実質的合意を形成し、集合行動を行うことであった。

2.3.2.1.1　非公式な領域での実質的合意の成立

　非公式な領域における住民のコミュニケーションは史料に出てくることが稀であるために、いかに実質的合意が形成されていくかは不明である。

　しかし、それぞれの集合行動には、何らかの共通する目的があった。そのため、住民の中のある者もしくはある者達が何らかの問題を感じ、それを周囲の人々に話すことで、次第に目的を同じくする者達のゆるやかな集まりが作られていったのだと思われる。

　その際、既存の人間関係が利用されたと推測される。一連の社会運動

では、名望家層に属する者、若者、ギルド員、同じ市区・教区に住む者、家族や親族、友人同士が、同じ社会運動に参加している例が見られた。これら既存の人間関係がそれぞれ社会運動支持者を増やす際にどの程度の役割を果たしたかは、史料的な問題から明らかにすることはできないが、既存のあらゆる人間関係が利用されていたことは確かである。そのため、コミュニケーションが行われた場所も、個々人の家、職場、店先、市庁舎、教会、広場、通り、居酒屋など様々だったであろう[798]。

　これらの合意は、非公式な領域で行われる私的なコミュニケーションによって形成されるものであるため、都市における政治的地位に関係なく全ての社会階層の住民が参加できた。市民権を持たないアインヴォーナー男性や女性は、都市の公式な領域で行われる政治的活動に参加する権利を持たず、集団内や市民と市参事会の形式的合意に参加することはできなかった。しかし、非公式な領域での諸々の活動には参加することができた。1525年の反教権主義的示威行為は主に市民権を持たない若者によって担われていたし、1533年秋以降のロートマン派・再洗礼派の活動でも、アインヴォーナー男性や女性の行動が目立つようになった。

　市内で社会階層の違う者同士、または男女が、これらの社会運動に関わる諸活動でどの程度密接にコミュニケーションを行っていたのか、公開された主張や要求にどの程度彼らの意志が反映されていたのかは不明である。ただし、1532年7月のルター派リストで、アインヴォーナーと思われる男性や女性も挙げられていることから、市民以外でも活発に運動に参加し重要な役割を果たしていた者がいたことは確かである。

　非公式な領域では、様々な人々が様々な動機に基づき様々な合意を結んでいた。一連の社会運動で特にそれが顕著であったのは1525年の騒擾であり、四つの異なった動機に基づく集合行動が同時期に行われていた。

　非公式な領域で結ばれる合意の範囲は、支持者の活動や状況の変化によって広がったり狭まったりした。宗教改革運動では、福音主義の支持者は当初少数だったが、次第に増えていった。1525年の騒擾でも、修道

院の略奪や市庁舎前でのギルドの集まりに、野次馬的にその場で参加する者たちもいた。反対に1533年4月以降、ロートマン派の勢力は次第に衰えていった。

　たとえ合意を結び集合行動を共に行っていたとしても、参加者の熱意は一様ではなかった。社会運動に献身的に参加する者の数はいずれの場合もある程度限られていたであろうし、1525年の騒擾には野次馬的に参加した者もいた。宗派分裂後のルター派には、ロートマン派に好意的なギルド員が多く含まれていた。

2.3.2.1.2　市外からの影響

　1525年の騒擾と1530年代の宗教改革運動は、共に市外の状況から影響を受けて始まっていた。1525年の騒擾は、フランクフルト以北で都市騒擾が連鎖的に起こる中で、1530年代の宗教改革運動は北ドイツ諸都市で宗教改革運動が広がる中で起こった。その意味で、これら二つの社会運動は、市外の状況や諸勢力の影響を受けて始まったものであった。このような外部の動きを知り、外部の勢力と連絡を取り合い、市内での社会運動を始める準備を行ったのは主に二流の名望家達であった。このように彼らは、市外での動きを市内に取り入れる媒介者としての役割を果たしていた。

2.3.2.1.3　主張や行動による運動の顕在化

　非公式な領域で住民がコミュニケーションを行い、実質的合意を結ぶと、彼らはその合意内容実現のために、他の住民にも見えるかたちで主張や行動を行った。

　これらの主張や行動は、一連の社会運動では次のような三つのかたちで顕在化した。

　一つ目は、個々人による全ギルド会議や市参事会への要求である。宗教改革運動を通して説教師のロートマンやクニッパードルリンクは市参事会に手紙や会合で直接要求を行うことがあったし、1533年以降ロートマン派の長老やギルド長、さらには女性も市参事会に要求を行っていた。ただし、これらの個人的要求は市参事会員から不適当な要求の仕方だと

見なされていたため、要求が受け入れられることはなかった。

二つ目が、ゲマインハイト名義で全ギルド会議や市参事会への要求を行うことである。1532年7月にギルドが組織的に福音主義を支持する前は、福音派市民達は、実際には市民やギルド員全体の意見を代表しているわけではないにもかかわらず、ゲマインハイトやギルド名義で要求を行っていた。この要求も、全ギルド会議や市参事会には十分受け入れられることはなかった。

三つ目が、実力行使である。1525年の騒擾では、反教権主義的示威行動、修道院の略奪未遂が行われていた。宗教改革運動では、力尽くでロートマンに説教をさせたり、ユーバーヴァッサー女子修道院長に福音派説教師就任を強要したり、聖像破壊、カトリック信徒の邪魔などが行われた。ロートマン派も特に1533年秋以降実力行使に訴えるようになった。これらの実力行使は、市参事会や攻撃対象の住民による阻止や反撃にあい失敗することもあったが、市内での平和維持のために見逃され、目的を達成することが多かった。

2.3.2.1.4 社会運動の形成

非公式な領域で結ばれた実質的合意に基づき行われた集合行動が、継続的に行われ、相互に結びつくとある程度の統一性を持つ社会運動と呼ばれうるものになった。

1525年の騒擾では、四つの異なった動機に基づき行われた集合行動が連動し、ギルドによる集合行動を引き起こしたことによって社会運動になった。

宗教改革運動の基本的動機自体は当初から一つであったが、その実現のために多くの集合行動を必要とした。前節で見たとおり、それらの集合行動は、多様な個別目的に基づき行われるものであった。直接的な目的やその担い手が異なるこれら多数の集合行動が、都市住民の魂の救済のようなより上位の目的によって包括され、相互に結びつけられることによって一つの社会運動として認識されうるものになっていた。

2.3.2.2　集団内部での合意

　これらの非公式な領域で結ばれた実質的合意の内容を、その支持者が都市内部で制度化しようとした場合には、伝統的にギルドやゲマインハイト、市区・教区といった都市の制度上で位置づけられた集団内部で形式的合意を結ばせ、諸集団を動かすことが目標となった。その際重要な役割を果たしたのが、市民、特にギルド員であった。

　非公式な領域での実質的合意は、社会階層、男女にかかわらず全ての住民が参加することが可能なものだったが、これら諸集団の成員になることができたのは市民権を持つ成人男性だけであった。そのため、非公式な領域での合意内容をこれら諸集団内で議題として提示するという媒介的な役割を果たすことができたのは市民だけであった。

　市民の中でも指導的な地位にあった二流の名望家は、特に重要な役割を果たしていた。1525年の騒擾でも福音派の名望家達が中心になってギルドで箇条書への支持を取り付けており、1532年の宗教改革運動でも、7月1日のギルド会議はおそらく初期からの福音派の名望家クニッパードルリンクによって開催を提案されていた[799]。このように、二流の名望家は、市外の動きを市内に導入する媒介になると同時に、非公式な領域での合意を公式な領域での合意へと媒介する役割も果たしていた。

　彼らが集団の他の成員に働きかけ、合意内容への支持を広げることに成功した場合には、集団内でそれを支持する形式的合意が結ばれ、集団が組織的にその制度化を目指すことが可能になった。1525年の騒擾と1532年7月以降の宗教改革運動では、これが成功した。

　他方、1532年7月までの福音派と1534年4月以降のロートマン派の例を見ると分かるように、長老やギルド長、ギルド員に福音派やロートマン派がいたとしても、彼らがギルドの多数派を説得・動員できなければ集団内で形式的合意は結ぶことはできなかった。

　一部の住民が非公式な領域で結んだ実質的合意の内容は、ギルド内部での形式的合意の内容に盛り込まれることで、はじめて公式な領域での交渉の対象となっていった。ゲマインハイト名義で行われる要求は、長

老とギルド長を通じて市参事会に伝えられることによって、公式な領域で議論されることになった。しかし、長老とギルド長は、一部の住民による要求を市参事会に伝える際には単に要求を仲介するだけであったが、ギルドによる要求を伝える際には、市参事会にその要求を受け入れさせるために強い態度で交渉に臨むなど対応を変えていた。そのため、市参事会の公認を目的とした交渉を長老とギルド長が行うためには、ギルド内部で形式的合意が結ばれることが必要であった。

このようにギルド及び全ギルド会議は、非公式な領域で行われた住民の意見を集約し、公式な領域での議論の俎上に乗せる際に決定的な役割を果たしていた。他都市の騒擾では市民委員会がこのような役割を果たしていたとされるが[800]、ミュンスターでは市民委員会も実質的にギルドの代表であった。

ミュンスターでギルドがこれほど重要な役割を果たしたのは、都市内部には、ギルド以上に頻繁に集まり、組織行動を取れる集団は他になかったためだと考えられる。そのため、都市住民が何らかの問題について意見を集約し、その意見を組織的に表明しようとした場合、ギルドと全ギルド会議を通して行うのが最も合理的だったのだと思われる。

2.3.2.3　市民と市参事会の間の合意と制度化

非公式な領域で結ばれた合意内容を市内で制度化するためには、市参事会による公認と協力が必要であった。

2.3.2.3.1　ギルドを通じた合意形成

1525年の騒擾と1532年7月の宗教改革運動で見られたように、ギルドが彼らの代表者である長老とギルド長を通じて、市参事会に彼らの合意内容を強要しようとした場合、市参事会にはこれを拒絶する力はなかった。そのため、事実上ギルド内部で形式的合意が結ばれるかどうかが、彼らの要求が公式な領域で市参事会と全ギルド会議、あるいは市参事会とゲマインハイトの間での形式的合意の内容として認められるか否かを決定していたと言える。

このように、一部の都市住民によって非公式な領域で結ばれた実質的

合意は、ギルドと全ギルド会議を通じて、市参事会に伝えられ、公式な領域での形式的合意となっていた。

　市民と市参事会の間で形式的合意が成立すると、その合意内容が市内で実行された。その実行は、市参事会とギルドやゲマインハイト、市区の代表といった都市制度上の諸集団が共同で行った。こうして、非公式な領域で結ばれた合意内容の制度化が、市内で始まることになった。

2.3.2.3.2　少数派との合意形成

　通常都市騒擾における市民と市参事会の合意形成は、ギルドやゲマインハイトを通じて行われた。しかし、1534年に再洗礼派が市内で公認されるまでの過程は、上のような騒擾とは大きく異なっていた。ロートマン派・再洗礼派は一貫して少数派であり、ギルド内部で彼らを支持する形式的合意は成立せず、長老とギルド長は彼らの要求受け入れを市参事会に強いることは、ほとんどなかった。

　都市の伝統的要求の方法を使えなかったロートマン派・再洗礼派が、最終的に市参事会による公認を勝ち取ることができたのは、彼らに有利な条件が重なったためであった。少数だが強い献身を示す支持者が集まっていたこと、ギルド内部に彼らに好意的な穏健派ルター派が多かったこと、都市を取り巻く外交的状況、そして幾度かの幸運が、市参事会に再洗礼派公認を強いた。このことから、確かに献身的な支持者が集まれば、たとえ少数派でも合意内容を市参事会によって公認され、市内で制度化することは不可能ではなかったことが分かる。ただし、やはりギルドやゲマインハイトを通した通常の要求の仕方と比べると市参事会と合意形成するのは極度に困難であり、その成功はかなりの程度偶然に左右された。

2.3.2.4　都市と司教の間の合意

　ミュンスター市はミュンスター司教を君主とする領邦都市であり、ミュンスター司教領が属する神聖ローマ帝国の一部でもあったため、ミュンスター市内の問題は必ずしも都市内部だけで完結するものではなかった。そのため、1525年の騒擾でも宗教改革運動でも、市内での市民

と市参事会の合意内容を制度化するためには、都市の君主であるミュンスター司教と外交交渉を行い、公認を取りつける必要があった。

　しかし、この交渉は極めて厳しいものとなった。何故なら、ミュンスター司教は君主として臣下であるミュンスター市に服従を命じ、譲歩する姿勢を見せなかったためである。このような強硬な姿勢を崩さない司教に対し、ミュンスター市は、1525年の騒擾では要求の全面撤回を行い、宗教改革運動では自分たちに有利な協定締結に成功した。

　この対称的な結果から、都市と司教が都市に有利なかたちで形式的合意を結ぶ際に、必要な条件が明らかになる。

　先ず、1525年の騒擾と宗教改革運動では、参加した住民の士気に大きな違いがあった。1525年の騒擾では市民に司教と軍事衝突をしようという意志は見られなかったが、宗教改革運動では宗教改革の制度化が始まった時点で、既に司教との軍事衝突が視野に入っていた。彼らは実際に、司教や領邦諸身分に軍事攻撃を行い、これが司教に譲歩を強いた重要な契機となった。司教との軍事衝突を辞さないほど、宗教改革を支持しようという住民の実質的合意が確固としたものだったために、司教からの強い政治的圧力があったにもかかわらず、宗教改革公認を勝ち取ることが可能になった。

　さらに、市外の状況や外部からの支援が、都市住民の士気に大きな影響を与えていた。1525年の騒擾の時期には、農民や他都市での蜂起が鎮圧され蜂起への政治的圧力が強まっていたのに対し、宗教改革運動の時期には、福音派はシュマルカルデン同盟を結成するなど帝国内で確固とした政治的地位を築きつつあり、ミュンスター市の福音派はルター派諸侯の中心人物であるヘッセン方伯の後ろ盾が期待できた。

　このように、司教との軍事衝突を辞さないほどの支持者の士気の高さがあるか、都市に有利な外交的・軍事的状況があるかが、司教に都市側の要求を公認させることに成功するかどうかを左右していた。

　しかし、宗教改革の公認までの交渉の厳しさと長さ、政治的危険性の高さを考えると、都市が君主から彼の意に沿わない要求の公認を得るこ

とは極めて困難であったことが分かる。

2.3.3　合意維持の条件

2.3.3.1　集団内部での合意

　集団内部での形式的合意を維持できるかどうかもまた、集団の成員の間での実質的合意を維持できるか否かにかかっていた。1525年の騒擾において、ギルド員が、市参事会による修道院財産返却や箇条書の撤回をどのように承認または黙認したかは不明である。おそらくは住民一般と同様に、外交的状況が不利になったために、ギルド員の間でそれらを支持するという実質的合意が弱まったことが原因であろう。

　1532年7月のギルドの会合の様子からも分かるように、福音主義支持の形式的合意がギルド内で結ばれた後も、カトリックを支持する者、また宗教改革に反対する者がギルド内部にも少なからず存在した。にもかかわらず、その後全ギルド会議と市民委員会が、市参事会と共に市内での宗教改革制度化を進めていたことから、ギルド内部の少数派であるカトリックや反対派は、ギルド内でほとんど影響力を持たなかったことが分かる。おそらくカトリックのギルド員は、市内のカトリック住民一般と同様に、ギルドの形式的合意に表立って反対することは少なかったと思われる。このように、ギルド内部にも意見の相違はあったが、少数派の沈黙により、ギルド内部の実質的合意が保たれたため、形式的合意内容を実行することが可能であったと考えられる。

　この状況が変わるのが、1533年4月以降である。都市住民全般と同様に、福音派ギルド員が、ルター派とロートマン派に分裂していった。この宗派分裂期には、ギルド内部では一貫してルター主義支持の形式的合意が結ばれていた。その合意に基づき、全ギルド会議は市参事会と共にルター主義的宗教改革を市内で確立させようとした。しかし、ロートマン派は少数派であったが、長老やギルド長など有力なギルド員を支持者とし、さらに非公式な領域では市参事会への嘆願等も行うなど、カトリックよりも活動的であり、ギルド内で大きな影響力を持っていた。ギルド内の宗派分裂により住民全体での実質的合意が成立しなくなったため、1533

年11月や1534年2月の武装対立で明白になったように、各ギルドも全ギルド会議も組織的に動くことができなくなった。

逆に、1533年12月の市参事会に逮捕されたロートマン派鍛冶屋ギルド員の解放や1534年1月末の都市の警備では、ルター派とロートマン派の利益が共通していたので、宗派を越えて組織的に行動できた。

このように、各ギルドおよび全ギルド会議が形式的合意を結んだとしても、団体内での実質的合意が成り立っていなければ、形式的合意実現のために組織的に行動することはできなかった。そして、団体内で実質的合意が成立するためには少数派の沈黙が必要であり、彼らが沈黙せず反対の声を上げ続ける限り、ギルドが形式的合意実行のために組織的に動くことは難しかった。

2.3.3.2　市民と市参事会の間の合意

市参事会の命令、あるいは市参事会と全ギルド会議が結んだ形式的合意は、都市の制度上全ての都市住民が服従する義務を負うものであった。しかし実際には、その命令や形式的合意が効力を持つかどうかは、命令や合意内容に従おうという実質的合意が都市住民の間で成り立っているかどうかで決まった。

宗派分裂期には、市参事会と全ギルド会議が共同で行った二つのサクラメントに関する説教禁止の命令をロートマン派説教師は繰り返し無視していたし、1533年11月末に市参事会、全ギルド会議、ゲマインハイトがルター派教会規則を公認しても、ロートマン派住民はこれを認めずロートマンを支持し続けていた。そして市参事会も全ギルド会議も、彼らの命令に反するロートマン派住民の活動を市内で押さえることができなかった。

このことは、たとえ都市の統治機関が公式な領域で形式的合意を結んだとしても、都市住民の間で予めその合意内容を認めるという実質的合意が成り立っていない場合には、その合意内容を実行することはできなかったことを示している。宗派分裂期には、公式な領域での形式的合意が効力を持たなかったことを考えると、1525年の騒擾や宗教改革で、市

参事会と全ギルド会議、ゲマインハイトの形式的合意が効力を持ったのは、予め都市住民の間で実質的合意が成り立っていた要求を公認したためであったと思われる。

制度上または役割規範上の理由で、逮捕や武力による制圧という手段の使用を制限されていたミュンスター市参事会にとって、自らの命令に強硬に反対する少数派の活動を鎮圧し、命令の実行を強行することは困難であった。さらに、1533年4月以降はギルド内部でも宗派分裂が起こったために、全ギルド会議は市参事会によるロートマン派への対抗措置に反対することがあった。そのため、市民と市参事会の間ではルター主義的宗教改革を進めようという形式的合意が維持できていたにもかかわらず、両者が一体となってロートマン派に対する対策を取ることはできなかった。特に、1533年12月の市参事会による職人逮捕によって、ギルド員が市参事会に不信感を抱くようになると、市参事会と市民が協力しながらロートマン派に対抗することがより困難になった。そして、ロートマン派が市内で成人洗礼に踏み切ると、彼らは軍事的制圧以外に再洗礼派の活動を抑える術を失った。

以上のように、市民と市参事会が形式的合意を維持するためには、非公式な領域における住民間の実質的合意が保たれ続けることが必要であった。

2.3.3.3 都市と君主の間の合意

都市が君主との間に自らに有利な形式的合意を結ぶことは極めて困難であったが、このことは合意の維持についても当てはまった。

1533年2月にミュンスター市と司教が宗教協定を結んだことは、両者の争いや交渉が終わったことを意味しなかった。ミュンスター市は市内での宗教改革を貫徹するために、宗教協定ではカトリックの信仰活動継続が認められていた大聖堂でのミサの邪魔をしたり、大聖堂つき説教師を追放した。ミュンスター司教は、市参事会の措置に抗議を行い説教師に説教をさせるよう命じたが、市参事会はこれを受け入れなかった。他方、司教は領邦内の他都市の宗教改革を武力で制圧し、ミュンスター市

に政治的圧力をかけていた。このように司教との宗教協定の規定を無視しミュンスター市内での宗教改革の貫徹を狙う都市側と領邦内の都市での宗教改革拡大阻止を狙う司教の間では、協定締結以降も実質的合意が成立することはなく、両者の緊張関係は続いていた。

この過程で市参事会が司教に対し強硬な態度を取ることが可能だったのは、市内で宗派分裂が起こっていたとしても、都市住民の多数派は市内でのカトリック勢力の復活と司教の介入に反対するという実質的合意が成り立っていたためであると思われる。

都市と司教の間で結ばれた宗教協定は、市内で再洗礼派が成人洗礼を始め、市参事会が再洗礼主義を市内で公認したことで意味を失った。何故なら、再洗礼派は帝国議会の決議で死罪だと定められていたため、その公認により、事態はもはや一都市や一領邦から帝国全体の問題になりつつあったためである。ミュンスター市が宗教協定に反し再洗礼主義を公認したために、もはやミュンスター司教は宗教協定を守る必要がなくなった。むしろ司教は、都市の君主として臣下である都市の異端による反乱を鎮圧することを求められるようになった。

こうして、市内でルター主義に基づく宗教改革を行うという住民間の実質合意が崩壊すると、市参事会は市内で再洗礼派を公認せざるを得なくなり、司教との宗教協定を死文化させることを余儀なくされた。

2.3.4　合意形成と維持の構造

最後に、以上の検討を通して明らかになった合意形成と維持の構造、そしてそこで明らかになった研究上の課題を見て行く。

2.3.4.1　合意形成・維持の基盤

ミュンスターの一連の社会運動において、集団内では集団の成員の間で、市民と市参事会、都市と君主の間では都市住民全体の実質的合意がなければ、形式的合意は成立しなかったし、維持もできなかった。そのため、これら公式な領域において形式的合意が成立・維持されるための前提条件となっていたのは、非公式な領域で住民の間で実質的合意が成立していることであったと言える。

387

ただし、非公式な領域において住民が、どのように合意を形成し、維持していったのかは、史料不足のために本書の検討では十分に明らかにすることができなかった。しかし、非公式な領域での住民間の実質的合意が、都市の社会運動の進展において決定的に重要な意味を持っていたことを鑑みれば、史料的困難を乗り越え、非公式な領域での様々な活動を明らかにしていくことは、今後の都市宗教改革運動研究において必要不可欠な最重要課題であると言える。

　非公式な領域では公式な領域とは異なり、市内での政治的地位に関わりなく、全ての社会階層の住民が実質的合意形成や維持に参加することが可能であった。本書でもその一端を明らかにしたように、市民権を持たないアインヴォーナー男性や女性といった市民以外の住民もまた社会運動に参加し貢献していた。これまでの都市宗教改革運動研究では、彼らの活動や影響力に十分な注意が払われてきたとは言えず、その実態も十分明らかになったわけではない。そのため、名望家や市民層のみならずアインヴォーナーや女性も含めた、全ての社会階層の住民がどのように相互にコミュニケーションを行いながら、合意を形成・維持していったかを明らかにすることも今後の重要な課題となろう。

2.3.4.2　合意形成・維持の階層性

　非公式な領域で一部住民による実質的合意の内容が制度化されるまでは、概ね実質的合意の範囲が住民の多数派に広がり、集団内で形式的合意が結ばれ、集団を通して市民と市参事会の間で形式的合意が結ばれ、それが都市の君主との形式的合意によって公認されるという過程を経た。

　これらの合意形成と維持には階層性が見られた。非公式な領域で住民によって結ばれる実質的合意の形成や維持には、集団内、市民と市参事会、都市と君主間の合意の形成や維持が必要でなかったのに対し、都市と君主間の形式的合意の形成と維持には、住民全体、集団、市民と市参事会の合意が必要であった。これは、より上位の権力が関わる合意は、より様々な立場の人々に関係していたためである。非公式な領域で少数

の住民が結ぶ合意の当事者は彼らだけだったが、集団の合意は集団の成員全て、市民と市参事会の合意は都市住民全て、都市と君主の間の合意は都市全体と君主とより合意当事者の範囲が広くなっている。合意当事者が増えれば、その分合意を形成し維持するためには複雑な手続きや交渉、利害調整を経なければならなくなり、困難の度合いが増した。

合意形成・維持の階層性

	住民全体の 実質的合意	集団内部での 形式的合意	市民と市参事会間 の形式的合意	都市と君主間の 形式的合意
住民全体の 実質的合意		必要なし	必要なし	必要なし
集団内部での 形式的合意	必要なし		必要なし	必要なし
市民と市参事会間 の形式的合意	必要	必要		必要なし
都市と君主間の 形式的合意	必要	必要	必要	

2.3.4.3　制度化・慣習化への過程

　市民と市参事会の間で形式的合意が結ばれた案件は、その後市内で市参事会や諸集団によって制度化に向けて実行されていった。しかし、1525年の騒擾でも、宗教改革運動でも、運動の進展、市外の政治的状況の変化や一部住民の示威行為などによって運動の争点が変わっていった。争点が変わると、市内での実質的合意が再編され、場合によっては弱まり、崩壊することがあった。社会運動は、このような度重なる争点の変化にもかかわらず住民全体の間で実質的合意が維持されることによってのみ進展した。

　しかし、今回扱ったミュンスターの三つの社会運動は、全て長い間これを維持することができず、最終的には制度化に失敗した。このことは、絶えず状況が変化し異議申し立てが出てくる中で、制度化される、または慣習になるところまで実質的合意を維持することがいかに困難であっ

たかを示している。

【注】

794　田中俊之、41-73頁。

795　本書2.3.2.2.2 を参照。

796　Schilling, Die politische Elite, S. 244f.

797　MGQ5, S. 106.

798　近世都市の公共空間についての概観は以下を参照。Gerd Schwerhoff, Stadt und Öffentlich-
keit in der Frühen Neuzeit. Perspektiven der Forschung in: Gerd Schwerhoff (Hg.), Stadt und
Öffentlichkeit in der Frühen Neuzeit, Köln/Weimar/Wien 2011, S. 9-18.

799　MGQ5, S. 213.

800　Ehbrecht, Verlaufs formen, S. 32-38; Mörke, Rat und Büger, S. 194-219.

7　おわりに

　これまでの検討からミュンスター宗教改革の様々な性質が明らかに
なった。これらの結果を基に、ミュンスター宗教改革は宗教改革全体の
中でどのように位置づけられるかを、「時代区分」と「統一性と多様性」
という二つの観点から考え直してみる。さらには、ミュンスター宗教改
革を通して見えてくる宗教改革の複雑さについても考察する。

1　時間的な位置づけ

1.1　中世後期から近世にかけての連続性と変化

　宗教改革は、中世後期から多くを受け継いで実行されたことが近年の
研究では強調されてきたが[801]、同じことはミュンスターの宗教改革運動
にも当てはまっていた。1532年以降本格化したミュンスターの宗教改
革は、反教権主義的な傾向を持つ住民が、都市の公共の福利の促進を主
張の根拠として、ギルドによる伝統的な抗議方法を利用することによっ
て市内で公認されたが、同じことは1525年の中世後期的な性格を持つ騒
擾にも当てはまる。このように宗教改革は、その志向も、それを根拠づ
ける規範も、それを実現する運動の形式も中世後期の伝統を引き継いで
いた。

　にもかかわらず、宗教改革に参加した者たちの動機は、中世後期の伝
統の範疇を大きく越え出たものであった。1525年の騒擾で批判の対象
になったのは主に聖職者の経済的・法的特権であった。しかし、5年後
の1530年以降に起こった宗教改革では、騒擾時には問題にならなかった
カトリック教会の教義や秘跡、救済機能が根底から否定され、福音主義
に基づいた教え、儀式、説教師に置き換えられることとなった。このよ
うに、1525年の中世後期的な反教権主義は、市内で宗教改革理念が浸透
したことによって、カトリック教会の存在意義を根底から否定し、福音

391

主義に基づく新たな教会で置き換えようという宗教改革的反教権主義へと変化した。

　ミュンスターの宗教改革運動も、宗教改革全般で見られたように、中世後期から様々な遺産を引き継ぎつつ、都市住民の救済を保証する教会制度を全面的に変革しようとしていた。

　残念ながら本書では、この1525年の騒擾と1530年以降の宗教改革の間に、人々の意識がどのように変わり、カトリック教会や聖職者たちの救済機能を根本から疑うようになったのか、何故宗教改革の理念を受け入れる気になったのかを、史料から読み解くことはできなかった。

　しかし、おそらくその変化は、北ドイツの諸都市に宗教改革の波が押し寄せたことと無関係ではないであろう。1525年の騒擾以前にも、ミュンスター市内には福音主義を支持する助祭と市民が少数ながらおり、騒擾の際には宗教改革の教えを説いていた。しかし、この時は住民のほとんどは、彼らの言葉に耳を傾けることはなかった。このことは、教えを聞けば直ちに人々が宗教改革を支持するようになるというわけではないことを示している。そして、1525年の騒擾と30年以降の宗教改革の間にわずか5年しかなく、市内の成人住民はほとんど入れ替わっていないであろうことを考えると、彼らの多くが宗教改革を受け入れるようになったのは、彼らの意識が変わったためだと考えられる。

　1525年の騒擾の際には宗教改革思想が余り広まっておらず、時間をおいて人々に受け入れられ始めたのは、北ドイツの多くの都市で見られたことでありミュンスター特有のことではない[802]。つまり、宗教改革の理念が人々に浸透し、彼らの行動を引きおこすには、ある程度の時間が必要だったということになる。

　そして、北ドイツの諸都市でも連鎖的に宗教改革が広がっていったことを考えると、宗教改革理念は一都市単独ではなく、周辺諸都市の相互影響の中で浸透していったのであろう。ミュンスターでもヴェストファーレン諸都市で宗教改革が次々に広がっていった時期に改革が始まっていたので、周辺都市の動向から影響を受けていると思われる。そ

の伝播の仕方や相互影響がどのようなものであったかは、本書では十分に検討できなかった。今後の課題としたい。

1.2　宗教改革運動における1525-34年

本書が扱った1525年から34年の期間は、既に南ドイツでは共同体宗教改革が下火になり、帝国では宗教改革運動が初期の多様性を失っていき、ルター主義に一本化されつつある時期であった。南ドイツよりも宗教改革の始まりが遅かった北ドイツ諸都市の宗教改革の特徴は、帝国で宗派形成が進む時期に、1520年代前半の南ドイツやスイス諸都市のような共同体による下からの宗教改革を導入しようとした点にある。ミュンスターもその例外ではなかった。

ミュンスター市内では、住民主導で反教権主義と公共の福利理念を基盤とした宗教改革が行われた。そして、その過程でルター主義から逸れた宗教改革理念が説かれるようになった。もしミュンスターの宗教改革が、一都市で完結したものであったならば、再洗礼派説教師フープマイアーと統治権力が協力し、一時的に再洗礼主義に基づいた福音派教会を作ったヴァルツフートやニコルスブルクのように[803]、ロートマン達説教師、市参事会、全ギルド会議が協力してルター主義ではなく再洗礼主義に基づいた宗教改革を制度化することが可能であったろう。

しかし、ミュンスターの宗教改革は、シュマルカルデン同盟の中心的諸侯であったヘッセン方伯の政治的後ろ盾なしには、都市君主であるミュンスター司教の公認を得られなかったし、司教からの政治的圧力に対抗し続けることも困難であった。そして、ヘッセン方伯とシュマルカルデン同盟を敵に回すことは、帝国のカトリックとルター派勢力両方を敵に回すという政治的な自殺に近かった。そのため、ミュンスターの市参事会が、ルター主義から外れた教えや儀式を市内で許容するのは政治的に不可能であった。帝国で公的に禁じられていた再洗礼主義はなおさらであった。にもかかわらず、外部からの影響を排除し、ルター主義から逸れた都市独自の宗教改革を行おうとしたロートマン派が、市参事会

や全ギルド会議といった市内の統治機関と衝突するのは必然であった。

このように、1530年代前半の北ドイツの都市宗教改革では、1520年代前半の南ドイツやスイス諸都市とは異なり、ルター主義以外の宗教改革を行うことが極めて困難になっていた。ミュンスターの宗教改革は、ルター派への統一化と宗派化が進みつつある1529年後の帝国の宗教改革と、民衆が主導して行われる独自路線の都市宗教改革が衝突した例だと位置づけられる。そして、一時的であれ後者が勝利したことが、ミュンスターの宗教改革の大きな特徴であった。

2 多様な宗教改革の中の位置づけ

2.1 特異とは言えない都市宗教改革運動

宗教改革運動は、多様な人々が多様な動機により参加した多様な運動を含んでいたが、ミュンスターの宗教改革運動は、宗教改革全体の中でどのように位置づけられるであろうか。

1532年から宗教協定までは、その神学や要求、儀式、運動の進展の仕方は、他の諸都市の宗教改革運動でも広く見られるものであった。ただし、宗教改革維持のために都市君主であるミュンスター司教に攻撃を仕掛けたことは、ミュンスター宗教改革固有の特徴である。

ミュンスターの宗教改革が独自の方向へと舵を切ったのは、ロートマン達一部の説教師が洗礼と聖餐に関する教えを変えたためであった。ただし、彼らの二つのサクラメントについての教えの基本は、やはりそれほど特殊なものではなかった。幼児洗礼批判や信仰洗礼は、スイス、南ドイツ、北ドイツ・低地地方でそれぞれ出てきたことから分かるように、聖書に基づき洗礼について思いをめぐらせた場合に導き出されるそれほど珍しくない洗礼論であった。また、象徴主義的聖餐論も、ルター派からは異端視されたが、スイスのツヴィングリ派の間では標準的な考え方であった[804]。

宗教改革が進展する過程でロートマン達説教師の神学には変化が見え

たが、ルターであれツヴィングリであれミュンツァーであれ、自身の神学的発展や宗教改革を取り巻く状況の変化によって、自身の神学を変化させていた。そのため、ロートマン達の神学が変化していったことも、個々人が聖書を自分で解釈し自分なりに信仰の真理を追い求めており、まだ確固とした宗派もその正統的な教義体系も確立されていなかった初期宗教改革では必然的とも言える。

　ロートマン派説教師が政治的に危険なサクラメント論を説教し始めると、彼らと市参事会の間で激しい対立が起こった。こうしたより徹底して宗教改革を行おうとする説教師と政治的権限の拡大や秩序維持を優先させる市参事会の対立もまた、ミュンスターだけでなくシュトラースブルクやミュールハウゼンなど他の都市でも見られた[805]。

　ロートマン派は、最終的に独立した教会共同体を作り始め、市内の公認教会であるルター派教会から分離した。このような公認教会からの分離も、ミュンスターだけで起こったわけではなかった。既存の教会を改革することによって正しい教えや儀式を実現することを諦め、別の教会を作ることは、カトリック教会から分離し新たな教会を作った宗教改革運動全てに当てはまる。またミュンツァーやチューリヒの再洗礼派のように、ルターやツヴィングリが主導する既存の福音派教会に失望し、彼らから離れて独自の教会共同体を作ろうとする者たちも現れた。初期宗教改革期だけでなく宗派化が進んだ後も、プロテスタント教会からは次々と新しい宗派が生まれ独自の教会を作り、今では数え切れないほどに増えている[806]。このように長期的な視野で見れば、結果的に既存の教会を離れ独自の教会を形成したミュンスター再洗礼派は、ありふれたプロテスタントの宗派だったと解釈できる。

　以上のように、ミュンスター宗教改革運動は、個々の要素を見て行くと、初期宗教改革時代の都市宗教改革運動としてそれほど特異とは言えない運動であった。

2.2 ミュンスター宗教改革の特異性の原因

このように多くの点で必ずしも特異だとは言えなかったミュンスターの宗教改革運動は、最終的に伝統的都市制度と教会制度を廃絶し、終末期待に基づき全てを刷新するという特異な運動に行き着くことになった。それが可能になったのは、いくつもの偶然が重なったためであった。

ミュンスターの宗教改革の方向性を、再洗礼主義へと変えたのは、ベルンハルト・ロートマンであり、彼の存在なしにはミュンスターでの再洗礼派宗教改革実行はありえなかった。しかし、1530年代には再洗礼派指導者のほとんどは、大学で神学を学んだことがない俗人になっており、ロートマンや仲間の説教師達のような学識ある聖職者はわずかであった[807]。ミュンスターで彼らのような再洗礼派説教師集団が現れたのは、彼らが元々ミュンスターで宗教改革を始め、公認まで導いた説教師達だったからである。しかし、都市の指導的説教師達が、ルター主義やツヴィングリ主義といった体制派の宗派から大きく逸れた独自路線の宗教改革を行おうとすることも例外的であった[808]。既に再洗礼派を死罪とする帝国最終決定が出ていたこの時期に、都市で再洗礼主義に基づく宗教改革を行うことは極めて困難であり、帝国でそのような試みをあえて行おうとした説教師集団はミュンスター以外になかった。このようにロートマン達のように独自路線を採用した説教師集団が都市の宗教改革で指導的地位に就くことは極めて可能性が低いことであった。

再洗礼主義は帝国全土で禁じられていたため、これに基づく宗教改革が世俗権力により公認され、公認教会を形作ることは極めて困難であり、実際にそれが試みられ成功した都市はミュンスターだけであった。しかしミュンスターでも、再洗礼主義に基づく宗教改革実行までの道のりは困難を極めた。その際、ロートマン派の職人の説教のような偶発的な出来事が、その実現に決定的な影響を及ぼしていた。ルター派・カトリックと再洗礼派の武装対立でも、市長の判断次第で再洗礼派は軍事的に鎮圧されていてもおかしくなかった。さらに、もしミュンスターで早期に市参事会と全ギルド会議がロートマン派説教師たちを市外に追放してい

396

れば、あるいはロートマンが都市を離れヘッセン方伯のところへ向かっていれば、やはり市内のロートマン派は勢力を失っていたであろう。これら極限的状況下での個人の判断や行動がほんの少し変わっていれば、ミュンスター再洗礼派の活動は失速していたであろうことを考えれば、彼らの勝利は偶然によるところが大きかったと言える。

　さらに、ミュンスターで特異な神権政が導入されたのは、メルヒオール派の終末期待が市内で受け入れられたためであった。ロートマンのように再洗礼主義に基づく宗教改革を行おうとする説教師が、地理的にメルヒオール派の本拠地である低地地方から遠く離れた彼らの影響を受けない場所に現れていれば、たとえ再洗礼派宗教改革が実行されたとしても、ミュンスターで実現した神権政とは大きく異なっていたであろう。その意味でも、ミュンスターでの特異な再洗礼派統治は偶然の産物だと言える。

　これらの偶然的条件が、一つでも揃わなければミュンスター再洗礼派運動はあのようなかたちで実現しなかった。その意味で、ミュンスター再洗礼派統治は、極めて実現可能性が低かったにもかかわらず実現した偶然の産物であった。

　ただし、ミュンスター再洗礼派統治の実現可能性は、見かけほど低くなかったかもしれない。宗教改革は、都市や領邦などヨーロッパにある極めて多数の支配領域で個別に行われていた。実現可能性が低い条件がさらに複数揃わなければ実現しないミュンスター再洗礼派運動のような出来事も、ミュンスターという特定の場所での実現性は極めて小さかったとしても、それら支配領域のいずれか一つでの実現性となればその可能性は大幅に上昇する。そして実際にそれはミュンスターで実現した。その意味では、ミュンスター再洗礼派運動のような特異な事件は、多数の領邦や都市といった支配領域が並立し、個別に宗教改革が進んでいった近世社会だからこそ実現しやすかったのかもしれない。

3 宗教改革の複雑さ

　ミュンスター宗教改革の分析で明らかになったのは、運動には階層化された様々な動機を持つ多様な人々が参加しており、一つの中心的な性格によって理解することはできないということであった。様々な人々が抱く多様な動機は、彼らに共有されていた多様な規範と相互に結びついていた。さらにそれら様々な動機と規範の結びつきは、状況や争点が変化するにつれて絶えず再編され続けていた。このように宗教改革に参加する人々の動機や目的は、多様かつ可変的なものであった。そして動機と規範の結びつきが再編されると、運動の参加者が結ぶ合意も再編され、それにより運動に参加する人々の人数や属性も変わり、運動の進展の仕方も変化していた。

　このように個々の運動がどのような動機によって推進され、どのように進展するかには様々な可能性があった。そして、宗教改革運動が取りうるかたちは、ミュンスター再洗礼派統治を生み出すほどに多様であった。

　このことは、宗教改革のように数多くの人々が参加する巨大な社会運動は、何らかの中心的な動機によって駆動されていた、あるいは中心的な性格を持っていたと考えることはできないことを示している。宗教改革研究全般、都市宗教改革研究、ミュンスター再洗礼派研究問わず、多くの研究者が運動に何らかの中心的性格を見いだそうと絶えざる努力を続けている[809]。それらの研究は、宗教改革運動の重要な一側面を見いだすという意味で、それぞれ研究史上重要であり、必要なものでもあった。人間の知的能力には限界があり、現実の現象は人間がそのまま理解するには余りに複雑すぎる。そのため、現象の様々な側面に重みづけをして、重要な要素と重要でない要素に分け、重要な要素のみを強調し、分かりやすいように単純化することは不可欠である。

　ただし、多様な人々による無数の相互作用で成り立っていた宗教改革運動のような複雑な運動に中心的性格を見いだそうとするとき、その試

みは必ず宗教改革の一面のみを強調し、他の様々な側面を軽視すること
になる。それを避けるために本書では、ミュンスターという一都市の宗
教改革の複雑さを明らかにしようとしたが、それすら困難であった。宗
教改革全体を考えれば、その複雑さはさらに桁違いに巨大なものになる。
当然それは人間の知的能力を遙かに超えている。それを理解するための
分析方法が今後現れるのかは分からないし、現れたとしても従来の人文・
社会科学の方法範疇を大きく外れたものになるのであろう。しかしそう
だとしても、それは目指すべき目的なのではないか。

　本書は、ミュンスターという一都市の限られた期間のみに対象を限定
し、集団や階層、動機、合意形成という三つの枠組みに整理することで、
そのような途方もない複雑さの全体を人間が理解できる程度に単純化し
把握しようとした一つの試みであった。

【注】

801　本書1.3.1を参照のこと。

802　本書1.3.2を参照のこと。

803　Snyder, Swiss Anabaptism, pp. 68-70,110; 出村彰「矛盾の責務　アナバプティスト、バルタ
　　　ザール・フープマイアーの生と死」出村彰『出村彰宗教改革論集2　ツヴィングリ　改革
　　　派教会の遺産と負債』新教出版社、2010年、312-337頁。

804　両派の聖餐論の違いについては、本書4.1.3.6を参照のこと。

805　シュトラースブルクについては、渡邉伸『宗教改革と社会』311-366頁、ミュールハウゼ
　　　ンについては、Goertz, Pfaffenhaß, S. 147-155. エーブレヒトによれば、ゾースト、ミンデン、
　　　ゲッティンゲンでも、宗教改革を市参事会が受け入れると、宗教改革導入で重要な役割
　　　を果たした説教師はすぐにより穏健な説教師に置き換えられていた。Ehbrecht, Verlaufs-
　　　formen, S. 38-46. 南ドイツやスイスで、教会とお上の間の闘争が頻繁に起こったことはハ
　　　ムも指摘している。Hamm, Reformation „von unten", S. 291.

806　マクグラスは、ルターが打ち出した聖書を解釈する権利を万人が持つという「危険な思
　　　想」が、教会の安定を脅かす力となり、分派を生み出したと見なしている。A. E. マクグ
　　　ラス著、佐柳文男訳『プロテスタント思想文化史　16世紀から21世紀まで』教文館、
　　　2009年、4-7頁。

807　クラーセンによれば、初期のスイスや南ドイツ、オーストリアの再洗礼派には、ある程
　　　度の知識人層が入ってきていた。初期の再洗礼派の最も重要な指導者であるコンラート・
　　　グレーベル（Konrad Grebel）、フェーリクス・マンツ（Felix Manz）、ゲオルク・ブラウロッ

ク（Georg Blaurock）、ヴィルヘルム・ロイブリン（Wilhelm Reublin）、バルタザル・フープ
マイアー、ハンス・デンク（Hans Denck）、ミヒャエル・ザトラー（Michael Sattler）達は、
いずれも大学で学んだり、聖職に就いた知識人であった。しかし、初期の再洗礼派指導
者は、処刑や病気により根絶された。1530年代以降はスイス、中南部ドイツ、オースト
リアで知識人層の再洗礼派が激減し、16世紀半ば以降はほとんどいなくなった。
Claus-Peter Clasen, Anabaptism. A Social History, 1525-1618. Switzerland, Austria, Moravia,
South and Central Germany, Ithaca /London, 1972, pp. 309-311, 314-318, 432-436. 人文主義者
としてのグレーベルについては以下も参照。森田安一「スイス人文主義の一側面―ツヴィ
ングリ、ヴァディアン、グレーベル―」『日本女子大学紀要　文学部』55、2005年、43-60頁。
ウェイトによれば、1531年から35年までの低地地方再洗礼派332人の記録を検証したと
ころ、知識人は2名しかいなかった。Waite, pp. 249-251. メルヒオール・ホフマンもヤン・
マティスも、大学で学んだことがない俗人である。ミュンスターのロートマン派説教師
の中では、ロートマンが1524年にマインツ大学学芸学部で修士号を取っており（MGQ5,
S. 161）、フィンネがヴィッテンベルク大学で（Rembert, S. 141）、クロプリスがケルン大
学の学芸学部（Rembert, S. 312）、シュトラーレンがマールブルク大学で（Rembert, S.
141）学んでいる。

808　ヴァルツフートでのフープマイアー、アルシュテットでのトーマス・ミュンツァーの宗
　　　教改革は、このような数少ない例である。

809　本書1.4、2.1.1、2.2.1でわずかながらそれらの試みを取り上げたが、当然それ以外にも無
　　　数の試みが行われてきている。

8 略年表

1 1525年の反教権主義的騒擾

年	月 日	出 来 事
1522-25年		「スープ喰らい」と呼ばれる若者達が、修道院に押しかけスープを求める。
1525年	2月	若者達が謝肉祭で聖職者を嘲笑する示威行動を行う。
	5月22日夜	ニージンク女子修道院襲撃未遂が起こる。
	5月23日	市参事会によって修道院襲撃未遂事件の首謀者3人が逮捕される。
	5月23日	ギルド員が集まり市参事会に逮捕について抗議し、修道院の収入記録や工具の没収を要求し、箇条書を手渡す。
	5月26日	市民委員会によって箇条書が完成する。
	5月26日	ニージンク女子修道院と共同生活兄弟団の収入記録と工具が没収される。
	5月26日	市長と長老が司教座聖堂参事会員に箇条書受け入れを要求する。聖堂参事会員達のほとんどは市外に逃亡する。
	6月7日	ミュンスター司教から全てを元に戻すよう命令が下る。
	9月8日以前	市参事会が修道院に証書と工具を返却する。
1526年	3月27日	司教座聖堂参事会とミュンスター市は箇条書の撤回、逃亡者の帰還と市内での安全確保を取り決める。

2　1530-33年の宗教改革運動

年	月　日	出　来　事
1530年		ベルンハルト・ロートマンが聖モーリッツ教会で福音主義的説教を始める。
	4月7日	ミュンスター市の民衆が聖モーリッツ教会で聖像破壊を行う。
		ロートマンは、ミュンスター市の市民の援助でヴィッテンベルクやシュトラースブルクへ旅行する。
1532年	1月	ロートマンがミュンスター司教から逃れるために、ミュンスター市内に逃げ込む。
	1月23日	ロートマンが『教えについての短い信仰告白』を公表する。
	1月	ゲマインハイトが長老とギルド長に市内でロートマンの説教許可を求める嘆願書を提出する。
	2月18日	福音派住民がロートマンを聖ランベルティ教会の説教師に就ける。
	4月16日	手工業者達が長老とギルド長に嘆願書を提出する。
	4月28日	ゲマインハイトが市参事会に嘆願書を提出する。
	5月14日	ミュンスター司教エーリヒが死亡。
	6月28日	新しいミュンスター司教フランツ・フォン・ヴァルデックがミュンスター市に宗教改革撤回を命令。
	7月1日	長老とギルド長が全ギルド員を召集し、福音主義を守るために市民委員会を結成。
	7月11-15日	長老とギルド長が、ゲマインハイトの請願を市参事会に伝達。交渉の結果、市参事会、全ギルド会議、ゲマインハイトが宗教改革を進めるための協定を締結。
	8月10日	市参事会、長老、ギルド長が、各教区教会の説教師を任命。
	8月14-15日	市長を含む市参事会員4人が市外に逃亡。
	8月21日	ミュンスター司教は、市参事会に対し、ルター派説教師追放と儀式の復旧を命令。
	9月17日	領邦議会で司教に対し騎士身分が、彼らの代表とミュンスター市の協議を求める。
	9月23日	ミュンスター市代表と騎士身分代表がヴォルベックで協議。
	9月30日	ミュンスター市代表は、騎士身分の代表に、宗教問題を仲裁者の裁定に委ねるよう司教に伝えることを求める。
	10月8日	ミュンスター司教の代官がミュンスター市民の牛を没収。司教による実力行使の始まり。
	10月14日	逃亡した4人の市参事会員の補欠選挙。
	10月23-25日	ミュンスター司教が代官に、ミュンスターへの傭兵流入阻止と市民財産没収を命令。
	11月6日	長老が全市民を召集し、福音主義を守るための宣誓を行う。
	12月26日夜	ミュンスター市民がテルクテを襲撃し、司教座聖堂参事会員や騎士、司教顧問官、ミュンスターの都市貴族達を捕虜にする。
1533年	2月14日	ミュンスター市とミュンスター司教の間で宗教協定が締結され、市内での宗教改革が公認される。

3　1533-34年の宗派分裂と再洗礼派運動

年	月　日	出　来　事
1533年	3月3日	市参事会員選挙。福音派市参事会の成立。
	4月	ロートマンと仲間の説教師達が幼児洗礼批判を開始。
	4月17日	ロートマンによって起草された教会規則が、鑑定のため市参事会によってヘッセン方伯へ送られる。
	7月	ヘッセンの神学者によるミュンスターの教会規則に対する鑑定書がミュンスターに到着。
	8月7-8日	二つのサクラメントをめぐる討論会が開催される。
	9月7日	ロートマン派説教師シュタプラーデが幼児への洗礼を拒否。市参事会がロートマン派説教師の説教禁止、市外追放を決定。
	9月	長老とギルド長がロートマン派説教師の追放取り消しを市参事会に求めたため、二つのサクラメント以外の説教禁止と市外追放を撤回。
	11月2日	ロートマンが幼児洗礼批判の説教を再開したため、市参事会は市内のほとんど教会を閉鎖し、ロートマンの説教を禁止。
	11月5-6日	ルター派、ロートマン派、カトリックの三宗派支持者が武装対立。ロートマン以外の説教師の市外追放が決定。
	11月8日	ロートマン派説教師が『二つのサクラメントに関する信仰告白』を出版。
	11月8日	ヘッセン方伯から派遣されたファブリキウスとレニンクという二人の説教師がミュンスターに到着。
	11月17日以前	ロートマン以外のロートマン派説教師が市外に追放される。
	11月30日	ファブリキウスとレニンクが起草した教会規則を、市参事会、長老とギルド長、ゲマインハイトが受容。
	12月15日	ロートマン派の鍛冶職人シュローダーが辻説教を行ったため、市参事会は彼を逮捕する。これに鍛冶屋ギルド員が抗議し、職人を解放させる。
1534年	1月1日	ミュンスターに帰還したロートマン派説教師の1人ヘンリク・ロルが聖エギディ教会で説教を行う。
	1月初頭	市参事会は聖ランベルティ教会以外の教会を閉鎖。
	1月5日	オランダから派遣された二人の使徒によりミュンスターで成人洗礼が実行される。ミュンスター再洗礼派共同体の誕生。
	1月23日	ミュンスター司教は、ミュンスター全住民の安全と自由の剥奪、逮捕を命じる。
	1月29-30日	市長達がミュンスター司教に門を開き、裏切ろうとしているという噂が流れるなど、住民同士が疑心暗鬼に陥ったため、市参事会と長老、ギルド長は、市内での信仰自由を認める協定を結んだ。
	2月8日	再洗礼派による連鎖的予言と悔い改めの呼びかけが行われる。
	2月9-11日	ルター派・カトリックと再洗礼派が武装対立。市参事会と長老、ギルド長が信仰自由に関する協定を再び結ぶ。
	2月	ミュンスター住民が次々と市外に逃亡。
	2月23日	市参事会員選挙で再洗礼派が勝利。再洗礼派統治の始まり。

403

9 参考文献

1 未刊行史料

Algemeen Rijksarchif Brussel: Audience 94.

Landesarchiv Nordrhein-Westfalen Abteilung Westfalen: Fürstbistum Münster, Landesarchiv (FML). Bd. 4b, Nr. 221; FML. Bd. 4c, Nr. 314.

Stadtarchiv Münster: Ratsarchiv, AVIII Nr. 259 Schatzungsregister (Aegidii-Leischaft), Nr. 1, 1539.

Universiteitsbibliotheek Amsterdam: HS XXVIIA-27a.

2 刊行史料

Behr2: Behr, Hans-Joachim (Bearbeitet), Franz von Waldeck. Fürstbischof zu Münster und Osnabrück, Administrator zu Minden (1491-1553). Sein Leben in seiner Zeit, Teil 2: Urkunden und Akten, Münster 1998.

C1：Cornelius, C. A., Geschichte des Münsterischen Aufruhrs, Erstes Buch. Die Reformation, Leipzig 1855.

C2：Cornelius, C. A., Geschichte des Münsterischen Aufruhrs, Zweites Buch. Die Wiedertaufe, Leipzig 1860.

Kl1：Klötzer, Ralf, Die Verhöre der Täuferführer von Münster vom 25. Juli 1535 auf Haus Dülmen. Edition der Protokolle sowie der vorbereitenden Fragenliste, in: Westfälische Zeitschrift 155, 2005, S. 51-92.

MGQ2：Cornelius, C. A. (Hg.), Berichte der Augenzeugen über das münsterische Wiedertäuferreich. Die Geschichtsquellen des Bistums Münster, Zweiter Band, Münster 1853, Neudruck 1965.

MGQ5：Detmer, Heinrich (Hg.), Hermanni a Kerssenbroch. Anabaptistici furoris Monasterium inclitam Westphaliae metropolim evertentis historia narratio, Erste Hälfte. Die Geschichtsquellen des Bistums Münster, 5. Band, Münster 1900.

MGQ6：Detmer, Heinrich (Hg.), Hermanni a Kerssenbroch. Anabaptistici furoris Monasterium inclitam Westphaliae metropolim evertentis historia narratio, Zweite Hälfte. Die Geschichtsquellen des Bistums Münster, 6. Band, Münster 1899.

N1：Niesert, Joseph (Hg.), Münsterische Urkundensammlung, Bd. 1, Coesfeld 1826.

N2：Niesert, Joseph (Hg), Beiträge zu einem Münsterischen Urkundenbuche aus vaterländischen Archiven, 1. Band. Erste Abtheilung, Münster 1823.

SMTG1：Stupperich, Robert (Hg.), Die Schriften der Münsterischen Täufer und ihrer Gegner, 1. Teil, Die Schriften Bernhard Rothmanns, Münster 1970.

SMTG2：Stupperich, Robert (Hg.), Die Schriften der Münsterischen Täufer und ihrer Gegner, 2. Teil, Schriften von katholischer Seite gegen die Täufer, Münster 1980.

SMTG3：Stupperich, Robert (Hg.), Die Schriften der Münsterischen Täufer und ihrer Gegner, 3. Teil, Schriften von evangelischer Seite gegen die Täufer, Münster 1983.

WZ51：Detmer, Heinrich (Hg.), Ungedruckte Quellen zur Geschichte der Wiedertäufer in Münster, in: Zeitschrift für vaterländische Geschichte und Altertumskunde 51, 1893, S. 90-118.

惨劇：ハインリヒ・グレシュベク著、C. A. コルネリウス編、倉塚平訳『千年王国の惨劇　ミュンスター再洗礼派王国目撃録』平凡社、2002 年。

Bossert, Gustav (Hg.), Quellen zur Geschichte der Wiedertäufer, 1. Band Herzogtum Württemberg, Leipzig 1930, Nachdruck New York/London 1971.

Confessio Exhibita Caesari in Comitiis Augustae, Anno M.D.XXX.

Dülmen, Richard van (Hg.), Das Täuferreich zu Münster 1534-1535, München 1974.

Egli, Emil, Georg Finsler, Walther Köhler und Oskar Farner (Hg.), Huldrich Zwinglis sämtliche Werke, Band 4, Leipzig 1927.

Heinold fast (Hg.), Der linke Flügel der Reformation. Glaubenszeugnisse der Täufer, Spiritualisten, Schwärmer und Antitrinitarier, Bremen 1962.

Holtmanni, Nicolai, Historia sui temporis ab anno MDXVI usque ad annum MDXXIX, in: Möhlmann, D. (Hg.), Stadae, 1844.

Keller, Ludwig, Geschichte der Wiedertäufer und ihres Reichs zu Münster. Nebst ungedruckten Urkunden, Münster 1880.

Kerssenbroick, Hermann von, Geschichte der Wiedertäufer zu Münster in Westfalen. Aus einer lateinischen Handschrift des Hermann von Kerssenbroick übersetzt, dritte Aufl., Originalgetreue Wiedergabe des Erstdruckes von 1771, Münster 1929.

Kerssenbrock, Hermann von, Narrative of the Anabaptist Madness. The Overthrow of Münster, the Famous Metropolis of Westphalia, Translated with Introduction and Notes by Christopher S. Mackay, Leiden/Boston, 2007.

Krebs, Manfred und Hans Georg Rott (bearbeitet), Quellen zur Geschichte der Täufer, 8. Bd., Elsaß, 2. Teil. Stadt Straßburg 1533-1535, Heidelberg 1960.

Laube, Adolf (Hg.), Flugschriften vom Bauernkrieg zum Täuferreich (1526-1535), Band 2, Berlin 1992.

Luther, Martin, D. Martin Luthers Werke. Kritische Gesammtausgabe, 6. Band, Weimar 1888.

Niesert, Joseph (Hg.), Münstersche Urkundensammlung, 7. Band, Coesfeld 1837.

Philipps, Obbe, Bekentenisse Obbe Philipsz, in: Cramer, Samuel (ed.), Bibliotheca Reformatoria Neerlandica. Geschriften uit den tijd der Hervorming in de Nederlanden, 's-Gravenhage, 1910, pp. 121-138. （ドイツ語訳：Philips, Obbe, Bekenntnisse von Obbe Philips (vor 1565), in: Fast, Heinold (Hg.), Der linke Flügel der Reformation. Glaubenzeugnisse der Täufer, Spiritualisten, Schwärmer und Antitrinitarier, Bremen 1962, S. 318-340; 日本語訳：オベ・フィリップス著、倉塚平訳「告白」倉塚平他編訳『宗教改革急進派』ヨルダン社、1972年、387-415頁。）

Rump, Hermann (Hg.), Flugschrift, Newe zeitung, von den Wider teuffern zu Münster, in: Zeitschrift für vaterländische Geschichte und Alterthumskunde 27, 1867, S. 255-266.

Schulte, Eduard, Die Kurgenossen des Rates 1520-1802, in: Schulte, Eduard (Hg.), Quellen und Forschungen zur Geschichte der Stadt Münster i. W., 3. Band, Münster 1927, S. 117-203.

Schulze, Rudolf, Klosterchronik Überwasser während der Wirren 1531-33, in: Schulte, Eduard (Hg.), Quellen und Forschungen zur Geschichte der Stadt Münster i. W., 2. Band, Münster 1924-26, S. 149-165.

De Wette, Wilhelm Martin Leberecht (bearbeit.), Dr. Martin Luthers Briefe, Sendschreiben und Bedenken, volständig aus den verschiedenen Ausgaben seiner Werke und Briefe, aus andern Büchern und noch unbenutzten Handschriten gesammelt, 4. Teil, Berlin 1827.

Ziegler, Donald J. (ed.), Münster Colloquy (1533), in: Great Debates of the Reformation, New York, 1969, pp. 109-141.

倉塚平、田中真造他編訳『宗教改革急進派　ラディカル・リフォメーションの思想と行動』ヨルダン社、1972年。

出村彰、森田安一、内山稔訳『宗教改革著作集　第5巻ツヴィングリとその周辺Ⅰ』教文館、1984年。

出村彰、森田安一、倉塚平、矢口以文訳『宗教改革著作集　第8巻再洗礼派』教文館、1992年。

德善義和他訳『宗教改革著作集　第14巻信仰告白・信仰問答』教文館、1994年。

3　文献

KIR：Kirchhoff, Karl-Heinz, Die Täufer in Münster 1534/35. Untersuchung zum Umfang und zur Sozialstruktur der Bewegung, Münster 1973.

Kl2：Klötzer, Ralf, Die Täuferherrschaft von Münster. Stadtreformation und Welterneuerung, Münster, 1992.

Wyck：Stupperich, Robert, Dr. Johann von der Wyck. Ein münsterscher Staatsmann der Reformationszeit, in: Westfälische Zeitschrift 123, 1973, S. 9-50.

倉塚1：倉塚平「ミュンスター千年王国前史 (1)」『政経論叢』明治大学政治経済研究所紀要47巻1号、1978年、1-68頁。

倉塚2：倉塚平「ミュンスター千年王国前史 (2)」『政経論叢』明治大学政治経済研究所紀要47巻2/3号、1978年、27-65頁。

倉塚3：倉塚平「ミュンスター千年王国前史 (3)」『政経論叢』明治大学政治経済研究所紀要47巻5/6号、1979年、35-111頁。

倉塚4：倉塚平「ミュンスター千年王国前史 (4)」『政経論叢』明治大学政治経済研究所紀要50巻1号、1981年、39-110頁。

倉塚5：倉塚平「ミュンスター千年王国前史 (5)」『政経論叢』明治大学政治経済研究所紀要52巻3/4号、1984年、1-64頁。

倉塚6：倉塚平「ミュンスター千年王国前史 (6)」『政経論叢』明治大学政治経済研究所紀要53巻1号、1984年、25-77頁。

倉塚7：倉塚平「ミュンスター千年王国前史 (7)」『政経論叢』明治大学政治経済研究所紀要53巻4/5/6号、1985年、225-276頁。

倉塚8：倉塚平「ミュンスター千年王国前史 (8)」『政経論叢』明治大学政治経済研究所紀要54巻1/2/3号、1986年、35-122頁。

Aders, Günter, Das verschollene älteste Bürgerbuch der Stadt Münster (1350-1531), Westfälische Zeitschrift 110, 1960, S. 29-96.

Bainton, Roland H., The Left Wing of the Reformation, in: The Journal of Religion 21, 1941, pp. 124-134.

Barnes, Robin, Images of Hope and Despair: Western Apocalypticism ca. 1500-1800, in: McGinn, Bernard J., John J. Collins and Stephen J. Stein (eds.), The Continuum History of Apocalyticism, New York/London, 2003, pp. 323-353.

Ders., Eschatology, Apocalypticism, and the Antichrist, in: Whitford, David M. (ed.), T&T Clark Companion to Reformation Theology, London/New Delhi/New York/Sydney, 2012, pp. 233-255.

Behr, Hans-Joachim, Franz von Waldeck. Fürstbischof zu Münster und Osnabrück Administrator zu Minden (1491-1553). Sein Leben in seiner Zeit, Münser 1996.

Bender, Harold S., The Anabaptist Vision, in: Church History 13, 1944, pp. 3-24

Bernet, Claus, »Gebaute Apokalypse« Die Utopia des Himmlischen Jerusalem in der Frühen Neuzeit, Mainz 2007.

Ders., The Concept of the New Jerusalem among Early Anabaptists in Münster 1534/35. An Interpretation of Political, Social and Religious Rule, in; Archiv für Reformationsgeschichte 102, 2011, S. 175-194.

Blickle, Peter, Kommunalismus, Parlamentarismus, Republikanismus, in: Historische Zeitschrift 242, 1986, S. 529-556.

Ders. Gemeindereformation. Die Menschen des 16. Jahrhunderts auf dem Weg zum Heil, München 1987.

Ders., Kommunalismus. Begriffsbildung in heuristischer Absicht, in: Historische Zeitschrift. Beihefte Neue Folge, Vol. 13, Landgemeinde und Stadtgemeinde in Mitteleuropa. Ein struktureller Vergleich, 1991, S. 5-38.

Ders. Die Reformation im Reich, 3. Auflage, Stuttgart 2000.（ペーター・ブリックレ著、田中真造、増本浩子訳『ドイツの宗教改革』教文館、1991年）

Ders., Der Gemeine Nutzen. Ein kommunaler Wert und seine politische Karriere, in: Herfried Münkler und Harald Bluhm (Hg.), Gemeinwohl und Gemeinsinn. Historische Semantiken politischer Leitbegriffe, Berlin 2001, S. 85-107.

Ders. Kommunalismus. Skizzen einer gesellschaftlichen Organisationsform. Band 1: Oberdeutschland, München 2000.

Ders. Kommunalismus. Skizzen einer gesellschaftlichen Organisationsform. Band 2: Europa, München 2000.

Brady Jr., Thomas A., Ruling Class, Regime and Reformation at Strasbourg 1520-1555, Leiden, 1978.

Ders., German Histories in the Age of Reformations, 1400-1650, New York, 2009.

Ders., From Revolution to the Long Reformation: Writings in English on the German Reformation, 1970-2005, in: Archiv für Reformationsgeschichte 100, 2009, S, 48-64.

Bräuer, Helmut, Gesellen im sächsischen Zunfthandwerk des 15. und 16. Jahrhunderts, Weimar 1989.

Brecht, Martin, Die Theologie Bernhard Rothmanns, in: Jahrbuch für westfälische Kirchengeschichte 78, 1985, S. 49-82.

Brendler, Gerhard, Das Täuferreich zu Münster 1534/35, Berlin 1966.

De Bakker, W. J., Bernhard Rothmann: Civic Reformer in Anabaptist Münster, in: Horst, Irvin Buckwalter (ed.), The Dutch Dissenters. A Critical Companion to their History and Ideas, Leiden, 1986, pp. 105-116.

De Bakker, Willem, Michael Driedger und James Stayer, Bernhard Rothmann and the Reformation in Münster, 1530-35, Kitchener, 2008.

Clasen, Claus-Peter, Anabaptism. A Social History, 1525-1618. Switzerland, Austria, Moravia, South and Central Germany, Ithaca /London, 1972.

Detmer, H., Hermann von Kerssenbroch's Leben und Schriften, Münster 1900.

Dirlmeier, Ulf, Untersuchungen zu Einkommensverhältnissen und Lebenshaltungskosten in oberdeutschen Städten des Spätmittelalters (Mitte 14. bis Anfang 16. Jahrhundert), Heidelberg 1978.

De Boer, Wieste, An Uneasy Reunion. The Catholic World in Reformation Studies, in: Archiv für Reformationsgeschichte 100, 2009, S. 366-387.

Ditt, Hildegard, Ältere Bevölkerungs- und Sozialstatistische Quellen in Westfalen. Methoden der Auswertung, in: Ehbrecht, Wilfried (Hg.), Voraussetzungen und Methoden geschichtlicher Städteforschung, Köln 1979, S. 111-128.

Dykema, Peter A. und Heiko A. Oberman (eds.), Anticlericalism in Late Medieval and Early Modern Europe, Leiden/New York/Köln, 1994.

Eberhard, Winfried, "Gemeiner Nutzen" als oppositionelle Leitvorstellung im Spätmittelalter, in: Gerwing, Manfred und Godehard Ruppert (Hg.), Renovatio et reformatio: Wider das Bild vom "finsteren" Mittelalter. Festschrift für Ludwig Hödl zum 60. Geburtstag, Münster 1985, S. 195-214.

Ders., Der Legitimationsbegriff des „Gemeinen Nutzens" im Streit zwischen Herrschaft und Genossenschaft im Spätmittelalter, in: Fichte, Joerg O., Karl Heinz Göller und Bernhard Schimmelpfennig (Hg.), Zusammenhänge, Einflüsse, Wirkungen. Kongressakten zum ersten Symposium des Mediävistenverbandes in Tübingen, 1984, Berlin/New York 1986, S. 241-254.

Ehbrecht, Wilfried, Verlaufsformen innerstädtischer Konflikte in nord- und westdeutschen Städten im Reformationszeitalter, in: Moeller, Bernd (Hg.), Stadt und Kirche im 16. Jahrhundert, Gütersloh 1978, S. 27-47.

Ders., Rat, Gilden und Gemeinde zwischen Hochmittelalter und Neuzeit, in: Jakobi, Franz-Josef (Hg.), Geschichte der Stadt Münster, Bd. 1, Münster 1993, S. 91-144.

Ehrenpreis, Stefan und Ute Lotz-Heumann, Reformation und konfessionelles Zeitalter, Darmstadt 2002.

Eire, Carlos M. N., Reformations. The Early Modern World, 1450-1650, New Haven, 2016.

Eymann, Edith, Die Täuferbewegung in Münster 1534/35 unter der besonderen Berücksichtung des Emanzipationsprozesses von Frauen und ihre Darstellung in der Historiografie, Dipromarbeit am Fachbereich Erziehungswissenschaften der Johann Wolfgang Goethe-Universität Frankfurt am Main 1985. (ungedruckt)

Fischer, Thomas, Städtische Armut und Armenfürsorge im 15. und 16. Jahrhundert. Sozialgeschichtliche Untersuchungen am Beispiel der Städte Basel, Freiburg i. Br. und Straßburg, Göttingen 1979.

Freitag, Werner, Die Reformation in Westfalen. Regionale Vielfalt, Bekenntniskonflikt und Koexistenz, Münster 2016.

Fügedi, Erik, Steuerlisten, Vemögen und soziale Gruppen in mittelalterlichen Städten, in: Bátori, Ingrid (Hg.), Städtische Gesellschaft und Reformation, Stuttgart 1980, S. 58-96.

Goertz, Hans-Jürgen, Pfaffenhaß und große Geschrei. Die reformatorischen Bewegungen in Deutschland 1517-1529, München 1987.

Ders., Die Täufer. Geschichte und Deutung, 2. Aufl., München 1988.

Ders., Religiöse Bewegungen in der Frühen Neuzeit, München 1993.

Ders., Eine „bewegte" Epoche. Zur Heterogenität reformatorischer Bewegungen (Erweiterte Fassung), in: Vogler, Günter (Hg.), Wegscheiden der Refomation. Alternatives Denken vom 16. bis zum 18. Jahrhundert, Weimar 1994, S. 23-56.

Ders., Die Radikalität reformatorischer Bewegungen. Plädoyer für ein kulturgeschichtliches Konzept, in: Goertz, Hans-Jürgen und James M. Stayer (Hg.), Radikalität und Dissent im 16. Jahrhundert, Berlin 2002, S. 29-41.

Goppold, Uwe, Politische Kommunikation in den Städten der Vormoderne. Zürich und Münster im Vergleich, Köln/Weimar/Wien 2007.

Greving, Joseph, Wohnungs- und Besitzverhältnisse der einzelnen Bevölkerungsklassen im Kölner Kirchspiel St. Kolumba vom 13. bis 16. Jahrhundert, in: Annalen des historischen Vereins für den Niederrhein, insbesondere die alte Erzdiözese Köln 78, 1904, S. 1-79.

Greyerz, Kaspar von, Stadt und Reformation: Stand und Aufgaben der Forschungen, in: Archiv für Reformationsgeschichte 76, 1985, S. 6-63.

Grieser, D. Jonathan, A Tale of Two Convents: Nuns and Anabaptists in Münster, 1533-1535, in: Sixteenth Century Journal 26, 1995, pp. 31-47.

Haller, Bertram, Bernhart Rothmanns gedruckte Schriften. Ein Bestandverzeichnis, in: Jahrbuch für Westfälische Kirchengeschichte 78, 1985, S. 83-102.

Hamm, Berndt, Von der spätmittelalterlichen reformatio zur Reformation: der Prozeß normativer Zentrierung von Religion und Gesellschaft in Deutschland, in: Archiv für Reformationsgeschichte 84, 1993, S. 7-82.

Ders., Reformation „von unten" und Reformation „von oben". Zur Problematik reformationshistorischer Klassifizierungen, in: Guggisberg, Hans R. und Gottfried G. Krodel (Hg.), Die Reformation in Deutschland und Europa: Interpretationen und Debatten, Heidelberg 1993, S. 256-293

Ders., Einheit und Vielfalt der Reformation – oder: was die Reformation zur Reformation machte, in: Hamm, Berndt, Bernd Moeller und Dorothea Wendebourg, Reformatiostheorien. Ein kirchenhistorischer Disput über Einheit und Vielfalt der Reformation, Göttingen 1995, S. 57-127.

Ders., The Urban Reformation in the Holy Roman Empire, in: Brady Jr., Thomas A., Heiko A. Oberman and James D. Tracy (eds.), Handbook of European History 1400-1600: Late Middle Ages, Renaissance and Reformation, Volume 2: Visions, Programs and Outcomes, Leiden/New York/Köln, 1995, pp 193-220.

Ders., Bürgertum und Glaube. Konturen der städtischen Reformation, Göttingen 1996.

Ders., Normative Zentrierung im 15. und 16. Jahrhundert. Beobachtungen zu Religiosität, Theologie und Ikonologie, in: Zeitschrift für historische Forschung 26, 1999, S.163-202.

Ders., Wie innovativ war die Reformation?, in: Zeitschrift für historische Forschung 27, 2000, S.481-497.

Ders., Farewell to Epochs in Reformation History: A Plea, in: Reformation and Renaissance Review, 16(3), 2014, pp. 211-245.

Hamm, Berndt, Bernd Moeller und Dorothea Wendebourg, Reformatiostheorien. Ein kirchenhistorischer Disput über Einheit und Vielfalt der Reformation, Göttingen 1995.

Haude, Sigrun, In the Shadow of „Savage Wolves": Anabaptist Münster and the German Reformation During the 1530s, Boston/Leiden/Cologne, 2000.

Hendrix, Scott H., Recultivating the Vineyard. The Reformation Agendas of Christianization, Louisville/London, 2004.

Hibst, Peter, Utilitas Publica-Gemeiner Nutz-Gemeinwohl, Framnkfurt am Main 1991.

Hsia, R. Po-Chia, The Myth of the Commune: Recent Historiography on City and Reformation in Germany, in: Central European History 20, 1987, pp. 203-228.

Ders., Münster and the Anabaptists, in: Hsia, R. Po-Chia (ed.), The German People and the Reformation, Ithaca/London, 1988, pp. 51-69.

Ders., Society and Religion in Münster, 1535-1618, New Haven/London, 1984. (Hsia, R. Po-Chia, Gesellschaft und Religion in Münster 1535-1618, Münster 1989)

Isenmann, Eberhard, The Notion of the Common Good, The Concept of Politics, and Practical Policies in Late Medieval and Early Modern German Cities, in: Lecuppre-Desjardin, Elodie and Anne-Laure van Bruaene (eds.), De Bono Communi. The Discourse and Practice of the Common Good in the European City (13th-16th c.), Turnhour, 2010, pp. 107-148.

Ders., Die deutsche Stadt im Spätmittelalter 1150-1500. Stadtgestalt, Recht, Verfassung, Stadtregiment, Kirche, Gesellschaft, Wirtschaft, Wien/Köln/Weimar 2012.

Jakobi, Franz-Josef, Bevölkerungsentwicklung und Bevölkerungsstruktur im Mittelalter und in der frühen Neuzeit, in: Jakobi, Franz-Josef (Hg.), Geschichte der Stadt Münster, Bd. 1, Münster 1993, S. 485-534.

Jelsma, A. J., De Koning en de Frouwen; Münster 1534-1535, in: Gereformeerd theologisch Tijdschrift 75, 1975, pp. 82-107.

Ders., The King and the Women: Münster 1534-35, in: Ders., Frontiers of the Reformation. Dissidence and Orthodoxy in Sixteenth-Century Europa, Aldershot/Brookfield/Singapore/Sydney, 1998, pp. 52-74.

Kauder-Steiniger, Rita, Täuferinnen - Opfer oder Heldinnen? Spurensuche nach den Frauen in Münster während der Reformation und der Täuferherrschaft, in: Rommé, Barbara (Hg.), Das Königreich der Täufer in Münster - Neue Perspektiven, Münster 2003, S. 13 - 40.

Kaufmann, Thomas, Die deutsche Reformationsforschung seit dem Zweiten Weltkrieg, in: Archiv für Reformationsgeschichte 100, 2009, S, 15-47.

Kautsky, Karl, Die Vorläufer des neueren Sozialismus, Zweiter Band, Der Kommnismus in der deutschen Reformation, 6. unveränderte Auflage, Stuttgart/Berlin 1921.

Kirchgässner, Bernhard, Probleme quantitativer Erfassung städtischer Unterschicht im Spätmittelalter, besonders in den Reichsstädten Konstanz und Esslingen, in: Maschke, Erich und Jürgen Sydow (Hg.), Gesellschaftliche Unterschichten in den südwestdeutschen Städten, Stuttgart 1967, S. 75-89.

Kirchhoff, Karl-Heinz, Die landständischen Schatzungen des Stifts Münster im 16. Jahrhundert, in: Westfälische Forschungen 14, 1961, S.117-133.

Ders., Die Belagerung und Eroberung Münsters 1534/35. Militärische Maßnamen und politische Verhandlungen des Fürstbischofs Franz von Waldeck, in: Westfälische Zeitschrift 112, 1962, S. 77-170.

Ders., Die Häuser der Wiedertäufer in Münster 1535. Möglichkeiten der Auswertung einer Quellengruppe zur Geschichte der Stadt Münster, in: Westfälische Forschungen 15, 1962, S. 140-143.

Ders., Gab es eine friedliche Täufergemeinde in Münster 1534?, in: Jahrbuch des Vereins für Westfälische Kirchengeschichte 55/56, 1962/63, S. 7-21.

Ders., Die Täufer im Münsterland. Verbreitung und Verfolgung des Täufertums im Stift Münster 1533-1550, in: Westfälische Zeitschrift 113, 1963, S. 1-109.

Ders., Exekutivorgane und Rechtspraxis der Täuferverfolgung im Münsterland 1533-1546, in: Westfälische Forschungen 16, 1963, S. 161-180.

Ders., Gilde und Gemeinheit im Münster/Westfalen 1525-1534. Zur legalen Durchsetzung einer oppositionellen Bewegung, in: Ehbrecht, Wilfried und Heinz Schilling (Hg.), Niederlande und Nordwestdeutschland. Studien zur Regional- und Stadtgeschichte Nordwestkontinentaleuropas im Mittelalter und in der Neuzeit, Köln/Wien 1983, S. 164-179.

Ders., Die Endzeiterwartung der Täufergemeinde zu Münster 1534/35. Gemeindebildung unter dem Eindruck biblischer Verheißungen, in: Jahrbuch für Westfälische Kirchengeschichte 78, 1985, S.19-42.

Ders., Das Phänomen des Täuferreiches zu Münster 1534/35, in: Petri, F. (Hg.), Der Raum Westfalen 6. Fortschnitte der Forschung und Schulußbilanz 1, Münster 1989, S. 277-422.

Ders., Stadtgrundriß und topographische Entwicklung, in: Jakobi, Franz-Josef (Hg.), Geschichte der Stadt Münster, Bd. 1, Münster 1993, S. 447-484.

Ders., Die "Wiedertäufer-Käfige" in Münster, Münster 1996.

Ders., Berechnungen zur Endzeit im Münsterischen Täufertum 1533-1540, in: Jahrbuch für Westfälische Kirchengeschichte 95, 2000, S. 29-36.

Klötzer, Ralf, Hoffnungen auf eine andere Wirklichkeit. Die Erwartungshorizonte in der Täuferstadt Münster 1534/35, in: Fischer, Norbert und Marion Kobelt-Groch (Hg.), Aussenseiter zwischen Mittelalter und Neuzeit. Festschrift für Hans-Jürgen Goertz zum 60. Geburtstag, Leiden/New York/Köln 1997, S. 153-169.

Ders., Die Verhöre der Täuferführer von Münster vom 25. Juli 1535 auf Haus Dülmen. Zwei Versionen im Vergleich, in: Mennonitische Geschichtsblätter 59, 2002, S. 145-172.

Ders., Missachtete Vorfahren. Über die Last alter Geschichtsbilder und Ansätze neuer Wahrnehmung der Täuferherrschaft in Münster, in: Rommé, Barbara (Hg.), Das Königreich der Täufer in Münster - Neue Perspektiven, Münster 2003, S. 41-63.

Ders., The Melchiorites and Münster, in : Roth, John D. and James M. Stayer (eds.), A Companion to Anabaptism and Spiritualism, 1521-1700, Leiden/Boston, 2007, pp. 217-256.

Ders., Herrschaft und Kommunikation. Propheten, König und Stadtgemeinde im täuferischen Münster 1534/35, in: Schubelt, Anselm, Astrid von Schlachta und Michael Driedger (Hg.), Grenzen des Täufertums / Boundaries of Anabaptism. Neue Forschungen. Beiträge der Konferenz in Göttingen vom 23.-27. 08. 2006, Heidelberg 2009, S. 326-345.

Klötzer, Ralf - Ernst Laubach, Kontroverse Fragen zur Täuferherrschaft in Münster. Eine Podiumsdiskussion, in: Westfälische Zeitschrift 162, 2012, S. 45-79.

Kluge, Dietrich, Kirchenordnung und Sittenzucht in Münster (1533), in: Jahrbuch für Westfälische Kirchengeschichte 67, 1974, S. 219-235.

Kobelt-Groch, Marion, Aufsässige Töchter Gottes. Frauen im Bauernkrieg und in den Täuferbewegungen, Frankfurt 1993.

Krumbholtz, Robert, Die Gewerbe der Stadt Münster bis zum Jahre 1661, Leipzig 1898.

Kühler, W. J., Geschiedenis der nederlandsche Doopsgezinden in de zestiende Eeuw, Haarlem, 1932.

Kuratsuka, Taira, Gesamtgilde und Täufer: Der Radikalisierungsprozeß in der Reformation Münsters: Von der reformatorischen Bewegung zum Täuferreich 1534/34, in: Archiv für Reformationsgeschichte 76, 1985, S. 231-270.

Lahrkamp, Helmut, Vom Patronatsrecht des münsterschen Rates, in: Bierbaum, Max (Hg.), Studia Westfalica. Beiträge zur Kirchengeschichte und religiösen Volkskunde Westfalens. Festschrift für Alois Schröer, Westfalia Sacra, Bd. 4, Münster 1973, S. 214-229.

Laubach, Ernst, Jan Mathys und die Austreibung der Taufunwilligen aus Münster Ende Februar 1534, in: Westfälische Forschungen 36, 1986, S.146-158.

Ders., Das Täuferreich zu Münster in seiner Wirkung auf die Nachwelt. Zur Entstehung und Tradierung eines Geschichtsbildes, in: Westfälische Zeitschrift 141, 1991, S. 124-150.

Ders., Reformation und Täuferherrschaft, in: Jakobi, Franz-Josef (Hg.), Geschichte der Stadt Münster, Bd. 1, Münster 1993, S. 145-216.

Ders., Habent sua fata libelli. Zu zwei Werken über die Täuferherrschaft in Münster, in: Westfälische Zeitschrift 143, 1993, S. 31-51.

Ders., Beobachtungen zur Rolle von Frauen in den deutschen Täufergemeinschaften des 16. Jahrhunderts, in: Zeitschrift für historische Forschung 29, 2002, S.57-77.

Lauster, Jörg, Die Verzauberung der Welt. Eine Kulturgeschichte des Christentums, 3. Auflage, München 2015.

Lethmate, Franz, Die Bevölkerung Münsters i. W. in der zweiten Hälfte des 16. Jahrhunderts, Münster 1912.

Lutterbach, Hubertus, Ein Lebensbild: Bernhard Rothmann (1495-1535) aus Stadtlohn. Mitbegründer des „Neuen Jerusalems" in Münster, in: Söbbing, Ulrich (Redaktion), Auf dein Wort hin. 1200 Jahre Christen in Stadtlohn, Stadtlohn 2000, S. 100-105.

Ders., Der Weg in das Täuferreich von Münster. Ein Ringen um die heilige Stadt, Geschichte des Bistums Münster, Bd. 3, Münster 2006.

Lutz, Robert Hermann, Wer war der gemeine Mann? Der dritte Stand in der Krise des Spätmittelalters, München/Wien 1979.

Marnef, Guido, Belgian and Dutch Post-war Historiography on the Protestant and Catholic Reformation in the Netherlands, in: Archiv für Reformationsgeschichte 100, 2009, S. 276-283.

Maschke, Erich, Die Unterschichten der mittelalterlichen Städte Deutschlands, in: Maschke, Erich und Jürgen Sydow (Hg.), Gesellschaftliche Unterschichten in den südwestdeutschen Städten, Stuttgart 1967, S. 1-74.

Meier, Ulrich und Klaus Schreiner, Regimen civitatis. Zum Spannungsverhältnis von Freiheit und Ordnung in alteuropäischen Stadtgesellschaften, in: Schreiner, Klaus und Ulrich Meier (Hg.), Stadtregiment und Bürgerfreiheit. Handlungsspielräume in deutschen und italienischen Städten des Späten Mittelalters und der Frühen Neuzeit, Göttingen 1994, S. 11-34.

Mellink, A. F., De Wederdopers in de noordelijke Nederlanden 1531-1544, Groningen, 1953.

Mendl, Bedřich, Breslau zu Beginn des 15. Jahrhunderts. Eine statistische Studie nach dem

Steuerbuche von 1403, in: Zeitschrift des Vereins für Geschichte und Alterthum Schlesiens 63, 1929, S. 154–185.

Moeller, Bernd, Reichsstadt und Reformation, Bearbeitete Neuausgabe, Berlin 1987.（ベル ント・メラー著、森田安一、棟居洋、石引政志訳『帝国都市と宗教改革』教文館、 1990年）

Ders., Was wurde in der Frühzeit der Reformation in den deutschen Städten gepredigt?, in: Archiv für Reformationsgeschichte 75, 1984, S. 176-193.

Ders., Die Rezeption Luthers in der frühen Reformation, in: Hamm, Berndt, Bernd Moeller und Dorothea Wendebourg, Reformatiostheorien. Ein kirchenhistorischer Disput über Einheit und Vielfalt der Reformation, Göttingen 1995, S. 9-29.

Mörke, Olaf, Rat und Bürger in der Reformation. Soziale Gruppen und kirchlicher Wandel in den welfischen Hansestädten Lüneburg, Braunschweig und Göttingen, Hildesheim 1983.

Ders., Die Reformation. Voraussetzungen und Durchsetzung, München 2005.

Oberman, Heiko A., Anticlericalism as an Agent of Change, in: Dykema, Peter A. and Heiko A. Oberman, (eds.), Anticlericalism in Late Medieval and Early Modern Europe, Leiden/New York/Köln, 1994, pp. ix-xi.

Oltmer, Jochen und Anton Schindling, Der soziale Charakter des Täuferreichs zu Münster 1534/1535. Anmerkungen zur Forschungslage, in: Historisches Jahrbuch 110, 1990, S. 476-491.

Ozment, Steven E., The Reformation in the Cities. The Appeal of Protestantism to Sixteenth-Century Germany and Switzerland, New Haven/London, 1975.

Paasche, Hermann, Die städtische Bevölkerung früherer Jahrhunderte. Nach urkundlichen Materialien aus dem Raths-Archive der Stadt Rostock, in: Jahrbücher für Nationalökonomie und Statistik N. F. 5, 1882, S. 303-380.

Petri, Franz, Das Reich der Wiedertäufer zu Münster. Ein frühbürgerlicher Vorläufer der proletarischen Revolution des 20. Jahrhunderts?, in: Besch, Werner, Klaus Fehn, Dietrich Höroldt, Franz Irsigler und Matthias Zender (Hg.), Die Stadt in der europäischen Geschichte. Festschrift Edith Ennen, Bonn 1972, S. 623-637.

Prinz, Joseph, Mimigernaford - Münster. Die Entstehungsgeschichte einer Stadt, 3., durchgesehene Auflage, Münster 1981.

Ders., Bernd Knipperdollinck und seine Sippe, in: Westfalen 40, 1962, S. 96-116.

Rammstedt, Otto-Heinrich, Sekte und soziale Bewegung. Soziologische Analyse der Täufer in Münster (1534/35), Köln/Opladen 1966.

Ders., Stadtunruhen 1525, in: Wehler, Hans-Urlich (Hg.), Der Deutsche Bauernkrieg 1524-1526, Göttingen 1975, S. 239-276.

Ranke, Leopold von, Deutsche Geschichte im Zeitalter der Reformation, Berlin 1839-47.

Rembert, Karl, Die "Wiedertäufer" im Herzogtum Jülich. Studien zur Geschichte der Reformation, besonders am Niederrhein, Berlin 1899.

Rosseaux, Ulrich, Städte in der Frühen Neuzeit, Darmstadt 2006.

Roth, John D. and James M. Stayer (eds.), A Companion to Anabaptism and Spiritualism, 1521-1700, Leiden/Boston, 2007.

Rublack, Hans-Christoph, Reformatorische Bewegung und städtischey/Kirchenpolitik in Esslingen, in: Bátori, Ingrid (Hg.), Städtische Gesellschaft und Reformation, Stuttgart 1980, S. 191-220.

Schilling, Heinz, Aufstandsbewegungen in der stadtbürgerlichen Gesellschaft des Alten Reiches. Die Vorgeschichte des Münsteraner Täuferreichs, 1525-1534, in: Wehler, Hans-Ulrich (Hg.), Der Deutsche Bauernkrieg 1524-1526, Göttingen 1975, S. 193-238.

Ders., Die politische Elite nordwestdeutscher Städte in den religiösen Auseinandersetzungen des 16. Jahrhunderts, in: Mommsen, Wolfgang J. (Hg.), Stadtbürgertum und Adel in der Reformation. Studien zur Sozialgeschichte der Reformation in England und Deutschland, Stuttgart 1979, S. 235-308.

Ders., Die Konfessionalisierung im Reich. Religiöser und gesellschaftlicher Wandel in Deutschland zwischen 1555 und 1620, in: Schorn-Schütte, Luise und Olaf Mörke (Hg.), Ausgewählte Abhandlungen zur europäischen Reformations- und Konfessionsgeschichte von Heinz Schilling, Berlin 2002, S. 504-540 (Historische Zeitschrift 246, 1988, S. 1-45).

Ders., Gab es im späten Mittelalter und zu Beginn der Neuzeit in Deutschland einen städtischen „Republikanismus"? Zur Politische Kultur des alteuropäischen Stadtbürgertums, in: Schorn-Schütte, Luise und Olaf Mörke (Hg.), Ausgewählte Abhandlungen zur europäischen Reformations- und Konfessionsgeschichte von Heinz Schilling, Berlin 2002, S. 157-204. (Koenigsberger, Helmut Georg (Hg.), Republiken und Republikanismus im Europa der Frühen Neuzeit, München 1988, S. 101-143)

Schmidt, Heinrich Richard, Konfessionalisierug im 16. Jahrhundert, München 1992.

Schorn-Schütte, Luise, Obrigkeitskritik und Widerstandsrecht. Die politica christiana als Legitimitätsgrundlage, in: Schorn-Schütte, Luise (Hg.), Aspekte der politischen Kommunikation in Europa des 16. und 17. Jahrhunderts, Historische Zeitschrift Beihefte (Neue

Folge), Band 39, München 2004, S. 195-232.

Schröer, Alois, Die Reformation in Westfalen. Der Glaubenskampf einer Landschaft, 1. Bd., Münster 1979.

Ders., Die Reformation in Westfalen. Der Glaubenskampf einer Landschaft, 2. Bd., Münster 1983.

Schubert, Anselm, Täuferforschung zwischen Neukonfessionalismus und Kulturgeschichte, in: Schubelt, Anselm, Astrid von Schlachta und Michael Driedger (Hg.), Grenzen des Täufertums / Boundaries of Anabaptism. Neue Forschungen. Beiträge der Konferenz in Göttingen vom 23.-27. 08. 2006, Heidelberg 2009, S. 399-405.

Schuler, Peter-Johannes, Die Bevölkerungsstruktur der Stadt Freiburg im Breisgau im Spätmittelalter. Möglichkeiten und Grenzen einer quantitativen Quellenanalyse, in: Ehrecht, Wilfried (Hg.), Voraussetzungen und Methoden geschichtlicher Städteforschung, Köln 1979, S. 139-176.

Schulte, Gottfried, Die Verfassungsgeschichte Münsters im Mittelalter, in: Hellinghaus, D. (Hg.), Quellen und Forschungen zur Geschichte der Stadt Münster i. W., Erster Band, Münster 1898, S. 1-160.

Schupp, Katja, Zwischen Faszination und Abscheu: Das Täuferreich von Münster, Münster/ Hamburg/London 2002.

Schwerhoff, Gerd, Stadt und Öffentlichkeit in der Frühen Neuzeit. Perspektiven der Forschung in: Schwerhoff, Gerd (Hg.), Stadt und Öffentlichkeit in der Frühen Neuzeit, Köln/Weimar/Wien 2011, S. 1-28.

Scribner, Bob, Communities and the Nature of Power, in: Scribner, Bob (ed.), Germany. A New Social and Economic History, Vol.1 1450-1630, London/New York/Sydney/Auckland, 1996, pp. 291-325.

Sepp, Christiaan, Kerkhistorische studiën, Leiden, 1885.

Snyder, C. Arnold, Beyond Polygenesis: Recovering the Unity and Diversity of Anabaptist Theology, in: Pipkin, H. Wayne (ed.), Anabaptist Theology, Elkhart, 1994, pp. 1-33.

Ders., Anabaptist History and Theologie: An Introduction, Kitchener 1995.

Ders., Swiss Anabaptism: The Beginnings, 1523-1525, in: Roth, John D. and James M. Stayer (eds.), A Companion to Anabaptism and Spiritualism, 1521-1700, Leiden/Boston, 2007, pp. 45-81.

Snyder, C. Arnold und Linda A. Huebert Hecht (eds.), Profiles of Anabaptist Women. Sixteenth-Century Reforming Pioneers, Waterloo, 1996.

Stayer, J. M., Packull W. O. and K. Deppermann, From Monogenesis to Polygenesis: The Historical Discussion of the Anabaptist Origins, in: The Mennonite Quarterly Review 49, 1975, pp. 83-121.

Stayer, James. M., The Münsterite Rationalization of Bernhard Rothmann, in: Journal of the History of Ideas 28, 1967, pp. 179-192.

Ders., Anabaptists and the Sword, Lawrence, 1972.

Ders., Anabaptists and the Sword, 2. Edition, Lawrence, 1976.

Ders., Unsichere Geschichte: Der Fall Münster (1534/35). Aktuelle Probleme der Forschung, in: Mennonitische Geschichtsblätter 59, 2002, S. 63-78.

Ders., Introduction, in: Roth, John D. and James M. Stayer (eds.), A Companion to Anabaptism and Spiritualism, 1521-1700, Leiden/Boston, 2007, pp. xiii-xxiv.

Ders., Swiss-South German Anabaptism, 1526-1540, in: Roth, John D. and James M. Stayer (eds.), A Companion to Anabaptism and Spiritualism, 1521-1700, Leiden/Boston, 2007, pp. 83-117.

Ders., Whither Anabaptist Studies?, in: Schubelt, Anselm, Astrid von Schlachta und Michael Driedger (Hg.), Grenzen des Täufertums / Boundaries of Anabaptism. Neue Forschungen. Beiträge der Konferenz in Göttingen vom 23.-27. 08. 2006, Heidelberg 2009, S. 395-398.

Stjerna, Kirsi, Women and the Reformation, Malden/Oxford, 2009.

Studer, Barbara, Frauen im Bürgerrecht. Überlegungen zur rechtlichen und sozialen Stellung der Frau in Spätmittelalterlichen Städten, in: Schwinges, Rainer Christoph (Hg.), Neubürger im späten Mittelalter. Migration und Austausch in der Städtelandschaft des alten Reiches (1250-1550), Zeitschrift für historische Forschung. Beiheft 30, Berlin 2002, S. 169-200.

Stupperich, Robert, Wer war Henricus Dorpius Monasteriensis? Eine Untersuchung über den Verfasser der „Warhafftigen Historie, wie das Evangerium zu Münster angefangen und danach, durch die Wiederteuffer verstöret, widder aufgehöret hat." Wittenberg 1536, in: Jahrbuch des Verreins für westfälische Kirchengeschichte 51/52, 1958/59, S. 150-160.

Ders., Strassburg und Münster in ihren Beziehungen 1531-1534, in: Revue D'Histoire et de Philosophie Religieuses 54, 1974, S. 69-77.

Uthmann, Karl Josef, Sozialstruktur und Vermögensbildung im Hildesheim des 15. und 16. Jahrhunderts, Bremen/Horn 1957.

Visser, Piet, Mennonite and Doopsgezinden in the Netherlands, 1535-1700, in: Roth, John D.

and James M. Stayer (eds.), A Companion to Anabaptism and Spiritualism, 1521-1700, Leiden/Boston, 2007, pp. 299-345.

Vogler, Günter, Die Täuferherrschaft in Münster und die Reichsstände. Die politische, religiöse und militärische Dimension eines Konflikts in den Jahren 1534 bis 1536, Gütersloh 2014.

Waite, Gary K., The Anabaptist Movement in Amsterdam and the Netherlands, 1531-1535. An Initial Investigation into its Genesis and Social Dynamics, in: The Sixteenth Century Journal 18, 1987, pp. 249-265.

Wallace, Peter G., The Long European Reformation, Second Edition, Basingstoke, 2012.

Wesoly, Kurt, Der weibliche Bevölkerungsanteil in spätmittelalterlichen und frühneuzeitlichen Städten und die Bestätigung von Frauen im zünftigen Handwerk (insbesondere am Mittel- und Oberrhein), in: Zeitschrift für die Geschichte des Oberrheins 128, 1980, S. 69-117.

Wiesner-Hanks, Merry, Gender and the Reformation, in: Archiv für Reformationsgeschichte 100, 2009, S, 350-365.

Williams, George Huntston, The Radical Reformation, Philadelphia, 1962.

Willoweit, D., Obrigkeit, in: Erler, Adelbert und Ekkehard Kaufmann (Hg.), Handwörterbuchzur dentschen Rechtsgeschichte, 3. Band, Berlin 1984, S. 1171-1174.

Wolgast, Eike, Stellung der Obrigkeit zum Täufertum und Obrigkeitsverständnis der Täufer in der ersten Hälfte des 16. Jahrhunderts, in: Goertz, Hans-Jürgen und James M. Stayer (Hg.), Radikalität und Dissent im 16. Jahrhundert, Berlin 2002, S. 89-120.

Wunder, Heide, „Er ist die Sonn', sie ist der Mond". Frauen in der Frühen Neuzeit, München 1992.

Zijlstra, Samme, Nicolaas Meyndertsz. van Blesdijk. Een bijdrage tot de geschiedenis van het Davidjorisme, Groningen, 1983.

Ders., Om de ware gemeente en de oude gronden. Geschiedenis van de dopersen in de Nederlanden 1531-1675, Leeuwarden, 2000.

赤木善光『宗教改革者の聖餐論』教文館、2005年。

阿部謹也「ゲルハルト・ブレンドラー著『ミュンスター再洗礼派王国1534・35』」『商学研究』17(3)、1967年、83-105頁。

今橋朗、竹内謙太郎、越川弘英監修『キリスト教礼拝・礼拝学事典』日本基督教団出版局、2006年。

ウィルスン、ピーター著、山本文彦訳『ヨーロッパ史入門　神聖ローマ帝国1495-1806』岩波書店、2005年。

エンゲルス、フリードリヒ著、藤原浩、長坂聰訳「ドイツ農民戦争」山川均他訳『マルクス・エンゲルス選集　第10巻　フランスの内乱・ドイツ農民戦争』新潮社、1956年、3-98頁。

小倉欣一「フランクフルト市民の「46ヵ条」訴願書（1525年）について―「宗教改革と農民戦争」研究への一つの寄与―」『経済論集』第5巻第1・2号、1980年3月、319-351頁。

小倉欣一「フランクフルトの宗教改革―市民蜂起からシュマルカルデン同盟への道―」中村賢二郎、倉塚平編『宗教改革と都市』刀水書房、1983年、159-191頁。

踊共二「再洗礼派運動と農民戦争」『史潮』新23号、1988年、89-101頁。

踊共二「宗教改革急進派―その起源と宗派化の諸相―」森田安一編『ヨーロッパ宗教改革の連携と断絶』教文館、2009年、41-54頁。

踊共二「宗派化論―ヨーロッパ近世史のキーコンセプト―」『武蔵大学人文学会雑誌』第42巻第3・4号、2011年、221-270頁。

川名洋『イギリス近世都市の「公式」と「非公式」』創文社、2010年。

倉塚平『異端と殉教』筑摩書房、1972年。

倉塚平「序説　ラディカル・リフォーメーション研究史」倉塚平他編訳『宗教改革急進派』ヨルダン社、1972年、26-61頁。

倉塚平「ミュンスター千年王国と社会層」『明治大学社会科学研究所年報』22、1982年、34-43頁。

倉塚平「ミュンスターの宗教改革―再洗礼派千年王国への道―」中村賢二郎、倉塚平編『宗教改革と都市』刀水書房、1983年、259-316頁。

倉塚平「ミュンスター再洗礼派王国論（1）」『政経論叢』明治大学政治経済研究所紀要56巻5/6号、1988年、1-119頁。

倉塚平「書評　ミュンスター市における社会と宗教1535～1618年。Hsia R. Po-Chia, Society and Religion in Münster 1535-1618 Yale U. P. 1984」『政経論叢』69-1、2000年、107-143頁。

榊原巌『アナバプティスト派古典時代の歴史的研究』平凡社、1972年。

櫻井美幸「帝国都市ケルンにおける宗教改革運動―16世紀前半を中心に」『ヨーロッパ文化史研究』8、2007年、77-111頁。

渋谷聡「『近世的都市共和主義』の展開と終息　神聖ローマ帝国とアーバン・ベルト地帯のはざまから」小倉欣一編『近世ヨーロッパの東と西　共和国の理念と現実』

山川出版社、2004年、170-195頁。

シュトゥッペリッヒ、R. 著、森田安一訳『ドイツ宗教改革史研究』ヨルダン社、1984年。

スクリブナー、R. W.、C. スコット・ディクソン著、森田安一訳『ドイツ宗教改革（ヨーロッパ史入門）』岩波書店、2009年。

瀬原義生『皇帝カール5世とその時代』文理閣、2013年。

高津秀之「"誰が全ての決定権をもつのか"―近世ケルン市のワイン税徴収をめぐって―」『早稲田大学大学院文学研究科紀要』46(4)、2000年、33-44頁。

高津秀之『ドイツ近世都市ケルンの共和主義―ヘルマン・ヴァインスベルクの回想録にみる参事会と市民の政治的対話―』早稲田大学提出博士論文、2012年（未刊行）。

田中真造「初期市民革命としての宗教改革とドイツ農民戦争」『思想』591、1973年9月、149-162頁。

田中俊之「ドイツ中世都市における「公共の福利」理念」『史林』76-6、1993年、41-73頁。

田中淳、土屋淳二『集合行動の社会心理学』北樹出版、2003年。

出村彰『再洗礼派　宗教改革時代のラディカリストたち』日本基督教団出版局、1970年。

出村彰「矛盾の責務　アナバプティスト、バルタザール・フープマイアーの生と死」出村彰『出村彰宗教改革論集2　ツヴィングリ　改革派教会の遺産と負債』新教出版社、2010年、312-337頁。

ドリュモー、ジャン著、永見文雄、西澤文昭訳『恐怖心の歴史』新評論、1997年。

永田諒一『ドイツ近世の社会と教会―宗教改革と信仰派対立の時代―』ミネルヴァ書房、2000年。

中村賢二郎、倉塚平編『宗教改革と都市』刀水書房、1983年。

永本哲也「宗教改革期ミュンスターの社会運動（1525-35年）と都市共同体―運動の社会構造分析を中心に―」『西洋史研究』新輯第37号、2008年、86-117頁。

永本哲也「ミュンスター宗教改革運動における市参事会の教会政策―1525-34年市内外諸勢力との交渉分析を通じて―」『歴史学研究』876、2011年2月号、20-36、57頁。

永本哲也「1534年2月下ライン地方における宗教改革思想・再洗礼主義の伝播―ヤコブ・フォン・オッセンブルクによるミュンスター再洗礼派の宣教分析を通じて―」『エクフラシス』3、2013年、161-177頁。

永本哲也「帝国諸侯による「不在」の強制と再洗礼派による抵抗―1534―35年ミュンスター包囲戦における言論闘争と支援のネットワーク形成」『歴史学研究』947、2016年8月号、36-47頁。

永本哲也、猪刈由紀、早川朝子、山本大丙編『旅する教会　再洗礼派と宗教改革』新教出版社、2017年。

日本ルーテル神学大学ルター研究所編『ルターと宗教改革事典』教文館、1995年。

西川杉子「長期の宗教改革運動—17・18世紀の展開」森田安一編『ヨーロッパ宗教改革の連携と断絶』教文館、2009年、91-106頁。

フリードマン、ロバート著、榊原巌訳『アナバプティズムの神学』平凡社、1975年。

ブルンナー、オットー著、石井紫郎他訳『ヨーロッパ—その歴史と精神』岩波書店、1974年。

ブロック、マルク著、堀米庸三監訳『封建社会』岩波書店、1995年。

マクグラス、A. E. 著、高柳俊一訳『宗教改革の思想』教文館、2000年。

マクグラス、A. E. 著、佐柳文男訳『プロテスタント思想文化史　16世紀から21世紀まで』教文館、2009年。

棟居洋『ICU 比較文化叢書1 ドイツ都市宗教改革の比較史的考察—リューベックとハンブルクを中心として—』国際基督教大学比較文化研究会、1992年。

村上みか「メノ・シモンズにおける「国家と教会」—宗教改革期における政教分離思想の萌芽—」『人文学と神学』8、2015年、1-15頁。

森田安一「スイス人文主義の一側面—ツヴィングリ、ヴァディアン、グレーベル—」『日本女子大学紀要　文学部』55、2005年、43-60頁。

渡邊伸『宗教改革と社会』京都大学学術出版会、2001年。

あとがき

　これは、ヨーロッパの歴史上最も特異な宗教運動の一つ、ミュンスター再洗礼派運動が成立するまでの過程を描いた本です。

　その舞台となるミュンスターは、ドイツ北西部ヴェストファーレン地方の中心都市の一つです。16世紀に宗教改革がヨーロッパ各地で広がっていく中、最初はありふれた社会運動として始まったミュンスターの宗教改革は、ベルンハルト・ロートマンという説教師のサクラメント論の変化を契機に、特異な宗教改革運動へと変貌していきました。

　その結果始まったのが、再洗礼派によるミュンスターの統治です。再洗礼派は、神聖ローマ帝国で異端・反乱者として死をもって禁じられていたため、ミュンスター再洗礼派は、帝国諸侯の軍隊と包囲戦を繰り広げることになりました。本書が扱うのは、この再洗礼派統治が始まるまでの時期です。

　ミュンスター再洗礼派は、終末が間近に迫っており、新しいエルサレムたるミュンスターでのみ、神による罰を免れえると信じていました。市内では、預言者を頂点とした神権政が成立し、既存の都市制度が廃止され、財産共有制や一夫多妻制が導入されました。しかし、16ヶ月の包囲戦の後ミュンスターは包囲軍により占領され、再洗礼派による統治は終焉を迎えました。逮捕された3人の再洗礼派指導者は公開処刑され、その遺体を入れた檻が見せしめのために聖ランベルティ教会の塔に吊されました。

　このような特異な宗教運動は、ヨーロッパの歴史でも他にほとんど例がありません。現代の日本で言えば、オウム真理教が甲府市を占領して、1年半近く自衛隊と戦争するようなものでしょうか。およそ非現実的に思えますが、ミュンスター再洗礼派運動は、絵空事ではなく、実際に起こった出来事です。

私が、このような突飛な宗教運動を研究対象にしようと思ったのは、元々人が何かを信じるということに関心を持っていたためです。以前は神などの超自然的な存在、間近な終末のような非現実的なことを信じている人が、世の中に多々いることを不思議に思っていたので、何故人はそのようなことを信じうるのか、その理由を知りたかったのです。そして、強い信仰心を持っていた人々のことを調べれば、その理由の一端が分かるのではないかと考えました。

　その際、私がミュンスター再洗礼派を研究対象に選んだのは、まさに彼らが自分の命を賭して強大な敵と戦うほどに強い信仰を持った人達だったからです。私が、ミュンスター再洗礼派の事を知ったのは、荒俣宏が彼らの事を紹介した本を読んだことがきっかけでした。そして、ノーマン・コーンの『千年王国の追求』（紀伊國屋書店、1978年）で、ミュンスターで起こったことの一部始終を知り、彼らの信仰のあり方を研究してみたくなりました。あれからもう、20年の月日が流れたとは早いものです。

　とは言え今は、自分の最初の関心である信仰のあり方を解明するためには、歴史学の研究ではなく、進化生物学や進化心理学の研究の方が適切だったのだろうと考えています。私が研究を始めた1990年代以降、認知科学が急速に発展し、人間の信仰を解明するようになってきたためです。そのため、この問題については自分の研究で知見を深めるというよりは、他の方々の研究成果から学びたいと考えています。

　しかし、当初の目論見は外れたとは言え、私はまだミュンスター再洗礼派の研究を続け、大変面白いと思い続けています。私が研究する時に、大きな関心を持ち、本書でも取り組み、今後より分析を深めていきたいと思っている点は、主に三つあります。

　一つ目は、偶然を学問的に取り扱うことです。ミュンスター再洗礼派運動は歴史上稀に見る例外的なものですが、その母体となった宗教改革運動はありふれたもので、その担い手のミュンスターの人々も普通の人達です。それが特異な運動になったのは、様々な偶然が積み重なったか

あとがき

らだと私は考えています。歴史学でも理論的な論考では、歴史における偶然の重要さが強調されることがありますが、個別の実証研究で偶然が重要な要因として挙げられることは稀ではないかと思います。（遅塚忠躬『史学概論』東京大学出版会、2010年、414-416頁によると、偶然を強調する個別研究も登場しているようですが。）しかし、ミュンスター再洗礼派運動のような例外的な現象を考える時に、偶然性は無視できないので、この本でもあえて大きく取り上げました。

　ただし、私もまだミュンスター再洗礼派運動のような偶然が大きな影響を及ぼして生じた例外的現象をどのように捉えれば良いのか、良く分かっていません。今のところは、べき乗分布に則り起こる無数の出来事の中の極少数の大規模なものとして理解しています。マーク・ブキャナンは、『歴史の方程式』（早川書房、2003年）で、地震や火災、戦争や株価の変動、都市の人口等様々な現象の規模がべき乗則に従っていると指摘しています。例えば地震なら、規模が大きくなればなるほど、その数は加速度的に少なくなっていくので、極めて多数の小規模な地震と、極めて少数の大規模な地震が起こることになります。おそらく千年王国運動の規模もべき乗分布しており、ミュンスター再洗礼派運動は、地震で言えば東日本大震災のような、その中の極少数しかない大規模な運動に当たるのではないかと考えてます。とは言え、歴史的な事件の場合、事件の種類をどう判定し、その範囲や規模をどう評価するかが難しいため、どのようにして上の仮説を検証できるかは、現在の私には分かりません。しかし、いずれこの問題には真剣に取り組まねばならないと思っています。

　二つ目は、複雑なことを、なるべく複雑なまま描き出そうとしたことです。ミュンスターに限らず、宗教改革運動には考えや利害を異にする色々な人々が参加していましたが、管見の限り、これまでの研究では多様な人々の動機や行動がいかに相互作用していったか、十分に明らかになっていない気がしていました。特に私が気になっていたのは、女性の役割が十分に考慮されて来なかったことです。ヴィースナー＝ハンクス

427

は、2009年に女性史・ジェンダー史研究が劇的に進んだにもかかわらず、主流派の宗教改革史研究から隔離されたままだと指摘しました（本書註58を参照）。彼女は、1987年の論文で女性史や家族史が「ゲットー化 ghettoizing」されていると述べましたが、21世紀でも状況が根本的に変わったとは言えないようです[810]。私は「ゲットー化」を避けるために、女性や貧しい男性も含めた全ての集団、社会階層を同じように扱い、彼らの動機や行動がいかに相互作用して運動を進めたのかを明らかにしようとしました。しかし、この複雑な相互作用をどう分析して良いのか妙案が浮かばず、あれこれ考えるうちに長い時間が経ってしまいました。最終的に、階層化された多様な動機と規範の結びつきの再編、そして合意形成の発展段階に注目することで、その相互作用を拙いながら描いてみました。未だ道半ばですが、少なくとも女性や貧しい男性を「ゲットー化」しない研究には仕上げられたと思っています。

　三つ目は、史料にはなかなか出てこない重要なことを扱おうとすることです。私は、研究を進める中で、ミュンスター再洗礼派の大半を占める女性の言動、宗教改革運動支持者達の私的なやり取りといった重要なことが、史料にはほとんど出てこないことに気づかざるを得ませんでした。そのため、史料に出てくる記述だけを見ていると、歴史記述は自ずと大きく偏ってしまうと思いながら研究をしてきました。とは言え、史料に書いていないことを想像するだけだと、根拠のない妄想になってしまいます。そこで、非公式な領域や実質的合意という概念を利用することで、史料からは直接把握できないことを間接的に浮かび上がらせようと試みました。しかしこれも不十分なので、今後も、何か上手い方法はないか考えていこうと思っています。

　上で挙げた三つのやりたいことは、どれもきちんとした研究にするのは大変なので、私は試行錯誤ばかりして、なかなか業績を増やすことができませんでした。しかし、足りない頭で必死で考え続けるうちに、気がついたらこんな研究ができあがっていました。これがどの程度上手く行ったかどうかはわかりませんが、限られた時間や条件の中で全力を尽

あとがき

くしたつもりです。最終的には周回遅れからの集大成として、一つ大き
な研究をまとめることができたので、回り道も無駄ではなかったと、全
て今は納得しています。

　本書の母体となったのは、2010年度に東北大学大学院文学研究科に提
出した博士学位論文「1525-1534年ミュンスター宗教改革・再洗礼派運動
～都市社会運動の総体把握の試み～」です。学位論文には、既発表の論
文二本（「宗教改革期ミュンスターの社会運動（1525-35年）と都市共同
体―運動の社会構造分析を中心に―」『西洋史研究』新輯第37号、2008年、
86-117頁；「ミュンスター宗教改革運動における市参事会の教会政策－
1525-34年市内外諸勢力との交渉分析を通じて－」『歴史学研究』876、
2011年2月号、20-36、57頁）の内容が含まれています。ただし、元の論文
の構成は残っておらず、記述をそのまま利用した部分も分量的には全体
のわずかな部分を占めるだけなので、博士論文は、ほぼ書き下ろしに近
いものです。さらに出版助成が決まってから、「はじめに」と「おわりに」
を新規で書き下ろし、社会階層分析、動機や合意の分析を全面的に書き
直す等、博士論文に大幅な加筆修正を行いました。

　この本の刊行に当たって、これまで私の研究をずっと精神的・金銭的
に支え続けて下さった両親永本忠愛、浩子に心から感謝します。落ちこ
ぼれの私が、留学したり、研究を続けられたのは、両親の支えがあった
からです。ただただ感謝するより他ありません。
　東北大学大学院で指導教員として御指導いただいた小野善彦先生に
も、厚く御礼を申し上げます。先生の辛抱強いご指導なしには、研究者
としての基本的な能力を身につけることはできなかったと思っていま
す。また、博士論文の口頭試験の審査していただいた有光秀行先生と佐
藤勝則先生、佐藤嘉倫先生にも感謝いたします。修士時代に岡山大学大
学院で指導していただいた永田諒一先生、本池立先生にも大変お世話に
なりました。

瀬原義生先生は、一面識もない私に、Cornelius の史料集を譲ってくだ
さっただけでなく、私が論文の抜き刷りを送るたびに、論文の意義を認
め、研究を励ましてくださいました。私が呼びかけて始まった再洗礼派
勉強会で、早川朝子さんや山本大丙さん、踊共二先生達参加者の皆様方
と再洗礼派について学び合い、『旅する教会　再洗礼派と宗教改革』（新
教出版社、2017 年）を刊行できたのは幸せなことでした。

　ドイツのヴェストファーレン・ヴィルヘルムス・ミュンスター大学に
留学していた時には、Gabriela Signori 先生、Barbara Stollberg-Rilinger 先
生、Ernst Laubach 先生に特にお世話になりました。中世低地ドイツ語
を学ぶ際には、Friedel Roolfs 先生、Robert Peters 先生に大いに助けてい
ただきました。Karl-Heinz Kirchhoff さんには、私からの手紙に親切にご
返答頂きました。Ralf Klötzer さんには、研究や史料読解などでずっと親
切にしていただいており、いくら感謝しても感謝しきれません。史資料
調査では、ミュンスター大学図書館、比較都市史研究所、ノルトライン・
ヴェストファーレン州立文書館ヴェストファーレン部門、ミュンスター
市立文書館、ブリュッセル国立文書館、アムステルダム大学図書館の文
書館員・司書の方々に助けていただきました。

　また、留学中は、研究・生活両面でヨハンナ青木孝子さんに大変お世
話になりました。Maria Vrysa さんにも、史料読解で助けてもらいました。
日本に帰国してから国内にない貴重な文献を送って下さった有信真美菜
さんにも感謝します。

　本書を出版してくださった東北大学出版会及び編集の小林直之様に厚
く御礼申し上げます。2013 年に若手研究者出版助成に採択していただ
いたにもかかわらず、出版がこれ程遅れたのは、私の改稿作業が長引い
てしまったためです。大変ご迷惑をおかけしました。また、出版助成に
原稿を提出した後と大幅改稿した後、二度にわたり査読をしていただき
ました。原稿を丁寧に読んでいただき、数多くの改善すべき点をご教示
してくださった査読者の方々、改稿途中の原稿に目を通し丁寧なコメン
トを下さった渡邉裕一先生には、本書の改稿に際して本当にお世話にな

あとがき

りました。

　本書では、ミュンスターで再洗礼派統治が始まるまでの時期を扱いましたが、ミュンスター再洗礼派運動がその特異性を顕わにするのは、まさしくこの後の時期です。倉塚平先生は、『政経論叢』で「ミュンスター千年王国前史」を完結させた後、同誌で「ミュンスター再洗礼派王国論」という再洗礼派統治期についての連載を始めましたが、残念ながらこれは未完に終わりました。そのため、これからの私の使命は、倉塚先生が果たせなかった、再洗礼派統治を描き出す研究を世に出すことだと考えています。

　いつ失業するか分からない非常勤講師として細々と生活する私が、いつまで研究を続けられるのか分かりませんが、可能なら、いずれ地上で黙示録的な戦いを繰り広げた再洗礼派の希望と絶望の全貌を描いてみたいと考えています。それに向けてこれからも、回らない頭を携え歯を食いしばりながら、鈍重な足取りで歩みを続けようと思います。

2017年6月20日

【註】

810　Merry E. Wiesner, Beyond Women and the Family: Toward a Gender Analysis of the Reformation, in: Sixteenth Century Journal 18(3), 1987, pp.311-321.

索引

人名

名字／名前・職業……頁

●あ
アーフェルハーゲン／ゴスヴィン……311

●い
イーゼルマン／ハインリヒ……116

●う
ヴァイマン／ヒンリク……320

ヴァルデック／フランツ・フォン（ミュンスター司教）……3、41、115、402

ヴィーク／ヨハン・フォン・デア……41、132、147、201-202、204-206、216、218、220-224、250、260、267、296、298、301、312、314-315、317-318、342、350

ヴィート／フリードリヒ・フォン（ミュンスター司教）……69、111

ヴィルトハイム／ペーター……131、196、199、201、224-225、234、316、319

ヴィンデモラー／ヨハン（ギルド員）……115、184

ヴィンデモラー／ヨハン（市参事会員）……197、208、312

ヴェーデンホーフェ／アルベルト……318

ヴェスターフース／エンゲレ……127

ヴェスターマン／ヨハン……224-225、228、318-319

ヴォルデマンの妻／クリスチアン……231

●え
エーデルブロート／ヒンリク……185

エーリヒ／フォン・ブラウンシュヴァイク－グルーベンハーゲン……111、115、

186、402

●お
オーセン／ヨハン・ファン……76

オスナブルック／ヨハン……76

オッセンブルク／ヤコブ・フォン……246、249、320、322

●か
カールシュタット／アンドレアス・ボーデンシュタイン・フォン……7

カイパー／ヴィレム・デ……231、233

カルヴァン／ジャン……4、8

カレ／ヨースト……238、276、322

カンセン／ルッベルト……72-73、78

●き
キッペンブロック／ゲルト……197、252、312

●く
クニッパードルリンク／ベルント……43、138、179、182、184、197、199、217、220、225、231、234、237-239、242、244、252、279、292、312、320、378、380

クラインシュニーダーの妻／ヨハン……237、239

グラエス／ハインリヒ……328-329

グランドルプ／ベルント……312

グランドルプ／ヨハン……131、186、197、225、316、319

クランペ／ヘルマン……220

グルーター／ベルンハルト……76、102

433

グルデナルム／アントニウス……190

グレーファー／ヨハン……70

グレーベル／コンラート……399-400

グレシュベク／ハインリヒ……43、69、
　　106、237、246、251、326、328-331

クレヒティンク／ベルント……43、321

グローテン／ヨハン……77

●け

ケルケリンク／クリスチアン……332

ケルケリンク／カタリーナ……332

ケルケリンク／ベルント……332

ケルケリンク／エンゲレ……332

ケルゼンブローク／ヘルマン・フォン……
　　3、41-43、61、63、71、75、77、100-102、
　　109-110、125、130、131、134、137、
　　139、144-145、149-151、156、183-190、
　　193-194、198、207-208、214、216、220、
　　222、224-225、228、230、235-238、
　　242-248、250-251、312、315、317-319、
　　321-323

●こ

ゴッホ／ヒンリク……320

コティウス……186

コニンク／ヨハン……322

コルヴィヌス／アントニウス……42、64、
　　105、130、150-151、214、222-223、
　　318-319

●さ

ザトラー／ミヒャエル……400

●し

シャイファルト／ヴェルンヘル……
　　327-328

シュタインビッカー／ヨハン・エルンスト
　　……322

シュタプラーデ／ヘルマン……202、208、
　　271、314-316、320、403

シュテレ／ヒレ……128

シュテレ／ライネルト……71

シュトゥルム／ヤコブ……221

シュトラーレン／ゴットフリート……131、
　　145、196、208、242、316、320、
　　328-329、400

シュローダーケン／ヤスパー……110、
　　127、182

ショーマーカー／ベルント……189

ショーメッカー／ロロフ……70

●す

スヴェルテ／ベルント……237、322

スヴォレ／ゲルトルート・フォン……127

スーダルト／ハインリヒ……76、102、128、
　　194、312

スロセケン／ディリク……70、128

●せ

セヴェルスの妻……145、190

●た

タウテンブルク／ゲオルク・シェンク・フォ
　　ン……328

タント／ヨハン……78-79

●つ

ツィンマーマン家の女性……238

●て

ディートリヒ……186、316

デフェンター／ヨハン・フォン……189、
　　245、260

デンク／ハンス……400

●と

トース／ロトガー／76-77、102

ドロステ／ヨハン……76

●な

ナーテン／ヘルマン・トア……245、323

●の

ノルデ／プリクティウス・トン……131、
　　148、186、214、221、316、319

ノルディンク／ミヒャエル……184

索引

●は
バステルト／ヨハン……140、189
バッゲルト／ヨハン……76-77、102
ハフィックホルスト／ヨハン……182
パリック／ヨハン……140、189、242、250、
　312

●ひ
ビースト／ヤコブ・フォン……69
ビシュピンク／ヘルマン……111、185、332
ヒンリク／墓堀人……322

●ふ
ファブリキウス／テオドール……186、
　222、224-226、228-230、236、243、265、
　277-278、285-286、291、305-306、
　318-320、374、403
フィリップ／ブラウンシュヴァイク公……
　328-329
フィリップ／ヘッセン方伯……3、129、
　134、144、152、159、171、181、186、
　200-202、222、226、234、236、285、
　296、350、374、383、393、397、403
フィリップス／オベ……221、233
フィンク／ヨハン……78
フィンネ／ディオニシウス……145、196、
　208、242、316、327-328、400
ブークビンダー／バルトロメウス……231、
　233
ブーゲンハーゲン／ヨハン……183
フープマイアー／バルタザル……213、
　317、393、400
フォッケ／ヘルマン……190
フォッケ／ベルント……328
ブシウス／ヘルマン……204-205
ブツァー／マルティン……133、187
ブッシュ／パウル……190
ブラウロック／ゲオルク……399-400
フラスカンプ－グルーター／ヨハン……

312
ブラント／クララ……127、234
フリダーク／ヨハン……196
フリダッハ／ハインリヒ……140、189、312
ブリドルプ／ヘルマン……185
ブリューメン／トニース・フォン……328
ブリンク／ルトゲル・トン……145、
　184-185、190、197、332
フレーゼ／ペーター……184、189、208
ブレック／ハインリヒ……76

●へ
ベックマン／ヨハン……328-329
ベルク／ゲオルク・トン……238、240、
　276、322
ベルクの娘／ゲオルク・トン……237、239、
　298
ヘルディンク／ヨハン……76
ベルホルト／アルノルト……196、198、
　224-225

●ほ
ボーデッカー／アルベルト……189
ボーフェントルプ／ヨハン……185
ボーントルプ／ヨハン……327-328
ホフマン／メルヒオール……204、220-222、
　232、240-241、294、320、322、400
ボルダーマン／コルネリウス……221-222
ホルトマン／ニコラウス……42、70、
　72-73、75、77、86、91、100-102

●ま
マーレン／ヘンリク・ファン……⇒ヒンリ
　ク・ゴッホ
マティス／ヤン……213、231-233、
　239-241、294、298、320、400
マリア／ハンガリーの……254、325
マンツ／フェーリクス……399

●み
ミュンツァー／トーマス……3、7、9、150、

435

395、400

ミリンク／アンナ……127-128、207、210

●む

ムンスターマン／ディートリヒ……76

ムンベルト／ハインリヒ……197、211-212、
265

●め

メネケン／ベルント……189

メンジンク／ペーター……312

メンネマン／ヨハン……116

●も

モダーゾーン／ヒンリヒ（市参事会員）
……110、127、258

モダーゾーン／ハインリヒ（長老）……115

モルレンヘッケ／ヒンリク……194

●ゆ

ユーデフェルト／カスパー……110、127、
189、244-245、251

●よ

ヨナス／アントン……140、189

ヨナス／ヒンリク……312

ヨハン・フリードリヒ／ザクセン選帝侯
……200

●ら

ラーメルト／ヘルマン……42、76、102、
204

ライデン／ヤン・ファン……1-2、43、204、
231-232、237、239、244、254、279、
292、322、324、328-329

ライトゲン／チリス……328、330

ライニンク／ゴットフリート……78-79

ランガーマン／ヨハン……76-77、102、
106-107、109-110、127-128、173、182、
208、224-225、

●リ

リンク／ルートゲル・トム……312

●る

ルーシャー／フーベルト……217、220

ルター／マルティン……3-4、8、12、107、
133-134、150、172、197、201、244、
295、298、374、395、399

●れ

レーゲヴォルト／ヘルマン……328

レデッカー／ハインリヒ……115-117、154、
189、216、218、220、235-236、242、
260、267、270、317、333、

レデッカー／ヘルマン……141

レニンク／ヨハン……222、224、403

レンティンク／ルッベルト……71、128、
145、312

レンティンク／カタリーナ……128

●ろ

ロイブリン／ヴィルヘルム……400

ローデ／ヒンリク……312

ローテルムント／ヨハン……189

ロートマン／ベルンハルト……1、20-22、
31、41、44、57、59、63、105-116、118、
122-123、125-126、129、130-133、
135-138、141、143、148-150、154、
157-158、160、162-168、170、173-174、
176-179、182-183、185、187、193-194、
197、199-211、213-216、218-220、
222-225、228-232、234-237、240、244、
246、260、265-267、269、271、274、
277-278、284-289、291、298、301-307、
309-314、316-324、341-345、349-355、
359-360、373、378-379、385、393-397、
400、402-403、425

ロル／ヘンリク……131、134、186、188、
207-208、228、232、315-316、320、403

ロンベルク／ホルスト・フォン……187

地名

●あ
アーレン……………………186、211、215
アルシュテット………………………400
●い
イングランド………………10、35、325
●う
ヴァーレンドルフ…45、144、211、320、326
ヴァッセンベルク………………131、315
ヴァルツフート………213、317、393、400
ヴィーン………………………………317
ヴィッテンベルク…105、133、162、350、402
ヴェストファーレン（地方）
　　…1、7、12、19、44、80、150、176、
　　229、325、350、392、425
ヴォルベック…136、143、243-244、246、402
ウルム…………………………………194
●え
エスリンゲン………………39、262、324
エムス川………………………………45、75
エムデン………………………45、204
エルサレム…………237、238、240-241、293
●お
オーストリア………………317、399-400
オスナブリュック………45、76、80、327
オランダ
　　…1、231-232、254-255、257、315、
　　326、403
●き
北ドイツ
　　…7、12、40、105、172、176、204、
　　339、350、370、378、392-394
ギルデハウス…………………………326
●け
ゲッティンゲン………………40、399

●こ
ケルン…45、69、72、75-76、80、85、116、
　　134、148、166、262
コースフェルト………………45、143、326
●さ
ザッセンブルク………………………211
●し
シェッピンゲン………………320、326
下ライン地方
　　…44、57、131、134、145、255、314、
　　320
シュトラースブルク
　　…16-17、133、194、203-204、220-
　　222、232、241、331、395、399、402
シュパイヤー…………………………105
神聖ローマ帝国
　　…1、3、6-7、34、36-37、47、62、81、
　　92、129、133-134、176、180-181、
　　205-206、236、251、265、285、374、
　　382-383、387、393-394、396
●す
スイス…9、14、133-134、194、292、333、
　　393-394、400
●せ
聖エギディ教区………………………45
聖エギディ市区
　　…24、45-46、50、57-58、324-325、
　　330-331
聖セルヴァティ教区…………………45
聖マルティニ教区……………………45
聖マルティニ市区………………45、50、102
聖ランベルティ教区
　　…45、79、85、160、208-209、271、
　　347

聖ランベルティ市区…………45、50、102
聖ルートゲリ教区…………………………45
聖ルートゲリ市区…………45、50、102、324
●そ
ゾースト…………………………45、399
●た
大聖堂広場…………46、197、242、245
●ち
チューリヒ………………9、19、133、395
●て
帝国……………………⇒神聖ローマ帝国
低地地方
　　　　…………9、22、44、57、204、221-222、232、
　　　　255、294、326、333、394、397、400
デュルメン…………………………45、211
テルクテ
　　　　………45、151-152、159、161、165-166、
　　　　171、317、402
●と
ドイツ……………4、15-16、33、61、134
ドイツ中部………………………69、80
ドイツ南部…………………………⇒南ドイツ
ドイツ北西部……………1、19、44、425
ドームブルク………………45-46、65
ドルトムント………………………45、242
●に
ニコルスブルク………213、317、393
ニュルンベルク…………………19、263
●は
バーゼル…………………………194、331
●ひ
東ドイツ…………………4、20、262
ヒルデスハイム……………24、57、324
●ふ
フライブルク・イン・ブライスガウ
　　　　………………………………325、331
ブラウンシュヴァイク………………40

フランクフルト・アム・マイン
　　　　………69、72、75-76、85、101、262、331、
　　　　350、378
フリースラント
　　　　………204、221、233、255、257、320、
　　　　326、328
ブレーメン……………………132、147、312
●へ
ベックム……………………………………211
ヘッセン
　　　　………41-42、64、202、207、222、224、230、
　　　　235、265、286、298、320-321、374、
　　　　403
●ま
マインツ……………………………69、76
マルクト広場
　　　　………86、214-215、217-218、229-230、
　　　　235、238、242-243、244、246、249、
　　　　279、292、322、361
●み
ミッデルブルフ……………………………221
南ドイツ
　　　　………6-7、9、14、16-18、69、80、176、
　　　　194、262、292、317、333、393-394、
　　　　399
ミュールハウゼン………………19、395、399
ミュンスター司教領
　　　　………44-45、47-48、72、79、82、97-98、
　　　　124、136、143-144、148、180、235、
　　　　251、325、337、382
ミュンスターラント
　　　　………………⇒ミュンスター司教領
ミンデン……………………………45、399
●も
モラヴィア………………292、317、333
●ゆ
ユーデフェルト市区……47-48、50、102、114

ユーバーヴァッサー教区
　　　……⇒リープフラウエン－ユーバー
　　　ヴァッサー教区
ユーバーヴァッサー市区
　　　……48、130、160-161、184、346-347
　　　⇒ユーデフェルト市区　⇒リープ
　　　フラウエン市区

●ら
ラインラント……………………………325

●り
リープフラウエン市区
　　　……47-48、50、102、114
リープフラウエン－ユーバーヴァッサー教
　　　区……45、85、114、145、160-161、
　　　164、167、199、271、347、349
リプシュタット………………186、224、228
リューネブルク……………………………40

●る
ルツェルン……………………………331

●れ
レーウワルデン………………45、221、233
レスター……………………………………35

事項

●あ

アウクスブルク信仰告白
　　　　……6、133、147、150、298
悪魔………………………………2-3
新しいエルサレム
　　　　……1、240-241、290、293-294、371、
　　　　425

●い

異端………1-3、201、285、292、387、394、425
一夫多妻制…………………1、9、329-330、425
インゴルシュタット大学…………………317

●う

ヴァッセンベルクの説教師達…20、131、315
ヴォルムス帝国議会での帝国決議…135、143
ウルガータ………………………………321

●え

エリート循環……………………………21

●お

王（ミュンスターの）………………1、330
王妃（ミュンスターの）…………………1
『教えについての短い信仰告白』
　　　　……………………106-109、402

●か

カール5世刑事裁判令……………………315
改革派…………………8、57、133、182-183
階級闘争……………………………………20
下級聖職者
　　　　……110、148-149、151、160、172、188、
　　　　215、220、272
学識者……112、119、123、174、200、204、
　　　　211、228、251
学生………52、69、86-87、94、355
鍛冶屋…225-228、265、269、299、305-306、
　　　　319、344-345、373、385、403

箇条書（フランクフルト1525年）
　　　　……………69、72、75-76、101
箇条書（ミュンスター1526年）
　　　　……72-86、90-91、94-98、100-102、
　　　　336、341-344、346-347、349、351、
　　　　380、384、401
化体説……………………………………133
学校………41、195-197、199、295、316、330
学校規則…………………………203、295
カトリック教会
　　　　……2、32、47、92、106、171-172、186、
　　　　370、391-392、395
神の言葉
　　　　……106-109、113-114、119、122、124-
　　　　125、129、142、145-146、150、158-
　　　　159、163、170、173-174、195、205、
　　　　211、213、229、230、290-291、298、
　　　　344、373
カルヴァン派……………………………7
カロリナ……………⇒カール5世刑事裁判令

●き

「危険な思想」……………………………399
騎士身分
　　　　……47-48、78-79、91、136-140、143-
　　　　144、149、235、252、270、273、
　　　　348、402
救済共同体…………………252、293、371
教会規則（1533年4月）……200-202、313、403
教会規則（1533年11月）
　　　　……222、224、266-269、275、286、291、
　　　　304、318、342、385、403
教会規則綱要……………194-196、202、284
教会裁判…………………………33、134
教皇主義者………………115、148、193、243

440

共在説……………………………133
共産主義…………………………20
兄弟団………………………51、198
共同生活兄弟団
　　………46、71-72、74-76、82-84、91、101-
　　102、197、342-344、401
共同体宗教改革……………6-7、16、393
共同体主義
　　……15-16、19、21-23、28、91、107、
　　174、281、284、293、350
キリスト
　　……1、4、106、108、122、125、145、
　　151、174、187、213-214、227、238、
　　240、322、344
キリストの身体
　　……133-134、150、196、199、201、204、
　　223、320、322
キリストの血……133-134、150、204、222-223
キリスト論……………………240、297、373
規律規則…………61、202-203、295、314
ギルド会館……………………105、157
近代………………………………4-5、7
●く
悔い改め
　　……4、108、195、236-242、244、246-
　　248、276、279、292-293、307、360、
　　364、403
偶然（性）………311、382、396-397、426-427
クレーフェ公……………………………255
●け
形式的合意……37-40、95、98-99、118、123、
　　157、162、164-166、178-179、181、
　　248、250、268、300、302-306、308、
　　341-343、345-346、350、355、357、
　　366、375-377、380-389
ゲオルクスコメンデ……………………326
ゲットー化…………………………………428

ゲノッセンシャフト的精神（理念）
　　………15-16、28、206、281
ゲノッセンシャフト的蜂起運動………21、37
ケルン大学神学部……………………134、374
ケルン大司教………………81、144、152
ケルンの神学者………………134、148、166
剣………………71、107-109、203、246
●こ
合意に基づく支配………………37、339
公開討論会
　　………112、114、123、163、173、228、314
公共の福利
　　……22、32-35、60-61、79、91-93、95-
　　96、98、107、109、112-114、118、
　　120、123-124、126、136、144、153、
　　158-160、164、172-174、203、230、
　　248、277-278、296-297、309、335-
　　336、339-341、361-362、366-367、
　　370-373、391、393
公式な領域
　　………35-36、38-39、61、87、95-99、123、
　　156-157、162-166、177-179、199、
　　223、248、250、267-268、274-275、
　　283、297、300、302-308、342-343、
　　345-346、350-351、355、357-358、
　　362-364、366-367、377、380-382、
　　385、387-389
皇帝………34、37、47、79、120、135-136、
　　139-142、148、152、159、180、204、
　　285、296、315、335、357
小売商…………105-106、157、162、182、343
呉服商……………………106、110、182
混在域……………………………………61
●さ
財産階層（分布）
　　………20-21、23-24、52、58、88-89、169、
　　252-254、261、280-282、324

サクラメント（論）
………107、122、125、133-134、150、158、
195、200、202-207、209、212-214、
219、222-223、232、264、266、269、
278、284-289、291、297、299、301-
303、306、341、344、352-354、362、
368、373、385、394-395、403、425

『懺悔の書』………43、215、217、227、256、321

●し

ジェンダー史…………………………54、428

シオンの王……………………238、240、247

司教座聖堂参事会（員）
………45、47、57、72、75-83、85、91、
97、99、101、110、119、138-140、
143-144、151、165、172、212、214-
215、220、235、244、246、270、
272、401-402

死者ミサ………………75、106、108、133、198

時代区分………………………3-5、12、391

市庁舎…46、70-73、77、87、90-91、96、
100、119-121、124、130、148-149、
151、216、229、235、242、357、
377-378

実質的合意………37-40、94-95、99、118、126、
157、176-181、300-301、303-305、
307-308、311、349-350、355、369、
375-376、378-380、383-389、428

使徒（再洗礼派の）
………231、233、240-241、254、320、323、
327、329、403

市民委員会………………21、37、40、101、381

市民委員会（1525年ミュンスター）
………74、84-85、344、346-347、381、401

市民委員会（1532年ミュンスター）
………115、117-119、124-126、128、130、
138、142、146-147、149、154-158、
160-161、164-165、170、175、178-

179、184、190、312、341、343-346、
347、381、384、402

市民権…35-36、38、50-52、67、127、185、
190、218、281-283、288、294、307、
357、362、377、380、388

市民集会………………………51、145-146

社会階層
………27-30、52-53、58-59、70、88、127-
128、176、178、252-254、259-262、
266、275-276、283、288、297、301、
346、350、365、367、370-372、374、
377、380、388、428-429

自由（都市の）
………37、48、115-118、120-121、123、
126、129、134、144、147、154、
173、235、245、248、250-251、289、
309、371、403

宗教協定（1533年2月14日）
………61、152、191、193、198-201、205-
206、211、244、264、266、274、
283、300、335、340、386-387、394、
402

宗教的一致
………111-112、114、116、118、164、172

修道士…18、48、69、74、89、92、94、143、
148、165、167、193、196-197、224、
324、359

修道女…70、79、87、92、94、131、196-197、
229、231、237、277

十二箇条………………………………69

宗派化………………5-7、12、55、394-395

終末・終末期待
………1、9、22、25、56、231-233、236、
239-240、290、293-295、297、299、
320、373、396-397、425-426

シュパイヤー帝国議会………2、6、201、315

シュマルカルデン同盟
　　　……6、101、129、134、147-148、150、
　　　159、171、180-181、350、383、393
象徴主義的聖餐論
　　　……133-134、150-151、174、182、187-
　　　188、199-202、206-207、213、274、
　　　284-285、297-298、313、344、354、
　　　394
象徴説………………………⇒象徴主義的聖餐論
ショーハウス………46、50-51、115、120、130
諸侯………6-7、17、33-34、44、47、60、129、
　　　140、181、228、236、251-252、285、
　　　383、393、425
女性史………………………………………54、428
神権政………………………………1、397、425
信仰自由令
　　　……235-236、240-241、247、249、293、
　　　308、310、364、403
信仰洗礼
　　　……2、10、22、24、44、56、204、231-
　　　232、239、251-252、254-256、259、
　　　263-264、277-279、291-294、297、
　　　307-308、321、360-361、374、386-
　　　387、394、403
人文主義（者）………………5、204、400
審問記録
　　　……41、43、252、254-256、322、327-
　　　330
心霊主義者………………………………7、295
●す
スイス兄弟団…………………⇒スイス再洗礼派
スイス再洗礼派……………………9、14、400
スープ喰らい…69-70、90、94、99、128、401
●せ
聖画像崇拝…………………………106、133
聖餐（式）
　　　……115、133-134、150-151、167、174、

187、197、199、201、203、211、
213、222-223、225、228、320、328、
330、394
聖餐象徴主義者……………………150、204、
誠実宣誓……………………………37、339、341
政治的社会階層
　　　……28-29、88-89、168-169、280、283、
　　　364-365、367
聖書………5、39、106-107、112、122-123、
　　　141、145、170、173-174、194-195、
　　　210、228、277、298、319、360、
　　　373、394-395、399
聖職者（身分）
　　　……4、17-18、21、32-33、39、45、47-
　　　49、60、69-75、78-79、82-87、89-
　　　96、100、106-107、110、112、114、
　　　119、122-123、129、134-136、138-
　　　139、141、143-145、148-149、158-
　　　161、163、165、170-174、188、193、
　　　198-199、204、211-212、215、220、
　　　272-273、287、296、299、324、335-
　　　336、338、343-344、348、350、352-
　　　356、368-370、373、391-392、396、
　　　401
「聖書のみ」……………………106、173、373
成人洗礼……………………………⇒信仰洗礼
聖人の共同体
　　　……22、106-107、173、213、252、284、
　　　291-292、371
聖像破壊
　　　……105、131、162、166、197-200、264、
　　　271-272、274、347、379、402
制度化……1、17、39-40、95、170-171、178、
　　　180-181、193、273、284、295-297、
　　　300、308、311、338、350、368、
　　　373-375、380-384、388-389、393

443

聖徒の集まり･････････････････⇒聖人の共同体
聖なる共同体･････15、173、290、293-294、371
聖エギディ教会
　　　･･････46、131、197、207、209、224、228、
　　　243、315-316、403
聖セルヴァティ教会
　　　･･････46、131、186、197、199、208-210、
　　　225、228、235、316
聖モーリッツ教会
　　　･･････105、109、131、162、166、176、402
聖ヨハネ修道院･･････････････････････････326
聖ランベルティ教会
　　　･････2、46、78、109-110、131、160、
　　　162、165-166、197、199、202、208-
　　　209、215、224-225、228-229、237、
　　　277、291、315-316、402-403、425
聖ルートゲリ教会
　　　･････46、78、131、196-200、209、224、
　　　234、272、316
聖霊･･･････106、323
世俗権力･･････････････････5、7、107、213、396
選挙人･････48、50、65、77、110-111、141、
　　　162、182、184、190、193-194、220、
　　　259-260、273
善行････････････････････････････107-108、173
選帝侯･････････････････････････････34、47
●そ
争点･･････227、284-285、289、301、306-307、
　　　362、368、375、389、398
双務的誠実関係
　　　･････37-38、122、124、153、158、339、
　　　341
訴願書（フランクフルト1525年）
　　　･････⇒箇条書（フランクフルト1525年）
租税記録
　　　･････23-24、43、57-58、260、262-263、
　　　324-325、330-331

●た
代官･･････139-140、143、243-244、246、250-
　　　251、296、308、402
大聖堂･･････41、45-46、130、151-152、197-199、
　　　211-212、242、245-246、265、300、
　　　386
逮捕同意権
　　　･････49、71、87、227、265、275、337
タウのしるし････････････････････････233、321
●ち
仲裁人････141、147、175、205
中心的規範への指向･････････････････5、8
中世後期
　　　･････4-6、23、32-33、37-38、55、59-60、
　　　391-392
●つ
ツヴィングリ的聖餐論
　　　･･･････････････････⇒象徴主義的聖餐論
ツヴィングリ派･････････････6-7、134、394
●て
抵抗権････････････････････96、152、339
帝国議会
　　　･････2、6-7、47、129、143、201、315、
　　　387
帝国最終決定（1529年シュパイヤー帝国議
　　　会）･･････････････2、201、315、396
帝国諸侯････････････････････････⇒諸侯
帝国諸身分･････････････････････3、6、37
帝国都市･････････････････････15-16、47
帝室裁判所･････････････････････138、144
天使･･････････････････････238、240、244、246
●と
特権･･････4、33、37、45、48、74、78、82、84-
　　　85、91-93、97-98.110、120-123、
　　　135-136、140-141、143、152、154、
　　　159、172、188、244-245、248、251、
　　　266、270、275、287、289、306、

309、335-336、340-342、344、354、367、368-371、391

●に

ニージンク女子修道院
　　……42、46、70-72、74、76、79、82-84、86-87、90-91、97、100-102、342-344、355、358-359、401

二極的統治構造……21、49-50、338、340-341

ニュルンベルク休戦（1532年）……139、188

●ね

熱狂主義者……………………7、12、150

●の

農村………6、16、18、34、60-61、66、69、79、81、144、165、244

農民………18、33-34、80、144、243-244、246、308、383

農民戦争
　　……3、7、9、18、69、84-85、99、180、317、352

●は

反教権主義
　　……4、8、20、27、32-33、59-60、69-71、74、78、86-95、128、139、159、165、171-173、296、348、350、353、355-357、367-368、370、377、379、391-393、401

反三位一体論者……………………………7

万人祭司主義
　　……106-107、173、227、270、299、361、373

パンフレット………………………33、224-225

●ひ

非公式な領域
　　……35-36、38-40、61、94-97、126、163-167、176-179、199-200、267、272-273、275-277、283、300-302、305、307、309、346、350-351、355、357-

358、360、363、375-382、384、386-388、428

一つの身体の部分
　　……113-114、121、123、164、216、339

●ふ

複雑さ……………25、391、378-399、427-428

フッター派……………………………………9

フランシスコ会修道院（修道士）
　　……114、148、165、167、196-197、326、359

プロテスタント…………………4、8、204、395

分離主義……9、213-214、241、247、292、333

●へ

平民………6、16、18、51、60、79、81、101、129、365

平民の革命…………………………………6

平和………14、48、72、82、93、111-115、118、123、126、129、141、154、161、164、172-173、175、178、205、215、220、223、226-227、234、236、243-245、248、251、264、266、289、309、335-336、338、340、348、357、366-367、371、379

べき乗分布……………………………427

ヘッセンの神学者（鑑定書の起草者）…202、207、271、313-314、347、374、403

●ほ

暴君………34、71、84、139、233

奉公人…18、45、52、127、185、215、220、331

没収財産リスト（ミュンスター再洗礼派の）…20、23-24、43、64、185、260-261、275

没収不動産リスト…………⇒没収財産リスト

●ま

マールブルク会談…………………6、134

マールブルクの神学者

・・・・・・・・・・・・・・・・・・・⇒ヘッセンの神学者

マリア・・・・・・・・・・・・・・・・・・・238、240、322

●み

ミサ・・・・・・・・・・・・151、196-198、300、386

三つの檻・・・・・・・・・・・・・・・・・・・・・・・・2、425

ミュンスター司教

・・・・・・・1、3、20、40-43、47、57、69、78-
82、84-85、90-91.93、97-99、105、
107、111-115、118-121、123-124、
127-129、132、134-144、147-154、
156、159-161、163、165-166、171-
172、175、180-181、186、188-189、
198、201、205-206、211-212、214-
215、234-236、240、242-246、250-
252、256、258、260-261、265-266、
270、273-274、285、293、296、299、
307-310、327、335-339、344、348、
350-352、357、367-368、371、375、
382-383、386-387、393-394、401-
403

ミュンスター・フェーデ・・・・・・・・・・・・・・・49

●む

無関心な者・・・・・・・・・・・85、153、175、259、299

●め

恵み・・・・・・・・・・・・・・・・4、106-108、187

メノー派・・・・・・・・・・・・・・・・・・・・・・・・9、333

メルヒオール派

・・・・・・・22、57、204、221-222、232、239-
241、293-295、297、312、314、373-
374、397

●や

野次馬・・・・・・・・・・・・・・73、86、91、94、96、378

●ゆ

ユーバーヴァッサー教会

・・・・・・・42、46、78、130-131、160、197、
199、209、224、236、242、244、
249、271、316、322、359

●よ

幼児洗礼批判

・・・・・・・1-2、200-204、206、208、213-214、
216、264、269、274、284-285、290、
297-298、301、313、317、344、354、
394、403

傭兵・・・・・・・50、143-144、149、151、159-160、
171-172、242、252、255-256、329-
330、402

預言・予言

・・・・・・・1、236-241、246-247、249、276、
279、294、298-299、307、321-322、
357、360-361、364、403

預言者・・・・1、231-232、237、239、241、292、
294、425

●り

領邦議会

・・・・・・・34、47-48、50、137、147、149、
211、402

領邦君主・・・・・・・・・・・・・・・6、17、37、76、339

領邦諸身分

・・・・・・・34、37、50、72、79、82、91、93、
97-99、124、147-148、151、154、
159、161、171、180、273、299、
335、343-344、348、351、367、371、
383

領邦都市・・・・・・・・・・・・・・・・15-16、40、47、382

隣人・・・・・・・・・・・・・・・・35、108、146、213、294

●る

ルター派リスト

・・・・・・・43、127-128、161、164、166-167、
176、182、184、189-190、193-194、
258-259、287、311-312、377

●れ

煉獄・・・・・・・・・・・・・・・・・・・・・・・・・106、108

●ろ

老人・・・・・・・・・・・・・・・・・・・255、328-330

『ローマ教会の悪癖についての簡潔な手ほ
　　　どき』……132-134、136、138、141、
　　　148、187、201
●わ
若者………35-36、59、69-70、78、86-87、89、
　　　94、203、218、238、249、257、281-
　　　282、307、328-331、355-357、377、
　　　401

著者紹介

永本哲也（ながもと　てつや）

1974年広島生まれ。2011年3月東北大学大学院文学研究科修了。博士（文学）。専門は西洋史（特に近世ドイツ史）。東海大学、獨協大学非常勤講師。主な著作：永本哲也、猪刈由紀、早川朝子、山本大丙編『旅する教会　再洗礼派と宗教改革』新教出版社、2017年。

ミュンスター宗教改革

1525-34年反教権主義的騒擾、
宗教改革・再洗礼派運動の全体像

The Reformation in Münster :

The Anticlericalism, the Reformation
and the Anabaptist Movement 1525-1534

© Tetsuya Nagamoto, 2018

2018年5月12日　初版第1刷発行

著　者／永本　哲也
発行者／久道　茂
発行所／東北大学出版会
　　　　〒980-8577　仙台市青葉区片平2-1-1
　　　　TEL : 022-214-2777　FAX : 022-214-2778
　　　　http://www.tups.jp　E-mail : info@tups.jp

印　刷　今野印刷株式会社
　　　　〒984-0011　仙台市若林区六丁の目西町2-10
　　　　TEL : 022-288-6123

ISBN978-4-86163-292-1　C3022
定価はカバーに表示してあります。
乱丁、落丁はおとりかえします。

JCOPY <出版者著作権管理機構　委託出版物>
本書(誌)の無断複製は著作権法上での例外を除き禁じられています。複製される場合は、そのつど事前に、出版者著作権管理機構(電話 03-3513-6969、FAX 03-3513-6979、e-mail : info@jcopy.or.jp)の許諾を得てください。